Die Bonus-Seite

Ihr Vorteil als Käufer dieses Buches

Auf der Bonus-Webseite zu diesem Buch finden Sie zusätzliche Informationen und Services. Dazu gehört auch ein kostenloser **Testzugang** zur Online-Fassung Ihres Buches. Und der besondere Vorteil: Wenn Sie Ihr **Online-Buch** auch weiterhin nutzen wollen, erhalten Sie den vollen Zugang zum **Vorzugspreis**.

So nutzen Sie Ihren Vorteil

Halten Sie den unten abgedruckten Zugangscode bereit und gehen Sie auf **www.galileocomputing.de**. Dort finden Sie den Kasten **Die Bonus-Seite für Buchkäufer**. Klicken Sie auf **Zur Bonus-Seite / Buch registrieren**, und geben Sie Ihren **Zugangscode** ein. Schon stehen Ihnen die Bonus-Angebote zur Verfügung.

Ihr persönlicher **Zugangscode** a67s-9yfw-xk8v-i2b3

Hussein Morsy, Tanja Otto

Ruby on Rails 3.1

Galileo Press

Liebe Leserin, lieber Leser,

»don't repeat yourself«. Auf diesem so einfachen wie genialen Prinzip beruht Ruby on Rails. Es war das erste MVC-Framework, das auf breiter Basis eingesetzt wurde und seit 2004 einen wahren Siegeszug durch die Entwickler-Landschaft genommen hat. Von Anfang an hat unser Buch die Rails-Entwickler-Gemeinde dabei begleitet.

Pünktlich zur Version 3.1 haben Hussein Morsy und Tanja Otto nun ihr Entwickler-Handbuch vollständig auf die neue Version aktualisiert. Es steckt voller Praxiswissen und Beispiel-Applikationen, von denen Einsteiger wie Profis etwas haben. Ruby on Rails 3.1 ist immer noch Rails, aber viel bes-ser. Folgen Sie der Begeisterung der beiden Autoren und nutzen Sie neue Möglichkeiten und Funktionen wie Sass und CoffeeScript oder die testgetriebene Anwendungsentwicklung mit Cucumber.

Ich freue mich stets über Lob, aber auch über kritische Anmerkungen, die helfen, dieses Buch besser zu machen. Sollte Ihnen also etwas auffallen, zögern Sie nicht, sich bei mir zu melden.

Ihr Stephan Mattescheck
Lektorat Galileo Computing

stephan.matteschek@galileo-press.de
www.galileocomputing.de
Galileo Press · Rheinwerkallee 4 · 53227 Bonn

Auf einen Blick

Der Name Galileo Press geht auf den italienischen Mathematiker und Philosophen Galileo Galilei (1564–1642) zurück. Er gilt als Gründungsfigur der neuzeitlichen Wissenschaft und wurde berühmt als Verfechter des modernen, heliozentrischen Weltbilds. Legendär ist sein Ausspruch *Eppur si muove* (Und sie bewegt sich doch). Das Emblem von Galileo Press ist der Jupiter, umkreist von den vier Galileischen Monden. Galilei entdeckte die nach ihm benannten Monde 1610.

Lektorat Stephan Mattescheck
Korrektorat Heike Jurzik, Köln
Typografie und Layout Vera Brauner
Herstellung Norbert Englert
Satz Hussein Morsy
Einbandgestaltung Barbara Thoben, Köln
Druck und Bindung Bercker Graphischer Betrieb, Kevelaer

Dieses Buch wurde gesetzt aus der Linotype Syntax Serif (9,25/13,25 pt) in LaTeX.

Gerne stehen wir Ihnen mit Rat und Tat zur Seite:
stephan.mattescheck@galileo-press.de bei Fragen und Anmerkungen zum Inhalt des Buches
service@galileo-press.de für versandkostenfreie Bestellungen und Reklamationen
britta.behrens@galileo-press.de für Rezensions- und Schulungsexemplare

Bibliografische Information der Deutschen Nationalbibliothek
Die Deutsche Nationalbibliothek verzeichnet diese Publikation in der Deutschen Nationalbibliografie; detaillierte bibliografische Daten sind im Internet über *http://dnb.d-nb.de* abrufbar.

ISBN 978-3-8362-1490-2

2., aktualisierte Auflage 2012

Inhalt

Einleitung

Writing Software that matters

Niemand kommt heute mehr ohne Software aus. Software ist sozusagen unser Werkzeug. Und dabei ist es noch gar nicht so lange her, da dachte man, der Computer würde Arbeitsplätze vernichten.

Wie würde unser Arbeitsalltag aussehen, wenn wir keine Software nutzen könnten? Um wie viel Prozent würde die Wertschöpfung in den Unternehmen sinken, wenn keine Software zur Verfügung stünde? Und um wie viel Prozent würde sie steigen, wenn die Software in den Unternehmen individuell an die Bedürfnisse des Unternehmens angepasst wäre? Wenn also die Software an die Arbeitsabläufe angepasst wäre und nicht umgekehrt?

Leider ist es aber noch viel zu oft genau so, dass die Arbeitsabläufe an die Software angepasst werden. Warum gibt man sich damit zufrieden? Warum wird nicht bessere Qualität gefordert? Einer der Gründe ist mit Sicherheit, dass Qualität im Allgemeinen etwas ist, das man spürt, das man anfassen kann – und Software leider nicht.

Aber man kann sie erfahren. Das heißt, wir Entwickler müssen für bessere Erfahrungen mit Software sorgen, indem wir Software schreiben, die gebraucht wird. Die genau auf die Bedürfnisse der Benutzer abgestimmt ist. Ruby on Rails gibt uns die Möglichkeit, uns auf die Logik und Abläufe konzentrieren zu können, indem es technische Probleme so weit wie möglich vereinfacht. Es ist nur ein Webframework; und doch kann es so viel mehr.

Für wen wurde dieses Buch geschrieben?

Das Buch ist für Webentwickler geschrieben, die mit Ruby on Rails datenbankbasierte Web-Applikationen entwickeln möchten. Im Vergleich zu anderen Frameworks können Sie mit Ruby on Rails sehr schnell komplexe Web-Anwendungen entwickeln.

Rails ist mittlerweile sehr anspruchsvoll geworden, trotzdem bleibt es, wenn man die Konzepte dahinter versteht, leichtgewichtig. Am 16.10.2011 hat David Heinemeier Hansson dazu Folgendes getwittert:

»Rails was never about making things easy for newbies. That was and remains a side effect of making things awesome for everyone.«

Und er sagt auch:

»When you specifically try to dumb down good ideas for the masses, you reveal your contempt of said masses. Case study: Java.«

Wir haben uns sehr bemüht, in diesem Buch auch Einsteigern den Weg zu Rails zu ebnen. Die Beispielapplikationen sind systematisch von einer einfachen Applikation bis hin zu einer komplexeren Anwendung inklusive Test Driven Development mit Cucumber aufgebaut. Das Buch ist praxisorientiert und zum Lernen und Nachschlagen mit zahlreichen Beispielen, Tipps und Tricks hervorragend geeignet.

Alle Beispielcodes basieren auf Ruby 1.9.2 und verwenden die neue Hash-Syntax anstelle von Hash-Rocket. Zum Beispiel:

```
Product.create(name: "iPad", price: 479)
# statt
Product.create(:name => "iPad", :price => 479)
```

Es ist sehr hilfreich, wenn Sie über Datenbank-Kenntnisse verfügen und bereits serverseitige Websites z. B. in PHP oder Java entwickelt haben. Kenntnisse in objektorientierter Programmierung wären sehr vorteilhaft. Ruby-Kenntnisse sind hingegen nicht erforderlich. Das Buch enthält nämlich ein Kapitel zur Einführung in Ruby, in dem die Aspekte für die Arbeit mit Rails genauer betrachtet werden.

Wir selbst haben als PHP-Entwickler angefangen und entwickeln inzwischen jedes Projekt in Ruby on Rails. Wir sind sehr begeistert von Ruby on Rails und hoffen, dass wir Ihnen mit diesem Buch einen guten Einstieg in das Framework liefern können.

Was befindet sich in diesem Buch?

In diesem Buch werden alle Themen behandelt, die Sie für die Entwicklung von professionellen Web-Applikationen benötigen.

In den ersten beiden Kapiteln, »Einführung« und »Installation«, lernen Sie die Grundkonzepte hinter Ruby on Rails und die wichtigsten Änderungen in Rails 3.0 und Rails 3.1 kennen. Außerdem zeigen wir, wie Sie Ruby on Rails installieren und welche Editoren und Entwicklungsumgebungen Sie nutzen können.

Im dritten Kapitel, »Unsere erste Rails-Applikation«, entwickeln Sie eine erste kleine Applikation mit einer HTTP-Authentifizierung.

Falls Sie die Programmiersprache Ruby noch nicht kennen, lesen Sie anschließend das Kapitel »Einführung in Ruby«. Eine Befehlsreferenz der wichtigsten Ruby-Klassen befindet sich im Anhang.

In Kapitel 5, »Rails Schritt für Schritt entdecken«, wird eine Rails-Applikation systematisch entwickelt, um zu zeigen, was hinter den Kulissen von Ruby on Rails passiert. Die Anwendung wird auch in eine mehrsprachige Applikation überführt.

Wie man eine testgetriebene Applikation mit Cucumber entwickelt, zeigen wir in Kapitel 6. Cucumber ist sehr wichtig, weil hiermit die Applikation nicht nur getestet, sondern vor allem auch spezifiziert wird. Es ist auch sehr gut geeignet, um den Einstieg in Test Driven Development zu finden.

In den Kapiteln 7 bis 14 lernen Sie die einzelnen Module von Ruby on Rails genauer kennen. In Kapitel 15, »Mehrsprachige Applikationen mit I18n«, finden Sie eine Befehlsreferenz, um mehrsprachige Applikationen zu entwickeln. Kapitel 16, »Unobtrusive JavaScript und Ajax mit jQuery«, zeigt, wie gut sich Unobtrusive JavaScript und Ajax in eine Rails-Applikation integrieren lassen. Im letzten Kapitel, »Sicherheit, Deployment und Optimierung durch Caching«, zeigen wir, wie Sie eine Rails-Applikation auf einem Produktivserver betreiben und an was Sie alles denken müssen.

Hinweise zu Listings

Aufgrund der Länge einiger Befehle, mussten im Buch Umbrüche gesetzt werden. In Ruby- und HTML-Beispielen haben wir einfach einen Umbruch an einer zulässigen Stelle gemacht. In Kommandozeilen-Befehlen haben wir einen Backslash \ am Ende der Zeile, die umbrochen werden musste, eingefügt.

Der folgende Befehl kann mit dem Backslash in zwei Zeilen

```
ruby script/generate scaffold employee \
firstname:string
```

oder ohne Backslash in eine Zeile geschrieben werden.

```
ruby script/generate scaffold employee firstname:string
```

Wenn Sie die Befehle abtippen, können Sie sie einfach ohne Backslash in eine Zeile schreiben.

Was ist auf der DVD?

Auf der beiliegenden DVD finden Sie neben den Code-Beispielen auch zahlreiche Editoren und Entwicklungsumgebungen.

Die Website zum Buch

Auf der Website *http://www.railsbuch.de* werden, neben Ergänzungen und möglicherweise Errata zum Buch, auch News rund um Rails veröffentlicht. Insbesondere werden die Features von neuen Rails-Versionen vorgestellt, sodass Sie immer auf dem aktuellen Stand bleiben.

Wie wir dieses Buch erstellt haben

Wir sind sehr froh, dass der Verlag uns die Möglichkeit gegeben hat, das Buch in LaTeX zu schreiben. Somit konnten wir die gleichen Werkzeuge, die wir für das Programmieren mit Rails einsetzen, auch für das Schreiben des Buchs verwenden. Als Texteditoren haben wir *Textmate* und *Vim*, für die Versionsverwaltung *Git* eingesetzt. Dadurch konnten wir, ca. 250 km voneinander entfernt, dennoch gemeinsam am Buch arbeiten.

Danke

Dieses Buch wäre ohne die Hilfe und das Verständnis einiger Personen nicht zu Stande gekommen. Besonders danken möchten wir unseren Lebenspartnern Esma und Jörg für ihre unendliche Geduld, Ermutigungen und die Unterstützung, die wir während des Schreibens sehr nötig hatten.

Auch möchten wir uns bei dem luxemburgischen Reiseunternehmen Sales-Lentz bedanken, das es durch innovative Anforderungen möglich macht, dass wir mit Ruby on Rails maßgeschneiderte Software entwickeln. Danke auch für die Möglichkeit, unsere Arbeitszeit für die Arbeit am Buch individuell anzupassen. Unser Dank gilt auch unserem Team, dem Sales-Lentz::DevTeam (Christoph König, Christopher Maurer und Dung Nguyen), die uns mit Rat und Tat zur Seite gestanden haben.

Nicht zuletzt möchten wir uns beim Verlag, insbesondere bei Herrn Mattescheck, bedanken, der es uns ermöglicht hat, das Buch zu veröffentlichen. Außerdem bei Herrn Tim Keller für seine Unterstützung als Fachgutachter.

Hussein Morsy und **Tanja Otto**
Düsseldorf und Langsur
http://www.railsbuch.de

Die Philosophie von Rails baut auf den beiden Konzepten »Don't Repeat Yourself« und »Konvention statt Konfiguration« auf, die zusammen mit dem Model-View-Controller-Paradigma den Entwurf des Frameworks stark beeinflussen.

1 Einführung

1.1 Wie entstand Rails?

DHH

Ruby on Rails oder kurz Rails ist ein von dem Dänen David Heinemeier Hansson geschriebenes Open-Source-Webapplikation-Framework. Rails ist, wie der Name vermuten lässt, in Ruby programmiert.

Basecamp

Ihren Anfang nahm die Rails-Geschichte 2004, als David Heinemeier Hansson die Anwendung erstmals veröffentlichte. Interessanterweise ist Rails nicht aus der Überlegung heraus entstanden, ein neues Web-Framework schaffen zu wollen, sondern wurde aus einer bestehenden Anwendung, dem Projektmanagement-Tool Basecamp, extrahiert. Das bedeutet, dass David Heinemeier Hansson möglichst viele Hauptaufgaben, die bei der Erstellung einer Webapplikation auftreten, direkt in das Framework integriert hat, was vor allem den praxisnahen Charakter von Rails unterstreicht.

DRY

Rails basiert auf dem Prinzip »Don't Repeat Yourself« (DRY) und stellt Programmierkonventionen über die Anwendungskonfiguration. Die konsequente Anwendung des DRY-Prinzips unterstützt den Entwickler. Durch seinen Aufbau ermöglicht es eine rasche Umsetzung von datenbankbasierten Webapplikationen nach der agilen Methode.

Konvention statt Konfiguration

Nicht zuletzt deshalb ist Ruby on Rails als Gegenstück zu schwergewichtigen Web-Frameworks zu verstehen. Anstelle aufwändiger Konfigurationen stellt Rails die Konvention über die Konfiguration. Nicht selten sind allein die Konfigurationsdateien einer Java2EE-Applikation länger als die gesamte Rails-Applikation.

Rails-Projekte

Beim Anlegen eines neuen Rails-Projekts werden nicht nur die Konfigurationsdateien erstellt, sondern auch die gesamte Projektverzeichnisstruktur. Das heißt, Rails übernimmt die Organisation des Projekts. Dadurch wird gewährleistet, dass alle Rails-Projekte die gleiche Struktur haben, was die Wartbarkeit von Rails-Applikationen unterstützt. Es ist deshalb sogar möglich, dass sich ein Rails-Entwickler sehr schnell in einem ihm fremden Projekt zurechtfindet. In Ruby on Rails wurden Features nach dem Best-Practice-Prinzip integriert, so zum Beispiel Test Driven Development (TDD). Rails legt die nötige Verzeichnisstruktur an und unterstützt die erforderlichen Bibliotheken.

Viele Technologien

Auf eine komplette Webapplikation, die in Ruby on Rails entwickelt wird, haben neben Rails und Ruby noch sieben weitere Techniken oder Sprachen Einfluss. Neben HTML, CSS und JavaScript werden auch die RubyGems-Erweiterungen von Ruby oder vielleicht auch ein relationales Datenbanksystem (RDBMS) eingesetzt. Für die RubyGems-Erweiterungen steht zum Beispiel das sehr sinnvolle Paket »rake« zum Ausführen von Tasks zur Verfügung. Eine wichtige Rolle spielt auch das Betriebssystem, sodass man sich vereinfacht eine Rails-Applikation wie folgt vorstellen kann:

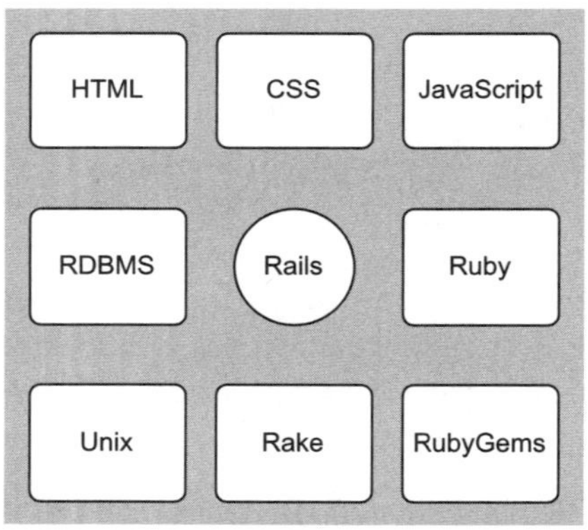

Abbildung 1.1 Techniken rund um Ruby on Rails

David Heinemeier Hansson wurde für die Entwicklung von Ruby on Rails 2005 mit dem von Google und O'Reilly verliehenen Open-Source-Award »Best Hacker« und Anfang 2006 für Rails 1.0 mit dem 16th Jolt Product Excellence Award »Software Development« ausgezeichnet.

1.2 Warum Ruby?

Java, .NET, PHP, Python, Perl und viele andere Programmiersprachen sowie eine Reihe von Frameworks wie Spring, Struts, Symfony, CakePHP, Prado, Zend Framework, Django und Content-Management-Systeme wie

TYPO3 und Drupal stehen bereits für die Entwicklung von Webapplikationen zur Verfügung. Die berechtigte Frage, die sich stellt: Brauchen wir noch weitere Sprachen und Frameworks? Wir sagen ganz klar »Ja«, aber geben zu, das ist etwas zu einfach. Deshalb wollen wir Ruby on Rails mit Java und PHP vergleichen, um zu zeigen, wo Rails seinen Platz findet:

Java

Die Stärken von Java liegen in der Objektorientierung, der Verfügbarkeit von vielen Frameworks bzw. Bibliotheken und vor allem in der großen Verbreitung im Enterprise-Bereich. Allerdings steht dem meist die lange Entwicklungszeit entgegen.

PHP

PHP ist leichtgewichtig, leicht zu erlernen und steht für kurze Entwicklungszeiten. Auch die große Community spricht für PHP. Ein großer Nachteil von PHP ist die halbherzige Objektorientierung. Seit PHP 4 ist PHP objektorientiert. Jedoch sieht man es der Sprache stark an, dass die Objektorientierung aufgesetzt ist. Ohne Verwendung eines Frameworks sind große PHP-Anwendungen schwer zu warten. Es gibt jedoch eine Reihe von sehr guten Frameworks, wie z. B. Symfony, Cake und Zend Framework.

Vergleich

Ruby steht mit Rails zwischen diesen beiden Extremen. Durch die vollkommene Objektorientierung und der Model-View-Controller (MVC)-Implementierung lässt sich der Code sehr gut warten und erweitern. Auch benötigt man sehr viel weniger Code als für eine vergleichbare Java-Anwendung; das bedeutet, die Entwicklungszeit ist sehr viel geringer.

Matz

Ruby wurde von seinem Erfinder, dem Japaner Yukihiro »Matz« Matsumoto, als »Humansprache« entwickelt, das heißt, man kann Ruby-Code einfach lesen wie einen Text. Und selbst wenn man den Code einem Nicht-Programmierer vorliest, hat dieser eine reale Chance zu verstehen, was das Programm tut. Darüber hinaus birgt Ruby im Gegensatz zu vielen anderen Sprachen, nicht zuletzt wegen des ihm zugrunde liegenden Prinzips der geringstmöglichen Überraschung (»principle of least surprise«), kaum Widersprüche in sich.

1.3 Model View Controller

MVC

Das Model-View-Controller-Paradigma (MVC) beschreibt einen Architekturentwurf, der die Anwendung in die drei Komponenten Model (Datenmodell), View (Präsentation) und Controller (Programmsteuerung) unterteilt.

Abbildung 1.2 Model-View-Controller-Entwurfsmuster

Das Paradigma entkoppelt durch eine strikte Trennung der Verantwortlichkeiten des Codes die Objekte, um ihre Flexibilität, ihre Modularität und ihre Wiederverwertbarkeit zu erhöhen.

ActiveRecord

Das Modul `ActiveRecord` entspricht dem Model im MVC-Paradigma. Seine Objekte repräsentieren die Anwendungsobjekte. Das Model liefert die darzustellenden Daten unabhängig vom Erscheinungsbild. Woher die Daten kommen, ob zum Beispiel aus einer relationalen Datenbank oder einer Web-API, spielt keine Rolle. Das Model kennt weder den View noch den Controller. Es weiß also nicht, ob, wann, wie und wie oft es dargestellt und verändert wird. Die Hauptaufgabe vom Modul `ActiveRecord` besteht darin, eine Verbindung von dem objektorientierten Klassenmodell zum relationalen Datenbankmodell herzustellen.

ActionController

Das Modul `ActionController` koordiniert die Interaktion zwischen Anwendung und Benutzer, indem es den Datenfluss zwischen Model und View steuert und kontrolliert. Es stellt zum Beispiel Möglichkeiten zur Verfügung, Daten des Models zu manipulieren, sie zur Darstellung an den View weiterzuleiten, eintreffende Anfragen an die Actions der Controller-Klassen zu übergeben und Session-Management und Caching zu realisieren.

ActionView

Das Modul `ActionView` dient zur Erstellung von Templates. Die Daten, die der Controller liefert, werden als dynamische Inhalte in der Ausgabe der Templates eingebunden. Der View kann die Daten in unterschiedlichen Formaten (HTML, XML usw.) ausgeben.

ActionDispatch

Das Modul `ActionDispatch` hat die Aufgabe, eine HTTP-Anfrage an den passenden Controller zu deligieren (auch Routing genannt).

ActionPack

Die Module `ActionController`, `ActionView` und `ActionDispatch` werden in dem Modul `ActionPack` zusammengefasst.

1.4 Persistenz

Ruby on Rails bietet im Gegensatz zu einigen anderen Frameworks die Möglichkeit, Objekte in einer relationalen Datenbank über ein eingebautes Persistenz-Framework (`ActiveRecord`) abzubilden. Tabellen werden auf Klassen, Zeilen auf Objekte und Spalten auf Objektattribute abgebildet.

Konventionen

Durch die Verwendung von Standardkonventionen, zum Beispiel, dass der Name von Datenbanktabellen immer der Plural des Modelnamens ist oder der Primärschlüssel in einer Tabelle immer `id` heißt, entfällt ein Großteil der Konfiguration. Diese Standardeinstellungen müssen nicht übernommen werden. Sie können zum Beispiel den Primärschlüssel auf eine Spalte mit einem anderen Namen setzen. Das könnte etwa dann erforderlich werden, wenn Sie vorhandene Datenbanken mit einem anderen Primärschlüssel als `id` übernehmen möchten.

1.5 Konvention statt Konfiguration

Konvention statt Konfiguration bedeutet, dass in Rails sinnvolle Standardeinstellungen für das Zusammenspiel der einzelnen Komponenten einer Applikation gegeben sind. Dazu gehören u. a. auch Namenskonventionen, welche die Verbindung zwischen einer Klasse und einer Datenbanktabelle herstellen. Außerdem heißen die Ordner, in denen sich die einzelnen Views befinden, so wie die zugehörigen Controller; die Views selbst heißen so wie die Actions in den Controllern.

Folgt man den Konventionen, kann man eine Rails-Applikation mit sehr wenig Code entwickeln. Aber natürlich erlaubt Rails es auch, die Standardeinstellungen zu überschreiben.

1.6 Das DRY-Prinzip

»Don't Repeat Yourself« (DRY), auch bekannt als »Once and Only Once« oder »Single Point of Truth« (SPOT), ist eine Philosophie, nach der es gilt, Wiederholungen (Redundanzen) speziell in der Programmierung zu vermeiden.

Redundant vorhandene Informationen sind schwierig zu pflegen, da man im Fall einer Änderung daran denken muss, die Modifikation überall vorzunehmen.

Der pragmatische Programmierer

DRY ist ein Kernprinzip im Buch »Der pragmatische Programmierer« von Andy Hunt und Dave Thomas. Die beiden empfehlen als vorbeugende Maßnahme gegen Wiederholungen die Wiederverwendung. Sie sagen, wenn uns Wiederverwendung nicht gelingt, riskieren wir Wiederholungen.

1.7 Neues in Rails 3.0

Versionsnummern von Open-Source-Software sind häufig nach folgendem Schema aufgebaut:

`Hauptversionsnummer.Nebenversionsnummer.Revisionsnummer`

Die **Hauptversionsnummer** gibt an, dass es zu Neuerungen und Änderungen gekommen ist, die meistens nicht kompatibel zu der letzten Version sind. Beispiel: Rails 2.0 und Rails 3.0

Die **Nebenversionsnummer** gibt an, dass es zu funktionalen Neuerungen und Änderungen gekommen ist. Beispiel: Rails 3.0 und Rails 3.1

Die **Revisionsnummer** gibt an, dass Bugfixes und unwesentliche Änderungen vorgenommen wurden. Beispiel: Rails 3.0.1 und Rails 3.0.2

Da mittlerweile Rails 3.1 erschienen ist, wollen wir Ihnen im Folgenden die Neuerungen in Rails 3.0 und Rails 3.1 vorstellen.

Am 29. August 2010 hat David Heinemeier Hansson die Fertigstellung von Rails 3.0 bekannt gegeben. Hier finden Sie eine kurze Übersicht über die wichtigsten Veränderungen in Rails 3.0.

Ruby 1.8.7, 1.9.2 und 1.9.3

Rails 3 läuft auf Ruby 1.8.7, 1.9.2 und 1.9.3. Ruby 1.9.0 und Ruby 1.9.1 werden nicht unterstützt.

Höhere Sicherheit

Vor Rails 3.0 war es erforderlich, sich vor Cross-Site-Scripting-Angriffen (XSS) zu schützen, indem man alle HTML-Metazeichen aus Benutzereingaben oder Variablen in HTML-Entitys umgewandelt hat. Das erledigte die Methode `escape_html` bzw. ihr Alias `h` vor der Ausgabe an der Oberfläche.

Ab Rails 3.0 ist das nicht mehr erforderlich, da automatisch alle Ausgaben von Datenbankinhalten oder Variablen an der Oberfläche in HTML-Entitys ungewandelt werden. Wird die Methode `escape_html` bzw. `h` trotzdem noch verwendet, ändert das nichts. Das heißt, es kommt nicht zu einem doppelten Escapen der Inhalte.

Möchten Sie nicht, dass Inhalte, die Sie an der Oberfläche ausgeben, escaped werden, müssen Sie das ab Rails 3.0 mit Hilfe der Methode `raw` verhindern:

```
<%= raw @params['text'] %>
```

Der »rails«-Befehl

Ein neues Rails-Projekt wird ab Rails 3 mit `rails new projektname` erstellt. Der Aufruf von `script/console`, `script/server` usw. wurde entsprechend durch `rails console` und `rails server` ersetzt.

```
rails console       # statt script/console
rails server        # statt script/server
rails generate scaffold employee firstname:string
# statt script/generate scaffold employee firstname:string
```

RubyGems mit Bundler verwalten

Im Hauptverzeichnis einer Rails-Applikation werden ab Rails 3 innerhalb der Datei `Gemfile` alle benötigten Gems definiert. Das `Gemfile` wird vom `Bundler` ausgeführt, der dann die Gems unter Berücksichtigung von Abhängigkeiten installiert. Das heißt, die Methode `config.gem` wird ab Rails 3 nicht mehr benötigt.

Entkopplung der Kernkomponenten

Eine der größten Herausforderungen bei der Entwicklung von Rails 3 war es, die enge Kopplung der Kernkomponenten zu entfernen. Das Ziel wurde erreicht, und alle Rails-Kernkomponenten nutzen jetzt dieselbe API. Das bedeutet, dass sowohl Plugins als auch ein Ersatz für eine Kernkomponente wie z. B. `DataMapper` oder `Sequel` für `ActiveRecord` immer auf alle Funktionen der Rails-Kernkomponenten zugreifen und diese sogar erweitern können.

ActiveRecord

Die Suchmethoden (Query-Interface) wurde in Rails 3 komplett neu entwickelt. Sie erlauben es dem Entwickler, einfacheren und damit besser lesbaren Code zu schreiben.

ActionMailer

Alle E-Mail-Funktionalitäten wurden in das Gem `Mail` ausgelagert. Dadurch konnten Code-Duplizierungen reduziert und eine deutlichere Grenze zwischen ActionMailer und dem E-Mail-Parser definiert werden.

1.8 Neues in Rails 3.1

jQuery als Standard

Ab Rails 3.1 wird nicht mehr Prototype, sondern jQuery als Standard-JavaScript-Bibliothek verwendet. Wenn Sie weiterhin Prototype nutzen möchten, können Sie das beim Generieren der Applikation über die Option `-j` angeben. Es steht auch eine Option zur Verfügung, um ganz auf JavaScript zu verzichten.

Sass-Integration

Sass, eine CSS-Erweiterung, die u. a. Verschachtelungen, Variablen, Mixins und Vererbung unterstützt, wird standardmäßig ab Rails 3.1 unterstützt, was aber nicht bedeutet, dass man es benutzen muss. Die neue Syntax SCSS oder Sassy CSS ist eine Obermenge von CSS3, was bedeutet, dass jede valide CSS3-Datei auch eine valide SCSS-Datei ist. SCSS-Stylesheets haben die Dateiendung `.scss`.

```
$green: #7AC142;

#news_message {
  background-color: $green;
  border: none;
  padding: 0px;

  h1 {
    font-size: 14px;
  }
}

a {
  color: $green;
  text-decoration: none;
}
```

Listing 1.1 Verschachtelung und Variablen

CoffeeScript-Integration

CoffeeScript ist eine Programmiersprache, die in JavaScript kompiliert wird. Sie bietet eine gegenüber JavaScript erheblich verbesserte und vereinfachte Syntax, weshalb das Programmieren von JavaScript durch den Einsatz von CoffeeScript wieder Spaß macht. Da es ab Rails 3.1 in Rails integriert ist, können auch wir Rails-Entwickler davon profitieren.

Asset Pipeline

Die wichtigste Neuerung in Rails 3.1 ist, dass Bilder, Stylesheets und JavaScript-Dateien nicht mehr im `public`-Verzeichnis abgelegt werden müssen, sondern in den entsprechenden Unterverzeichnissen (`images`, `stylesheets`, `javascripts`) im Verzeichnis `app/assets`, `lib/assets` oder `vendor/assets` liegen können und gemeinsam die sogenannte Asset Pipeline bilden. Mit Assets sind hauptsächlich die Dateien und mit Pipeline ist der Verarbeitungsprozess gemeint, der z. B. CoffeeScript in JavaScript oder SCSS in CSS umwandelt. Neben diesem Verarbeitungsprozess bietet die Asset Pipeline folgende wichtige Vorteile:

- Caching
- Mehrere Dateien können zusammengefasst werden, damit z. B. statt mehrerer JavaScript-Dateien nur eine Datei geladen werden muss.
- Assets aus Gems werden auch geladen, ohne dass diese ins Projekt kopiert werden müssen.

In der Datei `config/application.rb` kann das Verhalten der Asset Pipeline konfiguriert werden. Weitere Infos zur Asset Pipeline erhalten Sie in Kapitel 11.8 ab Seite 434.

Vereinfachte Migrationen

Migrationen sind ab Rails 3.1 umkehrbar. Das heißt, Rails ermittelt selbst, wie eine bereits ausgeführte Migration rückgängig gemacht wird. Um dieses Feature nutzen zu können, definieren Sie in Ihrer Migration-Datei statt den Methoden `up` und `down` nur noch die Methode `change`. Nicht alles kann automatisch umgekehrt werden. In diesen Fällen können weiterhin die Methoden `up` und `down` verwendet werden. Einige Generatoren wie z. B. der Model-Generator benutzen die umkehrbare Methode `change`.

```
class CreateEmployees < ActiveRecord::Migration
  def change
    create_table :employees do |t|
      t.string :firstname
      t.string :lastname

      t.timestamps
    end
  end
end
```

Listing 1.2 Beispiel für die Methode »change«

```
class CreateEmployees < ActiveRecord::Migration
  def up
    create_table :employees do |t|
      t.string :firstname
      t.string :lastname

      t.timestamps
    end
  end

  def down
    drop_table :employees
  end
end
```

Listing 1.3 Beispiel für »up« und »down«

Vereinfachte Authentifizierung

Ab Rails 3.1 wurde die HTTP-Authentifizierung weiter vereinfacht. Statt der Methode `authenticate_or_request_with_http_basic` steht nun die Methode `http_basic_authenticate_with` zur Verfügung, die Sie am Anfang eines Controllers einbinden können. Sie erwartet als Parameter einen Benutzernamen und ein Passwort. Optional können Sie noch angeben, auf welche Actions des Controllers die Authentifizierung angewendet werden soll:

```
class EmployeesController < ApplicationController
  http_basic_authenticate_with name: "admin",
                               password: "geheim",
                               except: [:index]
  ...
end
```

1.9 Top-Ten-Websites zu Ruby on Rails

Es gibt etliche Websites zum Thema Ruby on Rails. Die folgenden zehn Seiten können wir Ihnen besonders empfehlen:

- **rubyonrails.org**
  Homepage von Ruby on Rails
- **ruby-lang.org**
  Homepage von Ruby

- **guides.rubyonrails.org**
  Die offizielle Dokumentation von Ruby on Rails (jedoch nicht immer aktuell und vollständig).
- **api.rubyonrails.org**
  API-Dokumentation von Rails; hier können alle Befehle nachgeschlagen werden.
- **rubygems.org**
  Die offizielle Website aller verfügbaren Erweiterungen (Gems).
- **ruby-toolbox.com**
  Die Ruby-Toolbox ist ein sehr schöner Katalog, der die wichtigsten Gems beschreibt.
- **tryruby.org**
  Hier finden Sie ein Onlinetutorial zu Ruby.
- **railscasts.com**
  Wöchentlich erscheinen hier kostenlose und teils kostenpflichtige Screencasts zu Ruby on Rails.
- **codeschool.com**
  Die Seite enthält interaktive Screencasts zu Ruby on Rails und anderen Themen.
- **railsbuch.de**
  Die Website zu diesem Buch.

Rails wird zwar bevorzugt von Entwicklern unter Mac OS X eingesetzt, kann aber genauso gut auf Windows- oder Linux-Systemen installiert werden.

2 Installation

Rails lässt sich auf Windows- und Unix/Linux-basierten Systemen installieren. Auf jeder Plattform gibt es verschiedene Wege, um an die Software zu gelangen. Am einfachsten ist die Installation unter Mac OS X (ab Leopard). Dort sind bereits Rails und die meisten notwendigen Komponenten vorinstalliert.

2.1 Allgemeines

Benötigte Komponenten

Unabhängig vom Betriebssystem werden folgende Komponenten für Rails benötigt:

- **Datenbanksystem**
  Es ist zwar nicht zwingend erforderlich, ein Datenbanksystem lokal auf Ihrem Rechner zu installieren, da Sie auch auf externe Datenbanksysteme zugreifen können. Nicht zuletzt zu Testzwecken ist es aber sinnvoll, trotzdem ein Datenbanksystem zu installieren. Das einfachste Datenbanksystem, das Rails unterstützt, ist SQLite. Um nämlich auf eine SQLite-Datenbank zugreifen zu können, ist keine Serversoftware notwendig. SQLite ist seit Rails 2.0.2 die Standarddatenbank. Ferner werden folgende Anwendungen direkt von Rails unterstützt:

  - MySQL
  - PostgreSQL
  - Oracle
  - FrontBase
  - IBM DB2

  In diesem Buch verwenden wir meist SQLite3 für die Beispiele.

- **Ruby**
  Ruby ist die Programmiersprache, in der das Framework Ruby on Rails programmiert ist. Rails 3 läuft auf Ruby 1.8.7 oder neuer. Ruby 1.9.0 und Ruby 1.9.1 werden nicht unterstützt. Inzwischen ist Ruby 1.9.2 der Standard. Es kann auch schon die erheblich schnellere Version 1.9.3 verwendet werden.
- **RubyGems**
  RubyGems ist ein Paketverwaltungssystem für Ruby, um Erweiterungen, Bibliotheken oder auch Programme für Ruby zu installieren. Es ist vergleichbar mit PEAR für PHP und CPAN für Perl. Die RubyGems-Pakete werden auch Gems genannt.
- **RubyGems-Pakete**
  Das wichtigste RubyGems-Paket ist Rails. Mit der Installation von Rails werden eine Reihe von abhängigen Pakten, wie z. B. ActiveRecord mitinstalliert. Es gibt aber auch weitere Gem-Pakete, die für den Einsatz von Rails nützlich sind.
- **Entwicklungsumgebung/Editor**
  Für die Eingabe und Bearbeitung Ihrer Rails-Applikation ist ein Editor oder eine Entwicklungsumgebung nötig.

JRuby

Mit JRuby gibt es auch eine betriebssystemunabhängige Möglichkeit, Rails zu installieren. JRuby ist eine hundertprozentige Implementierung von Ruby in Java. Ruby-Programme können dann in einer virtuellen Maschine für Java ausgeführt werden. Weitere Informationen finden Sie auf der Website *http://jruby.org/*.

Sollten Sie Probleme mit den hier gezeigten Installationsanweisungen haben, schauen Sie bitte auf der Webseite zum Buch *http://www.railsbuch.de/* nach, ob sich zwischenzeitlich etwas geändert hat. Die von uns gezeigten Installationsschritte beziehen sich auf den Stand zu dem Zeitpunkt, als das Buch geschrieben wurde. Wegen der schnellen Entwicklung und der vielen neuen Versionen kann es zu Abweichungen kommen.

2.2 Installation unter Mac OS X

Meist verwendete Plattform

Mac OS X ist unter den Rails-Entwicklern die meist verwendete Plattform. Fast alle Kernentwickler (Rails Core Contributor) programmieren unter Mac OS X.

[+]

Kommandozeile

Für die Arbeit mit Rails sind grundlegende Kenntnisse der Kommandozeile, die über die Terminal-App aufgerufen wird, erforderlich. Wer noch keine oder nur wenig Erfahrung mit der Kommandozeile unter Mac OS X hat, dem sei das Buch »Mac OS X und UNIX« von Kai Surendorf, erschienen bei Galileo Press, empfohlen.

Lion

Im Folgenden gehen wir davon aus, dass Sie Mac OS X Lion verwenden. Auf diesem System sind Ruby, SQLite3 und viele Gems wie Ruby-on-Rails bereits in der Voreinstellung installiert. Meistens handelt es sich um ältere Versionen; daher ist es ratsam, die Programme zu aktualisieren.

2.2.1 Compiler installieren

Xcode

Zum Kompilieren (Umwandlung in Maschinencode) von Programmen wie z. B. Ruby und einigen Gems wird ein Compiler (GCC, GNU Compiler Collection) benötigt. Xcode von Apple installiert auf Ihrem Mac neben dem Compiler auch alle Tools, um Mac-, iPhone- und iPad-Apps zu entwickeln. Xcode kann kostenlos aus dem App Store geladen werden.

[«]

Compiler ohne Xcode

Wer nur die Compiler-Tools ohne den Rest von Xcode benötigt, der kann sich den Download von 3 GB sparen und alternativ einen Installer für die Compiler-Tools von der Website *https://github.com/kennethreitz/osx-gcc-installer* herunterladen.

2.2.2 Paketmanager Homebrew

Formula

Für die Installation von Git, Ruby und anderen Komponenten verwenden wir den Paketmanager Homebrew, der ähnlich wie APT unter Linux arbeitet. Mit Homebrew können Sie Hunderte von Unix-Tools sehr einfach installieren. Pakete heißen bei Homebrew Formulas; es sind Ruby-Skripte, welche die Installationsbeschreibung enthalten und von Homebrew ausgeführt werden.

Geben Sie den folgenden Befehl in der Konsole ein, um Homebrew zu installieren:

```
/usr/bin/ruby -e \
"$(curl -fsSL https://raw.github.com/gist/323731)"
```

Listing 2.1 Installation von Homebrew

Sie können den Befehl auch in einer Zeile schreiben, indem Sie das Zeichen `\` weglassen.

Während der Installation werden Sie nach Ihrem Benutzer-Passwort gefragt. Falls die Eingabe dreimal fehlschlägt, könnte das daran liegen, dass der Befehl `sudo` noch nicht auf Ihrem System ausgeführt wurde. Holen Sie dies nach, indem Sie z. B. `sudo pwd` ausführen.

»brew« Anschließend steht Ihnen auf der Kommandozeile der Befehl `brew` zur Verfügung. Wenn Sie ihn ohne Parameter eingeben, erhalten Sie eine Liste aller möglichen Kommandos. Hier finden Sie eine Übersicht der wichtigsten Befehle:

- **brew update**
  Aktualisiert die interne Paketliste und sollte vor jeder Installation aufgerufen werden.
- **brew search PAKET**
  Sucht nach einem Paket. Dies ist sinnvoll, wenn Sie den genauen Namen nicht kennen. Zum Beispiel liefert `brew search git` eine Liste von allen Paketen, die `git` im Namen enthalten.
- **brew info PAKET**
  Zeigt Informationen zu einem Paket an (z. B. `brew info git`).
- **brew install PAKET**
  Installiert ein Paket. Mit dem Befehl `brew install git` spielen Sie Git ein.
- **brew list**
  Listet alle installierten Pakete auf.
- **brew outdated**
  Listet alle installierten Pakete auf, zu denen es bereits eine neuere Version gibt.
- **brew upgrade PAKET**
  Aktualisiert das angegebene Paket, falls es eine neue Version gibt.
- **brew upgrade**
  Ohne Angabe eines Paketnamens werden alle veralteten Pakete aktualisiert.

»brew home« Weitere Informationen und eine Anleitung finden Sie auf der Website *http://mxcl.github.com/homebrew/*, die Sie auch mit dem Befehl `brew home` aufrufen können.

Installieren Sie als erstes die Versionsverwaltung Git:

```
brew install git
```

Im Folgenden verwenden wir Homebrew auch für die Installation von Datenbanken.

2.2.3 Datenbanken installieren

Sie sollten auf Ihrem System mindestens SQLite installieren: **Mindestens SQLite**

```
brew install sqlite
```

Optional können Sie mit Homebrew auch MySQL und PostgreSQL einspielen. Nachdem das Installationsskript für MySQL oder PostgreSQL ausgeführt wurde, wird eine Anleitung abgedruckt, die Sie befolgen sollten.

2.2.4 Ruby installieren mit »rbenv«

Als Rails-Entwickler ist es oft notwendig, mehrere Ruby-Versionen auf demselben System zu verwenden. RVM (*http://beginrescueend.com/rvm/*) von Wayne E. Seguin ist der Quasistandard zum Verwalten von Ruby-Versionen.

Eine Alternative ist `rbenv` (*https://github.com/sstephenson/rbenv*) von Sam Stephenson von 37signals. Zwar unterstützt das Tool keine Gemsets, dies ist aber wegen Bundler auch nicht notwendig und somit nicht weiter schlimmn. `rbenv` bietet folgende weitere Vorteile: **»rbenv«**

- `rbenv` enthält weniger Funktionen als RVM und ist daher einfacher zu verstehen.
- Es verändert nicht den `cd`-Befehl.
- Keine Konfiguration erforderlich; Sie passen lediglich die `PATH`-Variable an.

Die Einfachheit von `rbenv` hat dazu geführt, dass inzwischen recht viele Entwickler umgestellt haben und nicht länger auf RVM setzen.

Installation

Falls RVM bereits vorhanden ist, deinstallieren Sie dies zunächst, bevor Sie `rbenv` installieren. Mit Homebrew geht das ganz leicht:

```
brew update
brew install rbenv
brew install ruby-build
rbenv init
echo 'eval "$(rbenv init -)"' >> ~/.bash_profile
```

Z-Shell Falls Sie anstelle der Bash die Z-Shell (Zsh) verwenden, schreiben Sie im letzten Listing `~/.zshrc` anstelle von `~/.bash_profile`. Anschließend schließen Sie am einfachsten alle Terminalfenster und öffnen ein neues, damit die Einstellungen auch Wirkung zeigen.

Ruby-Versionen installieren

Im Verzeichnis `~/.rbenv/versions/` werden die Ruby-Versionen installiert.

Versionen abfragen Eine Liste der möglichen Ruby-Versionen erhält man mit dem folgenden Befehl:

```
rbenv install
usage: rbenv install VERSION
       rbenv install /path/to/definition

Available versions:
 1.8.6-p420
  1.8.7-p249
  1.8.7-p334
  1.8.7-p352
  1.9.1-p378
  1.9.2-p180
  1.9.2-p290
  1.9.3-dev
  1.9.3-p0
  1.9.3-preview1
  1.9.3-rc1
  2.0.0-dev
  jruby-1.6.3
  jruby-1.6.4
  jruby-1.6.5
  jruby-1.7.0-dev
  rbx-1.2.4
  rbx-2.0.0-dev
  ree-1.8.6-2009.06
  ree-1.8.7-2010.02
  ree-1.8.7-2011.03
```

Gelegentlich sollten Sie `rbenv` aktualisieren, damit u. a. die Liste der Versionen auf den neusten Stand gebracht wird:

```
brew update
brew upgrade rbenv
brew upgrade ruby-build
```

Ruby-Version installieren

Mit `rbenv install 1.9.3-p0` wird z. B. Ruby 1.9.3 im Verzeichnis `~/.rbenv/versions/1.9.3-p0` installiert. Sie sollten normalerweise immer die Ruby-Version mit der höchsten Nummer hinter dem `p` (production) verwenden, also z. B. `ruby-1.9.2-p290` für die Installation von Ruby 1.9.2. Eine Ruby-Version kann leicht deinstalliert werden, indem das entsprechende Verzeichnis gelöscht wird. Alle installierten Ruby-Versionen können mit dem Kommando `rbenv versions` oder einfach `ls ~/.rbenv/versions` abgefragt werden.

[!]

Wichtig ist, dass nach jeder Installation einer neuen Ruby-Version der Befehl `rbenv rehash` ausgeführt wird, damit die Befehle wie `rake` aus der Kommandozeile heraus ausführbar sind (im Verzeichnis `~/.rbenv/shims` werden die neuen Befehle hinzugefügt). Dieser Befehl sollte auch immer nach jeder Installation eines Gems erfolgen, der eine ausführbare Datei installiert (z. B. die Gems `rake`, `bundler`, `rails` etc.). Wird der Befehl `rbenv rehash` vergessen, so wird in der Kommandozeile angezeigt, dass der Befehl nicht vorhanden ist. Im Zweifel sollten Sie den Befehl öfter ausführen.

Ruby-Version festlegen

Global

Global kann die Ruby-Version mit dem Befehl `rbenv global VERSION` eingestellt werden (z. B. `rbenv global 1.9.3-p0`). Dabei wird in der Datei `~/.rbenv/version` die Version eingetragen.

Projektspezifisch

Mit dem Befehl `rbenv local VERSION` kann die Ruby-Version für ein spezifisches Projekt festgelegt werden. Es wird dann im Projektverzeichnis die Datei `.rbenv-version` erstellt, in der die Ruby-Version eingetragen ist. Die Datei sollte in das Repository eingecheckt werden.

Aktuelle Shell

Um nur in der aktuellen Shell die Ruby-Version zu wechseln, kann einfach der Befehl `rbenv shell VERSION` verwendet werden. Dies ist praktisch, um mal eben zu einer anderen Ruby-Version zu wechseln, ohne globale oder projektspezifische Einstellungen ändern zu müssen. Die Ruby-Version kann auch mit der Umgebungsvariablen `RBENV_VERSION` eingestellt werden. Der Befehl `rbenv version` zeigt die gerade aktive Ruby-Version an.

»rbenv« ist noch im Wandel

Da `rbenv` noch ein recht junges Projekt ist, kann es noch Änderungen und natürlich neue Features geben. Daher ist es unbedingt empfehlenswert, die `rbenv`-GitHub-Seite *https://github.com/sstephenson/rbenv* regelmäßig zu besuchen und nachzuschauen, ob sich etwas geändert hat.

2.2.5 Rails installieren

Stellen Sie zunächst sicher, dass Sie Ruby 1.9.2 oder 1.9.3 installiert haben und global mit `rbenv global 1.9.2-p290` oder `rbenv global 1.9.3-p0` aktiviert haben.

Nun können Sie damit beginnen, RubyGems zu installieren. Als Erstes sollten Sie Bundler mit `gem install bundler` einspielen. Mit Bundler werden die RubyGems für Rails-Projekte verwaltet (siehe Kapitel 7 ab Seite 191). Mit dem Befehl `gem install rails` kann Rails mit allen abhängigen Paketen installiert werden. Anschließend sollte `rbenv rehash` aufgerufen werden, damit die Befehle `rails` und `bundle` aus der Kommandozeile aufrufbar sind.

Überprüfen Sie mit `rails -v`, ob Rails mindestens in Version 3.1.x vorliegt. Sie können auch mit `gem update` sämtliche Gem-Pakete aktualisieren, die bereits auf Ihrem System installiert sind.

RubyGems updaten

Gelegentlich sollten Sie mit dem Befehl `gem update --system` die RubyGems-Paketverwaltung auf den neuesten Stand bringen. Mit `gem -v` können Sie aktuelle Version auf Ihrem System abfragen.

[+]

RubyGems ohne Dokumentation installieren

Während der Installation von RubyGems wird meist auch die API-Dokumentation generiert und installiert, was meist langwierig ist. Sie können dies abstellen, indem Sie folgenden Befehl einmalig ausführen:

```
echo 'gem: --no-rdoc --no-ri' > ~/.gemrc
```

2.3 Installation unter Windows

RailsInstaller von Engine Yard

Anfang 2011 wurde der bis dahin zur Verfügung stehende Installer von Rails unter Windows (Instant Rails) durch den von Engine Yard entwickelten RailsInstaller ersetzt. Der Installer enthält alles, was Sie brauchen, um Rails unter Windows zu installieren. Das heißt, die Installation ist damit in kürzester Zeit erledigt.

Folgende Komponenten sind in RailsInstaller enthalten:

Komponenten

- Ruby
- Rails
- Bundler
- Git
- SQLite
- TinyTDS
- SQL-Server-Support
- Development-Kit

Den Installer gibt es auf der Website *http://railsinstaller.org/*. Dort ist auch eine Installationsanleitung als Video veröffentlicht.

2.4 Installation unter Linux

In diesem Abschnitt werden wir die Installation von Rails unter Debian und Ubuntu Linux zeigen.

2.4.1 Basisinstallation mit »apt-get«

Für die Installation unter Debian und Ubuntu wird das Standard-Installationstool **apt-get** verwendet. Da Ubuntu auf Debian basiert, können die gleichen Schritte auf beiden Systemen durchgeführt werden. Für die folgenden Befehle sollten Sie sich entweder als Root-User anmelden oder jeweils `sudo` voranstellen, falls dies entsprechend konfiguriert wurde.

Paket-Cache aktualisieren

Zunächst sollten Sie mit dem Befehl `apt-get update` den Paket-Cache auf den neuesten Stand bringen. Anschließend installieren Sie die grundlegenden Pakete wie die Compiler-Tools, Ruby und Git:

```
sudo apt-get update && sudo apt-get install build-essential \
ruby-full git curl libxml2-dev zlib1g zlib1g-dev
```

Node.js

Damit es in Rails nicht zu der Fehlermeldung `Could not find a JavaScript runtime` kommt, ist die Installation des JavaScript-Frameworks Node.js (*http://bit.ly/inst-nodejs*) zu empfehlen.

2.4.2 Datenbanken installieren

SQLite3

Sie sollten mindestens das Datenbanksystem SQLite3 mit `sudo apt-get install sqlite3 libsqlite3-dev` einspielen. Zusätzlich können Sie noch PostgreSQL oder MySQL wie folgt installieren:

```
sudo apt-get install postgresql postgresql-client \
postgresql-server-dev-8.4
```

Listing 2.2 Installation von PostgreSQL

```
sudo apt-get install libmysql-ruby libmysqlclient-dev \
mysql-client mysql-server
```

Listing 2.3 Installation von MySQL

2.4.3 Installation von »rbenv«

Version-Manager

Es ist empfehlenswert, für die Verwaltung der installierten Ruby-Versionen entweder das Tool RVM oder `rbenv` zu verwenden. Wie schon in Abschnitt 2.2 erwähnt, empfehlen wir die Verwendung von `rbenv`.

```
cd
git clone git://github.com/sstephenson/rbenv.git .rbenv
echo 'export PATH="$HOME/.rbenv/bin:$PATH"' >> ~/.bash_profile
echo 'eval "$(rbenv init -)"' >> ~/.bash_profile
exec $SHELL
```

Listing 2.4 Installation von »rbenv« unter Linux

»ruby-build«

Anschließend sollte noch `ruby-build` installiert werden. Mit diesem Tool können Sie dann die einzelnen Ruby-Versionen einspielen.

```
cd
git clone git://github.com/sstephenson/ruby-build.git
cd ruby-build
sudo  ./install.sh
```

Listing 2.5 Installation von »ruby-build«

Wie Sie verschiedene Ruby-Versionen mit `rbenv` installieren, lesen Sie in Abschnitt 2.2.4. Die Installation von Rails kann dann leicht mit `gem install rails` durchgeführt werden.

2.5 Editoren und Entwicklungsumgebungen

Aufgrund der steigenden Popularität von Ruby on Rails gibt es inzwischen eine größere Auswahl an Entwicklungsumgebungen. Allen gemeinsam ist die Syntaxhervorhebung von Ruby- und Ruby-on-Rails-Befehlen. Außerdem zeigen die Entwicklungsumgebungen die Projektdateien meist komfortabel an. Im Folgenden stellen wir eine Reihe von Editoren und Entwicklungsumgebungen vor, die entweder speziell für Ruby on Rails entwickelt wurden oder eine Erweiterung zur Integration von Ruby on Rails bieten.

2.5.1 TextMate

TextMate von Macromates war lange Zeit **der** Texteditor unter Mac OS X, mit dem Rails-Applikationen entwickelt wurden. TextMate wurde von Allan Odgaard, einem Freund von David Heinemeier Hansson und ebenfalls Däne, geschrieben.

Schlicht, aber mächtig

TextMate überrascht beim ersten Öffnen mit seiner schlichten Oberfläche, kann aber durch seine in den Menüs versteckten mächtigen Funktionen, die alle sehr gut über Tastaturkürzel aufgerufen werden können, mehr als überzeugen. TextMate stellt alle Funktionen zur Verfügung, die man zum Entwickeln einer Rails-Applikation benötigt, und ist auch auf anderen Gebieten sehr stark.

Seinen Durchbruch hatte TextMate, als David Heinemeier Hansson einen Rails-Screencast veröffentlichte, in dem er TextMate verwendete.

TextMate 2

Leider wurde TextMate mehrere Jahre lang nicht gepflegt und erweitert, weshalb viele Entwickler auf andere Editoren umgestiegen sind. Für 2012 hat der Entwickler aber TextMate 2 angekündigt. Sie können eine 30-Tage-Testversion von der Website *http://www.macromates.com/* herunterladen.

2.5.2 Sublime Text

Der recht neue Editor Sublime Text 2 setzt dort an, wo TextMate aufgehört hat. Er läuft auf Linux, Mac OS X und Windows und bietet u. a. eine Splitscreen-Funktion und Multiselect.

TextMate, nur besser?

Auch können die TextMate-Erweiterungen (Bundles) meist ohne größere Anpassungen direkt in Sublime Text verwendet werden. Er unterstützt fast alle TextMate-Befehle und Erweiterungen und ist damit genauso zu bedienen wie TextMate. Da er unter Windows läuft, ist er quasi TextMate für Windows. Eine 30-Tage-Testversion können Sie von der Website *http://www.sublimetext.com/* herunterladen.

2.5.3 Vim

Der Editor Vim ist insbesondere unter Unix-Anwendern bekannt. Vim ist normalerweise auf jedem Linux-, Unix- und Mac-OS-X-Betriebssystem vorinstalliert.

Für Anfänger nicht so einfach

Vim wird von vielen professionellen Rails-Entwicklern verwendet. Für Anfänger ist der Editor jedoch sehr gewöhnungsbedürftig, da die Bedienung normalerweise ausschließlich über die Tastatur erfolgt. Wer jedoch den Einstieg geschafft hat, wird genau deshalb sehr produktiv.

Janus

Vim kann praktisch beliebig angepasst und erweitert werden. Um den Einstieg mit Vim insbesondere für Rails-Entwickler leicht zu machen, haben Yehuda Katz und Carl Lerche ein Paket mit sinnvollen Erweiterungen und Einstellungen für Vim unter dem Projektnamen »Janus« auf GitHub (*https://github.com/carlhuda/janus/*) zur Verfügung gestellt.

Auf dem Mac OS X-System wird auch gerne das GUI-Programm MacVim (*http://code.google.com/p/macvim/*) verwendet.

2.5.4 Emacs

Sehr gut anpassbar

Emacs ist ähnlich wie Vim ein Editor, der komplett über die Tastatur gesteuert werden kann. Emacs integriert die Programmiersprache Lisp. Kein Editor kann so tiefgreifend an die eigenen Bedürfnisse angepasst werden wie Emacs. Um den Einstieg zu erleichtern, ist es ratsam, ein so genanntes Emacs-Starter-Kit (*https://github.com/technomancy/emacs-starter-kit*) zu verwenden, in dem nützliche Erweiterungen und Einstellungen bereits konfiguriert sind.

2.5.5 IntelliJ IDEA und RubyMine

IntelliJ IDEA

Wem ein Editor nicht reicht, der kann eine integrierte Entwicklungsumgebung (IDE) verwenden. IntelliJ IDEA von JetBRAINS ist unter Java-Entwicklern sehr beliebt. Für IntelliJ IDEA gibt es eine sehr gute Erweiterung, die Ruby on Rails integriert. Zu den herausragenden Funktionen gehören die Integration von JRuby, Assistenten für die Generatoren und die Integration der Ruby- und Rails-Dokumentation. Praktisch ist auch die Möglichkeit, schnell zwischen den Actions und den zugehörigen Templates umschalten zu können. Von der Website *http://www.jetbrains.com/idea/* kann die Entwicklungsumgebung IntelliJ IDEA 7 in einer 30-Tage-Testversion für Windows, Mac OS X und Linux heruntergeladen werden. Die Ruby-on-Rails-Erweiterung finden Sie auf der Website *http://plugins.intellij.net/plugin/?id=1293*.

RubyMine

Für diejenigen, die nicht in Java entwickeln, hat JetBRAINS speziell für Ruby on Rails die IDE RubyMine entwickelt. RubyMine ist mit Abstand die beste IDE für Rails. Sie bietet u. a. folgende Funktionen:

- integrierter Debugger
- Code-Analyse
- Autovervollständigung
- RSpec-, Cucumber-, Shoulda- und Test::Unit-Integration
- Diagrammdarstellung von Model-Assoziationen
- Git-, Subversion- und Mercurial-Integration

Die kostenpflichtige IDE läuft unter Mac OS X, Windows und Linux. Eine 30-Tage-Testversion können Sie unter *http://www.jetbrains.com/ruby/* herunterladen.

2.5.6 Aptana

Plattform-unabhängig

Aptana ist eine integrierte Entwicklungsumgebung (IDE), die auf der Java-Entwicklungsumgebung Eclipse basiert. Sie bietet alle Vorteile einer IDE, wie zum Beispiel einen integrierten FTP/SFTP-Client, einen Datenbank-Viewer und die integrierte Hilfe, die es erlaubt, einen Rails-Befehl in der Referenz zu öffnen. Aptana ist plattformunabhängig und kostenlos.

Sie können Aptana von hier herunterladen: *http://aptana.com/*.

2.5.7 Visual Studio

Für Microsofts Visual Studio gibt es eine kostenpflichtige Erweiterung, die Ruby on Rails in Visual Studio integriert. Nähere Informationen finden Sie auf der Seite *http://www.sapphiresteel.com/Products/Ruby-In-Steel/article/ruby-in-steel-developer-overview*.

Nachdem wir Ruby, Rails und ein Datenbanksystem installiert und eine Entwicklungsumgebung eingerichtet haben, können wir unsere erste kleine Rails-Applikation erstellen.

3 Unsere erste Rails-Applikation

Anforderungen

Als erste Applikation werden wir eine Personalverwaltung `employees` erstellen. Die Applikation soll folgende Anforderungen erfüllen:

- Erfassen neuer Mitarbeiter
- Anzeigen vorhandener Datensätze
- Bearbeiten vorhandener Datensätze
- Löschen vorhandener Datensätze

3.1 Eine Rails-Applikation erstellen

Generieren eines Projektes

Mit dem Befehl `rails new employees` wird ein neues Rails-Projekt mit dem Namen `employees` erstellt. Als Datenbankadapter wird SQLite3 verwendet. Für unsere Übungsbeispiele im Rahmen dieses Buches reicht das auch völlig aus. Falls Sie eine andere Datenbank einsetzen wollen, lesen Sie in Kapitel 7 ab Seite 191 nach.

Während der Ausführung des `rails`-Befehls wird ausgegeben, welche Verzeichnisse und Dateien erstellt werden:

```
rails new employees
      create
      create  README
      create  Rakefile
      create  config.ru
      create  .gitignore
      create  Gemfile
      create  app
      create  app/assets/images/rails.png
      create  app/assets/javascripts/application.js
      create  app/assets/stylesheets/application.css
      create  app/controllers/application_controller.rb
```

```
create  app/helpers/application_helper.rb
create  app/mailers
create  app/models
...
run  bundle install
...
```

Bundler Nach der Generierung wechseln wir mit dem Befehl `cd employees` in das Projektverzeichnis. In der Datei `Gemfile` werden alle Erweiterungen (Gems) definiert, die für die Rails-Applikation erforderlich sind. Bei der Generierung eines neuen Rails-Projektes mit `rails new projektname` ohne weitere Optionen sind das standardmäßig die Gems `rails`, `sqlite3`, `sass-rails`, `coffee-rails`, `uglifier`, `jquery-rails` und `turn`. Da diese Erweiterungen jedoch Abhängigkeiten zu weiteren Erweiterungen haben, müssen diese auch installiert werden. Für diese Aufgabe wird das Gem `bundler` eingesetzt. Mit dem Befehl `bundle install` (oder einfach nur `bundle`) werden alle notwendigen Erweiterungen geladen und installiert. Beim Generieren eines neuen Rails-Projektes wird der Befehl `bundle install` automatisch ausgeführt. Falls das Gem `bundler` nicht vorhanden ist, muss es mit `gem install bundler` installiert werden (siehe Abschnitt 7.2 auf Seite 202).

3.2 Der lokale Rails-Server

»rails server« Obwohl wir noch nichts programmiert haben, können wir unsere Applikation bereits ausführen und im Browser testen. Rails bringt einen eigenen Rails-Server (`WEBrick`) mit, mit dem wir unsere Applikationen starten können. Führen Sie dazu in dem Projektverzeichnis `employees` den Befehl `rails server` (oder als Abkürzung einfach nur `rails s`) aus:

```
=> Booting WEBrick
=> Rails 3.1.0 application starting in development on
   http://0.0.0.0:3000
=> Call with -d to detach
=> Ctrl-C to shutdown server
...
```

Aufruf im Browser Die Applikation ist unter der Adresse *http://localhost:3000* erreichbar. Geben Sie diese URL in die Adressleiste Ihres Browser ein. Es sollte sich die folgende Seite öffnen:

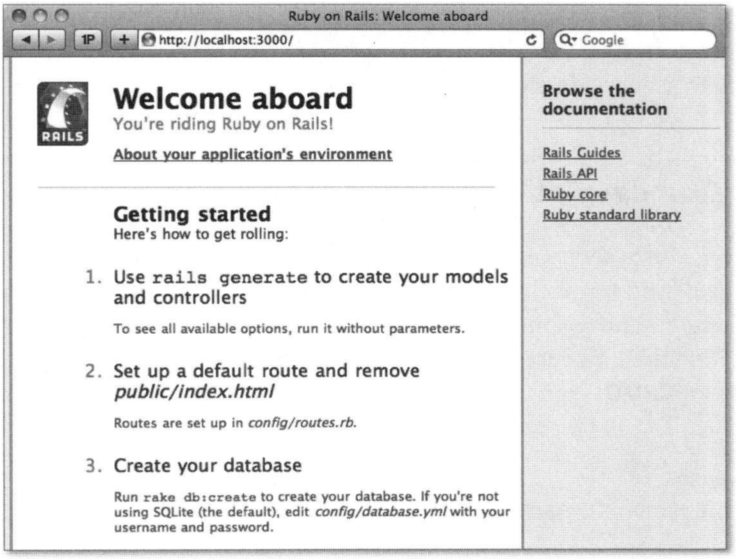

Abbildung 3.1 Willkommen zu Ruby on Rails!

Wenn Sie auf den Link »About your application's environment« klicken, klappt ein Bereich auf, in dem Sie die Details Ihrer Applikationsumgebung einsehen können, u. a. auch die verwendete Rails-Version.

Applikationsumgebung

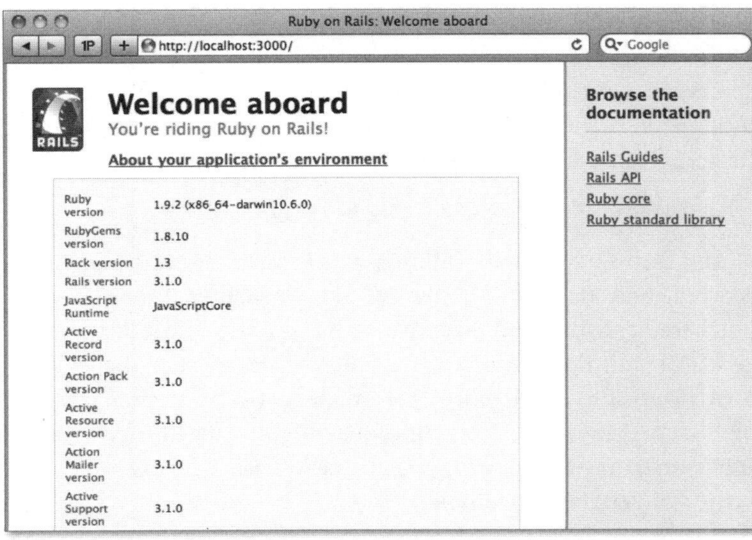

Abbildung 3.2 Applikationsumgebung

Durch Eingabe der Tastenkombination **Strg + C** oder **Ctrl + C** in dem Terminalfenster, in dem Sie den Server gestartet haben, können Sie den Rails-Server wieder beenden.

3.3 Grundgerüst mit Scaffolds erstellen

CRUD

In unserer Personalverwaltung `employees` soll es möglich sein, Mitarbeiter anzulegen, anzuzeigen, zu bearbeiten und zu löschen. Diese vier Eigenschaften kennzeichnen eine **Ressource** (siehe Abschnitt 10.2.1 ab Seite 355). In der Softwareentwicklung kennt man dieses Verhalten unter dem Namen **CRUD**, wobei jede dieser vier Aktionen folgende Aufgaben hat:

1. **C: Create**
   Hinzufügen von Daten
2. **R: Read**
   Lesen von Daten
3. **U: Update**
   Akualisieren von Daten
4. **D: Delete**
   Löschen von Daten

Ressource anlegen

Alle erforderlichen Dateien für das Erzeugen einer Ressource können manuell erstellt werden. Rails stellt aber auch den so genannten Scaffold-Generator zur Verfügung, mit dem der erforderliche Code zum Anlegen einer Ressource automatisch erzeugt werden kann. Mit dem Befehl

```
rails generate scaffold ModelName feld_name:feldtyp
```

Erzeugte Dateien

wird automatisch Code erstellt, mit dem wir Ressourcen hinzufügen, ändern, löschen und anzeigen können. Konkret bedeutet das, es werden das Model (repräsentiert die Datenbanktabelle), der Controller (steuert die Interaktion mit den Benutzern) mit den erforderlichen sieben Methoden (Actions), die dazugehörigen vier Views (HTML-Templates) und eine sogenannte Migration-Datei zur Erzeugung der zugehörigen Datenbanktabelle erstellt. Als Abkürzung kann statt `rails generate` auch der Befehl `rails g` verwendet werden.

[!]

Englische Bezeichnungen

Dabei ist zu beachten, dass standardmäßig alle Bezeichnungen, also der Modelname und die Feldnamen, in Englisch und im Singular angegeben werden müssen, da Rails per Konvention daraus unter Einsatz von Pluralbildung automatisch weitere Bezeichnungen generiert, wie zum Beispiel den Controller-Namen und Dateinamen. Wenn Sie gerne die Feldbezeichnungen auf Deutsch oder in einer anderen Sprache angeben möchten, können Sie die dafür erforderliche Konfiguration in der Datei `config/initializers/inflections.rb` vornehmen.

Wir möchten zunächst nur den Vornamen, den Nachnamen, das Geburtsdatum, die E-Mail-Adresse und einen Kommentar zu den Mitarbeitern verwalten. Dazu erzeugen wir über den eben gezeigten Befehl die Ressource `employee` mit den Feldern `firstname`, `lastname`, `birthday`, `email` und `comment`:

```
rails generate scaffold employee firstname:string \
    lastname:string birthday:date email:string comment:text
```

Migration

Der Generator hat u. a. automatisch im Verzeichnis `app/models` die Model-Datei `employee.rb` angelegt, im Verzeichnis `app/controllers` die Controller-Datei `employees_controller.rb`, im Verzeichnis `app/views` das Unterverzeichnis `employees`, in dem die fünf HTML-Templates `index.html.erb`, `show.html.erb`, `new.html.erb`, `edit.html.erb` und `_form.html.erb` angelegt wurden, sowie im Verzeichnis `db/migrate` eine Migration-Datei `*_create_employees.rb` zur Erzeugung der Datenbanktabelle `employees`. Diese müssen wir noch mit dem Befehl `rake db:migrate` aus unserem Projektverzeichnis heraus ausführen, damit die Tabelle wirklich angelegt wird:

```
rake db:migrate
  == CreateEmployees: migrating
  -- create_table(:employees)
     -> 0.3426s
  == CreateEmployees: migrated (0.3429s)
```

3.4 Die Applikation im Browser aufrufen

Test im Browser

Starten Sie anschließend wieder mit dem Befehl `rails server` den lokalen Rails-Server, und rufen Sie im Webbrowser die Adresse *http://localhost:3000/employees* auf. Es öffnet sich die Übersichtsseite, auf der alle vorhandenen Einträge gelistet werden:

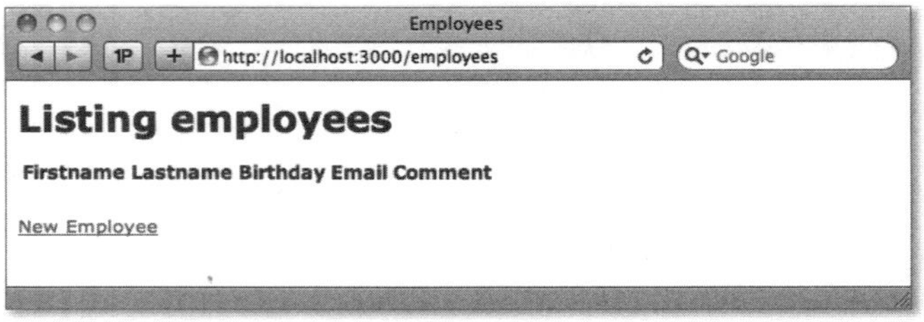

Abbildung 3.3 »http://localhost:3000/employees«

Mitarbeiter anlegen

Da wir noch keinen Mitarbeiter angelegt haben, ist die Liste leer. Es befindet sich ein Link auf der Seite zum Erstellen eines neuen Mitarbeiters:

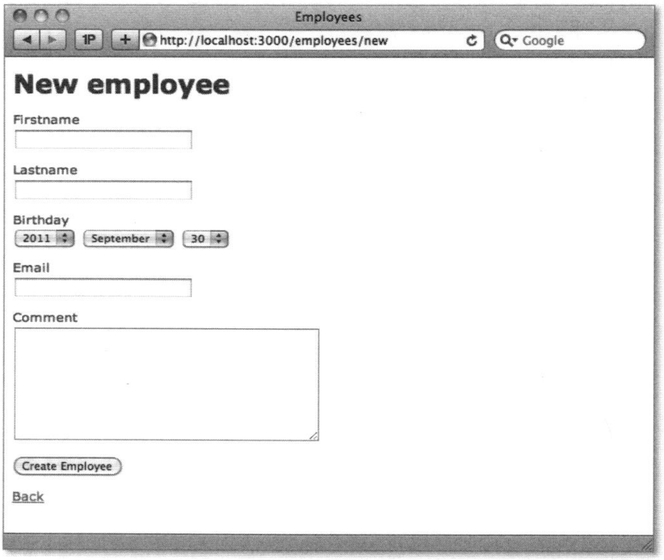

Abbildung 3.4 »http://localhost:3000/employees/new«

In dem Formular fällt auf, dass das Geburtsjahr nur bis 2006 in die Vergangenheit, aber bis 2016 in die Zukunft auswählbar ist. Das wurde von Rails standardmäßig so eingerichtet, ergibt aber bei einem Auswahlfeld für ein Geburtsjahr wenig Sinn. Um das z. B. so zu ändern, dass das Geburtsjahr immer bis 100 Jahre in die Vergangenheit und nicht in die Zukunft auswählbar ist, geben wir im zugehörigen View (`app/views/employees/_form.html.erb`) für das Auswahlfeld des Geburtsdatums über die Optionen `:start_year` und `:end_year` Folgendes an:

```
...
<div class="field">
  <%= f.label :birthday %><br />
  <%= f.date_select :birthday,
                    start_year: Time.now.year - 100,
                    end_year: Time.now.year %>
</div>
...
```

Listing 3.1 »app/views/employees/_form.html.erb«

Die Standardwerte für die beiden Optionen lauten `Time.now.year - 5` und `Time.now.year + 5`, was in unserem Fall aktuell 2006 bzw. 2016 entspricht. Nach Absenden des Formulars werden die eingegebenen Daten angezeigt, und es wird eine Info ausgegeben, dass der neue Mitarbeiter erfolgreich hinzugefügt wurde:

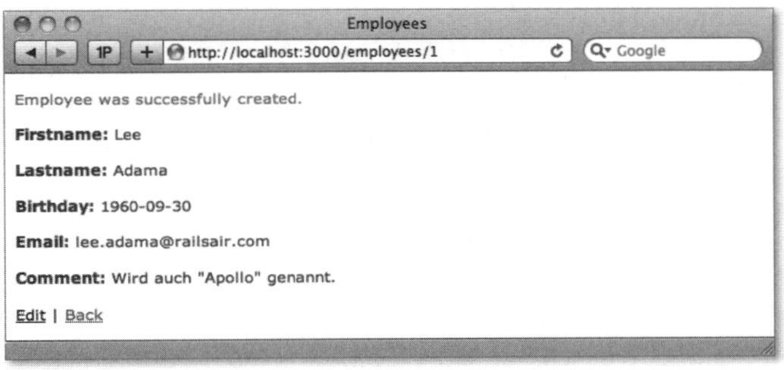

Abbildung 3.5 »http://localhost:3000/employees/1«

Indexseite

Über den Link »Back« auf dieser Seite gelangen Sie wieder zurück zur Liste, die jetzt auch den neuen Eintrag und darüber hinaus zu jedem Eintrag einen Link zum Anzeigen, Editieren und Löschen dieses Eintrags enthält:

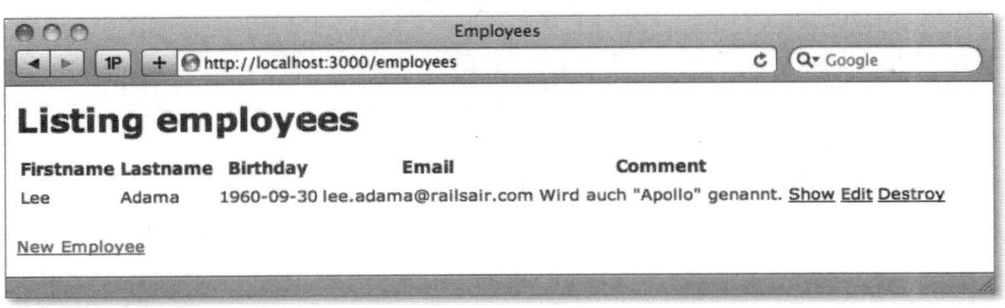

Abbildung 3.6 »http://localhost:3000/employees«

3.5 Startseite festlegen

Wenn wir die Liste der Mitarbeiter als Startseite unserer Applikation definieren möchten, damit wir nicht immer *http://localhost:3000/employees* aufrufen müssen, sondern diese Seite direkt über *http://localhost:3000* erreichen, müssen wir die sogenannte »Root-Route« in der Datei `config/routes.rb` anlegen, indem wir angeben, welche Action in welchem Controller aufgerufen werden soll, wenn nur der Host aufgerufen wird:

```
Employees::Application.routes.draw do
  resources :employees
  ...
  root to: 'employees#index'
end
```

Listing 3.2 »config/routes.rb«

Damit das funktioniert, müssen Sie noch die Datei `index.html` im Verzeichnis `public` löschen. Wenn Sie jetzt den internen Rails-Server neu starten und *http://localhost:3000* aufrufen, wird die Liste der Mitarbeiter angezeigt. Das sogenannte **Routing** legt innerhalb von Rails fest, welcher interne Aufruf aus der URL erfolgt. Mehr zu diesm Thema erfahren Sie im Kapitel 9 ab Seite 331.

Damit wäre unsere erste kleine Rails-Applikation im Grunde genommen fertig. Was uns noch nicht so ganz gefällt, ist, dass der Zugriff auf die Personalverwaltung nicht geschützt ist. Das heißt, jeder, der die URL kennt, kann neue Mitarbeiter anlegen, bestehende Datensätze ändern oder sogar löschen.

3.6 HTTP-Authentifizierung

Implementierung

Rails stellt uns die Methode `http_basic_authenticate_with` zur Verfügung, mit deren Hilfe es ziemlich einfach ist, eine HTTP-Authentifizierung zu implementieren. Die Methode implementieren Sie im Controller und übergeben ihr den Benutzernamen und das Passwort:

```
class EmployeesController < ApplicationController
  http_basic_authenticate_with name: "admin",
                               password: "geheim"
  ...
end
```

Listing 3.3 »app/controllers/employees_controller.rb«

Test im Browser

Die Methode `http_basic_authenticate_with` wird vor dem Ausführen jeder Methode des Controllers aufgerufen. Wenn Sie jetzt die Applikation aufrufen, öffnet sich ein Authentifizierungsformular:

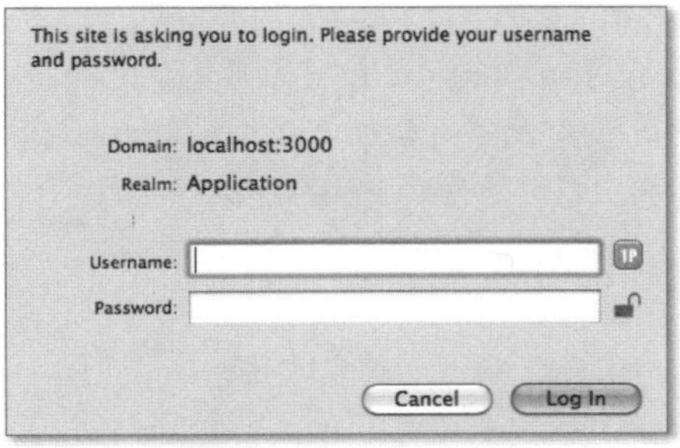

Abbildung 3.7 »http://localhost:3000«

Nach erfolgreicher Authentifizierung durch Eingabe des Benutzernamens »admin« und des Passworts »geheim« können Sie alle Funktionen der Personalverwaltung nutzen.

»only:«, »except:«

Die Methode `http_basic_authenticate_with` können Sie mit den Optionen `:only` oder `:except` auch nur für bestimmte Methoden eines Controllers einsetzen, um die HTTP-Authentifizierung auf diese Methoden zu beschränken:

```
http_basic_authenticate_with name: "admin",
                             password: "geheim",
                             only: [:edit, :update, :destroy]

http_basic_authenticate_with name: "admin",
                             password: "geheim",
                             except: [:index]
```

Jetzt ist unsere Personalverwaltung vor nicht autorisierten Zugriffen geschützt. Sie können natürlich noch die Views nach Ihrem Geschmack formatieren. Dabei können Sie vor allem die Bezeichnungen »Name«, »Firstname«, »Lastname« usw. ändern bzw. übersetzen. Rails hat hier automatisch die Feldnamen aus der Datenbank benutzt; das muss aber nicht so bleiben. Wie Sie eine mehrsprachige Applikation erstellen, erfahren Sie in Kapitel 15 ab Seite 487.

Im nächsten Beispiel in Kapitel 5 ab Seite 93 werden wir Schritt für Schritt eine komplexere Applikation erstellen.

Was ist Ruby? Die kurze Antwort auf diese Frage lautet: Ruby ist eine sehr mächtige, hochgradig objektorientierte Skriptsprache mit einer einfachen Syntax.

4 Einführung in Ruby

Dieses Kapitel dient als Einführung in die Programmiersprache Ruby. Wir erheben aber nicht den Anspruch auf Vollständigkeit. Das würde wieder ein ganzes Buch füllen. Wir werden nur die Aspekte genauer betrachten, die für die Arbeit mit Rails wichtig sind. Wenn Sie Ruby in seiner Gesamtheit erfassen möchten, empfehlen wir das Standardwerk »Programming Ruby« (Pickaxe) von Dave Thomas, Chad Fowler und Andrew Hunt und das Buch »Eloquent Ruby« von Russ Olson, welches viele praktische Tipps enthält. Auf der Homepage zu Ruby (*http://www.ruby-lang.org/de/*) finden Sie neben Neuigkeiten zu Ruby auch eine Sprachreferenz.

4.1 Was ist Ruby?

4.1.1 Geschichte

Erfinder von Ruby

Die Sprache Ruby wurde 1995 von dem Japaner Yukihiro »Matz« Matsumoto nach zwei Jahren Entwicklungsarbeit erstmals veröffentlicht. Er hat Ruby entwickelt, um Programmierer glücklich zu machen. Das Ergebnis ist eine gut ausbalancierte und natürlich wirkende Sprache, die leicht zu erlernen ist und in der man tatsächlich gerne programmiert.

Herkunft des Namens

Der Name Ruby ist von »Rubin« abgeleitet. Da Ruby Perl ähnelt, wollte Matz auch den Namen eines Juwels wählen und entschied sich für den Geburtsstein eines Kollegen. Dass Rubin für den Monat Juli steht und Perl für Juni, man die Namensgebung also auch so interpretieren könnte, dass Ruby der »Nachfolger« von Perl ist, war ihm zu diesem Zeitpunkt nicht bewusst.

Zuerst Japan

Bis ca. 2004 wurde Ruby hauptsächlich in Japan eingesetzt. Es gab zwar in den USA und in Deutschland Bücher zu Ruby, die Sprache galt aber als exotisch. Richtig bekannt wurde Ruby mit der Veröffentlichung des Webframeworks Ruby on Rails.

4.1.2 Eigenschaften

Die Sprache Ruby wurde von den Lieblingssprachen von Matz beeinflusst: Perl, Smalltalk, Eiffel, Ada und Lisp. Ruby zeichnet sich durch folgende Eigenschaften aus:

- **Objektorientiert**
  Ruby ist eine rein objektorientierte Sprache.
- **Funktional**
  Ruby enthält auch einige Konzepte aus funktionalen Sprachen.
- **Prozedural**
  Obwohl Ruby objektorientiert ist, können auch leicht Programme ohne Klassen erstellt werden, weshalb sich Ruby auch zum Schreiben von Skripten z. B. auf Servern eignet.
- **Kompakt**
  Es gibt keine überflüssigen Sprachelemente.
- **Flexibel**
  Die Sprache bietet genügend Spielraum, um sowohl einfache als auch komplexe Probleme mit ihr lösen zu können.
- **Prinzip der geringsten Überraschung (»principle of least surprise«)**
  Da Ruby sehr logisch aufgebaut ist, kommt es beim Programmieren selten zu unerwarteten Ergebnissen.

Ruby-Programme sind wegen der klaren Syntax leicht zu verstehen. Das heißt aber nicht, dass Ruby nichts zu bieten hat. Matz hat Ruby wie folgt charakterisiert: »Ruby wirkt simpel, aber ist innen sehr komplex, genau wie der menschliche Körper.« Es gibt z. B. komplexe Themengebiete wie »Metaprogramming« die wir in diesem Buch nicht behandeln werden. Selbst langjährige Ruby-Programmierer lernen fast täglich neue Seiten von Ruby kennen.

Alles ist ein Objekt

Ruby ist eine rein objektorientierte Sprache. Fast alles in Ruby ist ein Objekt und folgt dem Prinzip von Klassen und Instanzen. Skalare Datentypen gibt es nicht. So ist z. B. auch eine Zahl ein Objekt. Sogar Klassen sind Objekte. Diesen Grad der Objektorientierung erreichen andere Programmiersprachen, die im Internet zum Einsatz kommen, wie Perl, PHP oder Java, nicht. Hier kennt man Datentypen – etwa Zahlen vom Typ `int` –, die keine Objekte sind. In Ruby gibt es deshalb keine Funktionen, sondern Methoden, die zu einem Objekt gehören.

4.1.3 Compiler oder Interpreter?

Interpreter

Ruby ist eine Interpretersprache, das heißt, anders als in Compilersprachen wie z. B. C werden Ruby-Programme nicht vor der Ausführung in ein Binärformat übersetzt (kompiliert), sondern direkt zur Laufzeit von einem Interpreter analysiert und ausgeführt. Dies ist auch der Hauptvorteil, den Interpretersprachen gegenüber Compilersprachen haben. Darüber hinaus sind Interpretersprachen dynamischer als Compilersprachen, z. B. ist der Wechsel des Datentyps einer Variablen ganz einfach durch Zuweisung eines Wertes eines anderen Datentyps möglich. Bekanntere Interpretersprachen, von denen man das auch schon kennt, sind etwa Perl oder PHP. Der Nachteil von interpretierten Programmen gegenüber kompilierten Programmen ist die langsamere Geschwindigkeit.

[+]

Virtuelle Maschine in Ruby 1.9

In Ruby 1.9 wird aus Performanzgründen der Code nicht einfach interpretiert, sondern zunächst in Bytecode übersetzt und dann von einer virtuellen Maschine (genannt YARV, »Yet Another Ruby VM«) ausgeführt. Diese Prinzip ist auch aus der Java-Welt bekannt (Java Virtual Maschine).

4.1.4 Ruby-Versionen

Ruby 1.8

Ruby 1.8 ist noch verbreitet. Aufgrund der vielen Vorteile von Ruby 1.9 sollten neue Projekte nicht mehr mit der alten Version erstellt werden.

Ruby 1.9

Ruby 1.9 existiert schon seit Jahren. Aber erst Version Version 1.9.2 ist stabil und für den produktiven Einsatz geeignet. Diese Version ist inzwischen der Standard unter Ruby-Programmieren.

Gegenüber 1.8 ist Ruby 1.9 erheblich schneller, bietet teilweise bessere Syntax und unterstützt nun vollständig UTF-8 (und andere Multibyte-Kodierungen). Außerdem werden nun komplexere reguläre Ausdrücke besser unterstützt.

Wir verwenden in diesem Buch Ruby 1.9.2 (aber auch Ruby 1.9.3 kann verwendet werden, denn es ist im Wesentlichen performanter als 1.9.2). 1.8.7 ist zwar immer noch sehr verbreitet, aber inzwischen schon veraltet. Neue Projekte sollte mit Ruby 1.9.2 (oder höher) begonnen werden.

JRuby

Wenn Ihr Unternehmen in der Java-Welt zuhause ist, ist JRuby sehr interessant. JRuby ist eine Implementierung des Ruby-Interpreters in Java. Code in JRuby kann von Java-Code aufgerufen werden und umgekehrt. Damit ist es möglich, Ruby-Code in einer Java-Infrastruktur zu verwenden. JRuby ist inzwischen auch zu Ruby 1.9 kompatibel. Da JRuby zusätzlich sehr performant ist, wird es daher gerne im Unternehmensumfeld eingesetzt.

MacRuby

Es gibt noch weitere Implementierungen von Ruby 1.9, wie z. B. MacRuby, Rubinius und IronRuby. Diese befinden sich aber teilweise noch in der Entwicklung.

4.2 Ruby-Code ausführen

Es gibt zahlreiche Möglichkeiten, Ruby-Code auszuführen, die wir Ihnen in diesem Kapitel vorstellen möchten.

4.2.1 Quelltext

Dateiendung

Sie speichern Ihren Ruby-Code in Dateien mit der Endung `.rb`. Diese Dateien führen Sie mit dem Ruby-Interpreter aus. Der Aufruf lautet dann:

```
ruby datei.rb
```

Aufruf unter Unix

Unter Unix (Linux, Mac OS X usw.) ist es möglich, Ruby-Dateien direkt auszuführen, ohne `ruby` voranzustellen. Dazu fügen Sie in die erste Zeile (Shebang-Zeile genannt) die Anweisung `#!/usr/bin/env ruby` ein und machen die Datei mit `chmod +x datei.rb` ausführbar.

```
#!/usr/bin/env ruby
puts "Hallo Welt"
```

Die Datei kann dann einfach mit `/pfad/datei.rb` oder `./datei.rb` ausgeführt werden, je nachdem, in welchem Pfad man sich befindet.

In der Rails-Umgebung brauchen Sie sich nicht um den Aufruf des Ruby-Interpreters zu kümmern, da dies der Rails-Server übernimmt.

4.2.2 Interaktive Ruby Shell – »irb«

Interaktiv

Das spielerische Ausprobieren ist die beste Art, eine Programmiersprache kennen zu lernen. Hierfür bietet Ruby die »Interactive Ruby Shell«, kurz `irb`. Innerhalb der `irb` können Sie keine Programme schreiben, sondern interaktiv Zeile für Zeile Ruby-Code eingeben. Auf jede Eingabe folgt ein

Ergebnis. Um die `irb` aufzurufen, führen Sie den gleichnamigen Befehl in der Shell-Umgebung Ihres Betriebssystems aus (Mac OS X: Terminal, Windows: DOS-Eingabeaufforderung).

Prompt

Nach dem Aufruf von `irb` erscheint die Eingabeaufforderung (auch Prompt genannt). Nach Eingabe eines Ruby-Befehls und Drücken der Eingabetaste wird das Ergebnis sofort angezeigt. Das Prinzip ist gleich dem der Unix-Shell. Der Prompt zeigt u. a. die Zeilennummer, gefolgt von der Nummer der Blockebene an. Die Blockebene ist am Anfang 0. Innerhalb von Blocks, z. B. `if`-Anweisungen, Klassen usw., ist sie 1. Wird innerhalb dieses Blocks weiter verschachtelt, ist die Block-Ebene 2 usw. Das folgende Beispiel zeigt dies anschaulich:

```
irb(main):001:0> a=2
=> 2
irb(main):002:0> b=3
=> 3
irb(main):003:0> if a > b
irb(main):004:1>   c = 0
irb(main):005:1>   if a > c
irb(main):006:2>     print "a ist groesser"
irb(main):007:2>   end
irb(main):008:1> end
```

simple-prompt

Falls Sie, z. B. aus Platzgründen, die Anzeige der Zeilen- und Ebenennummer ausblenden möchten, rufen Sie den Befehl `irb` mit der Option `--simple-prompt` auf:

```
irb --simple-prompt
>> "Hallo Welt".length
=> 10
>> "Hallo Welt".reverse
=> "tleW ollaH"
>>
```

Hilfe anzeigen

Alle Kommandozeilenoptionen von `irb` können Sie durch den Aufruf von `--help` anzeigen:

```
irb --help

Usage:  irb.rb [options] [programfile] [arguments]
...
```

Mit den Befehlen `exit` oder `quit` können Sie die `irb` beenden. Wenn diese Kommandos nicht funktionieren, weil Sie sich z. B. gerade innerhalb eines `if`-Blocks befinden, können Sie die `irb` über die Tastenkombination **Ctrl + D** oder **Strg + D** beenden.

»rails console«

In Rails gibt es die sogenannte `rails console`, eine `irb`, die innerhalb der Rails-Applikationsumgebung geladen wird, das heißt, hier stehen zusätzlich die Rails-Befehle zur Verfügung.

[+]

Pry – die Alternative zu »irb«

Pry ist eine Alternative zu `irb` und bietet u. a. farbliche Syntaxhervorhebung, Quelltextanzeige, integrierte Hilfe und viele weitere Funktionen. Pry kann einfach mit `gem install pry` installiert und über Eingabe von `pry` auf der Kommandozeile gestartet werden. Weitere Infos zu Pry finden Sie unter *http://pry.github.com/* und *http://devteam.sales-lentz.lu/10minutes/pry.html*.

4.2.3 Im Webbrowser: Try Ruby

Ruby kann man auch testen und kennen lernen, ohne es auf dem eigenen Rechner installiert zu haben. Auf der Website *http://tryruby.org/* können Sie wie in der `irb` Ruby-Code eingeben und ausführen. Dabei handelt es sich nicht um eine Emulation. Der auf im Browser eingegebene Befehl wird an die `irb` weitergeleitet und das Ergebnis ausgegeben.

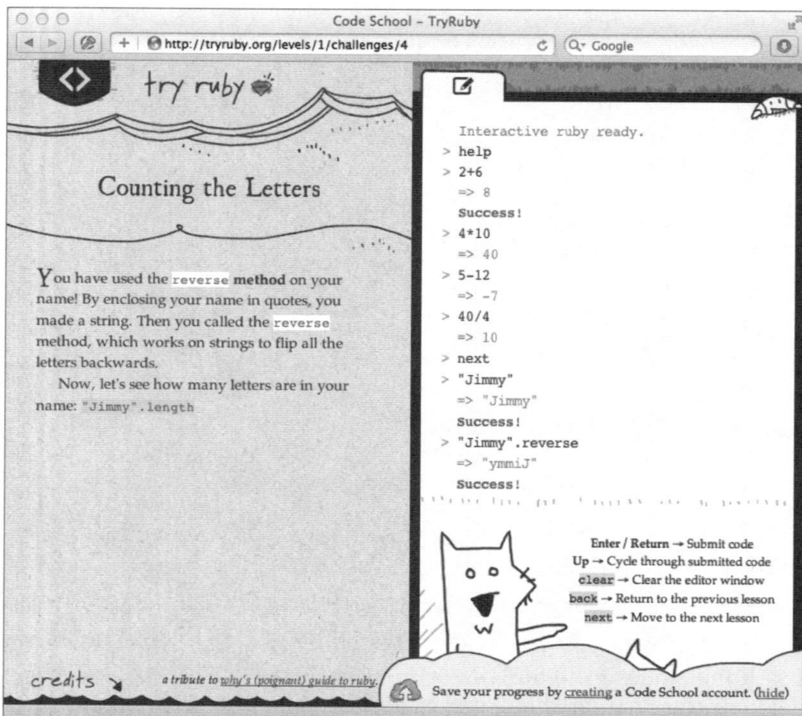

Abbildung 4.1 Unter »http://tryruby.org/« können Sie Ruby-Code online testen.

Als Ruby-Newbie kann man hier ein sehr anschaulich gestaltetes Onlinetutorial in englischer Sprache durchlaufen, das in nur 15 Minuten grundlegende Funktionalitäten von Ruby erklärt. Über die Eingabe von `help` startet das Onlinetutorial.

Onlinetutorial

4.3 Grundlagen

4.3.1 Syntax

Ruby ist eine zeilenorientierte Sprache, das heißt, eine Anweisung endet am Ende einer Zeile. Daher ist ein Semikolon am Ende der Anweisung, wie z. B. in PHP oder Java, nicht notwendig. Das Semikolon könnte eingesetzt werden, um mehrere Anweisungen in einer Zeile auszuführen. Das kann aber schnell unübersichtlich werden und ist deshalb nicht zu empfehlen.

Semikolon nicht nötig

```
>> preis = 12
=> 12
>> mwst = 0.19
=> 0.19
>> gesamt = preis * (1+mwst)
=> 14.28
>> puts gesamt
14.28
=> nil
>> print gesamt
14.28
=> nil
```

Ausgaben werden mit der Anweisung `puts` oder `print` ausgeführt. Der Unterschied besteht darin, dass `puts` nach der Ausgabe eine automatische Zeilenumschaltung ausführt und `print` nicht.

Ausgaben mit »puts« und »print«

Die Ausgabe `nil` steht für ein leeres Objekt, das ausgegeben wird, weil `puts` eine Methode ist, die keinen Rückgabewert liefert.

[«]

Doch kommen wir zunächst zur Syntax und zu den Konventionen für Variablen, Konstanten und Methoden. Das Wichtigste zuerst: Ruby unterscheidet zwischen Groß- und Kleinschreibung bei Bezeichnungen von Variablen, das heißt, `mwst` ist etwas anderes als `Mwst`. Dabei ist man als Programmierer nicht frei bei der Wahl, ob man einen Bezeichner groß- oder kleinschreibt. Variablen- und Methodennamen werden immer kleingeschrieben. Besteht ein Variablenname aus mehreren Wörtern, werden

Groß-/Kleinschreibung

diese durch Unterstriche voneinander getrennt, wobei jedes Wort kleingeschrieben wird (»snake_case«): `neuer_preis = 14.28`. Klassennamen beginnen immer mit einem Großbuchstaben. Sollte der Name einer Klasse aus mehreren Wörtern bestehen, werden sie zusammengeschrieben, wobei jedes Wort mit einem Großbuchstaben beginnt (»CamelCase«): `PreisBerechnen`. Konstantennamen werden komplett in Großbuchstaben geschrieben: `MWST = 0.19`

Leerzeichen statt Tabulatoren

Es ist in Ruby üblich, dass die Einrückungen aus zwei Leerschritten bestehen, nicht aus der »normalen« Tab-Weite. In den meisten Editoren ist die Tab-Weite aber änderbar, sodass man praktischerweise weiterhin die Tab-Taste für die Einrückungen verwenden kann.

4.3.2 Variablen

In Ruby gibt es verschiedene Arten von Variablen, wie z. B. lokale und globale Variablen, Instanzvariablen und Klassenvariablen. Die Schreibweise der Variablen bestimmt die Art.

Lokale Variablen

Lokale Variablen werden innerhalb einer Methode oder eines anderen Programmblocks verwendet und sind nur innerhalb dieses Blocks gültig, das heißt, außerhalb dieses Blocks kann nicht auf diese Variablen zugegriffen werden. Sie beginnen mit einem Buchstaben oder einem Unterstrich:

```
preis_1 = 99
produkt = "Zahnbürste"
produkt_kategorie = "Hygieneartikel"
```

Listing 4.1 lokale Variablen

Globale Variablen

Globale Variablen sind im ganzen Skript gültig, das heißt, man hat vom ganzen Skript aus Zugriff auf diese Variablen. Sie beginnen mit einem $-Zeichen. Globale Variablen kommen in der Ruby-Praxis nur äußerst selten zur Anwendung.

Instanzvariablen

Instanzvariablen sind Attribute von Objekten, das heißt, es kann nur von dem besitzenden Objekt auf diese Variablen zugegriffen werden. Sie beginnen mit einem @-Zeichen.

Klassenvariablen

Klassenvariablen gehören zur Klasse, das heißt, alle Instanzen der Klasse teilen sich diese Variablen. Sie beginnen mit zwei @-Zeichen.

Konstanten

Konstanten werden in Großbuchstaben geschrieben und sollten pro Programm nur einmal einen Wert zugewiesen bekommen. Ansonsten kommt es zu einer Warnung.

```
>> MWST = 19.0
=> 19.0
>> MWST = 17.0
(irb):2: warning: already initialized constant MWST
>> MWST
=> 17.0
```

Listing 4.2 Konstanten mehrfach definieren

Für die Arbeit mit Ruby on Rails sind die lokalen Variablen und die Instanzvariablen am wichtigsten.

Kommentare

Ruby kennt zwei Arten von Kommentaren. Mit dem #-Zeichen wird der Kommentar in einer Zeile gekennzeichnet. Dieser Kommentar kann am Anfang oder Ende einer Zeile beginnen. Mehrere zusammenhängende Zeilen werden auskommentiert, indem man den auszukommentierenden Bereich mit den Befehlen `=begin` und `=end` umschließt, wobei die beiden Schlüsselwörter ohne Leerzeichen am Anfang einer Zeile stehen müssen. Natürlich hat man auch die Möglichkeit, jede Zeile einzeln mit einem #-Zeichen auszukommentieren.

```
mwst = 0.19 # Mehrwehrtsteuersatz
# Berechnung des Brutto
brutto = netto * (mwst+1)
=begin
  Die Berechnung der Gesamtkosten folgt
  im folgenden Abschnitt
=end
```

4.3.3 Objekte und Datentypen

Alle Daten in Ruby sind Objekte, also Instanzen von Klassen. Die Zeichenkette »Hallo Welt« ist z. B. eine Instanz der Klasse `String`. Im Folgenden sagen wir einfach: Die Zeichenkette ist vom Typ `String`. Um zum Beispiel ein Objekt der Klasse `String` zu erzeugen, können wir Folgendes schreiben:

```
text = String.new("Mein Text")
```

Es ist jedoch auch folgende Schreibweise möglich und üblich:

```
text = "Mein Text"
```

Kurzschreibweise

Dabei handelt es sich um die Kurzschreibweise, die bei der Erzeugung von Objekten der Standard-Datentypenklassen wie **Strings**, **Arrays** usw. zum Einsatz kommt. Die Klassen der Standardtypen werden über die

Core-Bibliothek bereitgestellt, das heißt, sie stehen überall im Programm zur Verfügung, ohne explizit eingebunden werden zu müssen.

Innerhalb einer Klasse werden alle Methoden definiert, die auf ein Objekt angewendet werden können; die Klasse bestimmt also, welche Methoden auf ein Objekt anwendbar sind. Auf Objekte der Klasse `String` können Sie z. B. die folgenden Methoden anwenden:

```
>> text = "Mein Text"
>> text.length
=> 9
>> text.upcase
=> "MEIN TEXT"
>> text.gsub("Mein","Dein")
=>"Dein Text"
```

Um den Typ eines Objektes oder einer Variablen zu erfragen, verwendet man die Methode `class`:

```
>> "Hallo Welt".class
=> String
satz = "Hallo Welt"
=> "Hallo Welt"
>> satz.class
=> String
```

Keine Deklaration von Variablen

Variablen werden wie in den meisten anderen Skriptsprachen auch nicht explizit deklariert, sondern einfach verwendet, indem man ihnen einen Wert zuweist. Die Variable nimmt dann automatisch den Datentyp des ihr zugewiesenen Wertes an. Diese Werte können z. B. vom Typ `String`, `Fixnum`, `Float`, `Array` oder `Symbol` sein:

```
>> preis = 12
=> 12
>> preis.class
=> Fixnum
>> mwst = 0.19
=> 0.19
>> mwst.class
=> Float
>> ausgabe = "Die Mehrwertsteuererhoehung macht sich bemerkbar"
=> "Die Mehrwertsteuererhoehung macht sich bemerkbar"
>> ausgabe.class
=> String
>> farbe = :rot
=> :rot
>> farbe.class
```

```
=> Symbol
>> zahlen = [1,2,3]
=> [1, 2, 3]
>> zahlen.class
=> Array
```

Methoden aufrufen

Methoden werden angewendet, indem man den Methodennamen mit einem Punkt an das Objekt oder die Variable, die das Objekt enthält, anhängt. In Ruby ist das Setzen der runden Klammern beim Methodenaufruf optional, selbst dann, wenn einer Methode Parameter übergeben werden. Es ist jedoch üblich, runde Klammern zu setzen, es sei denn, die Methode hat keinen Parameter (z. B. `length`) oder keinen Rückgabewert (z. B. `puts`).

```
>> "Hallo Welt".count("l")
=> 3
>> "Hallo Welt".length
=> 10
puts "Hallo Welt"
Hallo Welt
```

Nicht jede Methode kann auf jedes Objekt angewendet werden. So ist die Methode `length` auf Zahlenobjekte nicht anwendbar. Die `irb` gibt im Beispiel einen `NoMethodError` zurück:

```
>> 13.length
NoMethodError: undefined method `length' for 13:Fixnum
    from (irb):6
    from :0
```

Zur Bestimmung aller Methoden, die auf ein Objekt anwendbar sind, verwendet man die Methode `methods`:

```
>> "Hallo Welt".methods
=> [:<=>, :==, :===, :eql?, :hash, :casecmp, :+, :*, :%,
:[], :[]=, :insert, :length, :size, :bytesize, :empty?,
:=~, :match, :succ, :succ!, :next, :next!, :upto,
...
:instance_eval, :instance_exec, :__send__, :__id__]
```

In der Liste findet man auch die Methode `length` wieder.

Methoden mit »true/false«-Rückgaben

Methoden, die `true` oder `false` zurückliefern, besitzen ein Fragezeichen am Ende. Das Fragezeichen gehört zum Namen der Methode. Dies ist eine Konvention in Ruby und sollte bei eigenen Methodendefinitionen strikt eingehalten werden, obwohl es auch möglich wäre, eine Methode ohne Fragezeichen am Ende zu definieren, die `true` oder `false` zurückgibt.

```
>> "".empty?
=> true
>> " ".empty?
=> false
>> "Mein Rails-Buch".include? "Rails"
=> true
>> "Mein Rails-Buch".include? "rails"
=> false
>> 8.zero?
=> false
>> 0.zero?
=> true
```

Überprüfen des Inhalts

Die Methode `empty?` prüft, ob eine Zeichenkette leer ist. `include?` prüft, ob die ihr übergebene Zeichenkette in der, auf die sie angewendet wird, enthalten ist. Mit der Methode `zero?` wird bei Zahlenobjekten überprüft, ob die Zahl 0 ist oder nicht.

Methodenaufrufe aneinanderreihen

Sehr praktisch ist, dass man in Ruby mehrere Methoden hintereinander auf ein Objekt anwenden kann, indem man sie durch einen Punkt getrennt zusammensetzt. Die Klasse der Länge einer Zeichenkette ist beispielsweise vom Typ `Fixnum`, da die Zeichenlänge eine Zahl ist.

```
>> "Hallo Welt".length.class
=> Fixnum
```

Zahlen

Zahlen werden wie in anderen Programmiersprachen definiert: Ganzzahlen, z. B. `preis = 12`, und Kommazahlen, z. B. `mwst = 0.19`. Da es sich auch bei Zahlen um Objekte handelt, können auf sie genau wie auf alle anderen Objekte Methoden angewendet werden. Beispielsweise liefert `-123.abs` den Absolutbetrag `123`:

```
>> -123.abs
=> 123
```

»true«, »false« und »nil«

Da alles in Ruby ein Objekt ist, verwundert es nicht, dass es sich auch bei `true`, `false` und `nil` um Objekte in Ruby handelt:

```
>> true.class
=> TrueClass
>> false.class
=> FalseClass
>> nil.class
=> NilClass
```

Um mehrere Objekte zusammenzufassen, können Arrays und Hashes verwendet werden.

Arrays bzw. Felder speichern mehrere Objekte geordnet ab. Der Zugriff auf die Elemente des Arrays erfolgt über einen ganzzahligen (0 oder höher) Index bzw. Schlüssel.

Arrays

```
>> produkte = ['Apfel','Birne','Banane']
=> ["Apfel", "Birne", "Banane"]
>> produkte[0]
=> "Apfel"
>> produkte[1]
=> "Birne"
>> produkte[2]
=> "Banane"
>> produkte[3]
=> nil
>> produkte[3]="Pflaume"
=> "Plaume"
>> produkte[3]
=> "Pflaume"
>> produkte.length
=> 4
```

Die Elemente des Arrays können verschieden sein, z. B. kann das Array selbst wieder Array-Objekte enthalten.

```
>> liste = [12,'Text',['Apfel','Birne','Banane']]
=> [12, "Text", ["Apfel", "Birne", "Banane"]]
=> liste[2][1]
=> "Birne"
```

Hashes können ähnlich wie Arrays mehrere Objekte aufnehmen. Jedoch wird jedes Element einem Schlüssel zugeordnet. Der Zugriff auf die Elemente erfolgt ähnlich wie bei Arrays über einen Schlüssel, mit dem Unterschied, dass der Schlüssel ein beliebiges Objekt sein darf. Im folgenden Beispiel werden Zeichenketten als Schlüssel verwendet:

Hashes

```
>> preise = {"apfel"=>1.50, "birne"=>1.99}
=> {"apfel"=>1.5, "birne"=>1.99}
>> preise["apfel"]
=> 1.5
>> preise["pflaume"]
=> nil
>> preise["pflaume"]=0.50
=> 0.5
>> preise["pflaume"]
=> 0.5
```

In der Praxis üblich ist die Verwendung von Symbolen als Schlüssel (siehe Anhang A.3 auf Seite 572).

```
>> preise = {:apfel=> 1.50, :birne=>1.99}
=> {:apfel=> 1.5, :birne=>1.99}
>> preise[:birne]
=> 1.99
```

In Ruby 1.9 gibt es bei Verwendung von Symbolen als Schlüssel eine vereinfachte Syntax:

```
>> preise = {apfel: 1.50, birne: 1.99}
=> {:apfel=>1.5, :birne=>1.99}
>> preise[:birne]
=> 1.99
```

Weitere Details zu den Datentypen finden Sie im Anhang A ab Seite 553.

4.3.4 Eine Frage des Stils

Aufgrund der Flexibiltät von Ruby gibt es meist sehr viele Möglichkeiten, das Gleiche auszudrücken. Als Ruby-Entwickler achtet man nicht einfach nur auf die Funktionalität, sondern auch auf die Lesbarkeit des Codes. Das folgende Beispiel überprüft, ob eine Zahl gerade oder ungerade ist:

```
a = 2
if(a%2 == 0)
  printf("Zahl %s ist gerade", a);
else
  printf("Zahl %s ist ungerade", a);
end
```

Listing 4.3 Schlechter Ruby-Stil

Die obige Implementierung könnte von einem Java- oder C-Programmierer kommen, der gerade frisch die Sprache Ruby lernt. Das nachfolgende Listing erfüllt exakt dieselbe Aufgabe, entspricht jedoch dem Ruby-Stil; das Programm enthält keine überflüssigen Klammern und Semikolons:

```
eingabe = 2
if eingabe.even?
  puts "Zahl #{eingabe} ist gerade"
else
  puts "Zahl #{eingabe} ist gerade"
end
```

Listing 4.4 Guter Ruby-Stil

Erfahrene Ruby-Entwickler versuchen oft, möglichst kurzen Code zu schreiben. Es ist nicht immer einfach zu entscheiden, ob auch die Lesbarkeit darunter leidet, wie im folgenden Beispiel:

```
eingabe = 2
art = eingabe.even? ? "gerade" : "ungerade"
puts "Zahl #{eingabe} ist #{art}"
```

Listing 4.5 Kurzversion

Am besten lernt man guten Ruby-Stil, wenn man viele Quelltexte von anderen Entwicklern liest. Entwickler, welche die Ruby-Kultur und den -Stil intuitiv umsetzen, werden gerne als *Rubyisten* bezeichnet. **»Rubyisten«**

4.4 Kontrollstrukturen

In diesem Abschnitt beschreiben wir die Kontrollstrukturen Verzweigungen, Schleifen und Iteratoren im Einzelnen.

4.4.1 Verzweigungen

Im Programmieralltag kommt es aufgrund von Bedingungen immer wieder zu Verzweigungen innerhalb des Programms. Ruby unterscheidet wie andere Programmiersprachen auch die einfache Verzweigung (`if`) und Mehrfachverzweigungen (`case`).

Im folgenden Beispiel wird der Text »kochend« ausgegeben, wenn die Variable `temperatur` größer oder gleich 100 ist:

```
temperatur = 120
if temperatur >= 100
  puts "kochend"
end
```

Da nur eine Anweisung ausgeführt wurde, hätte auch die einzeilige Schreibweise genutzt werden können:

```
puts "kochend" if temperatur >= 100
```

Falls die `if`-Bedingung nicht zutrifft, wird der `else`-Zweig, sofern er vorhanden ist, ausgeführt: **»else«**

```
temperatur = 120
if temperatur >= 100
  puts "kochend"
else
  puts "noch nicht kochend"
end
```

»elsif« Verkettungen mit `elsif` sind möglich:

```
temperatur = 120
if temperatur >= 100
  puts "kochend"
elsif temperatur >= 50
  puts "heiss"
else
  puts "kalt"
end
```

[!] Ja, `elsif` schreibt man in Ruby wirklich ohne »e« in der Mitte. Bei uns hat es einige Fehlermeldungen gebraucht, bis wir uns daran gewöhnen konnten.

Ternärer Operator Ruby kennt genau wie C und Java den ternären Operator, der es ermöglicht, eine `if-else`-Bedingung in einer Zeile zu formulieren:

```
liste = ['Apfel', 'Birne']
status = liste.size == 0 ? "leer" : "gefuellt"
puts "liste ist #{status}"
# => "liste ist gefuellt"
```

Boolesche Verknüpfungen Innerhalb der Bedingungsformulierung sind auch sogenannte boolesche Verknüpfungen wie Und-Verknüpfungen (`&&`) oder Oder-Verknüpfungen (`||`) möglich. Zur Gruppierung einzelner Teilbedingungen können runde Klammern eingesetzt werden. Die Negierung einer Bedingung erfolgt durch ein vorangestelltes Ausrufezeichen:

```
temperatur_1 = 120
temperatur_2 = 80

# Und-Verknüpfung
if temperatur_1 >= 100 && temperatur_2 >= 100
  puts "beide kochend"
end

# Oder-Verknüpfung
if temperatur_1 >= 100 || temperatur_2 >= 100
  puts "mindestens einer kochend"
end
```

```
if !(temperatur_1 >= 100 || temperatur_2 >= 100)
  puts "keiner kochend"
end
```

[!] Die Operatoren `and` und `or` sind nicht identisch zu `&&` und `||`, da diese unterschiedliche Operatorrangfolgen besitzen. Daher sollte auf die Verwendung von `and` und `or` als boolesche Verknüpfungen verzichtet werden.

»unless« Die Negierung einer Bedingung kann in Ruby auch über den Ausdruck `unless` ausgedrückt werden. Die beiden folgenden Verzweigungen sind identisch:

```
temperatur = 80
unless temperatur >= 100
  puts "nicht kochend"
end

if !(temperatur >= 100)
  puts "nicht kochend"
end
```

In Ruby ist es üblich, anstelle einer `if`-Anweisung mit einer Negation die `unless`-Variante zu verwenden, da dies die Lesbarkeit erhöht. Auch für `unless` gibt es eine einzeilige Schreibweise, wenn nur eine Anweisung ausgeführt wird:

```
puts "nicht kochend" unless temperatur >= 100
```

4.4.2 Mehrfachverzweigungen

Falls Sie mehr als zwei Verzweigungen benötigen, um den Wert einer Variablen auf Gleichheit mit verschiedenen Werten zu prüfen, können Sie die `case`-Verzweigungen (Mehrfachverzweigungen) nutzen:

```
versandart = "10-Kilo-Paket"
case versandart
when "Standardbrief"
  preis = 0.55
when "Postkarte"
  preis = 0.45
when "5-Kilo-Paket","10-Kilo-Paket"
  preis = 6.90
else
  preis = nil # kein Wert
end
puts "Preis fuer #{versandart} betraegt #{preis} EUR"
```

```
# Ausgabe: Preis fuer 10-Kilo-Paket betraegt 6.9 EUR
```

Interessant ist: Soll für mehrere Fälle die gleiche Anweisung ausgeführt werden, können diese Fälle in einem `when` durch Komma getrennt angegeben werden (`when "5-Kilo-Paket","10-Kilo-Paket"`).

Wenn wie im obigen Beispiel unter `when` jeweils nur eine Anweisung steht, kann man mit dem Schlüsselwort `then` die `case`-Verzweigung etwas kompakter formulieren:

```
versandart = "10-Kilo-Paket"
case versandart
when "Standardbrief" then preis = 0.55
when "Postkarte" then preis = 0.45
when "5-Kilo-Paket","10-Kilo-Paket" then preis = 6.90
else preis = nil # kein wert
end
puts "Preis fuer #{versandart} betraegt #{preis} EUR"
```

Rückgabewert In Ruby hat praktisch jeder Ausdruck und somit auch die `case`-Verzweigung einen Rückgabewert. Die `case`-Verzweigung gibt den Rückgabewert der zutreffenden `when`-Anweisung aus. Praktisch bedeutet dies, dass die gesamte `case`-Anweisung einer Variablen zugeordnet werden kann, wodurch unser Beispiel nochmals verkürzt wird:

```
versandart = "10-Kilo-Paket"
preis = case versandart
        when "Standardbrief" then 0.55
        when "Postkarte" then 0.45
        when "5-Kilo-Paket","10-Kilo-Paket" then 6.90
        else nil
        end
puts "Preis fuer #{versandart} betraegt #{preis} EUR"
```

4.4.3 Rubys eigene Logik: true und false

In Ruby stehen die booleschen Werte `true` für wahr und `false` für falsch zur Verfügung. Wenn ein Ausdruck in einen booleschen Wert umgewandelt wird, z. B. weil er in einer `if`-Anweisung verwendet wird, so wendet Ruby folgende Regel an:

- `false` und `nil` werden als `false` ausgewertet.
- Alle anderen Werte (einschließlich `0`) werden als `true` ausgewertet.

Gerade für C-Programmierer liefert folgendes Beispiel ein unerwartetes Ergebnis:

```
if 0
  puts "0 ist wahr"
else
  puts "oder etwa doch nicht ?"
end
# => "0 ist wahr"
```

Dass der Wert 0 als wahr gewertet wird, mag zwar auf den ersten Blick ungewöhnlich aussehen, aber es hat, wie folgendes Beispiel zeigt, einen praktischen Grund. Die String-Methode `index` liefert die Position eines Zeichens innerhalb einer Zeichenkette. Der Ausdruck `"Rails".index('R')` liefert z. B. 0, da das Zeichen »R« am Anfang der Zeichenkette steht und die Zählung bei 0 beginnt. Die Methode liefert `nil`, wenn das Zeichen nicht vorkommt. Da 0 als wahr gewertet wird, ist folgendes Beispiel sinnvoll:

```
if "Rails".index('R')
  puts "R kommt in Rails vor"
end
# => "R kommt in Rails vor"
```

4.4.4 Schleifen

Um mehrere Anweisungen wiederholt auszuführen, bietet Ruby mehr Möglichkeiten als viele andere Programmiersprachen. Aber lassen Sie uns mit den aus anderen Sprachen bekannten Schleifenkonstrukten anfangen.

»while«-Schleife

Um Anweisungen in Abhängigkeit von einer Bedingung auszuführen, kann die `while`-Schleife oder die `until`-Schleife verwendet werden. Im folgenden Beispiel wird errechnet, wie viele Jahre man sparen muss, um ein bestimmtes Zielguthaben zu erreichen:

```
zinssatz = 0.05
betrag = 1000
ziel_betrag = 2000
jahre = 0
while betrag < ziel_betrag
  betrag = betrag * (1+zinssatz)
  jahre += 1  # Abkürzung für jahre = jahre + 1
end
puts "Sie muessen #{jahre} Jahre sparen"
# Ausgabe: Sie muessen 15 Jahre sparen
```

»until«-Schleife

Es hätte auch eine until-Schleife eingesetzt werden können. Die until-Schleife wird im Gegensatz zur while-Schleife nicht so lange wiederholt, wie eine Bedingung erfüllt ist, sondern so lange, bis eine Bedingung erfüllt ist:

```
zinssatz = 0.05
betrag = 1000
ziel_betrag = 2000
jahre = 0
until betrag >= ziel_betrag
  betrag = betrag * (1+zinssatz)
  jahre += 1
end
puts "Sie muessen #{jahre} Jahre sparen"
# Ausgabe: Sie muessen 15 Jahre sparen
```

Die until-Schleife kommt meist zur Anwendung, um ein while not zu vermeiden, genau so, wie until statt if not verwendet wird.

»for«-Schleife

Um z. B. Arrays zu durchlaufen, gibt es auch in Ruby die for-Schleife:

```
einkaufsliste=["Mehl","Zucker","Wasser"]
for produkt in einkaufsliste do
  puts produkt
end
# Ausgabe:
# Mehl
# Zucker
# Wasser
```

Eine for-Schleife mit einem Schleifenzähler so wie in PHP oder Java existiert in Ruby nicht, dafür aber etwas viel Besseres: Iteratoren. Deshalb ist in Ruby folgende Schreibweise für eine for-Schleife üblich:

```
einkaufsliste=["Mehl","Zucker","Wasser"]
einkaufsliste.each do |produkt|
  puts produkt
end
```

4.4.5 Iteratoren

Interessant ist hier die Schreibweise. Das Array-Objekt einkaufsliste, gefolgt von einem Punkt und dem each, sieht nicht nur aus wie ein Methodenaufruf, sondern es ist ein Methodenaufruf. Methoden, die für Schleifen zur Verfügung stehen, werden Iteratoren genannt. each ist ein

Iterator von Array-Objekten. Die Methode `times` ist z. B. ein Iterator für Ganzzahlenobjekte:

```
5.times do
  print "*"
end
# ausgabe: *****
```

Blöcke

Der Bereich zwischen `do` und `end` ist ein sogenannter Block. Für einen Block gibt es auch eine alternative Schreibweise mit geschweiften Klammern:

```
einkaufsliste=["Mehl","Zucker","Wasser"]
einkaufsliste.each {|produkt| puts produkt}

5.times {print "*"}
```

Diese Schreibweise wird meist dann verwendet, wenn wie in den beiden Beispielen nur eine Anweisung ausgeführt wird. Weitere Iteratoren werden im Abschnitt A.5.13 auf Seite 590 besprochen.

4.5 Klassen

Klassen erstellen
Objekte

Wie bereits vorher beschrieben, sind alle Daten in Ruby Objekte, also Instanzen von Klassen. Das heißt, Klassen dienen in den meisten Fällen dazu, Objekte zu erstellen. Eine Klasse stellt in gewisser Weise eine »Fabrik« dar, mit der gleichartige Objekte erzeugt werden. Man sagt auch, dass eine Klasse Objekte instantiiert.

Innerhalb einer Klasse werden alle Methoden definiert, die auf ein Objekt angewendet werden können, das heißt, die Klasse bestimmt, welche Methoden auf ein Objekt anwendbar sind.

4.5.1 Klassen definieren

Eigene Klassen

Bisher haben wir Ihnen den Einsatz von Klassen gezeigt, die von Ruby zur Verfügung gestellt werden. Doch das reicht nicht aus. Wir müssen auch eigene Klassen erstellen können. Im Folgenden werden wir die Klasse `Produkt` erstellen. Innerhalb der Klasse `Produkt` werden die Methoden `name` und `preis` definiert, das heißt, jedes Objekt der Klasse `Produkt` repräsentiert ein Produkt mit einem Namen und einem Preis. Bevor wir die Klasse definieren, zeigen wir, wie wir diese Klasse verwenden möchten:

```
apfel = Produkt.new
apfel.name = "Elstar"
apfel.preis = 0.99
puts "Der Preis von #{apfel.name} betraegt #{apfel.preis} EUR"
=> "Der Preis von Elstar betraegt 0.99 EUR"
```

Neues Objekt erstellen

Mit dem ersten Befehl `Produkt.new` wird ein neues Objekt erstellt. Die zweite Anweisung sieht so aus, als ob wir auf ein Attribut (oder eine Variable) des Objektes zugreifen. Dem ist nicht so. `apfel.name = "Elstar"` ist eine Abkürzung für `apfel.name=("Elstar")`.

Accessoren

Das heißt, `name=` (inklusive des Gleichheitszeichens) ist der Name der Methode, und `Elstar` ist der Übergabeparameter. Um den Preis eines Objektes der Klasse `Produkt` auszugeben, schreiben wir `apfel.preis`. Auch hier ist `preis` eine Methode. Deshalb hätten wir auch `apfel.preis` schreiben können. In Java hätte man die Methoden `name=` und `name`, `setName` und `getName` genannt. Weil diese Methoden die Attribute eines Objektes setzen oder abfragen, nennt man sie auch **setter-getter-Methoden**. In Ruby werden diese Methoden auch **Accessoren** genannt.

Implementierung

Kommen wir nun zur Implementierung der Klasse:

```
class Produkt
  def name=(bezeichnung)
    @name = bezeichnung
  end

  def name
    return @name
  end

  def preis=(wert)
    @preis = wert
  end

  def preis
    return @preis
  end

end
```

Rückgabewert

Die Methoden `name` und `preis` liefern den Rückgabewert mit dem Schlüsselwort `return` zurück. In Ruby kann `return` auch ausgelassen werden. In diesem Fall wird das Ergebnis des letzten Ausdrucks der Methode zurückgeliefert. Wir hätten daher auch einfach `@name` statt `return @name` in der Methodendefinition schreiben können.

Die Klasse verwendet zwei Instanzvariablen: `@name` und `@preis`. Erkennen können Sie die Instanzvariablen am vorangestellten @-Zeichen. Instanzvariablen werden für jedes Objekt (bzw. jede Instanz) der Klasse individuell gespeichert, das heißt, das Objekt `apfel` und das Objekt `buch` haben jeweils andere Werte in ihrer Instanzvariablen `@name` gespeichert.

Instanzvariablen

Instanzvariablen dienen also der Speicherung von Daten separat für jedes Objekt. Kein anderes Objekt kann direkt auf die Instanzvariable eines anderen Objektes zugreifen. Um sich die Schreibarbeit zum Definieren von Accessoren (`setter`-`getter`-Methoden) zu sparen, bietet Ruby eine sehr praktische Abkürzung.

4.5.2 Automatische Accessoren

Wenn innerhalb der Klasse `attr_accessor` aufgerufen wird, generiert Ruby automatisch die beiden Methoden zum Setzen und Abfragen der Instanzvariablen. Die `Produkt`-Klasse kann dann wie folgt abgekürzt werden:

```
class Produkt
  attr_accessor :name
  attr_accessor :preis
end
```

Die beiden `attr_accessor`-Methoden können auch so zusammengefasst werden:

```
class Produkt
  attr_accessor :name, :preis
end
```

Wenn jedoch nur die `getter`-Methode generiert werden soll, so kann die Methode `attr_reader` verwendet werden. Analog existiert nur zum Generieren der `setter`-Methode `attr_write`.

4.5.3 Initialisieren von Objekten

Es ist auch möglich, direkt beim Erstellen eines neuen Objektes Instanzvariablen zu initialisieren. Im folgenden Beispiel werden der Name und der Preis beim Erstellen eines neuen `Produkt`-Objektes festgelegt:

```
class Produkt

  attr_accessor :name, :preis
```

```
  def initialize(bezeichnung,preis)
    @name = bezeichnung
    @preis = preis
  end

end
```

»initialize« Die Methode `initialize` wird aufgerufen, wenn ein neues Objekt erzeugt wird. Das heißt, die Methode `new` der Klasse `Produkt` ruft intern die Methode `initialize` auf:

```
apfel = Produkt.new("Elstar",0.99)
puts "Der Preis von #{apfel.name} betraegt #{apfel.preis} EUR"
=> "Der Preis von Elstar betraegt 0.99 EUR"
```

Die Klasse `Produkt` haben wir erstellt, um Instanzen von allgemeinen Produkten erstellen zu können.

4.5.4 Zugriff auf Methoden

Im folgenden Beispiel fügen wir der `Produkt`-Klasse noch zwei weitere Methoden hinzu. Die Methode `versandkosten` liefert immer den gleichen Wert zurück. Die Methode `gesamtpreis` addiert den Produktpreis und die Versandkosten, indem mit dem Schlüsselwort `self` auf das Attribut `preis` und die Methode `versandkosten` des eigenen Objekts zugegriffen wird:

```
class Produkt

  attr_accessor :name, :preis

  def initialize(bezeichnung,preis)
    @name = bezeichnung
    @preis = preis
  end

  def versandkosten
    9.50
  end

  def gesamtpreis
    self.preis + self.versandkosten
  end

end
```

Im Beispiel kann auf `self` verzichtet werden, da Ruby dann davon ausgeht, dass `self` gemeint ist:

```
def gesamtpreis
  preis + versandkosten
end
```

Reihenfolge

Die Reihenfolge, in der die Methoden definiert sind, spielt keine Rolle. Wir hätten auch die Methode `versandkosten` nach der Methode `gesamtpreis` definieren können.

4.5.5 Parameter

In den vorherigen Beispielen haben wir Methoden mit keinem, einem und zwei Parametern (z. B. `initialize`) definiert. Im folgenden Abschnitt zeigen wir, welche praktischen Möglichkeiten Ruby bietet, um Parameter in Methoden zu definieren.

Optionale Paramater

In Ruby ist es auch möglich, optionale Parameter zu definieren. Dazu wird im Parameter eine Zuweisung angegeben, die ausgeführt wird, wenn der Parameter fehlt. Im folgenden Beispiel wird eine Methode `brutto` mit einem optionalen Parameter für den Mehrwertsteuersatz definiert. Wird der Steuersatz nicht angegeben, so wird `19.0` verwendet:

```
class Produkt

  attr_accessor :name, :preis

  def initialize(bezeichnung,preis)
    @name = bezeichnung
    @preis = preis
  end

  def brutto(mwst_satz=19.0)
    (preis*(1+ mwst_satz/100)).round(2)
  end
end


apfel = Produkt.new('Apfel', 1.68)

puts apfel.brutto
#=> 2.0
```

```
puts apfel.brutto(7)
#=> 1.68
```

Dynamische Anzahl von Parametern

Bisher haben wir nur Methoden mit einer festen Anzahl von Parametern definiert. In Ruby ist es auch möglich, Methoden zu definieren, die dynamisch viele Werte akzeptieren. Mit dem *-Operator in der Methodendefinition werden die übergebenen Parameter in ein Array umgewandelt.

Im folgenden Beispiel sollen Temperaturmessungen gespeichert werden und der höchste und niedrigste Wert abgefragt werden können:

```
class Produkt
  def temperaturen(*werte)
    @max = werte.max
    @min = werte.min
  end

  def max_temperatur
    @max
  end

  def min_temperatur
    @min
  end
end

fisch = Produkt.new
fisch.temperaturen(-2.5, 0.2, -2.7)
puts fisch.max_temperatur
# => 0.2
puts fisch.min_temperatur
# => -2.7
```

Innerhalb der Methode `temperaturen` ist der Typ der Variable `werte` ein Array. Daher können die Methoden `max` und `min` angewendet werden.

Benannte Parameter mittels Hashes

Wenn eine Methode mehrere Parameter hat, kann man oft am Methodenaufruf nicht erkennen, welcher Parameter welche Bedeutung hat. Im Aufruf `drucker.werte(1.5,50.5,30.0,10.5)` ist z. B. nicht auf den ersten Blick klar, welche Bedeutung die Parameter haben. Erst ein Blick auf die Methodendefinition (oder Dokumentation) hilft weiter. Einige Sprachen wie z. B. Objective-C bieten daher das Feature *benannte Parameter*. Wäre es nicht praktisch, wenn wir folgenden Aufruf machen könnten:

```
drucker.werte(gewicht: 1.5, laenge: 50.5,
              breite: 30.0, hoehe: 10.5)
```

In Ruby sind benannte Paramater über einen Trick mit Hashes möglich. Im letzten Beispiel wird genau ein Hash der Methode `werte` übergeben. Das Besondere ist, dass die geschweiften Klammen (wenn der Hash als einziger oder letzter Parameter vorkommt) weggelassen werden können. Die Implementierung der Methode geht einfach davon aus, dass ein Hash übergeben wird:

```
def werte(option)
  volumen = option[:laenge]*option[:breite]*option[:hoehe]
  gewicht = option[:gewicht]
  # ....
end
```

Ein sehr praktischer Nebeneffekt der benannten Parameter ist, dass die Parameter in beliebiger Reihenfolge angegeben werden können. **[«]**

4.5.6 Operatoren sind Methoden

Besonders interessant in Ruby ist, dass sogar Operatoren wie `+`, `-`, `*`, `/`, `==`, « und » Methoden sind. Um z. B. zwei Zeichenketten miteinander zu verbinden, existiert die Methode +:

```
text1 = "Ruby"
text2 = "OnRails"
text = text1.+(text2)
=> "RubyOnRails"
```

Da die Schreibweise `.+()` sehr merkwürdig aussieht, erlaubt Ruby es, den Punkt beim Aufruf der Methoden `+`, `-`, `*`, `/`, `==`, « und » wegzulassen:

```
text1 = "Ruby"
text2 = "OnRails"
text = text1 + text2
=> "RubyOnRails"
```

Dies gilt aber nur für diese Methoden! Bei allen anderen wie z. B. der Methode `length` muss der Punkt beim Aufruf der Methode gesetzt werden. Im folgenden Beispiel ergänzen wir unsere `Produkt`-Klasse um die Methode +:

```
class Produkt

  attr_accessor :name, :preis

  def initialize(bezeichnung,preis)
    @name = bezeichnung
    @preis = preis
  end

  def +(produkt)
    return @preis + produkt.preis
  end

end
```

Wir können die Klasse nun wie folgt verwenden:

```
apfel = Produkt.new("Apfel", 0.99)
buch = Produkt.new("Ruby on Rails", 39.90)
gesamt  = apfel + buch
puts "Der Gesamtbetrag ist #{gesamt} EUR"
=> "Der Gesamtbetrag ist 40.89 EUR"
```

Hätten wir die +-Methode nicht definiert, müssten wir zum Addieren das Attribut `preis` ansprechen:

```
gesamt  = apfel.preis + buch.preis
puts "Der Gesamtbetrag ist #{gesamt} EUR"
=> "Der Gesamtbetrag ist 40.89 EUR"
```

4.5.7 Konstanten in Klassen

In Klassen können auch Konstanten definiert werden. Im folgenden Beispiel wird eine Konstante zum Speichern des Mehrwertsteuersatzes innerhalb der `Produkt`-Klasse definiert, die in der Methode `brutto` verwendet wird:

```
class Produkt

  MWST = 19

  attr_accessor :name, :preis

  def initialize(bezeichnung,preis)
    @name = bezeichnung
    @preis = preis
  end
```

```
  def brutto
    preis * (1 + MWST/100.0)
  end
end
```

Im Gegensatz zu Instanzvariablen kann von außen auf Konstanten zugegriffen werden. Der Zugriff erfolgt über den Klassennamen, gefolgt von zwei Doppelpunkten und dem Konstantennamen:

```
puts Produkt::MWST
```

4.5.8 Klassenmethoden

Angenommen, wir möchten die Anzahl der erzeugten Produkte abfragen, wie im folgenden Beispiel gezeigt:

```
Produkt.new("Apfel", 1.45)
Produkt.new("Birne", 1.15)
puts Produkt.anzahl
# => 2
```

Das Besondere an diesem Beispiel ist, dass die Methode `anzahl` nicht auf einer Instanz der Klasse `Produkt`, sondern direkt auf der Klasse `Produkt` angewendet wird. Daher wird die Methode auch Klassenmethode genannt. Kommen wir nun zur Implementierung der Klassenmethode:

```
class Produkt
  attr_accessor :name, :price

  @@anzahl = 0

  def self.anzahl
    @@anzahl
  end

  def initialize(bezeichnung,preis)
    @name = bezeichnung
    @preis = preis
    @@anzahl += 1
  end

end
```

Klassenvariable

Zum Zählen benötigen wir eine Klassenvariable, die mit `@@anzahl=0` am Anfang der Klasse initialisiert wird. Die Klassenmethode wird mit `def` `self.anzahl` definiert, wobei `self` für die Klasse `Produkt` steht. In der `initialize`-Methode wird die Klassenvariable um eins erhöht.

4.5.9 Sichtbarkeit

In Ruby ist jede Methode normalerweise öffentlich (public). Das bedeutet, dass jede Methode außerhalb der Klasse aufrufbar ist. Mit den Befehlen `private` und `protected` kann der Zugriff auf die Methoden eingeschränkt werden. Im folgenden Beispiel werden zwei private Methoden erstellt:

```
class Produkt

  attr_accessor :name, :preis

  def initialize(bezeichnung,preis)
    @name = bezeichnung
    @preis = preis
  end

  def gesamtpreis
    preis + versandkosten + bearbeitungsgebuehr
  end

  private

  def versandkosten
    9.50
  end

  def bearbeitungsgebuehr
    1.50
  end

end
```

Alle Methoden unterhalb von `private` werden als private Methoden deklariert. Wird doch versucht, von außerhalb der Klasse auf die Methode zuzugreifen, so wird ein Fehler erzeugt:

```
apfel = Produkt.new("Apfel", 0.50)
puts apfel.gesamtpreis
#=> 11.5

puts apfel.versandkosten
# NoMethodError: private method 'versandkosten' called ....
```

Selten wird `protected` verwendet. Alle Methoden, die unterhalb von `protected` stehen, sind nur von Objekten derselben Klasse (oder Subklasse) aus erreichbar.

»protected«

4.5.10 Vererbung

Da Ruby eine objektorientierte Programmiersprache ist, gibt es auch das Konzept der Vererbung. Wir erstellen im Folgenden eine neue Klasse `Buch`, die eine Kindklasse von `Produkt` ist. Das heißt, `Buch` erbt alle Methoden und Instanzvariablen der Klasse `Produkt` und stellt zusätzlich eigene Methoden zu Verfügung (`isbn=` und `isbn`):

```
class Buch < Produkt

  def isbn=(nummer)
    @isbn = nummer
  end

  def isbn
    return @isbn
  end
end

buch = Buch.new("Ruby on Rails", 39.90)
puts buch.preis
# => 39.90
buch.isbn = "978-3-8362-1490-2"
```

Vererbte Methoden

Die Methode `preis` steht der Klasse `Buch` aufgrund der Vererbung zur Verfügung. Wenn wir in der Klasse `Buch` eine Methode `preis` erstellen würden, so würde diese die geerbte Methode überschreiben, das heißt, die Methode `preis` aus der `Buch`-Klasse wird aufgerufen. Der Ruby-Interpreter sucht bei einem Aufruf einer Methode zunächst die Methode in der Klasse des Objektes. Wird die Methode nicht gefunden, so wird in der Elternklasse gesucht.

»Object«

Im letzten Beispiel wurde die Klasse `Buch` als Kindklasse der Klasse `Produkt` definiert. Doch die Klasse `Produkt` scheint keine Elternklasse zu haben, da in der Klassendefinition keine Elternklasse angegeben wurde. Tatsächlich erbt die Klasse von `Object`, auch wenn explizit keine Elternklasse angegeben wurde. Das bedeutet, dass `class Produkt` genau genommen nur eine abkürzende Schreibweise für `class Produkt < Object` ist.

Interessant ist, dass die Vererbungshierarchie einer Klasse mit der Methode `ancestors` abgefragt werden kann:

```
Buch.ancestors
#=> [Buch, Produkt, Object, Kernel, BasicObject]
```

An der Ausgabe ist erkennbar, dass die Klasse `Buch` eine Kindklasse der `Produkt`-Klasse ist, die wiederum eine Kindklasse von `Object` ist. `Kernal` und `BasicObject` sind interne Details, die für den Einstieg in Ruby weniger relevant sind.

Nützliche Methoden

Die Klasse `Object` stellt ein Reihe von Methoden zur Verfügung, die Auskunft über die Herkunft von Objekten und Klassen liefern. Weiter oben wurde bereits die Methode `class` vorgestellt, mit der die Klasse eines Objektes erfragt werden kann. Die Methode `instance_of?(klasse)` überprüft ob ein Objekt eine Instanz der angegeben Klasse ist. Die `kind_of?(klasse)`-Methode überprüft, ob ein Objekt eine Instanz der angegebenen Klasse oder eine der Elternklassen (Superklasse) ist. Somit ist `kind_of?(klasse)` allgemeiner als `intance_of?(klasse)`.

```
buch = Buch.new("Ruby on Rails", 39.90)
puts buch.class
#=> Buch

puts buch.instance_of?(Buch)
#=> true

puts buch.instance_of?(Produkt)
#=> false

puts buch.kind_of?(Produkt)
#=> true

puts buch.kind_of?(Object)
#=> true
```

Mehrfachvererbung

Mehrfachvererbung ist in Ruby nicht direkt möglich, das heißt, eine Klasse kann genau nur von einer Klasse erben. Mittels der Mixin-Technik von Ruby lässt sich diese Einschränkung jedoch elegant umgehen (siehe Abschnitt 4.6.2 auf Seite 90).

4.6 Module

In Abschnitt 4.5, »Klassen«, wurde herausgestellt, dass Klassen Container für Methoden sind und darüber hinaus die Fähigkeit besitzen, neue Objekte zu erzeugen.

Container

Neben Klassen gibt es in Ruby auch Module. Module sind wie Klassen Container. Module können jedoch nicht nur Methoden, sondern auch Klassen und sogar weitere Module enthalten.

Keine Instanzen

Allerdings haben Module im Gegensatz zu Klassen nicht die Fähigkeit, Instanzen von Modulen zu erstellen.

Anwendungen

Module haben zwei Anwendungsgebiete. Zum einen können mit Modulen Namensräume gebildet werden, und zum anderen ist mittels von Mixins eine Art Mehrfachvererbung in Ruby möglich.

4.6.1 Namensräume

Eindeutige Klassennamen

Manchmal ist es erforderlich, dass wir Klassen in unterschiedlichen Zusammenhängen gleich benennen müssen, die Klassen selbst aber unterschiedlich definiert sind. Diesen Konflikt können wir lösen, indem wir diese Klassen innerhalb eines Moduls definieren. Durch das Modul als Namensraum werden die Klassennamen wieder eindeutig, weil der Aufruf der Klassen über `Modulname::Klassenname` erfolgt:

```
module Railsair
  class Info
    def name
      puts "Railsair"
    end

    def home_airport
      puts "Luxemburg"
    end
  end

end

module PHPAir

  class Info
    def name
      puts "PHPAir"
    end
```

```
    def city
      puts "Berlin"
    end

  end

end

info = Railsair::Info.new
info.name
# => Railsair
```

Das heißt, Module dienen dazu, Dinge zusammenzufassen. In einem Modul können mehrere Klassen definiert werden.

[+] **Module in Rails**

Überall in Rails trifft man auf Module. Zum Beispiel erben die Model-Klassen von der Klasse `Base`, die in dem Modul `ActiveRecord` definiert ist: `ActiveRecord::Base`.

4.6.2 Mixins

Zusätzliche Methoden

Es gibt zwei Möglichkeiten, einer Klasse zusätzliche Methoden zur Verfügung zu stellen: entweder über Vererbung oder über Mixins. Jede Klasse kann maximal von einer weiteren Klasse erben. Das heißt, sollten weitere Methoden weiterer Klassen benötigt werden, können wir das über Mixins lösen.

Mixin bedeutet, dass die Methoden des Moduls in eine Klasse hineingemischt werden. Die Methoden des Moduls stehen dann den Objekten der Klassen, die das Modul inkludieren, so zur Verfügung, als ob sie innerhalb der Klasse definiert wären.

Vorteil

Ein Vorteil von Mixins ist, dass auf diese Art und Weise Methoden innerhalb mehrerer Klassen verwendet werden können. In unserem Beispiel sollen die beiden Klassen `Buch` und `Person` eine Methode `rating_stars` nutzen können. Die Klasse `Buch` erbt aber von der Klasse `Produkt`, der diese Methode nicht zur Verfügung stehen soll. Das heißt, wir können dieses Problem lösen, indem wir die Methode `rating_stars` in einem Modul definieren, das sowohl von der Klasse `Buch` als auch von der Klasse `Person` inkludiert wird:

```
module Rateable
  attr_accessor :rating

  def rating_stars
    '*' * @rating unless @rating.nil?
  end
end

class Buch < Produkt
  attr_accessor :isbn
  include Rateable
end

class Person
  attr_accessor :name
  include Rateable
end


buch = Buch.new("Ruby On Rails", 39.90)
buch.rating = 4
puts buch.rating_stars
# => ****

person = Person.new
person.name = "Lee"
person.rating = 3
puts person.rating_stars
# => ***
```

Mixins in der Klasse Array [+]

Die Klasse `Array` enthält scheinbar die Methode `map`. Dabei handelt es sich aber um eine Methode des Moduls `Enumerable`, das von der Klasse `Array` inkludiert wird und auch von weiteren Klassen inkludiert werden kann.

In diesem Kapitel werfen wir einen Blick hinter die Kulissen von Rails und erstellen dazu eine einfache Beispielapplikation.

5 Rails Schritt für Schritt entdecken

Ziel dieses Kapitels ist es, Ihnen das Framework näherzubringen und Ihnen zu zeigen, was im Hintergrund passiert. Wir werden deshalb nicht immer den direkten Weg gehen, um eine Rails-Applikation zu entwickeln, sondern auch Umwege machen. Da hier die Funktionsweise des Frameworks im Fokus steht, wird die Beispielapplikation auch nicht getestet. Wie man eine testgetriebene Applikation entwickelt, erfahren Sie in Kapitel 6 ab Seite 169.

Unsere Beispielapplikation wird ein einfacher Link- oder Bookmarkssammeldienst ähnlich wie Pinboard oder Delicious sein, über den man seine Lesezeichen verwalten kann.

Mit Autorisierungssystem

Jeder Benutzer des Systems soll seine eigenen Bookmarks verwalten können. Das heißt, unsere Applikation wird auch ein Autorisierungssystem enthalten.

Autorisierten Usern stehen folgende Aktionen zur Verfügung:

- Neue Bookmarks erstellen
- Bookmarks anzeigen, ändern und löschen

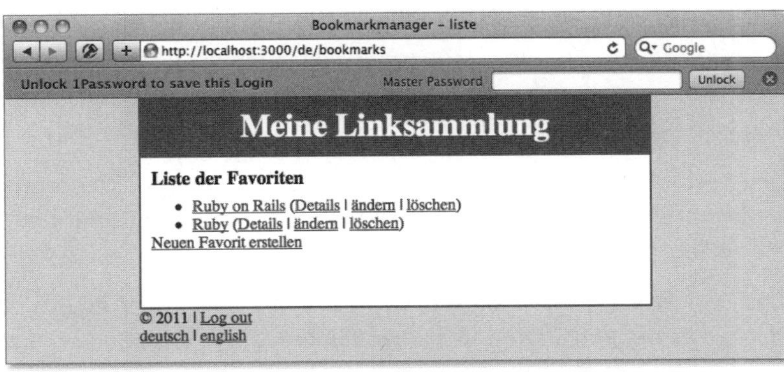

Abbildung 5.1 Liste der Bookmarks eines autorisierten Users

Die Applikation wird zweisprachig sein, und sie soll auch sogenannte Flash-Meldungen ausgeben, um das Ein- und Ausloggen oder Fehlermeldungen an der Oberfläche zu protokollieren.

5.1 Rails-Projekt erstellen

»rails new«

Bevor wir den ersten Controller und den ersten View für unser Beispiel erstellen können, müssen wir zuerst unsere Bookmarksapplikation anlegen. Um sicherzustellen, dass das Beispiel auch bei Ihnen funktioniert, geben wir bei der Generierung des Projektes die Rails-Version mit an.

```
gem install rails --version 3.1.3
rails _3.1.3_ new bookmarkmanager -T
      create
      create  README
      create  Rakefile
      create  config.ru
      create  .gitignore
      create  Gemfile
      create  app
      create  app/assets/images/rails.png
      create  app/assets/javascripts/application.js
      create  app/assets/stylesheets/application.css
      create  app/controllers/application_controller.rb
      create  app/helpers/application_helper.rb
      create  app/mailers
      create  app/models
      ...
      run  bundle install
```

Rails erstellt das Verzeichnis `bookmarkmanager` und alle für ein Rails-Projekt erforderlichen Unterverzeichnisse und Dateien. Wir haben die Option `-T` verwendet, weil wir unsere Beispielapplikation nicht testen wollen und deshalb die Testdateien, die ohne Verwendung der Option angelegt worden wären, nicht benötigen.

An dieser Struktur erkennen Sie die Umsetzung des Konzepts **Konvention statt Konfiguration**. Alles hat seinen vordefinierten Platz (Controller, Helper, Bilder, JavaScripts usw.).

»rails server«

Um das Projekt im Browser zu testen, wechseln Sie in das Verzeichnis `bookmarkmanager`, und starten über den Befehl `rails server` oder kurz `rails s` den lokalen Rails-Server.

[+]

Lokaler Rails-Server

Es ist durchaus praktisch, den lokalen Rails-Server in einem zweiten Konsolenfenster zu starten, da wir in der ersten Konsole später weitere Befehle ausführen werden. Der Rails-Server kann mit der Tastenkombination **Strg + C** gestoppt werden.

»Welcome aboard«

Über die Adresse *http://localhost:3000* können Sie die Applikation im Browser öffnen. Es öffnet sich eine Seite mit dem Begrüßungstext »Welcome aboard«. Auf dieser Seite finden Sie einen Link »About your application's environment«, über den Sie zu einer Übersicht der Applikationseinstellungen gelangen. Hier finden Sie neben der Versionsnummer der zugrunde liegenden Ruby-Version auch die Versionsnummern der Subframeworks von Ruby on Rails, wie zum Beispiel die von ActiveRecord und die des eingesetzten Datenbanksystems. Aber dazu später mehr.

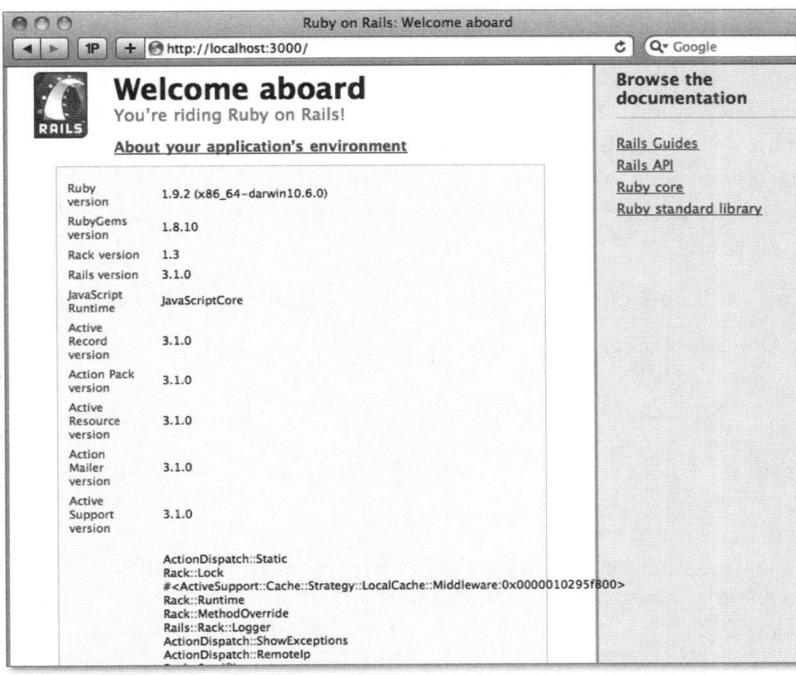

Abbildung 5.2 Applikationseinstellungen

5.1.1 Erstellung des Bookmarks-Controllers

Steuerzentrale

Unser Ziel ist es, eine Applikation zu erstellen, die u. a. unsere Bookmarks listet. Dazu benötigen wir einen Controller. Der Controller ist nach dem

Model-View-Controller-Konzept die Steuerzentrale in Rails und hat die Aufgabe, Daten aus dem Model zu lesen und sie dem View zur Verfügung zu stellen.

Abbildung 5.3 Controller

Controller-Generator

Im nächsten Schritt müssen wir also einen Bookmarks-Controller erstellen. Dazu nutzen wir den Controller-Generator, den uns Rails zur Verfügung stellt, um uns die Arbeit zu erleichtern. Der Generator erwartet als Pflichtparameter den Controller-Namen, üblicherweise im Plural. Wechseln in das Verzeichnis `bookmarkmanager`, und generieren Sie den Bookmarks-Controller:

```
rails generate controller bookmarks
```

Man kann dem Controller-Generator auch die Namen der Views, die benötigt werden, mit übergeben, aber wir wollen in diesem Beispiel zunächst darauf verzichten, weil wir aus Verständnisgründen am Anfang so wenig wie möglich automatisch generieren lassen wollen. In den nächsten Schritten zeigen wir, wie man auch die Views automatisch erstellen lassen kann.

Der Controller-Generator erzeugt folgende Verzeichnisse und Dateien:

```
create  app/controllers/bookmarks_controller.rb
  invoke  erb
  create    app/views/bookmarks
  invoke  helper
  create    app/helpers/bookmarks_helper.rb
  invoke  assets
  invoke    coffee
  create      app/assets/javascripts/bookmarks.js.coffee
  invoke    scss
  create      app/assets/stylesheets/bookmarks.css.scss
```

Auch hier lässt sich wieder die Umsetzung des Konzepts **Konvention statt Konfiguration** erkennen. Das automatisch mitgenerierte View-Verzeichnis heißt wie der Controller, `bookmarks`, und auch die angelegten Helper- und Asset-Dateien beginnen mit einem vorangestellten `bookmarks`. Uns interessiert zunächst nur die Datei `bookmarks_controller.rb` im Verzeichnis `app/controllers`.

Um den Controller bearbeiten zu können, öffnen Sie das Projekt in einem Editor. Unter `app/controllers` finden Sie die gerade eben vom Generator erzeugte Datei `bookmarks_controller.rb` und einen von Rails generierten Standard-Controller namens `application_controller.rb`. Wenn Sie den Bookmarks-Controller öffnen, sehen Sie, dass er vom Application-Controller erbt:

Projekt im Editor öffnen

```
class BookmarksController < ApplicationController
end
```

Listing 5.1 »app/controllers/bookmarks_controller.rb«

Das heißt, dass alles aus dem Application-Controller auch allen anderen Controllern zur Verfügung steht.

Der Bookmarks-Controller ist eine Klasse, in der Sie Methoden definieren können. Innerhalb von Controllern werden (öffentliche) Methoden **Actions** genannt:

Actions

```
class BookmarksController < ApplicationController
  def hello
    render text: "hello world"
  end
end
```

Über den Ausdruck `render text: "hello world"` wird der Text »hello world« ausgegeben.

Welche Action in welchem Controller bei welchem Aufruf in der URL ausgeführt wird, wird im Routing in der Datei `config/routes.rb` definiert. Wir möchten, dass unsere Action `hello` im Bookmarks-Controller ausgeführt wird, wenn wir in der URL *http://localhost:3000/bookmarks/hello* oder *http://localhost:3000/hello* aufrufen. Dazu nehmen wir folgende Einträge in der Routing-Datei vor:

Routing

```
Bookmarkmanager::Application.routes.draw do

  get "hello"  => "bookmarks#hello"
  get "bookmarks/hello" => "bookmarks#hello"
  ...
end
```

Listing 5.2 »config/routes.rb«

Mit Hilfe der Methode `get` geben wir an, dass der Routing-Eintrag für einen Aufruf über die HTTP-Methode `GET` gültig ist. Danach geben wir den Pfad an und weisen den Controller und die Action, die

»routes.rb«

beim Aufruf dieses Pfades angesprochen werden sollen, im Format `controller#action` zu.

Wird der Pfad im Format `controller/action` angegeben, kann die Zuweisung des zuständigen Controllers und der Action entfallen, da Rails dann davon ausgeht, dass der erste Wert dem Controller und der zweite der Action entspricht. Für unsere Routing-Einträge bedeutet das:

```
Bookmarkmanager::Application.routes.draw do

  get "hello"  => "bookmarks#hello"
  get "bookmarks/hello"

  ...
end
```

Listing 5.3 »config/routes.rb«

Aufruf im Browser

Um das testen zu können, starten Sie den lokalen Rails-Server und rufen *http://localhost:3000/bookmarks/hello* bzw. *http://localhost:3000/hello* im Browser auf.

Abbildung 5.4 Ausgabe von »hello world«

Nun haben wir gesehen, wie wir eine Action, die wir im Controller definieren, über die URL ansprechen.

»index«

Die Indexseite unserer Bookmarkverwaltung soll die Liste aller Bookmarks anzeigen. Dazu definieren wir in unserem Bookmarks-Controller eine Action `index`, innerhalb derer wir ein Array mit Bookmarks zur Ausgabe im View anlegen und es der Instanzvariablen `@bookmarks` zuweisen. Später werden die Bookmarks aus einer Datenbanktabelle gelesen. Die Action `hello` und die Routing-Einträge können Sie wieder löschen:

```
class BookmarksController < ApplicationController
  def index
    @bookmarks = ["http://www.rubyonrails.org",
                  "http://www.ruby-lang.org"]
  end
end
```

Die Bookmarks sollen als HTML-formatierte Liste im Browser angezeigt werden. Diese Formatierung im Controller vorzunehmen, wäre sehr aufwendig und ist auch gar nicht die Aufgabe des Controllers. Der Controller fragt »nur« die Daten aus dem Model ab und stellt sie dem View zur Darstellung zur Verfügung. Also sollte zur Ausgabe und Formatierung der Darstellung der View verwendet werden.

5.1.2 View erstellen

»app/views«

Ein View ist im Prinzip nichts anderes als eine Template-Datei, die in der Regel HTML- und Ruby-Code enthält. Die Views für den Bookmarks-Controller liegen im Ordner `app/views/bookmarks`, der von unserem Controller-Generator ebenfalls erzeugt wurde. Hätten wir dem Generator als optionale Parameter die Namen der Views übergeben, wären die entsprechenden View-Dateien miterzeugt worden. In diesem Beispiel wollen wir aber so wenig wie möglich automatisch generieren, und deshalb erstellen wir unsere Views manuell.

Abbildung 5.5 View

Um einen neuen View zu erstellen, erzeugen Sie eine neue Datei im Verzeichnis `app/views/bookmarks` und nennen diese per Konvention genauso wie die Action im Controller, von der der View seine Daten erhält, in unserem Fall also `index.html.erb`.

Instanzvariablen

Wir haben das Bookmarks-Array im Controller der Instanzvariablen `@bookmarks` zugewiesen. Instanzvariablen stehen allen Methoden innerhalb des Controllers, in dem sie definiert wurden, und den zugehörigen Views zur Verfügung.

HTML-formatierte Liste

Um die Bookmarks aus dem Array im Controller im View ausgeben zu können, setzen wir die Werte der Liste über eine Schleife:

```
<h2>Liste der Favoriten</h2>
<ul>
<% @bookmarks.each do |bookmark|%>
  <li><%= bookmark %></li>
<% end %>
</ul>
```

Listing 5.4 »app/views/bookmarks/index.html.erb«

Syntax für Ruby-Code

Ruby-Code wird in ERB-Templates (View-Dateien mit der Dateiendung `.erb`, siehe Kapitel 11 ab Seite 371) zwischen folgende Zeichen gesetzt: `<%` und `%>`. Soll etwas aus Ruby heraus ausgegeben werden, wird zusätzlich ein Gleichheitszeichen verwendet: `<%= Ruby-Ausgabe %>`.

Damit die `index`-Action über die URL *http://localhost:3000/bookmarks* aufrufbar ist und Sie die Ausgabe der Liste im Browser testen können, müssen wir noch einen entsprechenden Routing-Eintrag vornehmen:

```
Bookmarkmanager::Application.routes.draw do

  get "bookmarks" => "bookmarks#index"

  ...
end
```

Listing 5.5 »config/routes.rb«

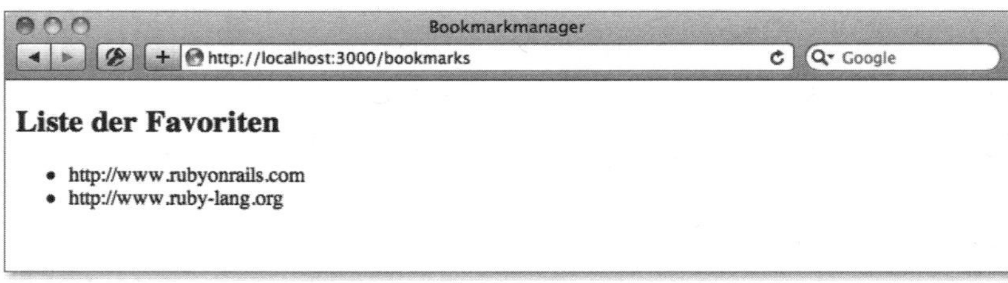

Abbildung 5.6 HTML-formatierte Liste im View

Später werden die einzelnen Bookmarks aus einer Datenbank gelesen. Da der View nicht weiß und auch nicht wissen muss, woher die Daten kommen, wird die Ausgabe im View weiterhin über die Instanzvariable `@bookmarks` erfolgen.

5.2 Weitere Views anlegen

»edit« und »new«

Unsere Bookmarkverwaltung soll nicht nur die vorhandenen Bookmarks listen, sondern es soll auch möglich sein, diese zu editieren und neue Bookmarks anzulegen. Dazu benötigen wir weitere Views. Diese können wir entweder so wie die `index.html.erb` manuell erstellen, oder wir können den bereits eingesetzten Controller-Generator erneut verwenden, aber dieses Mal nutzen wir den Generator auch zur Erzeugung der Views. Es werden die Views `edit` und `new` benötigt:

```
rails generate controller bookmarks edit new
```

Da wir bereits einen Controller `bookmarks` erstellt haben, fragt das System nach, ob es diese Datei überschreiben soll, was wir aber nicht wollen:

```
conflict  app/controllers/bookmarks_controller.rb
  Overwrite app/controllers/bookmarks_controller.rb?
                      (enter "h" for help) [Ynaqdh] n
  skip  app/controllers/bookmarks_controller.rb
 route  get "bookmarks/new"
 route  get "bookmarks/edit"
 exist    app/views/bookmarks
create    app/views/bookmarks/edit.html.erb
create    app/views/bookmarks/new.html.erb
...
```

Es stehen jetzt folgende Views im Ordner `app/views/bookmarks` zur Verfügung: **Views**

- `index.html.erb`
- `edit.html.erb`
- `new.html.erb`

Die beiden neuen Views enthalten automatisch generierten Code, den Sie sofort und ohne etwas am Controller ändern zu müssen mit neuen Überschriften versehen können:

`edit.html.erb`: `<h2>Favorit bearbeiten</h2>`

`new.html.erb`: `<h2>Neuen Favorit erstellen</h2>`

Da wir die Bookmarks-Controller-Datei nicht überschrieben haben, müssen wir die beiden Actions `edit` und `new`, die der Generator sonst für uns mit erstellt hätte, manuell hinzufügen:

```
class BookmarksController < ApplicationController
  def index
    @bookmarks = ["http://www.rubyonrails.org",
                  "http://www.ruby-lang.org"]
  end

  def edit
  end

  def new
  end
end
```

Listing 5.6 »app/controllers/bookmarks_controller.rb«

Der Generator hat auch zwei Einträge im Routing vorgenommen, damit die beiden neuen Views auch im Browser aufgerufen werden können:

```
Bookmarkmanager::Application.routes.draw do
  get "bookmarks/edit"

  get "bookmarks/new"

  get "bookmarks" => "bookmarks#index"
end
```

Listing 5.7 »config/routes.rb«

Rufen Sie zum Testen die URLs *http://localhost:3000/bookmarks/new* und *http://localhost:3000/bookmarks/edit* auf, um die Änderungen zu überprüfen.

5.3 Layout

Obwohl unsere View-Dateien kein HTML-Grundgerüst enthalten, ist es, wenn wir uns zum Beispiel den HTML-Code der `index.html.erb` ansehen, vorhanden:

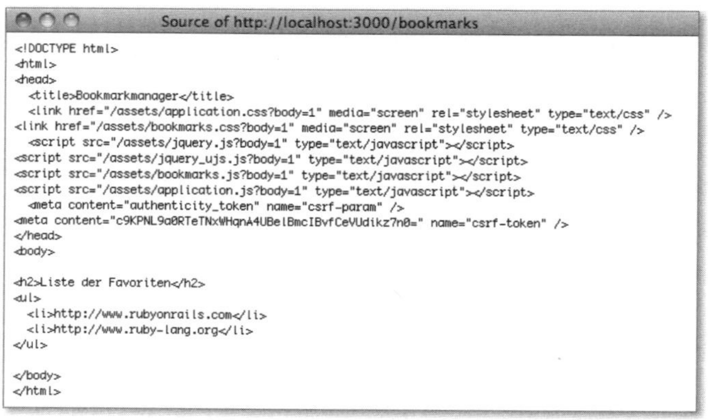


```
<!DOCTYPE html>
<html>
<head>
  <title>Bookmarkmanager</title>
  <link href="/assets/application.css?body=1" media="screen" rel="stylesheet" type="text/css" />
<link href="/assets/bookmarks.css?body=1" media="screen" rel="stylesheet" type="text/css" />
  <script src="/assets/jquery.js?body=1" type="text/javascript"></script>
<script src="/assets/jquery_ujs.js?body=1" type="text/javascript"></script>
<script src="/assets/bookmarks.js?body=1" type="text/javascript"></script>
<script src="/assets/application.js?body=1" type="text/javascript"></script>
  <meta content="authenticity_token" name="csrf-param" />
<meta content="c9KPNL9a0RTeTNxWHqnA4UBelBmcIBvfCeVUdikz7n0=" name="csrf-token" />
</head>
<body>

<h2>Liste der Favoriten</h2>
<ul>
  <li>http://www.rubyonrails.com</li>
  <li>http://www.ruby-lang.org</li>
</ul>

</body>
</html>
```

Abbildung 5.7 HTML-Code im Webbrowser

»application. html.erb«

Das heißt, es muss eine Datei geben, in der das HTML-Grundgerüst definiert wurde. Im Verzeichnis `app/views/layouts` befindet sich die Datei `application.html.erb`, die für alle Views der Applikation genutzt wird, es sei denn, im Controller wurde etwas anderes definiert. Aber dazu später mehr.

```
<!DOCTYPE html>
<html>
<head>
  <title>Bookmarkmanager</title>
  <%= stylesheet_link_tag    "application" %>
  <%= javascript_include_tag "application" %>
  <%= csrf_meta_tags %>
</head>
<body>

<%= yield %>

</body>
</html>
```

Listing 5.8 »app/views/layouts/application.html.erb«

[+]

Layout für alle Views eines Controllers

Wenn Sie im Verzeichnis `app/views/layouts` eine `html.erb`-Datei ablegen, die so heißt wie ein Controller, wird für alle Views dieses Controllers diese Layout-Datei statt der `application.html.erb` benutzt.

»yield«

Innerhalb der `application.html.erb` gibt es den Befehl `<%= yield %>`. Das Wort »yield« heißt »Inhalt« und bedeutet, dass an der Stelle, an welcher der `yield`-Befehl steht, der Inhalt der Template-Dateien geladen wird.

Stylesheets

Um die Oberfläche der Bookmarkverwaltung etwas schöner zu gestalten, haben wir einige CSS-Formatierungen vorgenommen. Die Stylesheet-Dateien sind Bestandteil der sogenannten Assets, womit hauptsächlich Bilder, JavaScript-Dateien und Stylesheets gemeint sind, die in den entsprechenden Unterverzeichnissen (`images`, `stylesheets`, `javascripts`) im Verzeichnis `app/assets`, `lib/assets` oder `vendor/assets` abgelegt werden können und gemeinsam die Asset Pipeline bilden. Mit Pipeline ist der Verarbeitungsprozess gemeint, der z. B. Sass in CSS umwandelt. Ein weiterer Vorteil der Asset Pipeline ist es, dass mehrere Dateien zusammengefasst werden können, damit z. B. statt mehrerer Stylesheet-Dateien nur eine Datei geladen werden muss. Weitere Infos zur Asset Pipeline erhalten Sie in Abschnitt 11.8 ab Seite 434.

In der Layout-Datei `application.html.erb` wird durch Aufruf des Helpers `stylesheet_link_tag "application"` die CSS-Datei `application.css` geladen. In der Datei `application.css` sind Anweisungen hinterlegt, die alle CSS-Dateien, die sich im Verzeichnis `app/assets/stylesheets` und in Unterverzeichnissen befinden, laden.

Damit stehen in allen Templates, die diese Layout-Datei verwenden, alle CSS-Formatierungen zur Verfügung.

[»]

Helper

Helper sind Abkürzungen, Makros oder Methoden, die uns in so mancher Situation den Programmieralltag erleichtern. Rails stellt standardmäßig einige Helper wie etwa `stylesheet_link_tag` zur Verfügung. Sie können aber auch eigene Helper entwickeln und im Verzeichnis `app/helpers` ablegen.

Strukturierung

In der Datei `application.html.erb` fügen wir weitere HTML-Elemente zur Strukturierung der HTML-Seite wie folgt hinzu:

```
<!DOCTYPE html>
<html>
<head>
  <title>Bookmarkmanager</title>
  <%= stylesheet_link_tag    "application" %>
  <%= javascript_include_tag "application" %>
  <%= csrf_meta_tags %>
</head>

<body>
  <div id="container">
    <div id="header">
      <h1>Meine Linksammlung</h1>
    </div>
    <div id="content">
      <%= yield %>
    </div>
  </div>

</body>

</html>
```

Listing 5.9 »app/views/layouts/application.html.erb«

Die CSS-Erweiterung Sass, die u. a. Verschachtelungen, Variablen, Mixins und Vererbung unterstützt, wird standardmäßig ab Rails 3.1 unterstützt. Sass-Stylesheets haben die Dateiendung `.scss`.

Als wir den Bookmarks-Controller mit Hilfe des Controller-Generators erzeugt haben, wurde die Sass-Datei `bookmarks.css.scss` im Verzeichnis `app/assets/stylesheets` mit generiert, in der wir unsere Formatierungen vorgenommen haben:

Sass-Datei

```
// Place all the styles related to the bookmarks
// controller here.
// They will automatically be included in application.css.
// You can use Sass (SCSS) here: http://sass-lang.com/

$blau: #006999;
$gruen: #008414;
$rot: #990A0C;

* {
  margin: 0;
}
body {
  background-color: #ddd;
}
#container {
  width: 500px;
  margin: 0 auto;
}
#header {
  background-color: $blau;
  padding: 10px;
  color: #fff;
  text-align: center;
}
#content {
  border: 2px solid $blau;
  padding: 10px;
  background-color: #fff;
  min-height: 200px;

  h2 {
    font-size: 1.1em;
    margin-bottom: 0.5em;
  }
}
#notice {
  border: 1px solid $gruen;
  color: $gruen;
  background-color: #D8FFBB;
}
```

```
#alert {
  border: 1px solid $rot;
  color: $rot;
  background-color: #FFA894;
}
label {
  display: block;
}
input {
  margin: 0.5em 0;
}
input[type="submit"] {
  margin-top: 2em;
}
```

Listing 5.10 »app/assets/stylesheets/bookmarks.css.scss«

Wir haben zwei Besonderheiten genutzt, die Sass zur Verfügung stellt: Variablen für die Farbwerte `$blau`, `$rot und $gruen` und Verschachtelung der Formatierung von `h2` im Content-Bereich.

Abbildung 5.8 Bookmarkverwaltung mit CSS-Formatierung

Titel setzen

Wenn man die einzelnen Seiten der Bookmarkverwaltung aufruft, fällt auf, dass die Titelzeile für alle Seiten gleich aussieht. Schön wäre doch, wenn man am Seitentitel erkennen könnte, auf welcher Seite man sich befindet. Dazu kann man in jedem View eine Instanzvariable `@title` setzen, zum Beispiel in dem View zum Ändern eines Bookmarks:

```
<% @title = "bearbeiten" %>
<h2>Favorit bearbeiten</h2>
```

Listing 5.11 »app/views/bookmarks/edit.html.erb«

In der Datei `application.html.erb` wird `@title` ausgegeben:

```
...
  <title>Bookmarkmanager - <%= @title %></title>
...
```

Listing 5.12 »app/views/layouts/application.html.erb«

Wenn Sie das Formular zum Ändern eines Lesezeichens im Browser aufrufen, wird im Titel »Bookmarkmanager – bearbeiten« ausgegeben:

Abbildung 5.9 Anpassung der Titelzeile

Standardtitel

Wenn nicht alle Views einen eigenen Titel erhalten sollen, können Sie auch einen Defaultwert angeben, der immer dann angezeigt wird, wenn ein View keinen eigenen Titel hat, sprich, wenn die Variable `@title` nicht gesetzt ist:

```
...
<title>Bookmarkmanager - <%= @title || "Unbenannt" %>
</title>
...
```

Listing 5.13 »app/views/layouts/application.html.erb«

Bis hierher wurde gezeigt, wie über das Routing der Aufruf in der URL in den Aufruf des zugehörigen Controllers und der Action umgewandelt wird. Die Action lädt dann wiederum das zugehörige Template, welches mit Hilfe von Layout-Dateien und CSS formatiert werden kann.

5.4 Model

Bis jetzt haben wir unsere Bookmarks manuell über ein Array im Controller gesetzt. Das ist aber nicht komfortabel für die Eingabe von neuen Bookmarks und auch nicht sinnvoll für die Verwaltung von vielen Lesezeichen, schon gar nicht, wenn sie in strukturierter Form vorliegen, wie zum Beispiel mit einer Angabe von URL und Titel.

Abbildung 5.10 Model

Datenbank-Konfigurationsdatei

Das heißt, wir möchten und sollten unsere Bookmarks in einer Datenbank verwalten. Bis jetzt haben wir aber noch keine Datenbank angelegt. In Rails wird die Verwaltung der Datenbank über eine Konfigurationsdatei `database.yml` im Verzeichnis `config` gesteuert:

```
development:
  adapter: sqlite3
  database: db/development.sqlite3
  pool: 5
  timeout: 5000

# Warning: The database defined as "test" will be erased and
# re-generated from your development database when you run ...
# Do not set this db to the same as development or production.
test:
  adapter: sqlite3
  database: db/test.sqlite3
  pool: 5
  timeout: 5000

production:
  adapter: sqlite3
  database: db/production.sqlite3
  pool: 5
  timeout: 5000
```

Listing 5.14 »config/database.yml«

Im Bereich `development` wird die Datenbank für die Entwicklungsumgebung konfiguriert. Die anderen beiden Umgebungen `test` und `production` ignorieren wir zunächst.

Einstellungen

Sie können hier die Einstellungen für den verwendeten Datenbankadapter, den Namen und Pfad zur Datenbankdatei, die Anzahl der Verbindungen für den Connection Pool und den Timeout vornehmen. Die bereits vorhandenen Werte sind Standardwerte, die Rails beim Generieren des Projektes angelegt hat. Diese können Sie übernehmen oder an Ihre

Wünsche anpassen. Auf den Eintrag des verwendeten Datenbankadapters haben Sie beim Generieren eines Rails-Projektes Einfluss, indem Sie den Parameter `--database Adaptername` oder `-d Adaptername` übergeben:

```
rails new projektname --database mysql
```

Standard: SQLite3

Lassen Sie wie wir beim Generieren des Bookmarkmanagers diesen Parameter weg, setzt Rails den Wert standardmäßig auf `sqlite3`. In unserem Beispiel übernehmen wir die von Rails gesetzten Standardwerte. Die SQLite3-Datenbankdatei `development.sqlite3` hat Rails beim Erstellen des Projektes im Verzeichnis `db` angelegt.

Sollten Sie einen anderen Datenbankadapter verwenden wollen, müssen Sie die Datenbank mit dem folgenden Befehl anlegen:

```
rake db:create
```

Zum Speichern unserer Bookmarks benötigen wir eine Tabelle, welche die Werte zu unseren Bookmarks, wie die URL, den Titel und evtl. einen Kommentar, speichert. Da Rails objektorientiert ist und wir deshalb nicht über die manuelle Eingabe von SQL-Befehlen auf Tabellen zugreifen können, benötigen wir auch eine Klasse, über deren Objekte der Zugriff auf die Tabelle möglich ist. Mit **Models** werden in Rails Klassen bezeichnet, die einen Zugriff auf Datenbanktabellen erlauben. Rails enthält dazu das Framework **ActiveRecord**.

Model-Generator

Das heißt, als Nächstes müssen wir ein Model erzeugen. Dazu stellt uns Rails einen Generator zur Verfügung, der als Pflichtparameter den Namen des Models im Singular erwartet. Wir übergeben auch die Feldnamen `title`, `url` und `comment` mit den dazugehörigen Datentypen:

```
rails generate model bookmark title:string url:string \
comment:text
```

Der Generator legt folgende Verzeichnisse und Dateien an:

```
invoke  active_record
create    db/migrate/20111021115549_create_bookmarks.rb
create    app/models/bookmark.rb
```

Neben der Model-Datei `app/models/bookmark.rb` hat der Generator auch eine Migration-Datei im Verzeichnis `db/migrate` erzeugt.

5.4.1 Migration

Migration ist ein ganz wichtiges Konzept in Rails. Innerhalb einer Migration-Datei wird die Tabellenstruktur einer Datenbanktabelle in Ruby beschrieben. Auch Änderungen an einer Tabelle, etwa weil ein Feld nicht mehr benötigt wird oder neue Felder hinzukommen, werden über Migration durchgeführt. Das heißt, in der Migration-Datei wird alles definiert: wie die Tabelle heißt, die erzeugt werden soll, welche Felder diese Tabelle hat, und welchen Datentyp diese Felder haben. Und das wird nicht etwa in SQL-Befehlen definiert, sondern in Ruby-Code, der speziell innerhalb des Frameworks ActiveRecord für die Lösung dieses Problems entwickelt wurde. Deshalb spricht man auch von einer **Domain Specific Language**. Die Migration-Datei kann ausgeführt werden – wie das geht, zeigen wir Ihnen gleich –, und dann wird der darin enthaltene Ruby-Code in SQL-Befehle übersetzt. Eine ausführliche Beschreibung des Migration-Konzepts erhalten Sie in Kapitel 8 ab Seite 239.

Per Konvention ist definiert, dass zu einem Model eine Tabelle gehört, die so heißt wie das Model im Plural.

Migration-Datei

Unsere Migration-Datei hat folgenden Inhalt:

```
class CreateBookmarks < ActiveRecord::Migration
  def change
    create_table :bookmarks do |t|
      t.string :title
      t.string :url
      t.text :comment

      t.timestamps
    end
  end
end
```

Listing 5.15 »db/migrate/20111021115549_create_bookmarks.rb«

Felder ergänzen

Wenn wir weitere Felder ergänzen wollten, könnten wir das jetzt noch in der Migration-Datei tun. Der Eintrag `t.timestamps` erzeugt die beiden Datumsfelder `created_at` und `updated_at`, in denen gespeichert wird, wann ein Datensatz angelegt und wann er geändert wurde. Rails setzt und aktualisiert diese beiden Felder später automatisch – sehr praktisch.

Die Datentypen in der Migration haben eigene Bezeichnungen, zum Beispiel heißt ein `Varchar(255)` in der Migration `string`.

rake db:migrate

Die Migration-Datei müssen wir jetzt ausführen, also in SQL-Befehle umwandeln. Dazu verwenden wir folgenden Befehl:

```
rake db:migrate
```

Der Befehl liefert folgende Ausgabe:

```
==  CreateBookmarks: migrating ====================
-- create_table(:bookmarks)
   -> 0.0021s
==  CreateBookmarks: migrated (0.0022s) ===========
```

Hätten wir nicht SQLite3, sondern zum Beispiel eine Oracle-Datenbank eingesetzt, wäre die Migration-Datei an Oracle angepasst übersetzt worden. Das heißt, die Migration-Datei ist immer gleich, egal welches Datenbanksystem verwendet wird.

5.4.2 ActiveRecord

Der Zugriff auf die nun erstellte Tabelle `bookmarks` erfolgt über Objekte des Models `Bookmark`. Das heißt, das Model selbst repräsentiert die Tabelle, und die Objekte repräsentieren einen Datensatz in der Tabelle.

Wenn Sie das Model `bookmark.rb` im Verzeichnis `app/models` öffnen, sehen Sie, dass die Klasse `Bookmark` von `ActiveRecord::Base` erbt und ansonsten leer ist:

```
class Bookmark < ActiveRecord::Base
end
```

Listing 5.16 »app/models/bookmark.rb«

Das lassen wir auch erst einmal so, weil die Klasse alle Funktionalitäten, die zum Zugriff auf die Tabelle nötig sind, von ActiveRecord geerbt hat. Wie genau ActiveRecord funktioniert, erfahren Sie in Kapitel 8 ab Seite 239.

5.4.3 Datenbankzugriff in der Konsole testen

»rails console«

Sie können den Zugriff auf die Tabelle über den Aufruf der Rails-Konsole (`rails console`) innerhalb der Rails-Umgebung testen. Die Rails-Konsole erlaubt es Ihnen, die Befehle interaktiv auszuprobieren. In dieser Konsole stehen Ihnen alle Klassen Ihrer Applikation zur Verfügung. Das heißt, Sie können zum Beispiel alle bisher angelegten Bookmark-Datensätze zählen:

```
rails console
Loading development environment (Rails 3.1.3)
>> Bookmark.count
   (0.3ms)  SELECT COUNT(*) FROM "bookmarks"
=> 0
```

Magie von ActiveRecord

Um einen neuen Eintrag in der Tabelle bookmarks vorzunehmen, erzeugen Sie ein neues Objekt der Klasse Bookmark und weisen diesem die einzelnen Feldwerte über Attribute zu. Das ist die Magie, die ActiveRecord uns zur Verfügung stellt. ActiveRecord erzeugt nämlich Methoden, die so heißen wie die einzelnen Felder der Tabelle, um die Feldwerte auszulesen. Um einen Wert zu setzen, erhält die Methode ein Gleichheitszeichen am Ende. Und da die Klasse Bookmark von ActiveRecord erbt, steht diese Funktionalität auch in der Klasse Bookmark zur Verfügung:

```
>> bookmark = Bookmark.new
=> #<Bookmark id: nil, title: nil, url: nil, ...
>> bookmark.title = "Ruby on Rails"
=> "Ruby on Rails"
>> bookmark.url = "http://www.rubyonrails.org"
=> "http://www.rubyonrails.org"
```

ID

Interessant ist, dass auch ein Feld namens id erstellt wurde, ohne dass wir dieses in der Migration-Datei angegeben haben. Das Feld id wird immer automatisch als Primärschlüssel einer Tabelle mit dem Attribut auto_increment erzeugt, das heißt, jeder neue Datensatz erhält automatisch die nächsthöhere ID und ist deshalb nie leer.

Speichern können Sie den neuen Eintrag über den Aufruf von:

```
>> bookmark.save
```

Nach dem Aufruf des save-Befehls wird der SQL-Befehl, mit dem der Datensatz in der Datenbank hinzugefügt wird, ausgegeben:

```
INSERT INTO "bookmarks" ("comment", "created_at", "title",
"updated_at", "url") VALUES (?, ?, ?, ?, ?)
[["comment", nil], ["created_at", ...],
["title", "Ruby on Rails"], ["updated_at", ...],
["url", "http://www.rubyonrails.org"]]
```

Das heißt, es ist wirklich ein Datensatz hinzugefügt worden:

```
>> Bookmark.count
  SELECT COUNT(*) FROM "bookmarks"
=> 1
```

»create«

Eine kürzere Möglichkeit, einen neuen Datensatz anzulegen, ist die Anwendung der Methode create, der Sie die einzelnen Attribute als Hash übergeben:

```
>> Bookmark.create(title: "Ruby",
  url: "http://www.ruby-lang.org")

INSERT INTO "bookmarks" ("comment", "created_at", "title",
"updated_at", "url") VALUES (?, ?, ?, ?, ?) ...
=> #<Bookmark id: 2, title: "Ruby",
url: "http://www.ruby-lang.org", comment: nil,
created_at: "2011-10-21 12:54:23",
updated_at: "2011-10-21 12:54:23">
...
>> Bookmark.count
  SELECT COUNT(*) FROM "bookmarks"
=> 2
```

Über die Methode `find` können Sie auf die einzelnen Datensätze zugreifen. Dazu übergeben Sie der Methode die ID des gesuchten Datensatzes als Parameter: **»find«**

```
>> b = Bookmark.find(1)
SELECT "bookmarks".* FROM "bookmarks"
WHERE "bookmarks"."id" = ? LIMIT 1  [["id", 1]]
=> #<Bookmark id: 1, title: "Ruby on Rails",
url: "http://www.rubyonrails.org", comment: nil, ...
```

Auf die einzelnen Attribute greifen Sie durch Aufruf der Methoden für die Feldnamen zu:

```
>> b.title
=> "Ruby on Rails"
>> b.url
=> "http://www.rubyonrails.org"
```

[+]

Ausgabe eines Objektes

Wenn Sie alle Werte eines Objektes ausgeben möchten, können Sie den `y`-Befehl in der Rails-Konsole verwenden:

```
>> y Bookmark.find(1)
--- !ruby/object:Bookmark
attributes:
id: 1
title: Ruby on Rails
url: http://www.rubyonrails.org
...
```

Um alle angelegten Bookmarks auszulesen, rufen Sie die Methode `all` auf. Das Ergebnis ist ein Array: **»Bookmark.all«**

```
>> Bookmark.all
  SELECT "bookmarks".* FROM "bookmarks"
=> [#<Bookmark id: 1, title: "Ruby on Rails", ...
```

Wenn Sie zum Beispiel nur den Titel aller vorhandenen Bookmarks ausgeben möchten, können Sie das lösen, indem Sie mit einer `each`-Schleife über das Ergebnis-Array von `Bookmark.all` iterieren und immer nur den Titel der jeweiligen Elemente ausgeben:

```
>> Bookmark.all.each do |bookmark|
?>   puts bookmark.title
>> end
Ruby on Rails
Ruby
```

Oder Sie erzeugen ein Array, das nur die Titel der einzelnen Datensätze enthält:

```
>> Bookmark.all.map(&:title)
=> ["Ruby on Rails", "Ruby"]
```

Aber zunächst noch weitere Informationen zum Umgang mit ActiveRecord-Klassen. Zur Zeit ist es möglich, einen leeren Datensatz anzulegen, indem wir die Methode `create` aufrufen, ohne ihr Werte zu übergeben:

```
>> Bookmark.create
=> #<Bookmark id: 3, title: nil, url: nil, ...
>> Bookmark.count
=> 3
```

Pflichtfelder definieren

Da wir nicht wollen, dass leere Datensätze angelegt werden, können wir im Model angeben, welche Felder Pflichtfelder sind. Das heißt, wenn diese Felder dann nicht gesetzt sind, wird der Datensatz nicht gespeichert. In unserem Beispiel soll der Datensatz nur gespeichert werden, wenn die Felder `title` und `url` gesetzt sind:

```
class Bookmark < ActiveRecord::Base
  validates :title, :url, presence: true
end
```

Listing 5.17 »app/models/bookmark.rb«

»reload!«

Da wir eine Änderung am Model vorgenommen haben, müssen wir, bevor wir testen, ob die Änderungen umgesetzt werden, die Applikation neu starten, da die Konsole beim Start die Entwicklungsumgebung lädt und unsere Änderung nach dem Laden erfolgt ist. Die Applikation wird über den Befehl `reload!` neu gestartet:

```
>> reload!
Reloading...
=> true
```

Ohne Pflichtfelder

Jetzt ist es nicht mehr möglich, einen leeren Datensatz zu speichern. Das können wir leicht kontrollieren, indem wir zuerst die aktuelle Anzahl der bereits angelegten Datensätze mit dem Befehl `Bookmark.count` abfragen, anschließend versuchen, einen leeren Datensatz über den Befehl `Bookmark.create` anzulegen, und dann noch einmal die Anzahl der angelegten Datensätze kontrollieren:

```
>> Bookmark.count
=> 3
>> Bookmark.create
=> #<Bookmark id: nil, title: nil, url: nil, ...
>> Bookmark.count
=> 3
```

Mit Pflichtfeldern

Wenn dagegen die beiden Pflichtfelder gesetzt sind, wird ein neuer Datensatz angelegt:

```
>> Bookmark.count
=> 3
>> Bookmark.create(title: "css Zen Garden",
   url: "http://www.csszengarden.com")
=> #<Bookmark id: 4, title: "css Zen Garden", ...
>> Bookmark.count
=> 4
```

»destroy«

Wenn wir uns jetzt wieder die Titel aller bisher angelegten Bookmarks ausgeben lassen, befindet sich der leere Datensatz mitten in dem Array. Sie können diesen Datensatz mit Hilfe der Methode `find_by_title`, der Sie den Wert `nil` übergeben, suchen und mit der Methode `destroy` löschen:

```
>> Bookmark.all.map(&:title)
=> ["Ruby on Rails", "Ruby", nil, "css Zen Garden"]
>> Bookmark.find_by_title(nil).destroy
>> Bookmark.all.map(&:title)
=> ["Ruby on Rails", "Ruby", "css Zen Garden"]
```

Wir haben jetzt in der `rails console` so mit dem Model gearbeitet, wie wir das später im Controller tun werden. Dazu aber im nächsten Abschnitt mehr.

5.5 CRUD (Create, Read, Update, Delete)

Grundoperationen

Im letzten Abschnitt haben wir ein ActiveRecord-Model für den objektorientierten Zugriff auf unsere Datenbanktabelle `bookmarks` erstellt. Mit einem Objekt dieses Models können wir die vier Grundoperationen durchführen:

1. **Create**
   einen neuen Datensatz erstellen
2. **Read**
   einen Datensatz lesen
3. **Update**
   einen vorhandenen Datensatz ändern
4. **Delete**
   einen Datensatz löschen

Bis jetzt haben wir all das nur in der `rails console` eingesetzt. Wir möchten es jetzt aber auch in unserer Bookmarkverwaltung nutzen. Zunächst sollen unsere Bookmarks, die wir bis jetzt im Controller manuell in einem Array gesetzt haben, aus der Datenbank gelesen werden. In den darauffolgenden Schritten wollen wir dann in der Lage sein, ein neues Lesezeichen hinzuzufügen, ein vorhandenes zu ändern oder zu löschen. Dazu müssen wir die entsprechenden Funktionalitäten des Models sowohl im Controller als auch in den Views einsetzen.

Beginnen wir mit unserem Bookmarks-Controller:

```
class BookmarksController < ApplicationController
  def index
    @bookmarks = ["http://www.rubyonrails.org",
                  "http://www.ruby-lang.org"]
  end

  def edit
  end

  def new
  end
end
```

Listing 5.18 »app/controllers/bookmarks_controller.rb«

Die »index«-Action

Als Erstes ersetzen wir das Array, das wir manuell mit zwei Bookmarks gesetzt haben, durch einen Model-Aufruf, um die vorhandenen Bookmarks aus der Datenbank auszulesen:

```
def index
  @bookmarks = Bookmark.all
end
```

Objektattribute ausgeben

Diese Änderung bedingt, dass auch im View `index.html.erb` Änderungen vorgenommen werden müssen. Vorher haben wir einfach nur jedes einzelne Element des Arrays in dem View ausgegeben. Das Array `@bookmarks` enthält aber jetzt Objekte vom Typ `Bookmark`, das heißt, im View können die einzelnen Attribute der Objekte angezeigt werden. Wir entscheiden uns zunächst dafür, für jeden Bookmark die URL auszugeben:

```
<% @title = "liste" %>
<h2>Liste der Favoriten</h2>
<ul>
<% @bookmarks.each do |bookmark|%>
  <li><%= bookmark.url %></li>
<% end %>
</ul>
```

Listing 5.19 »app/views/bookmarks/index.html.erb«

Schöner wäre es, wenn wir nicht nur die URL zu jedem Bookmark ausgeben würden, sondern wenn die URL auch anklickbar wäre. Dazu müssen wir die Ausgabe der URL aus unserem letzten Listing wie folgt anpassen:

```
<li><%= link_to bookmark.title, bookmark.url %></li>
```

»link_to«

Rails stellt uns den ActionView-Helper `link_to` zur Verfügung, um einen Link in HTML-Code generieren zu können.

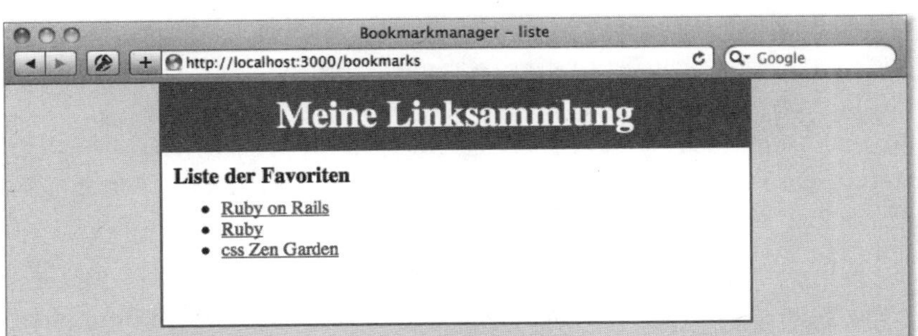

Abbildung 5.11 Verlinkte Titel: »http://localhost:3000/bookmarks«

»show« Neben der Anzeige des Titels unserer Bookmarks und der Verlinkung mit der jeweiligen URL könnten wir auch noch das Kommentarfeld und das Erstellungs- und Änderungsdatum unserer Bookmarks anzeigen. Da dafür auf der Indexseite zu wenig Platz ist bzw. weil wir das auch einfach nicht auf der Indexseite anzeigen möchten, erstellen wir für diese Zusatzinformationen eine Detailseite. Diese Detailseite wird üblicherweise `show` genannt. Das heißt, wir müssen im Bookmarks-Controller eine neue Action `show` hinzufügen, und zur Ausgabe müssen wir einen neuen View namens `show.html.erb` anlegen. Wir hätten gerne, dass die Detailseite über die URL *http://localhost:3000/bookmarks/id* aufgerufen wird, wobei `id` der ID des Datensatzes entspricht, zu dem die Detailseite angezeigt werden soll. Das heißt, wir müssen auch einen Routing-Eintrag hinzufügen, der diese URL in den Aufruf der `show`-Action im Bookmarks-Controller umwandelt. Beginnen wollen wir mit dem Controller.

Die »show«-Action

Datensatz laden Die Action `show` soll einen bestimmten Datensatz laden, der dann im View angezeigt werden soll. Es soll also ein konkretes Model-Objekt bzw. ein Datensatz geladen werden. Das können wir mit der Methode `find` realisieren, der wir die ID des Datensatzes übergeben, den wir anzeigen möchten:

```
Bookmark.find(2)
```

Die Action `show` kennt die ID des Datensatzes aber nicht, weil diese über die URL *http://localhost:3000/bookmarks/id* übergeben wird. Das heißt, wir müssen den Parameter `id` aus der URL auslesen. Um auf Parameter, die über die URL übergeben werden, zugreifen zu können, stellt uns Rails die Methode `params` zur Verfügung. Daraus folgt für unsere Action `show`:

```
def show
  @bookmark = Bookmark.find(params[:id])
end
```

Listing 5.20 »app/controllers/bookmarks_controller.rb«

»@bookmark« In der Instanzvariablen `@bookmark` steht dem View `show.html.erb` dann der Datensatz zur Verfügung, dessen ID über die URL an die Action `show` übergeben wurde.

Als Nächstes erstellen wir also im Verzeichnis `app/views/bookmarks` eine neue Datei `show.html.erb`, in der wir den Titel, die URL, den Kommentar, das Erstellungs- und das Änderungsdatum eines Lesezeichens ausgeben:

```
<h2>Detail zum Favorit</h2>
<p>
  <b>Titel:</b>
  <%= @bookmark.title %>
</p>
<p>
  <b>URL:</b>
  <%= @bookmark.url %>
</p>
<p>
  <b>Kommentar:</b>
  <%= @bookmark.comment %>
</p>
<p>
  <b>Erstellt am:</b>
  <%= @bookmark.created_at %>
</p>
<p>
  <b>Geändert am:</b>
  <%= @bookmark.updated_at %>
</p>
```

Listing 5.21 »app/views/bookmarks/show.html.erb«

Damit wir das im Browser testen können, müssen wir noch folgenden Routing-Eintrag in der Datei `config/routes.rb` hinzufügen:

```
get "bookmarks/:id" => "bookmarks#show"
```

Da es auf die Reihenfolge der Routing-Einträge ankommt, achten Sie bitte darauf, dass Sie diesen Eintrag an letzter Stelle setzen. Ansonsten würde z. B. die URL `/bookmarks/new` an die `show`-Action weitergeleitet werden.

Rufen Sie nun die URL *http://localhost:3000/bookmarks/2* im Browser auf.

Abbildung 5.12 »http://localhost:3000/bookmarks/2«

Datumsformat Das Erstellungs- und Änderungsdatum werden im UTC-Format in der Datenbank gespeichert. Wie Sie diese mit Hilfe des in Rails integrierten I18n-Frameworks im deutschen Datumsformat ausgeben, zeigen wir Ihnen in Abschnitt 5.11 ab Seite 158.

Was uns jetzt noch fehlt, ist ein Link von der Indexseite auf die Detailseiten der einzelnen Bookmarks und von der Detailseite ein Link zurück zur Indexseite. Dazu müssen wir in den Views `index.html.erb` und `show.html.erb` einen Link hinzufügen:

```
<% @title = "liste" %>
<h2>Liste der Favoriten</h2>
<ul>
<% @bookmarks.each do |bookmark|%>
  <li>
    <%= link_to bookmark.title, bookmark.url %>
    (<%= link_to "Details", "/bookmarks/#{bookmark.id}" %>)
  </li>
<% end %>
</ul>
```

Listing 5.22 »app/views/bookmarks/index.html.erb«

Wenn wir den Link zur Detailseite so angeben, funktioniert das, keine Frage, erschwert aber die Wartbarkeit von unserem Code, sollten wir etwas an dem Pfad zu der Detailseite ändern. Dann müssten wir diese Änderung nicht nur im Routing vornehmen, sondern auch in allen Views, in denen ein Link zur Detailseite gesetzt ist. Und das wäre nicht nur anstrengend, sondern würde auch gegen das DRY-Prinzip (»Don't Repeat Yourself«) von Rails verstoßen. Besser wäre es da, wenn wir eine Methode zur Verfügung hätten, die den Pfad zum Detail eines Bookmarks generiert. Dann müsste im Falle einer Änderung nur die Methode angepasst werden. Und genau das ist im Routing schon vorgesehen. Wir können zu einem Routing-Eintrag über die Option `as` angeben, unter welchem Methodennamen der Pfad zu diesem Routing-Eintrag generiert werden soll. Da die Methode in unserem Fall einen Pfad generieren soll, der zu der Detailseite von genau einem Bookmark führt, übergeben wir den Namen `bookmark`:

```
get "bookmarks/:id" => "bookmarks#show", as: "bookmark"
```

Dadurch stehen jetzt die beiden Routing-Helper-Methoden `bookmark_url` und `bookmark_path` zur Verfügung, die im Controller und im View verwendet werden können. `bookmark_url` liefert den absoluten Pfad inklusive des Hosts zurück. `bookmark_path` den relativen Pfad ohne Angabe des Hosts. Für unseren Link zur Detailseite auf der Indexseite bedeutet das:

```
<% @title = "liste" %>
<h2>Liste der Favoriten</h2>
<ul>
<% @bookmarks.each do |bookmark|%>
  <li>
    <%= link_to bookmark.title, bookmark.url %>
    (<%= link_to "Details", bookmark_path(bookmark.id) %>)
  </li>
<% end %>
</ul>
```

Listing 5.23 »app/views/bookmarks/index.html.erb«

Die ID, die beim Aufruf einer Detailseite in der URL übergeben wird, wird der Routing-Helper-Methode als Parameter übergeben. Da diese Routing-Helper-Methoden intern, um die Pfade zu generieren, auf die Methode `to_param` zugreifen und diese Methode für ActiveRecord-Objekte standardmäßig die ID zurückliefert, reicht es, wenn wir das Bookmarks-Objekt an die Routing-Helper-Methode übergeben:

```
...
(<%= link_to "Details", bookmark_path(bookmark) %>)
...
```

Listing 5.24 »app/views/bookmarks/index.html.erb«

Das Gleiche können wir mit unserem Link »Zurück zur Liste« machen, den wir auf der Detailseite eines Bookmarks implementieren wollen. Da die Routing-Helper-Methode in dem Fall einen Pfad generieren soll, der zur Liste vieler Bookmarks führt, übergeben wir in unserem Routing-Eintrag den Namen `bookmarks`:

```
get "bookmarks" => "bookmarks#index", as: "bookmarks"
```

Den Link auf der Detailseite zurück zur Indexseite können wir dann wie folgt implementieren:

```
<p><%= link_to "Zurück zur Liste", bookmarks_path %></p>
```

Listing 5.25 »app/views/bookmarks/show.html.erb«

Da in der Action `index` im Controller alle Bookmarks geladen werden und nicht ein bestimmter Datensatz, müssen wir kein Objekt übergeben, das geladen werden soll.

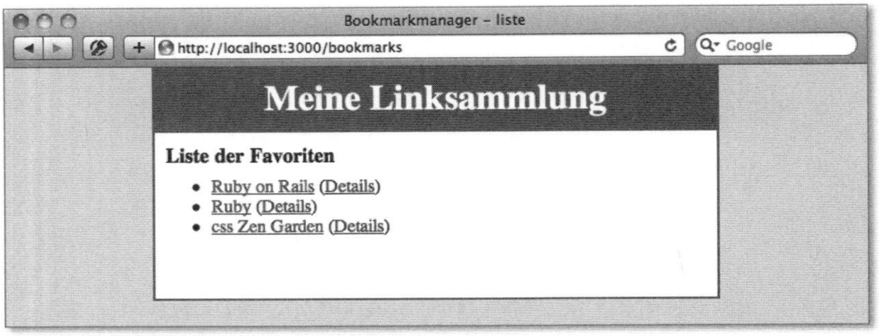

Abbildung 5.13 »http://localhost:3000/bookmarks«

Formular zur Erstellung eines neuen Datensatzes

»new« Jetzt erstellen wir ein Formular, um neue Bookmarks hinzufügen zu können. Dazu steht uns im Controller die Action `new` zur Verfügung, die wir bereits angelegt haben. In dieser Action müssen wir ein neues, leeres Bookmark-Objekt erstellen, das wir dann im View `new.html.erb` über das Formular mit Werten füllen können:

```
def new
  @bookmark = Bookmark.new
end
```

»form_for« In dem View `app/views/bookmarks/new.html.erb` werden wir das Formular zum Anlegen eines neuen Bookmarks hinterlegen. Auch zur Formularentwicklung stellt Rails einen ActionView-Helper zur Verfügung: `form_for`. Bei `form_for` handelt es sich um eine Methode, der in einem Block das Objekt übergeben wird, auf welches sich die Felder des Formulars beziehen. In unserem Fall ist das das Bookmark-Objekt, das beim Aufruf des Formulars in der Action `new` erzeugt wurde. Falls es sich wie in diesem Beispiel um ein neues Objekt handelt, geht Rails per Konvention davon aus, dass es das Formular, wenn es abgeschickt wird, mit der HTTP-Methode `POST` an die Action `create` im Controller senden muss. Die Action `create` müssen wir nach der Erstellung des Formulars noch im Controller entwickeln:

```
<% form_for(@bookmark) do |f| %>
<% end %>
```

Listing 5.26 »app/views/bookmarks/new.html.erb«

Formular-Helper In dem Formular fehlen jetzt noch die einzelnen Felder. Hier legen Sie alle Felder an, die in der Datenbanktabelle `bookmarks` gesetzt werden können. Das heißt, alle außer `id`, `created_at` und `updated_at`, weil diese automatisch von Rails gesetzt werden. Wichtig ist, dass die Felder im Fomular genauso heißen wie in der Datenbanktabelle. Auch für die Erzeugung der einzelnen Formularelemente stehen Helper zur Verfügung: `label`, `text_field`, `text_area` und `submit`. Unterhalb des Formulars fügen wir noch einen Link zurück zur Indexseite ein:

```
<% @title = "neu" %>
<h2>Neuen Favorit erstellen</h2>
<%= form_for(@bookmark) do |f| %>
  <p>
    <%= f.label :title %>
    <%= f.text_field :title %>
  </p>
  <p>
    <%= f.label :url %>
    <%= f.text_field :url %>
  </p>
  <p>
    <%= f.label :comment %>
    <%= f.text_area :comment %>
  </p>
  <p>
    <%= f.submit %>
  </p>
<% end %>
<p><%= link_to "Zurück zur Liste", bookmarks_path %></p>
```

Formular aufrufen

Rufen Sie nun die URL *http://localhost:3000/bookmarks/new* auf:

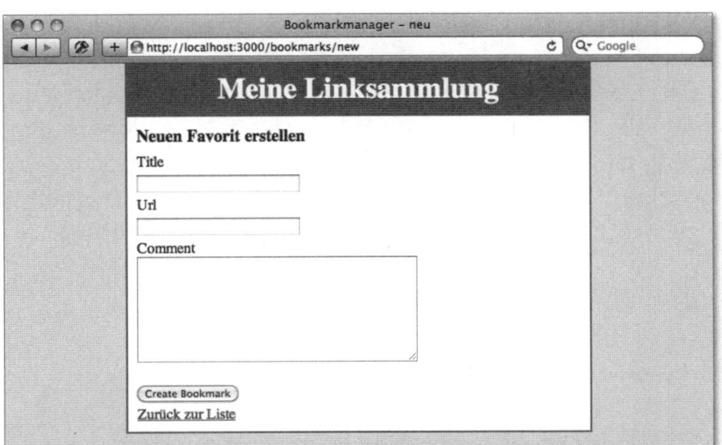

Abbildung 5.14 »http://localhost:3000/bookmarks/new«

Wenn Sie den Quelltext des Formulars im Browser betrachten, sehen Sie, dass die Formulardaten mit der HTTP-Methode POST an die URL /bookmarks gesendet werden. Das heißt, der Aufruf von /bookmarks führt, wenn der Aufruf mit der GET-Methode erfolgt, dazu, dass die Action index im Controller ausgeführt wird. Wenn der Aufruf mit der POST-Methode erfolgt, wird die Action create ausgeführt.

```
<form accept-charset="UTF-8" action="/bookmarks"
class="new_bookmark" id="new_bookmark" method="post">
```

Listing 5.27 Quelltext der Seite »http://localhost:3000/bookmarks/new«

Abschicken können Sie das Formular noch nicht, weil wir im Controller die Action create noch nicht definiert haben.

»create« Die Action create soll aus den Formularwerten ein neues Bookmark-Objekt erzeugen und speichern, um in der Datenbank einen neuen Datensatz zu erzeugen. Da die Formularfelder genauso heißen wie die Felder in der Datenbank, können wir die Parameter, die das Formular an die Action sendet, als Hash übergeben. In Rails liest man die Parameter eines Formulars über params[:Objektname_des_übergebenen_Objekts]. Daraus folgt für unsere Action create:

```
def create
  @bookmark = Bookmark.new(params[:bookmark])
end
```

»save« Das Objekt @bookmark muss dann noch gespeichert werden. Da die Methode save entweder true oder false zurückliefert, können wir das auch abfragen und entsprechend reagieren. Wenn das Speichern erfolgreich war, soll zur Indexseite weitergeleitet werden. Wenn der Datensatz nicht gespeichert werden kann, etwa weil nicht alle Pflichtfelder gesetzt sind, soll wieder der View new.html.erb angezeigt werden, aber die Formularfelder, die ausgefüllt waren, sollen erhalten bleiben. Das heißt, in diesem Fall erfolgt keine Weiterleitung, sondern es wird wieder das Formular, also der View new.html.erb, angezeigt, ohne die Seite neu zu laden:

```
def create
  @bookmark = Bookmark.new(params[:bookmark])
  if @bookmark.save
    redirect_to bookmarks_path
  else
    render "new"
  end
end
```

Jetzt fehlt nur noch der Routing-Eintrag, damit beim Aufruf von /bookmarks mit der POST-Methode die Action create im Bookmarks-Controller ausgeführt wird:

```
...
post "bookmarks" => "bookmarks#create"
```

Listing 5.28 »config/routes.rb«

Das können Sie jetzt testen, indem Sie einmal ein vollständig ausgefülltes Formular abschicken und einmal nur den Titel ausfüllen und dann das Formular abschicken.

Formular zum Ändern eines Datensatzes

Das Ändern eines vorhandenen Bookmarks ist relativ einfach. Dazu nutzen wir die Action edit im Controller. edit ist ähnlich wie new. Der Unterschied besteht darin, dass edit einen vorhandenen Bookmark lädt, dessen ID wie bei der Action show, über die URL übergeben wird: »edit«

```
def edit
  @bookmark = Bookmark.find(params[:id])
end
```

Das Formular für den View edit.html.erb übernehmen wir von dem View new.html.erb. Wir werden später zeigen, wie man diese Duplizierung vermeiden kann. Das Formular zum Ändern eines Bookmarks sendet Rails per Konvention mit der HTTP-Methode PUT über den Aufruf von /bookmarks/id an die Action update, die wir noch erstellen müssen. Ob die Formulardaten mit der HTTP-Methode POST oder PUT erfolgen muss, erkennt Rails daran, ob ein neues oder ein bereits vorhandenes Objekt, das aus der Datenbank geladen wurde, an das Formular übergeben wird:

```
<% @title = "bearbeiten" %>
<h2>Favorit bearbeiten</h2>
<%= form_for(@bookmark) do |f| %>
  <p>
    <%= f.label :title %>
    <%= f.text_field :title %>
  </p>
  <p>
    <%= f.label :url %>
    <%= f.text_field :url %>
  </p>
  <p>
    <%= f.label :comment %>
```

```
    <%= f.text_area :comment %>
  </p>
  <p>
    <%= f.submit %>
  </p>
<% end %>

<p><%= link_to "Zurück zur Liste", bookmarks_path %></p>
```

Listing 5.29 »app/views/bookmarks/edit.html.erb«

Da das Formular zum Editieren eines Datensatzes einen vorhandenen anzeigt, müssen Sie, um das Formular im Browser aufrufen zu können, den bereits vom Controller-Generator angelegten Routing-Eintrag `get "bookmarks/edit"` wie folgt anpassen:

```
get "bookmarks/:id/edit" => "bookmarks#edit"
```

Wenn Sie das Formular zum Editieren eines Bookmarks z.B. über *http://localhost:3000/bookmarks/2/edit* im Browser aufrufen und den Quelltext anschauen, sehen Sie, dass Rails das Formular mit der `POST`-Methode sendet und ein verstecktes Feld `_method` auf den Wert `put` setzt:

```
<form accept-charset="UTF-8" action="/bookmarks/2"
class="edit_bookmark" id="edit_bookmark_2" method="post">

<div style="margin:0;padding:0;display:inline">
...
  <input name="_method" type="hidden" value="put" />
...
</div>
```

Das kommt daher, dass die meisten Browser beim Formularversand keine anderen HTTP-Methoden als `GET` und `POST` unterstützen. Deshalb sendet Rails das Formular zum Editieren eines Datensatzes mit der `POST`-Methode und setzt ein verstecktes Feld mit dem Namen `_method` auf den Wert `put`. Beim Parsen der Daten, die über das Formular gesendet werden, verhält sich Rails dann so, als wäre das Formular mit der HTTP-Methode, die über den Parameter `_method` übergeben wird, gesendet worden, in unserem Fall also `PUT`.

»update« Damit wir das testen können, müssen wir noch im Controller die Action `update` entwickeln. Die Action `update` lädt über die übergebene ID den zu editierenden Bookmark, und dann ändert sie alle Werte, die über das Formular übergeben werden über die Methode `update_attributes`. Da diese Methode `true` oder `false` zurückliefert, können wir sie abfragen und entsprechend darauf reagieren. Wenn der Datensatz erfolgreich aktualisiert werden konnte, soll zur Indexseite weitergeleitet werden. Wenn nicht, soll das Formular zum Ändern geladen werden:

```
def update
  @bookmark = Bookmark.find(params[:id])
  if @bookmark.update_attributes(params[:bookmark])
    redirect_to bookmarks_path
  else
    render "edit"
  end
end
```

Damit auch die Methode `update` ausgeführt wird, wenn das Formular zum Editieren eines Datensatzes abgeschickt wird, müssen wir noch einen entsprechenden Routing-Eintrag in der Datei `config/routes.rb` hinzufügen:

```
...
put "/bookmarks/:id" => "bookmarks#update"
```

Listing 5.30 »config/routes.rb«

Jetzt können Sie das Formular über *http://localhost:3000/bookmarks/1/edit* im Browser testen.

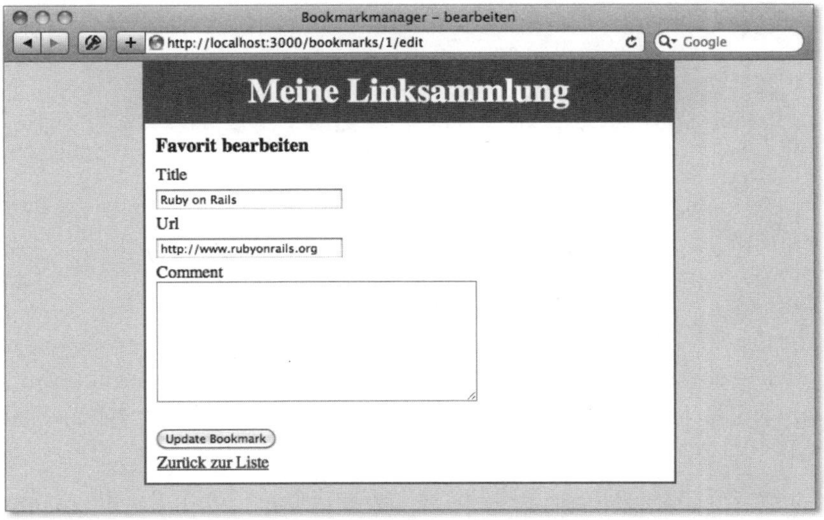

Abbildung 5.15 »http://localhost:3000/bookmarks/1/edit«

Links anlegen

Was uns noch fehlt, sind Links von der Indexseite aus, um neue Bookmarks anzulegen und vorhandene zu editieren, damit wir die jeweiligen URLs nicht immer händisch im Browser eingeben müssen. Damit wir auch für diese Links Routing-Helper-Methoden nutzen können, müssen wir das Routing wie folgt anpassen:

```
Bookmarkmanager::Application.routes.draw do

  get "bookmarks" => "bookmarks#index", as: "bookmarks"
  get "bookmarks/new", as: "new_bookmark"
  get "bookmarks/:id" => "bookmarks#show", as: "bookmark"
  get "bookmarks/:id/edit" => "bookmarks#edit",
       as: "edit_bookmark"
  post "bookmarks" => "bookmarks#create"
  put "bookmarks/:id" => "bookmarks#update"

end
```

Listing 5.31 »config/routes.rb«

Dann müssen die entsprechenden Links in der Datei `index.html.erb` hinzugefügt werden:

```
<% @title = "liste" %>
<h2>Liste der Favoriten</h2>

<ul>
<% @bookmarks.each do |bookmark| %>
  <li>
    <%= link_to bookmark.title, bookmark.url %>
    (<%= link_to "Details", bookmark_path(bookmark) %> |
    <%= link_to "ändern", edit_bookmark_path(bookmark) %>)
  </li>
<% end %>
</ul>

<p>
<%= link_to "Neuen Favorit erstellen", new_bookmark_path %>
</p>
```

Listing 5.32 »app/views/bookmarks/index.html.erb«

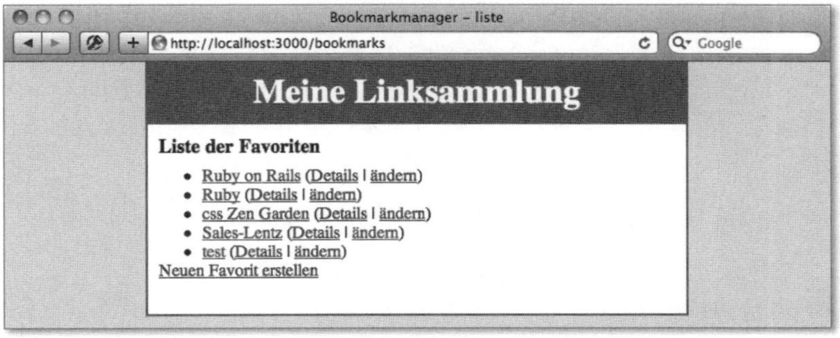

Abbildung 5.16 Die Linksammlung

Löschen von Datensätzen

Jetzt müssen wir nur noch das Löschen eines Lesezeichens hinzufügen, damit wir die vier Grundoperationen (Create, Read, Update, Delete) auf einem Bookmark-Objekt ausführen können. Dazu implementieren wir zuerst die Action `destroy` im Bookmarks-Controller, die zuerst über den übergebenen Parameter `id` den zu löschenden Bookmark lädt und ihn dann entfernt. Danach soll zur Indexseite weitergeleitet werden: **»destroy«**

```
def destroy
  @bookmark = Bookmark.find(params[:id])
  @bookmark.destroy
  redirect_to bookmarks_url
end
```

Die Action `destroy` benötigt keinen eigenen View, weil das wenig Sinn ergibt. Der Aufruf zum Löschen eines Bookmarks erfolgt über einen Link, den wir auf der Indexseite implementieren. Als Pfad wird der Pfad zu einem Bookmark angegeben. Damit Rails weiß, dass dieser Datensatz gelöscht werden soll, geben wir im `link_to`-Helper über die Option `method` an, dass der Link mit der HTTP-Methode `DELETE` aufgerufen werden soll. Und damit nicht ein Bookmark versehentlich gelöscht wird, schalten wir mit der Option `confirm`, eine JavaScript-Abfrage vor:

```
<% @title = "liste" %>
<h2>Liste der Favoriten</h2>
<ul>
<% @bookmarks.each do |bookmark| %>
  <li>
    <%= link_to bookmark.title, bookmark.url %>
    (<%= link_to "Details", bookmark_path(bookmark) %> |
    <%= link_to "ändern", edit_bookmark_path(bookmark) %> |
    <%= link_to 'löschen', bookmark,
    confirm: 'Wollen Sie diesen Datensatz wirklich löschen?',
```

```
    method: :delete %>)
  </li>
<% end %>
</ul>

<p>
<%= link_to "Neuen Favorit erstellen", new_bookmark_path %>
</p>
```

Listing 5.33 »app/views/bookmarks/index.html.erb«

Jetzt fehlt nur noch der entsprechende Eintrag im Routing, bevor Sie das Ganze testen können:

```
...
delete "bookmarks/:id" => "bookmarks#destroy", as: "bookmark"
```

Listing 5.34 »config/routes.rb«

Am Beispiel der Bookmarkverwaltung haben Sie bis jetzt die Grundoperationen kennen gelernt, um Objekte anzulegen, anzuzeigen, zu ändern und zu löschen. Dazu war es erforderlich, sieben Actions im Controller anzulegen. Welche Action in welchem Controller bei welchem Aufruf in der URL ausgeführt wird, haben wir im Routing in der Datei `config/routes.rb` definiert. Unsere Routing-Datei ist zur Zeit wie folgt aufgebaut:

```
Bookmarkmanager::Application.routes.draw do
  get "bookmarks" => "bookmarks#index", as: "bookmarks"

  get "bookmarks/new", as: "new_bookmark"

  get "bookmarks/:id" => "bookmarks#show", as: "bookmark"

  get "bookmarks/:id/edit" => "bookmarks#edit",
      as: "edit_bookmark"

  post "bookmarks" => "bookmarks#create"

  put "bookmarks/:id" => "bookmarks#update"

  delete "bookmarks/:id" => "bookmarks#destroy",
         as: "bookmark"
end
```

Listing 5.35 »config/routes.rb«

Sowohl zum Anzeigen eines Bookmarks als auch zum Ändern und Löschen wird immer der gleiche Pfad (`bookmarks/:id`) verwendet. Aber in Abhängigkeit davon, was passieren soll, wird dieser Pfad mit einer anderen HTTP-Methode (`GET`, `POST`, `PUT` oder `DELETE`) aufgerufen. Dieses Verhalten kennzeichnet eine Ressource nach dem REST-Standard (»Representational State Transfer«, siehe Abschnitt 10.2.1 ab Seite 355). **»REST«**

Rails unterstützt seit der Version 1.2 den REST-Standard und stellt uns u. a. einen Routing-Helper zur Verfügung, durch den wir die Routing-Einträge ersetzen können, die wir bis hierher manuell entwickelt haben:

```
Bookmarkmanager::Application.routes.draw do
  resources :bookmarks
end
```

Listing 5.36 »config/routes.rb«

Durch diesen einen Eintrag stehen die vorher manuell entwickelten sieben Routing-Einträge inklusive der zugehörigen Routing-Helper-Methoden zur Verfügung. Das heißt, es muss nichts im Controller oder in den Views geändert werden.

»resource«- und »scaffold«-Generatoren

Rails stellt auch Generatoren zur Verfügung, die automatisch die Controller mit den erforderlichen Actions, den dazugehörigen Views und dem Routing-Eintrag für den Zugriff nach dem REST-Standard anlegen. Wir haben diese Generatoren in diesem Beispiel nicht verwendet, um zu zeigen, wie das im Einzelnen funktioniert und was letztendlich hinter den Generatoren steckt.

Über den folgenden Generator werden u. a. ein leeres Model, eine Migration-Datei und ein leerer Controller generiert: **»resource«**

```
rails generate resource Modelname Feldname:Feldtyp Feldna-
me:Feldtyp ...
```

Es wird auch der dazugehörige `resource`-Routing-Eintrag in der Datei `config/routes.rb` vorgenommen. Aber es werden keine Methoden im Controller und auch nicht die dazugehörigen Views angelegt. Das übernimmt der Scaffold-Generator: **scaffold**

```
rails generate scaffold Modelname Feldname:Feldtyp Feldna-
me:Feldtyp ...
```

In der Praxis werden diese Generatoren nicht so häufig eingesetzt, da doch immer wieder individuelle, projektspezifische Anpassungen am Code erforderlich sind.

5.6 Fehlerbehandlung in Formularen

Keine Fehlermeldung

Wenn wir unser Formular zur Neuanlage eines Bookmarks leer absenden (*http://localhost:3000/bookmarks/new*), wird keine Fehlermeldung ausgegeben, dass der Datensatz nicht gespeichert werden konnte, weil Titel und URL fehlen. Im Model (`bookmark.rb`) haben wir festgelegt, dass Titel und URL gesetzt sein müssen, um einen neuen Datensatz zu speichern:

```
class Bookmark < ActiveRecord::Base
  validates :title, :url, presence: true
end
```

Listing 5.37 »app/models/bookmark.rb«

Und im Bookmarks-Controller haben wir in der Action `create` festgelegt, dass, wenn der Datensatz nicht gespeichert werden konnte, wieder das Formular angezeigt werden soll:

```
def create
  @bookmark = Bookmark.new(params[:bookmark])
  if @bookmark.save
    redirect_to bookmarks_path
  else
    render "new"
  end
end
```

Das heißt, das Formular wird so lange angezeigt, bis diese beiden Felder ausgefüllt sind. Damit der Benutzer des Formulars das versteht, wäre es sinnvoll, eine Fehlermeldung auszugeben, die ihn darauf hinweist, warum kein neues Lesezeichen angelegt wurde.

»field_with_errors«

Interessanterweise hat Rails schon etwas getan, was man aber noch gar nicht sieht. Wenn Sie das Formular einmal leer absenden und sich dann den Quelltext des Formulars im Browser ansehen, wurde um die beiden Label- und Textfelder für die Eingabe des Titels und der URL, die wir im Model als Pflichtfelder definiert haben, ein `div`-Block gesetzt mit der CSS-Klasse `field_with_errors`:

```
...
<p>
  <div class="field_with_errors">
    <label for="bookmark_title">Title</label>
  </div>
  <div class="field_with_errors">
    <input id="bookmark_title" name="bookmark[title]"
           size="30" type="text" value="" />
  </div>
</p>
...
```

Listing 5.38 Quelltext im Browser: »new.html.erb«

CSS anpassen

Das heißt, wir müssen diese CSS-Klasse einfach nur in unserer Sass-Datei `bookmarks.css.scss` im Verzeichnis `app/assets/stylesheets` anlegen und zum Beispiel die Hintergrundfarbe auf Rot setzen:

```
.field_with_errors {
  background-color: red;
}
```

Listing 5.39 Eintrag in »bookmarks.css.scss«

Wenn Sie jetzt das Formular noch einmal leer absenden, werden die Bereiche hinter den beiden Label- und Eingabefeldern für Titel und URL rot eingefärbt:

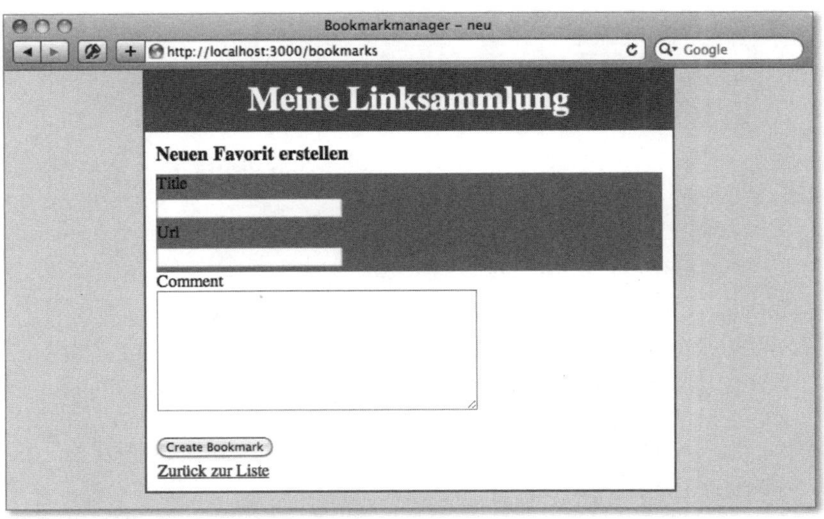

Abbildung 5.17 Eingefärbte fehlerhafte Bereiche

»errors«

Nun werden die fehlerhaften Felder zwar farblich markiert, aber wir zeigen noch keinen Fehlertext an. Rails stellt uns die Methode `errors` zur Verfügung, die ein Objekt vom Typ `ActiveModel::Errors` zurückliefert, das u. a. einen Hash mit allen Fehlermeldungen enthält, warum ein Objekt nicht gespeichert werden konnte. Wenn ein Objekt gespeichert werden kann, ist der Hash leer. Mit `errors.full_messages` oder `errors.to_a` erhalten wir ein Array mit den Fehlertexten.

Das bedeutet, dass wir, wenn ein neuer Bookmark nicht gespeichert werden konnte, die Ausgabe der Fehlermeldungen wie folgt implementieren können:

```
<% @title = "neu" %>
<h2>Neuen Favorit erstellen</h2>
<%= form_for(@bookmark) do |f| %>
  <% if @bookmark.errors.any? %>
    <ul>
    <% @bookmark.errors.full_messages.each do |msg| %>
      <li><%= msg %></li>
    <% end %>
    </ul>
  <% end %>
...
```

Listing 5.40 »app/views/bookmarks/new.html.erb«

Ausgabe Fehlermeldung

Wenn wir das Formular nun leer absenden, werden die Fehler angezeigt:

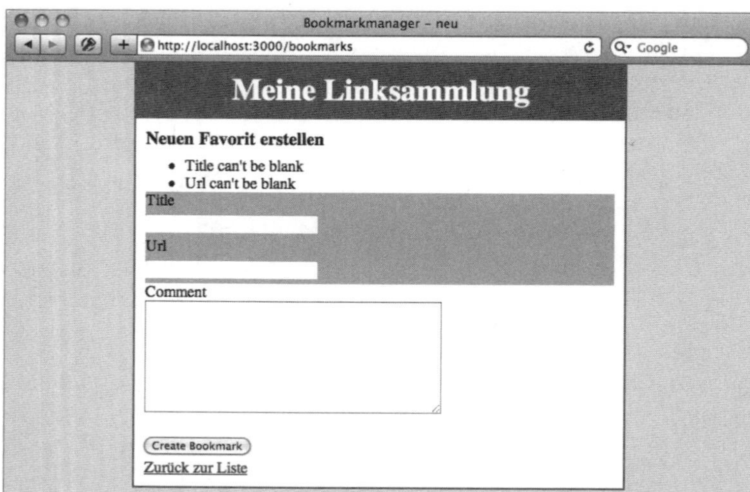

Abbildung 5.18 Automatisch generierte Fehlermeldung

Die Ausgabe der Fehlermeldungen kann natürlich noch mit Hilfe von CSS formatiert werden. Da sind Ihrer Fantasie keine Grenzen gesetzt.

Deutsche Fehlermeldungen

Bei den Fehlertexten handelt es sich um Standardtexte auf Englisch. Wie Sie diese und andere Texte Ihrer Applikation mit Hilfe des in Rails integrierten I18n-Frameworks auf Deutsch übersetzen, zeigen wir Ihnen in Abschnitt 5.11 ab Seite 158.

5.7 Flash-Messages

Wenn wir einen neuen Bookmark anlegen, einen vorhandenen ändern oder einen Bookmark löschen, haben wir definiert, dass, wenn die Aktion erfolgreich war, die Indexseite angezeigt werden soll. Schön wäre aber doch, wenn auch eine Bestätigungsmeldung ausgegeben würde, die dem Benutzer mitteilt, dass die Aktion erfolgreich war.

Vor dem »redirect«

In Rails gibt es sogenannte Flash-Messages, die vom Controller gesteuert werden. Eine Flash-Message ist ein Hash, der nur für eine Anfrage gültig ist und danach wieder gelöscht wird. Das heißt, diese Meldungen eignen sich sehr gut, um eine Information oder einen Fehler zu präsentieren. Nachdem die Meldung ausgegeben wurde, verschwindet sie beim nächsten Seitenaufruf wieder. Flash-Messages sollten vor einem `redirect` gesetzt werden, damit sie auf der Seite angezeigt werden, die durch den `redirect` angefragt wird:

```
def destroy
  @bookmark = Bookmark.find(params[:id])
  @bookmark.destroy
  flash[:notice] = "Favorit wurde erfolgreich gelöscht."
  redirect_to bookmarks_url
end
```

Listing 5.41 Setzen einer Flash-Message vor einem »redirect«

Im »redirect«

Alternativ besteht auch die Möglichkeit, die Flash-Message als Option im Aufruf von `redirect_to` zu setzen, was den Code etwas eleganter macht:

```
def destroy
  @bookmark = Bookmark.find(params[:id])
  @bookmark.destroy
  redirect_to bookmarks_url,
              notice: 'Favorit wurde erfolgreich gelöscht.'
end
```

Listing 5.42 Setzen einer Flash-Message als Option von »redirect_to«

»flash.now« Wollen Sie auch eine Flash-Message ausgeben, wenn kein Seitenwechsel erfolgt, die Seite also, wie etwa bei einer nicht erfolgreichen Validierung wieder das Formular anzeigt, ohne dass die Seite neu geladen werden muss, können Sie das mit Hilfe der beiden Methoden `flash.now.notice` oder `flash.now.alert` erreichen.

»notice« Um an der Oberfläche Bestätigungsmeldungen oder Notizen auszugeben, wird die Flash-Message `notice` verwendet. Wir geben eine Flash-Message für die Actions `create`, `update` und `destroy` an:

```
# encoding: utf-8
...
def create
  @bookmark = Bookmark.new(params[:bookmark])
  if @bookmark.save
    redirect_to bookmarks_path,
                notice: 'Favorit wurde erfolgreich angelegt.'
  else
    render "new"
  end
end

def update
  @bookmark = Bookmark.find(params[:id])
  if @bookmark.update_attributes(params[:bookmark])
    redirect_to bookmarks_path,
                notice: 'Favorit wurde erfolgreich geändert.'
  else
    render "edit"
  end
end

def destroy
  @bookmark = Bookmark.find(params[:id])
  @bookmark.destroy
  redirect_to bookmarks_url,
              notice: 'Favorit wurde erfolgreich gelöscht.'
end
```

Listing 5.43 »app/controllers/bookmarks_controller.rb«

Damit es wegen der Umlaute in den Flash-Messages unter Ruby 1.9 keine Probleme gibt, fügen Sie am Anfang der Controller-Datei folgenden Kommentar ein:

```
# encoding: utf-8
```

Um die Flash-Messages an der Oberfläche anzuzeigen, müssen wir sie in den entsprechenden Views ausgeben. Da wir unsere Messages immer auf der Indexseite anzeigen wollen, können wir das in dem View `index.html.erb` machen. Für den Fall, dass wir irgendwann einmal auch in anderen Views eine Flash-Message ausgeben wollen, können wir die Ausgabe auch in der Layout-Datei `application.html.erb` vornehmen, da diese für alle Views gültig ist, sofern nichts anderes definiert ist:

Flash-Message ausgeben

```
...
<body>
  <div id="container">
    <div id="header">
      <h1>Meine Linksammlung</h1>
    </div>
    <div id="content">
      <p>
        <%= flash[:notice] %>
      </p>
      <%= yield %>
    </div>
  </div>
</body>
...
```

Listing 5.44 »app/views/layouts/application.html.erb«

Wenn Sie die Ausgabe der Flash-Message formatieren möchten, können Sie einen Bereich oder wie in unserem Fall einen Absatz um die Message herum setzen, dem Sie eine ID der Klasse zuweisen, die Sie dann in der CSS-Datei formatieren können. Wir haben dafür das Individualformat `notice` in unserer CSS-Datei angelegt, in der `application.html.erb` im Absatz zur Ausgabe der Flash-Message `id="notice"` gesetzt und eine Abfrage ergänzt, ob eine Flash-Message gesetzt ist, damit nur dann dieser Absatz angezeigt wird:

Flash-Message formatieren

```
...
<body>
  <div id="container">
    <div id="header">
      <h1>Meine Linksammlung</h1>
    </div>
    <div id="content">
      <% if flash[:notice] %>
      <p id="notice">
        <%= flash[:notice] %>
```

```
      </p>
      <% end %>
      <%= yield %>
    </div>
  </div>
</body>
...
```

Listing 5.45 »app/views/layouts/application.html.erb«

Wenn Sie jetzt zum Beispiel einen Eintrag löschen, wird die formatierte Flash-Message ausgegeben:

Abbildung 5.19 Ausgabe der formatierten Flash-Message

Fehlermeldungen

Um Fehlermeldungen als Flash-Message auszugeben, steht die Flash-Message `alert` zur Verfügung:

```
flash[:alert] = 'Fehlertext'
```

5.8 Refaktorisierung mit Helper und Partials

In diesem Abschnitt werden wir an der Funktionalität unserer Beispielapplikation nichts ändern, sondern wir werden unseren Programmquelltext vereinfachen und dadurch u. a. die Wartbarkeit, Erweiterbarkeit und Lesbarkeit verbessern. Dies wird in der Softwareentwicklung als **Refaktorisierung** bezeichnet.

5.8.1 Helper

Wenn wir einen neuen Bookmark anlegen, einen vorhandenen ändern oder uns die Details zu einem Bookmark ansehen möchten, haben wir immer die Möglichkeit, über einen Link »Zurück zur Liste« zurück zur

Indexseite zu gelangen. Das haben wir umgesetzt, indem wir den Link in den drei Views `new.html.erb`, `edit.html.erb` und `show.html.erb` angelegt haben. Das widerspricht zum einen dem Rails zugrunde liegenden DRY-Prinzip (»Don't Repeat Yourself«) und ist zum anderen schwer zu warten. Denn sollte sich an diesem Link etwas ändern, müssen wir das an diesen drei Stellen ändern.

Helper selbst programmieren

Bei der Erstellung des Formulars haben wir zum Beispiel einige von Rails zur Verfügung gestellte Helper benutzt, die automatisch für uns HTML-Code generiert haben. Das Konzept der Helper möchten wir auch gerne nutzen, um unsere »Zurück«-Links zu generieren. Leider stellt uns Rails dazu keinen Helper zur Verfügung. Das macht aber weiter nichts, da wir selbst einen Helper programmieren können. Und das ist einfacher, als sich das jetzt anhört.

»app/helpers«

Beim Anlegen unserer Bookmark-Applikation wurde automatisch das Verzeichnis `app/helpers` erstellt, und bei der Generierung des Bookmarks-Controllers wurde in diesem Verzeichnis passend zum Controller die Datei `bookmarks_helper.rb` angelegt:

```
module BookmarksHelper
end
```

Listing 5.46 »app/helpers/bookmarks_helper.rb«

Diese Helper-Datei können wir nutzen, um im Ruby-Code eine Methode zu erstellen, die zum Beispiel den »Zurück«-Link generiert. Die Methode nennen wir `back_to_list`, und in diese Methode setzen wir die Generierung eines Links über den vorhandenen ActionView-Helper `link_to` von Rails:

```
# encoding: utf-8
module BookmarksHelper

  def back_to_list
    link_to "Zurück zur Liste", bookmarks_path
  end

end
```

Listing 5.47 »app/helpers/bookmarks_helper.rb«

Damit es auch hier keine Probleme mit den Umlauten in Ruby 1.9 gibt, fügen Sie am Anfang von `bookmarks_helper.rb` genau wie im Controller den folgenden Kommentar ein: `# encoding: utf-8`

In unseren Views new.html.erb, edit.html.erb und show.html.erb ersetzen wir die »Zurück«-Links durch den Aufruf des Helpers back_to_list:

```
<p><%= back_to_list %></p>
```

Wenn Sie einen Test im Browser machen, sollten Sie keine Veränderung im Vergleich zu vorher feststellen.

»content_tag« Wir könnten sogar den p-Tag, der die Ausgabe des Links umgibt, auch in die Helper-Methode auslagern – inklusive der Angabe einer CSS-Klasse, damit wir den Link später formatieren können. Rails stellt uns dazu den Helper content_tag zur Verfügung:

```
# encoding: utf-8
module BookmarksHelper
  def back_to_list
    content_tag(:p,
    link_to("Zurück zur Liste", bookmarks_path),
    class: "subNavigation")
  end
end
```

Listing 5.48 »app/helpers/bookmarks_helper.rb«

In den Views new.html.erb, edit.html.erb und show.html.erb entfernen wir die p-Tags, die den Aufruf des Helpers back_to_list umgeben:

```
<%= back_to_list %>
```

Wenn Sie das Ganze im Browser testen und den HTML-Code der Seite betrachten, sehen Sie, dass um den »Zurück«-Link ein p-Tag gesetzt wurde mit der Klasse subNavigation:

```
<p class="subNavigation">
  <a href="/bookmarks">Zurück zur Liste</a>
</p>
```

[+] **Helper-Methoden nutzen**

Seit Rails 2.0 werden automatisch alle Helper-Dateien aus dem Verzeichnis app/helpers geladen. Es spielt daher im Prinzip keine Rolle, in welcher Helper-Datei Sie die Helper-Methoden definieren. Es ist jedoch üblich, Helper-Methoden, die nur für einen bestimmten Controller, z. B. für den Bookmarks-Controller, bestimmt sind, in der Datei bookmarks_helper.rb abzulegen. Helper, die Controller-übergreifend verwendet werden können, werden oft in der Helper-Datei application_helper.rb definiert. Man könnte auch eine Helper-Datei nur für Formatierungs-Helper erstellen, etwa formattings_helpers.rb.

Die Refaktorisierungen, die wir bis jetzt durchgeführt haben und die wir noch durchführen werden, dienen nicht nur dazu, den Code kürzer und schöner zu machen. Sie haben vor allem den Sinn, dass, wenn wir etwas ändern, was wir an mehreren Stellen benutzt haben, wir dies nur an einer Stelle tun müssen, und schon wirkt sich diese Modifikation an allen anderen Stellen aus.

5.8.2 Partials

An einer Stelle haben wir dies nicht beachtet und deshalb einen kleinen Fehler in unserer Applikation. Wir haben bei der Erstellung des »Ändern«-Formulars (`edit.html.erb`) der Einfachheit halber das Formular zum Erstellen eines Bookmarks (`new.html.erb`) kopiert. Später haben wir dann wegen der Usability unseres Formulars in der `new.html.erb` Fehlermeldungen hinzugefügt, die ausgegeben werden, wenn der Benutzer nicht alle Pflichtfelder ausfüllt. Und was passiert, wenn der Benutzer ein leeres »Ändern«-Formular abschickt? Die Bereiche werden rot markiert, aber der Fehlertext wird nicht angezeigt!

Das heißt, wir müssen auch hier refaktorisieren. Aber wie machen wir das? Das Formular enthält viel zu viel HTML-Code, als dass wir diesen über `content_tag` so wie eben bei der Formatierung des »Zurück«-Links in einer eigenen Helper-Methode ausgeben könnten.

Für die Lösung dieses Problems kennt Rails sogenannte **Partials** – eigene Dateien, in die wir HTML-Code auslagern können. Die Partials liegen meistens im gleichen Verzeichnis wie die Views, die die Partials einbinden, können aber auch in einem anderen Verzeichnis unterhalb von `app/views` liegen. Ihr Name beginnt immer mit einem Unterstrich.

Partials einbinden

Das heißt, wir lagern das Formular aus dem View `new.html.erb` in das Partial `_form.html.erb` aus, das wir im Verzeichnis `app/views/bookmarks` anlegen. Das Einbinden eines Partials erfolgt über den Befehl:

```
render "Name des Partials ohne führenden Unter-
strich und ohne Dateiendung"
```

Diesen Befehl setzen wir in unsere Datei `new.html.erb` ein:

```
<% @title = "neu" %>
<h2>Neuen Favorit erstellen</h2>
<%= render "form" %>
<%= back_to_list %>
```

Listing 5.49 »app/views/bookmarks/new.html.erb«

Außerdem fügen wir ihn zur Datei `edit.html.erb` hinzu:

```
<% @title = "bearbeiten" %>
<h2>Favorit bearbeiten</h2>
<%= render "form" %>
<%= back_to_list %>
```

Listing 5.50 »app/views/bookmarks/edit.html.erb«

Wenn Sie beide Formulare im Browser aufrufen und testen, sollten sie genau wie vorher funktionieren. Der einzige Unterschied ist, dass jetzt auch die Fehlermeldungen ausgegeben werden, wenn das Formular zum Ändern eines Bookmarks leer abgesendet wird.

Partials unterscheiden sich von Helpern dadurch, dass Helper richtige Methoden sind, während in Partials HTML-Code ausgelagert wird. Es ist aber auch möglich, ihnen ähnlich wie bei Methoden Parameter zu übergeben.

Ausgabe von Arrays

Auch die Ausgabe von Arrays kann in ein Partial ausgelagert werden. Wir geben zum Beispiel auf unserer Indexseite `index.html.erb` alle Bookmarks in einer Liste aus. Wenn wir das an mehreren Stellen tun würden, könnten wir den Bereich mit den einzelnen Listeneinträgen in ein Partial (`_bookmark.html.erb`) auslagern und beim Aufruf des Partials in der Datei `index.html.erb` die Instanzvariable `@bookmarks` übergeben. Es wird dann das Partial für jedes Element des Arrays aufgerufen:

```
...
<ul>
  <%= render @bookmarks %>
</ul>
...
```

Listing 5.51 »app/views/bookmarks/index.html.erb«

Wenn die Instanzvariable so heißt wie die Partial-Datei, muss zum Rendern des Partials nur die Instanzvariable angegeben wird. Rails weiß dann per Konvention, welches Partial geladen werden muss. Ansonsten geben Sie über die Option `partial` das Partial an, das gerendert werden soll, und übergeben über die Option `collection` die Instanzvariable, die das Array von Objekten enthält:

```
<%= render partial: "bookmark", collection: @bookmarks %>
```

Aber in unserem Beispiel reicht es, dem Befehl zum Rendern des Partials die Instanzvariable `@bookmarks` zu übergeben. Das Partial `_bookmark.html.erb` hat dann folgenden Inhalt:

```
<li>
  <%= link_to bookmark.title, bookmark.url %>
  (<%= link_to "Details", bookmark_path(bookmark) %> |
  <%= link_to "ändern", edit_bookmark_path(bookmark) %> |
  <%= link_to 'löschen', bookmark,
       confirm: 'Diesen Datensatz wirklich löschen?',
       method: :delete %>)
</li>
```

Listing 5.52 app/views/bookmarks/_bookmark.html.erb

An den hier gezeigten Refaktorisierungsbeispielen sieht man, dass man immer versuchen sollte, zunächst lauffähigen Code zu erstellen, diesen dann aber so schnell wie möglich zu refaktorisieren. Das bedeutet, dass der Code schöner und schlanker wird und besser zu warten ist, ohne dass sich nach außen hin etwas ändert. In Kapitel 6 ab Seite 169 werden wir noch Testverfahren kennen lernen, die dafür sorgen, dass es bei einer Refaktorisierung nicht zu einer Veränderung der Funktionalität kommt.

5.9 Authentifizierung

Wir haben jetzt eine kleine fertige Applikation, mit der wir Bookmarks verwalten können. Es fehlt noch eine Funktion, mit der sich neue Benutzer registrieren und bestehende User authentifizieren können, um den Dienst nutzen zu dürfen.

Eigenes Authentifizierungssystem

Für die Lösung dieses Problems können wir die HTTP-Authentifizierung, wie in Kapitel 3 ab Seite 54 gezeigt, nicht einsetzen, da wir damit nur den generellen Zugang zu der Applikation steuern können. Wir müssen aber den angemeldeten User kennen, damit er seine Bookmarks verwalten kann. Dazu könnten wir eines der vielen Gems wie z. B. Devise, Authlogic oder Cancan einsetzen. Rails 3.1 bringt mit der Methode `secure_password` aber auch alles mit, um ein eigenes Authentifizierungssystem relativ einfach zu implementieren. Deshalb wollen wir hier diesen Ansatz vorstellen.

[+]

Devise

Devise ist ein Rack-basiertes Authentifizierungssystem für Ruby on Rails und zum Zeitpunkt, als dieses Buch geschrieben wurde, war es der Quasistandard zur Lösung solcher Probleme. Devise ist sehr umfangreich und unterstützt z. B. mehrere Rollen, ist aber modular aufgebaut, sodass man nur die Features nutzen kann, die man braucht. Das Projekt wird in einem Git-Repository auf GitHub gehostet (*https://github.com/plataformatec/devise*).

»bcrypt« `secure_password` benötigt das Gem `bcrypt`, das wir in das `Gemfile` eintragen müssen:

```
gem 'bcrypt-ruby', '~> 3.0.0'
```

Listing 5.53 »Gemfile«

Anschließend führen wir noch `bundle install` aus, damit das Gem installiert wird.

User-Model Um ein eigenes Authentifizierungssystem mit den Bordmitteln von Rails 3.1 zu realisieren, müssen wir zuerst ein User-Model mit den beiden Feldern `email` und `password_digest` anlegen:

```
rails generate model user email:string password_digest:string
```

Das Feld, in dem das gehashte Passwort gespeichert wird, muss per Konvention `password_digest` heißen.

Der Generator hat neben der Model-Datei `app/models/user.rb` auch eine Migration-Datei im Verzeichnis `db/migrate` angelegt, die wir mit diesem Befehl ausführen:

```
rake db:migrate
```

Um die Funktionalitäten von `secure_password` nutzen zu können, müssen wir im User-Model den Aufruf `has_secure_password` hinzufügen. Dadurch werden Methoden zum Speichern und Validieren des Passworts und der Passwortwiederholung sowie die eigentliche Authentifizierungsfunktionalität hinzugefügt.

Validierung Wenn ein neuer Benutzer angelegt wird, soll geprüft werden, ob eine E-Mail-Adresse eingegeben wurde, das Format korrekt und die E-Mail-Adresse eindeutig ist. Damit stellen wir sicher, dass nicht schon ein Benutzerkonto mit diesen Angaben existiert. Als Nächstes fügen wir die entsprechenden Validierungen dafür hinzu:

```
class User < ActiveRecord::Base
  has_secure_password

  validates :email,
    format: /^([^@\s]+)@((?:[-a-z0-9]+\.)+[a-z]{2,})$/i,
    uniqueness: true
end
```

Listing 5.54 »app/models/user.rb«

Die Validierung, dass das Passwort und die Passwortwiederholung übereinstimmen, wird durch `has_secure_password` übernommen. Darum müssen wir uns nicht kümmern.

Users-Controller

Damit ein Benutzerkonto angelegt werden kann, fehlt uns noch ein Users-Controller:

```
rails generate controller users
```

Der Controller soll ein Anmeldeformular laden und es verarbeiten, wenn es abgeschickt wird. Dazu legen wir die beiden Actions `new` und `create` an. Die Action `new` erzeugt ein neues, leeres User-Objekt, das dann im View `new.html.erb` über ein Formular mit Werten gefüllt werden kann:

```
class UsersController < ApplicationController
  def new
    @user = User.new
  end

  def create
  end
end
```

Listing 5.55 »app/controllers/users_controller.rb«

Neuer User

Im View `new.html.erb`, den wir noch erstellen müssen, legen wir das Formular zum Anlegen eines User-Accounts an:

```
<h2>Neuen Benutzer anlegen</h2>
<%= form_for @user do |f| %>
  <% if @user.errors.any? %>
    <ul>
    <% @user.errors.full_messages.each do |msg| %>
      <li><%= msg %></li>
    <% end %>
    </ul>
  <% end %>
```

```
  <p>
    <%= f.label :email %>
    <%= f.text_field :email %>
  </p>
  <p>
    <%= f.label :password %>
    <%= f.password_field :password %>
  </p>
  <p>
    <%= f.label :password_confirmation %>
    <%= f.password_field :password_confirmation %>
  </p>
  <p><%= f.submit %></p>
<% end %>
```

Listing 5.56 »app/views/users/new.html.erb«

Die Action `create`, an welche die Formulardaten gesendet werden, speichert, wenn möglich, den Datensatz; wenn nicht, lädt sie wieder das Formular:

```
...
def create
  @user = User.new(params[:user])
  if @user.save
    redirect_to bookmarks_path,
      notice: "Ihr Benutzerkonto wurde angelegt!"
  else
    render "new"
  end
end
```

Listing 5.57 »app/controllers/users_controller.rb«

Routing Bevor Sie das Anlegen eines Benutzerkontos im Browser testen können, müssen Sie noch einen Routing-Eintrag dafür anlegen:

```
resources :users, only: [:new, :create]
```

Listing 5.58 »config/routes.rb«

Über den Aufruf von *http://localhost:3000/users/new* können Sie jetzt das Anmeldeformular laden:

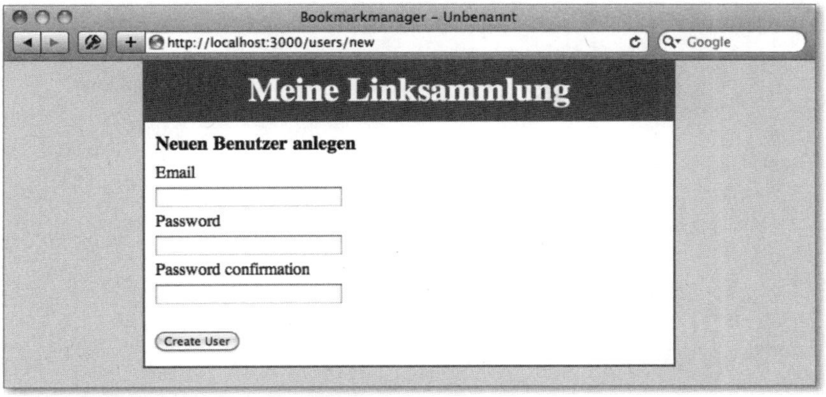

Abbildung 5.20 Formular zum Anlegen eines neuen Benutzerkontos

Auf der Indexseite unserer Bookmarkverwaltung brauchen wir jetzt noch einen Link zu dem Formular, damit sich neue Benutzer registrieren können:

```
<% @title = "liste" %>
<h2>Liste der Favoriten</h2>

<ul>
  <%= render @bookmarks %>
</ul>

<p>
<%= link_to "Neuen Favorit erstellen", new_bookmark_path %>
</p>

<p>
<%= link_to "Benutzerkonto erstellen", new_user_path %>
</p>
```

Listing 5.59 »app/views/bookmarks/index.html.erb«

Sessions-Controller

Damit die registrierten User sich auch anmelden können, fehlt jetzt noch ein Loginformular. Da wir die Loginvorgänge nicht in der Datenbank speichern wollen, benötigen wir kein Model, sondern nur einen Sessions-Controller mit den drei Actions `new`, `create` und `destroy`, über die das Loginformular geladen und der Login- bzw. der Logoutvorgang vorgenommen werden:

```
rails generate controller sessions
```

Die Actions innerhalb des Controllers legen wir manuell als leere Actions an:

```
class SessionsController < ApplicationController
  def new
  end

  def create
  end

  def destroy
  end
end
```

Listing 5.60 »app/controllers/sessions_controller.rb«

Login Da das Loginformular nicht auf einem Model basiert, muss in der Action `new` kein neues Objekt erzeugt werden, das dann im Formular mit Werten gefüllt wird. Das heißt, die Action `new` bleibt leer, und im zugehörigen View `new.html.erb` verwenden wir den `form_tag`-Helper zur Erstellung eines Model-unabhängigen Formulars mit den Feldern `email` und `password`. Das Formular schicken wir über den Routing-Helper `sessions_path`, den wir noch im Routing definieren müssen, an die Action `create` im Sessions-Controller:

```
<h2>Log in</h2>

<%= form_tag sessions_path do %>
  <p>
    <%= label_tag :email %>
    <%= text_field_tag :email, params[:email] %>
  </p>
  <p>
    <%= label_tag :password %>
    <%= password_field_tag :password %>
  </p>
  <p><%= submit_tag "Log in" %></p>
<% end %>
```

Listing 5.61 »app/views/sessions/new.html.erb«

Die Action `create`, an die das Formular gesendet wird, muss prüfen, ob der Benutzer authentifiziert werden kann oder nicht. Wenn ja, speichert sie die User-ID in der Session, wenn nicht, lädt sie erneut das Loginformular:

```
def create
  user = User.find_by_email(params[:email])
  if user && user.authenticate(params[:password])
    session[:user_id] = user.id
    redirect_to bookmarks_path,
      notice: "Sie haben sich angemeldet!"
  else
    flash.now.alert = "Fehlerhafte E-Mail-Adresse
                       oder Passwort"
    render "new"
  end
end
```

Listing 5.62 »app/controllers/sessions_controller.rb«

Zuerst wird der User, dessen E-Mail-Adresse mit der aus dem Loginformular übermittelten übereinstimmt, aus der Datenbank gelesen. Dann können wir mit Hilfe der Methode `authenticate`, der wir das aus dem Loginformular übermittelte Passwort übergeben, prüfen, ob das Passwort mit dem in der Datenbank gespeicherten Passwort übereinstimmt. Die Methode `authenticate` wird uns durch `has_secure_password` zur Verfügung gestellt.

Wenn kein Benutzer zu der übermittelten E-Mail-Adresse gefunden werden kann, wäre das Objekt `user` gleich `nil`. Deshalb prüfen wir zuerst, ob ein User gefunden werden konnte, bevor wir die Methode `authenticate` aufrufen. Wenn der Benutzer erfolgreich angemeldet werden konnte, leiten wir zur Indexseite der Bookmarkverwaltung weiter.

»alert«-Message

Damit die Flash-Message »Fehlerhafte E-Mail-Adresse oder Passwort« auch angezeigt wird, wenn wir uns mit einem falschen Benutzernamen oder Passwort anmelden, müssen wir in unserer Layout-Datei `application.html.erb` noch die Ausgabe der `alert`-Messages implementieren:

```
...
<body>
  <div id="container">
    <div id="header">
      <h1>Meine Linksammlung</h1>
    </div>
    <div id="content">
       <% if flash[:notice] %>
        <p id="notice">
          <%= flash[:notice] %>
        </p>
        <% end %>
```

```
        <% if flash[:alert] %>
         <p id="alert">
           <%= flash[:alert] %>
         </p>
         <% end %>
      <%= yield %>
    </div>
  </div>
</body>
...
```

Listing 5.63 »app/views/layouts/application.html.erb«

Die `alert`-Message wird rot formatiert ausgegeben, weil wir das bereits entsprechend in unserer CSS-Datei hinterlegt haben.

Routing

Damit Sie das im Browser testen können, müssen Sie noch folgende Routing-Einträge vornehmen:

```
get "login" => "sessions#new", as: "login"
post "sessions" => "sessions#create", as: "sessions"
```

Listing 5.64 »config/routes.rb«

Das Loginformular können Sie jetzt über den Aufruf der URL *http://localhost:3000/login* testen.

Logout

Jetzt fehlt nur eine Funktion, damit sich ein angemeldeter Benutzer auch wieder abmelden kann. Dazu haben wir im Sessions-Controller bereits die Action `destroy` angelegt, die wir noch ausprogrammieren müssen:

```
def destroy
  session[:user_id] = nil
  redirect_to bookmarks_path,
    notice: "Sie haben sich abgemeldet!"
end
```

Listing 5.65 »app/controllers/sessions_controller.rb«

Beim Logout wird die User-ID in der Session gelöscht, es wird eine Flash-Message ausgegeben, dass der User abgemeldet wurde, und es wird zur Indexseite der Bookmarkverwaltung weitergeleitet.

Routing

Bevor Sie das testen können, müssen Sie noch einen Routing-Eintrag hinzufügen:

```
get "login" => "sessions#new", as: "login"
post "sessions" => "sessions#create", as: "sessions"
delete "logout" => "sessions#destroy", as: "logout"
```

Listing 5.66 »config/routes.rb«

Da wir das Abmelden über die HTTP-Methode `DELETE` aufrufen müssen, brauchen wir noch einen entsprechenden Link. Da dieser Link für alle Views angezeigt werden soll, definieren wir ihn in der Datei `application.html.erb` im Verzeichnis `app/views/layouts`:

```
<!DOCTYPE html>
<html>
<head>...
<body>
  <div id="container">
    <div id="header">...
    <div id="content">...
    <div id="footer">
      &copy; 2011 |
      <%= link_to "logout", logout_path, method: :delete %>
    </div>
  </div>
</body>
</html>
```

Listing 5.67 »app/views/layouts/application.html.erb«

Über diesen Link können Sie jetzt den Logoutvorgang testen. Wo ein Link zum Abmelden ist, gehört auch ein Link zum Anmelden hin:

```
<!DOCTYPE html>
<html>
<head>...
<body>
  <div id="container">
    <div id="header">...
    <div id="content">...
    <div id="footer">&copy; 2011 |
      <%= link_to "logout", logout_path, method: :delete %> |
      <%= link_to "login", login_path %>
    </div>
  </div>
</body>
</html>
```

Listing 5.68 »app/views/layouts/application.html.erb«

»current_user« So weit, so gut. Jetzt können wir uns an- und abmelden, aber beide Links werden immer angezeigt. Schöner wäre es, wenn der Link zum Anmelden nur dann angezeigt würde, wenn wir noch nicht angemeldet sind. Gleiches gilt für den Link zum Abmelden, der nur dann erscheinen sollte, wenn wir bereits eingeloggt sind. Die dazu erforderlichen Methoden erstellen wir im Application-Controller, damit alle Controller diese Methoden erben und sie damit allen Controllern zur Verfügung stehen:

```
class ApplicationController < ActionController::Base
  protect_from_forgery

  private

  def current_user
    if session[:user_id]
      @current_user ||= User.find(session[:user_id])
    end
  end

  def user_signed_in?
    current_user.present?
  end

  helper_method :user_signed_in?
end
```

Listing 5.69 »app/controllers/application_controller.rb«

»private« Damit die Methoden nicht von außen aufrufbar sind, haben wir sie als `private` definiert. Da wir die Abfrage `user_signed_in?` der Helper-Methode zur Verfügung stellen, können wir sie auf der Indexseite unserer Bookmarkverwaltung einsetzen, um zu entscheiden, wann der »Login«- bzw. der »Logout«-Link angezeigt werden sollen:

```
<!DOCTYPE html>
<html>
<head>...
<body>
  <div id="container">
    <div id="header">...
    <div id="content">...
    <div id="footer">
      &copy; 2011 |
      <% if user_signed_in? %>
        <%= link_to "logout", logout_path, method: :delete %>
      <% else %>
```

```
      <%= link_to "login", login_path %>
    <% end %>
  </div>
</div>
</body>
</html>
```

Listing 5.70 »app/views/layouts/application.html.erb«

Jetzt haben wir die Möglichkeit geschaffen, dass Benutzerkonten in unserer Bookmarkverwaltung angelegt werden können und dass die registrierten User sich anmelden können. Aber was nutzt eine Bookmarkverwaltung, wenn jeder Benutzer immer alle Bookmarks aller Benutzer sieht und diese verwalten kann? Es sollte doch eher so sein, dass jeder Benutzer nur seine eigenen Lesezeichen verwalten kann.

5.10 Jeder User hat seine eigenen Bookmarks

Ein User hat viele Bookmarks, und jedes Lesezeichen gehört genau zu einem Benutzer. Es handelt sich also um eine Eins-zu-viele-Relation (1:n-Relation, siehe Kapitel 8 ab Seite 239) zwischen den Models `User` und `Bookmark`. Um das in der Datenbank abbilden zu können, brauchen wir in der Tabelle `bookmarks` ein Feld `user_id`, das wir mit Hilfe einer Migration hinzufügen: **1:n**

```
rails generate migration AddUserIdToBookmarks user_id:integer
rake db:migrate
```

Um die Relation auf Model-Ebene abbilden zu können, fügen wir den Aufruf der Methode `has_many` im User-Model und `belongs_to` im Bookmark-Model hinzu:

```
class User < ActiveRecord::Base
  has_many :bookmarks
  ...
end
```

Listing 5.71 »app/models/user.rb«

```
class Bookmark < ActiveRecord::Base
  belongs_to :user
  ...
end
```

Listing 5.72 »app/models/bookmark.rb«

Controller anpassen

Jetzt haben wir die Relation zwar in der Datenbank und auf Model-Ebene abgebildet, aber damit auch wirklich jeder Benutzer seine Bookmarks verwalten kann, ohne dass er die der anderen Benutzer sieht, müssen wir auch den Bookmarks-Controller anpassen. Hier sollten nämlich z. B. in der Action `index` nur die Bookmarks des angemeldeten Benutzers geladen werden. Der Methodenaufruf `has_many :bookmarks` im User-Model liefert uns u. a. folgende Methoden, die wir auf einem User-Objekt anwenden können:

- **user.bookmarks**
  Lädt alle Bookmarks dieses Users.
- **user.bookmarks.find(id)**
  Sucht das gewünschte Lesezeichen in den Bookmarks des Users.
- **user.bookmarks.build**
  Legt ein neues Bookmark-Objekt an und setzt die `user_id`. Wenn keine Werte für Attribute übergeben werden, sind alle anderen Attribute leer, ansonsten werden diese auf die übergebenen Werte gesetzt.

Das bedeutet für unseren Bookmarks-Controller folgende Änderungen:

```
# encoding: utf-8
class BookmarksController < ApplicationController
  def index
    @bookmarks = current_user.bookmarks
  end
  def show
    @bookmark = current_user.bookmarks.find(params[:id])
  end
  def edit
    @bookmark = current_user.bookmarks.find(params[:id])
  end
  def new
    @bookmark = current_user.bookmarks.build
  end
  def create
    @bookmark = current_user.bookmarks.build(params[:bookmark])
    if @bookmark.save
      redirect_to bookmarks_path,
                notice: 'Favorit wurde erfolgreich angelegt.'
    else
      render "new"
    end
  end
```

```
  def update
    @bookmark = current_user.bookmarks.find(params[:id])
    if @bookmark.update_attributes(params[:bookmark])
      redirect_to bookmarks_path,
                  notice: 'Favorit wurde erfolgreich geändert.'
    else
      render "edit"
    end
  end
  def destroy
    @bookmark = current_user.bookmarks.find(params[:id])
    @bookmark.destroy
    redirect_to bookmarks_url,
                notice: 'Favorit wurde erfolgreich gelöscht.'
  end
end
```

Listing 5.73 »app/controllers/bookmarks_controller.rb«

[«] Das Laden vorhandener Bookmarks muss für den aktuell angemeldeten `current_user` erfolgen, damit sichergestellt ist, dass nur die gefunden werden, die zu dem User gehören. Sonst könnte man durch Raten einer ID auf Bookmarks anderer User zugreifen.

»before_filter«

Die Änderungen führen dazu, dass es zu einem Fehler kommt, wenn ein nicht angemeldeter User zugreift, weil `current_user` dann `nil` ist. Um das zu verhindern, implementieren wir einen `before_filter`, der vor der Ausführung einer Action im Bookmarks-Controller prüft, ob ein User angemeldet ist. Wenn nicht, wird das Loginformular geladen.

```
# encoding: utf-8
class BookmarksController < ApplicationController
  before_filter :require_login
  ...
  # ganz unten im Controller:
  private

  def require_login
    unless user_signed_in?
      redirect_to login_path,
      alert: "Bitte melden Sie sich zuerst an."
    end
  end
end
```

Listing 5.74 »app/controllers/bookmarks_controller.rb«

Wenn ein User sich abmeldet, leiten wir zur Indexseite der Bookmarkverwaltung weiter, was nach der Implementierung des Filters dazu führt, dass das Loginformular geladen wird. Das ist nicht schlimm. Schöner wäre es aber, wenn wir eine Startseite für unsere Bookmarkverwaltung hätten, die sowohl geladen wird, nachdem sich ein User abgemeldet hat, als auch, wenn kein Pfad (also nur der Host) aufgerufen wird.

Homepage erstellen

Mit dem Befehl `rails generate controller pages home` erstellen wir einen Pages-Controller mit dem zugehörigen View `home`, in dem wir auch den Link implementieren, um ein Benutzerkonto anzulegen. Das ist auf der Indexseite der Bookmarkverwaltung nicht mehr wirklich sinnvoll, weil man diese Seite nur noch aufrufen kann, wenn man bereits ein Benutzerkonto hat und angemeldet ist. Wenn ein User sowohl registriert als auch angemeldet ist, soll statt des Links zum Anlegen eines Benutzerkontos ein Link zu der Übersichtsseite seiner Bookmarks angezeigt werden:

```
<% if user_signed_in? %>
  <p>
  <%= link_to "Meine Bookmarks", bookmarks_path %>
  </p>
<% else %>
  <p>
  <%= link_to "Benutzerkonto erstellen", new_user_path %>
  </p>
<% end %>
```

Listing 5.75 »app/views/pages/home.html.erb«

»root«-Route

Damit die Startseite auch geladen wird, wenn kein Pfad (also nur der Host) aufgerufen wird, müssen wir im Routing die sogenannte `root`-Route eintragen:

```
Bookmarkmanager::Application.routes.draw do
  ...
  root to: 'pages#home'
end
```

Listing 5.76 »config/routes.rb«

Außerdem löschen wir im Verzeichnis `public` die Datei `index.html`.

»root_path«

Den vom Controller-Generator angelegten Routing-Eintrag `get "pages/home"` können Sie löschen. Um auf die Startseite zu verlinken, steht uns nach dem Eintrag der Root-Route die Routing-Helper-Methode `root_path` zur Verfügung, die wir beim Logout einsetzen werden:

```
class SessionsController < ApplicationController
  ...

  def destroy
    session[:user_id] = nil
    redirect_to root_path,
      notice: "Sie haben sich abgemeldet!"
  end
end
```

Listing 5.77 »app/controllers/sessions_controller.rb«

Wenn ein Benutzer ein neues Konto anlegt, wird er aktuell zur Indexseite der Bookmarks weitergeleitet. Das führt, weil der User noch nicht angemeldet ist, dazu, dass der `before_filter` zum Loginformular weiterleitet und eine Fehlermeldung ausgibt, dass zuerst ein Login erfolgen muss. Das könnte verwirrend auf den User wirken. Von daher leiten wir besser nach dem erfolgreichen Anlegen eines Benutzerkontos direkt zum Login-Formular weiter und geben die positive Meldung aus, dass das Benutzerkonto angelegt werden konnte:

```
class UsersController < ApplicationController

  ...

  def create
    @user = User.new(params[:user])
    if @user.save
      redirect_to login_path,
        notice: "Ihr Benutzerkonto wurde angelegt!"
    else
      render "new"
    end
  end
end
```

Listing 5.78 »app/controllers/users_controller.rb«

Jetzt kann jeder Benutzer nur seine eigenen Bookmarks verwalten. Die Startseite steht unter der URL *http://localhost:3000/* zur Verfügung. Von da aus können Sie ein Benutzerkonto anlegen oder sich als bereits registrierter User anmelden. Viel Spaß!

5.11 Mehrsprachigkeit mit I18n

Zweisprachig

Unsere Bookmarkverwaltung soll eine zweisprachige Applikation (deutsch und englisch) werden. Das heißt, die Besucher der Bookmarkverwaltung sollen über einen sogenannten Locale-Switcher zwischen den verfügbaren Sprachen (»locales«) umschalten können. Die gesamte Applikation zwei- oder mehrsprachig zur Verfügung zu stellen, bedeutet, dass wir für folgende Texte und Formate Übersetzungen bzw. Lokalisierungen anlegen müssen:

- Beschriftung der Buttons
- Fehlermeldungen in Formularen
- Datums- und Zeitformate
- Labels in den Formularen
- eigene Texte in Views und Controllern (Links, Flash-Messages ...)

I18n an Bord

Rails bringt seit Version 2.2 das Gem `I18n` mit, was uns die Arbeit erleichtert. Beim Anlegen des Projektes wurde u. a schon ein Eintrag zum Festlegen der Standardsprache in der Datei `config/application.rb` hinzugefügt. Dieser Eintrag ist jedoch noch auskommentiert:

```
...
module Bookmarkmanager
  class Application < Rails::Application
  ...
  # config.i18n.default_locale = :de
  ...
  end
end
```

Listing 5.79 »config/application.rb«

»yml«-Dateien

Darüber hinaus wurde im Verzeichnis `config` das Unterverzeichnis `locales` mit der Übersetzungsdatei `en.yml` angelegt. Das heißt, die Übersetzungen werden standardmäßig in `.yml`-Dateien hinterlegt. Per Konvention ist außerdem definiert, dass alle `.yml`- und `.rb`-Dateien im Verzeichnis `config/locales` automatisch geladen werden. Das heißt, wir können beliebig viele Übersetzungsdateien anlegen und diese auch benennen, wie wir möchten. Wichtig ist, dass am Anfang der Datei bzw. auf der höchsten Hierarchieebene angegeben wird, für welche Sprache die nachfolgenden Übersetzungen sind. Immer, wenn Sie eine neue Datei anlegen, müssen

Sie den lokalen Rails-Server neu starten, damit die neu hinzugefügten Übersetzungen auch geladen werden.

Beginnen werden wir damit, die deutschen und englischen Übersetzungen und Formate zu hinterlegen. Den Locale-Switcher werden wir dann zum Schluss implementieren. Bis es soweit ist, werden wir die Standardsprache der Applikation auf Deutsch setzen, damit wir die deutschen Übersetzungen im Browser testen können:

```
...
module Bookmarkmanager
  class Application < Rails::Application
  ...
  config.i18n.default_locale = :de
  ...
  end
end
```

Listing 5.80 »config/application.rb«

Um die Übersetzungen der Beschriftung der Buttons, der Fehlermeldungen in den Formularen und die Formate für Datum und Zeit zu hinterlegen, kopieren wir die von Sven Fuchs zur Verfügung gestellten Standardformate und Übersetzungen für Rails-Applikationen in unser Projekt. Kopieren Sie dazu die Texte aus `de.yml` und `en-US.yml` aus der Webseite **»rails-i18n«**

https://github.com/svenfuchs/rails-i18n/tree/master/rails/locale

in die beiden neuen Dateien `de.rails.yml` und `en.rails.yml` im Verzeichnis `config/locales`. Da neue Übersetzungsdateien hinzugekommen sind, muss die Applikation neu gestartet werden.

Testen können Sie das, indem Sie z. B. im Browser das Formular zum Anlegen und Ändern eines Bookmarks aufrufen und leer bzw. unvollständig abschicken. Sowohl die Beschriftung der Buttons als auch die Fehlermeldungen in den Formularen werden jetzt auf Deutsch ausgegeben. Das wird also von Rails vollautomatisch gesteuert, sobald die entsprechenden Übersetzungen in einer Übersetzungsdatei hinterlegt werden. Was nicht automatisch gesteuert wird, ist die Ausgabe der Datums- und Zeitformate. Auf der Detailseite zu einem Bookmark werden das Erstellungs- und Änderungsdatum immer noch im UTC-Format ausgegeben. Das heißt, hier müssen wir explizit angeben, dass die Ausgabe lokalisiert erfolgen soll. Dazu stellt uns Rails bzw. I18n die Methode `localize` bzw. ihren Alias `l` zur Verfügung: **»localize«, »l«**

```
<h2>Detail zum Favorit</h2>
...
<p>
  <b>Erstellt am:</b>
  <%= l @bookmark.created_at %>
</p>
<p>
  <b>Geändert am:</b>
  <%= l @bookmark.updated_at %>
</p>
<%= back_to_list %>
```

Listing 5.81 »app/views/bookmarks/show.html.erb«

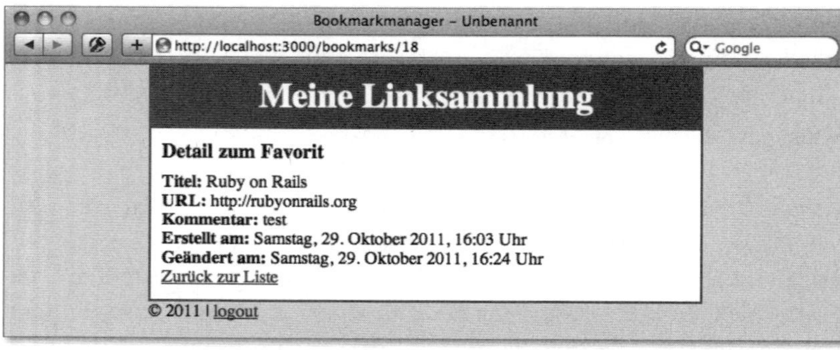

Abbildung 5.21 Lokalisiertes Datums- und Zeitformat

Dass der ausgeschriebene Wochentag und der Monatsname ausgegeben werden, liegt daran, dass dieses Format in der Datei `config/locales/de.rails.yml` als Standardformat definiert ist:

```
de:
...
  time:
    formats:
      default: "%A, %d. %B %Y, %H:%M Uhr"
      short: "%d. %B, %H:%M Uhr"
      long: "%A, %d. %B %Y, %H:%M Uhr"
      time: "%H:%M"
...
```

Listing 5.82 »config/locales/de.rails.yml«

Sie können die angegebenen Formate natürlich an Ihre Bedürfnisse anpassen. Um auf ein bestimmtes Format zuzugreifen, übergeben Sie es über die Option `format`:

```
<h2>Detail zum Favorit</h2>
...
<p>
  <b>Erstellt am:</b>
  <%= l @bookmark.created_at, format: :short %>
</p>
<p>
  <b>Geändert am:</b>
  <%= l @bookmark.updated_at, format: :short %>
</p>
<%= back_to_list %>
```

Listing 5.83 »app/views/bookmarks/show.html.erb«

Model und Attribute

Damit auch die Labels in den Formularen und die Attributnamen in den Fehlermeldungen sowie die Model-Namen auf den Button-Beschriftungen in den Formularen, die auf einem ActiveRecord-Model basieren, übersetzt werden, legen wir die die Übersetzungsdatei `de.yml` an, in der wir die deutschen Übersetzungen hinterlegen:

```
de:
  activerecord:
    models:
      bookmark: "Bookmark"
      user: "Benutzer"
    attributes:
      bookmark:
        title: "Titel"
        url: "URL"
        comment: "Kommentar"
      user:
        email: "E-Mail"
        password_digest: "Passwort"
        password: "Passwort"
        password_confirmation: "Passwortbestätigung"
```

Listing 5.84 »config/locales/de.yml«

Starten Sie anschließend die Applikation neu, da eine neue Übersetzungsdatei hinzugefügt wurde.

Wenn Sie jetzt z. B. das Formular zum Anlegen eines neuen Benutzerkontos im Browser aufrufen, sehen Sie, dass die Labels, die Attribute in den Fehlermeldungen und die Beschriftung der Buttons übersetzt werden – wieder, ohne dass Sie etwas in den Views anpassen mussten. Rails macht auch das vollautomatisch.

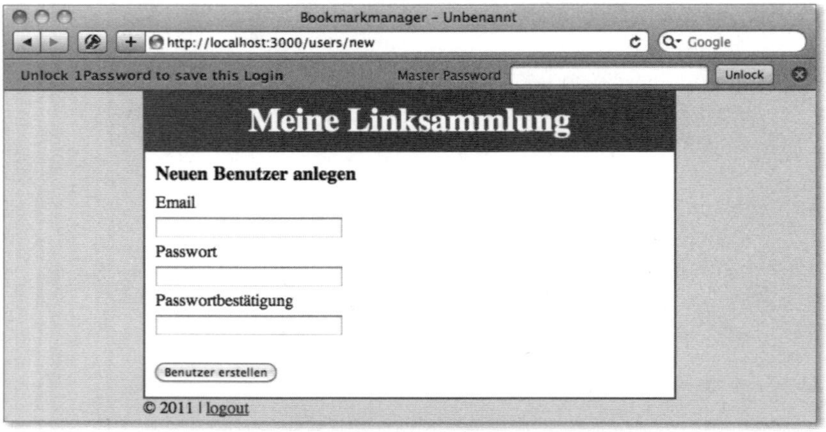

Abbildung 5.22 »http://localhost:3000/users/new«

Eigene Texte Jetzt müssen wir uns noch um die Texte kümmern, die wir selbst definiert haben, wie z. B. die Linknamen und die Flash-Messages. Hierfür definieren wir Bezeichner, zu denen wir innerhalb der beiden Dateien `de.yml` und `en.yml` die Übersetzungen anlegen:

```
de:
  activerecord:
    ...
  links:
    my_bookmarks: "Meine Bookmarks"
    new_user: "Benutzerkonto erstellen"
    back_to_bookmarks: "Zurück zur Liste"
    new_bookmark: "Neuen Favorit erstellen"
    detail_bookmarks: "Details"
    edit_bookmark: "ändern"
    delete_bookmark: "löschen"
    login: "Log in"
    logout: "Log out"
  messages:
    new_bookmark: "Favorit wurde erfolgreich angelegt."
    edit_bookmark: "Favorit wurde erfolgreich geändert."
    delete_bookmark: "Favorit wurde erfolgreich gelöscht."
    not_logged_in: "Bitte melden Sie sich zuerst an."
    new_user: "Ihr Benutzerkonto wurde angelegt!"
    login: "Sie haben sich angemeldet!"
    logout: "Sie haben sich abgemeldet!"
    login_failure: "Fehlerhafte E-Mail-Adresse oder Passwort"
    confirm_delete: "Wollen Sie diesen Datensatz wirklich
                     löschen?"
```

```
  text:
    my_bookmarks: "Meine Linksammlung"
    list_of_bookmarks: "Alle Favoriten"
    new_bookmark: "Neuen Favorit erstellen"
    detail_bookmark: "Detail zum Favorit"
    edit_bookmark: "Favorit bearbeiten"
    new_user: "Neuen Benutzer anlegen"
    login: "Log in"
    new: "neu"
    edit: "bearbeiten"
    list: "liste"
    email: "E-Mail"
    password: "Passwort"
```

Listing 5.85 »config/locales/de.yml«

»translate«, »t«

Um auf die Übersetzungen in den Views, Controllern und Helpern zugreifen zu können, stellt uns Rails bzw. I18n die Methode `translate` bzw. ihren Alias `t` zur Verfügung, der wir den Bezeichner bzw. den Pfad zum Bezeichner übergeben. Für unsere Detailseite zu einem Bookmark bedeutet das:

```
<h2><%= t("text.detail_bookmark") %></h2>
<p>
  <b><%= t("activerecord.attributes.bookmark.title") %>:</b>
  <%= @bookmark.title %>
</p>

<p>
  <b><%= t("activerecord.attributes.bookmark.url") %>:</b>
  <%= @bookmark.url %>
</p>

<p>
  <b>
    <%= t("activerecord.attributes.bookmark.comment") %>:
  </b>
  <%= @bookmark.comment %>
</p>

<p>
  <b>
    <%= t("activerecord.attributes.bookmark.created_at") %>:
  </b>
  <%= l @bookmark.created_at, format: :short %>
</p>
```

```
<p>
  <b>
    <%= t("activerecord.attributes.bookmark.updated_at") %>:
  </b>
  <%= l @bookmark.updated_at, format: :short %>
</p>

<%= back_to_list %>
```

Listing 5.86 »app/views/bookmarks/show.html.erb«

Da das Loginformular nicht auf einem ActiveRecord-Model basiert, werden die Übersetzungen im Formular nicht automatisch von Rails übernommen, sondern wir müssen sie manuell eintragen:

```
<h2><%= t "text.login" %></h2>

<%= form_tag sessions_path do %>
  <p>
    <%= label_tag :email, t("text.email") %>
    <%= text_field_tag :email, params[:email] %>
  </p>
  <p>
    <%= label_tag :password, t("text.password") %>
    <%= password_field_tag :password %>
  </p>
  <p><%= submit_tag t("text.login") %></p>
<% end %>
```

Listing 5.87 »app/views/sessions/new.html.erb«

An dieser Stelle wollen wir nur die Quelltexte dieser beiden Dateien exemplarisch zeigen. Sie können das dann analog für alle Views, Controller und Helper übernehmen.

»default_locale« Anhand der in `I18n.locale` gespeicherten Sprache entscheidet Rails, welche Übersetzung ausgegeben wird. Da wir zur Zeit in der Datei `config/application.rb` die `I18n.default_locale` mit `:de` gesetzt haben und noch nirgendwo `I18n.locale` setzen, ist `I18n.locale` gleich `I18n.default_locale`. Das heißt, es werden immer die deutschen Texte angezeigt. Wenn Sie kontrollieren wollen, ob Sie alle englischen Übersetzungen eingepflegt haben, stellen Sie in der `config/application.rb` die Standardsprache auf Englisch (`config.i18n.default_locale = :en`), starten den lokalen Rails-Server neu und testen die Applikation im Browser. Wenn alles okay ist, können wir den Locale-Switcher entwickeln.

Locale-Switcher

Wenn der User die Sprache über den Locale-Switcher wählt, müssen mehrere Sachen passieren. So muss etwa die gewählte Sprache `I18n.locale` zugewiesen werden, damit Rails weiß, welche Übersetzungen angezeigt werden müssen. Da die Sprache sich bei jedem Seitenaufruf ändern kann, muss das bei jedem Zugriff gemacht werden. Das lösen wir über den `before_filter set_locale` im Application-Controller, der den Parameter `locale` aus der URL ausliest und `I18n.locale` zuweist:

```
class ApplicationController < ActionController::Base
  protect_from_forgery

  before_filter :set_locale

  private
  ...
  def set_locale
    I18n.locale = params[:locale]
  end
end
```

Listing 5.88 »app/controllers/application_controller.rb«

»locale«

Der Sprachcode (`de` oder `en`) kann entweder über den Parameter `locale` gesetzt werden (`/bookmarks/new?locale=de`) oder er ist ein Bestandteil des Pfades der URL (`/de/bookmarks/new`). Wir entscheiden uns für Letzteres. Das betrifft zum einen das Routing, zum anderen muss bei einem Sprachwechsel der Teil des Pfades geändert werden.

Rails enthält die Methode `default_url_options`, über die wir die Möglichkeit haben, Parameter in URLs zu setzen, die mit Hilfe der Methode `url_for` und allen Helpern, die auf dieser Methode basieren, generiert werden. Das heißt, wir überschreiben diese Methode im Application-Controller und setzen den Parameter `locale`:

```
class ApplicationController < ActionController::Base
  protect_from_forgery
  before_filter :set_locale

  private
  ...
  def set_locale
    I18n.locale = params[:locale]
  end
```

```
  def default_url_options(options={})
    { locale: I18n.locale }
  end
end
```

Listing 5.89 »app/controllers/application_controller.rb«

Routing

Damit der Parameter `locale` nicht an die URL angehängt wird, sondern Bestandteil des Pfades wird, müssen wir das Routing anpassen, damit der Sprachparameter quasi als Präfix allen davon betroffenen und durch das Routing generierten Pfaden vorangestellt wird. Hierfür wird die Methode `scope` im Routing verwendet:

```
Bookmarkmanager::Application.routes.draw do

  scope "(:locale)", locale: /en|de/ do
    resources :bookmarks
    resources :users, only: [:new, :create]
    get "login" => "sessions#new", as: "login"
    post "sessions" => "sessions#create", as: "sessions"
    delete "logout" => "sessions#destroy", as: "logout"
  end
  get '/:locale' => 'pages#home'
  root to: 'pages#home'
end
```

Listing 5.90 »config/routes.rb«

Der Aufruf unserer Startseite mit angehängtem Sprachparameter, z. B. *http://localhost:3000/de*, funktioniert nicht, ohne dass wir diesen zusätzlichen Routing-Eintrag vornehmen:

```
get '/:locale' => 'pages#home'
```

Beim Wechsel der Sprache über den Locale-Switcher, soll der Sprachparameter in der URL ausgetauscht werden. Dazu definieren wir im Application-Controller die Methode `locale_path`, die wir auch als Helper-Methode zur Verfügung stellen, damit wir im View darauf zugreifen können:

```
class ApplicationController < ActionController::Base
  protect_from_forgery

  before_filter :set_locale

  private
  ...
```

```
  def set_locale
    I18n.locale = params[:locale]
  end

  def default_url_options(options={})
    { locale: I18n.locale }
  end

  def locale_path(locale)
    locale_regexp = %r{/(en|de)/?}
    if request.env['PATH_INFO'] =~ locale_regexp
      "#{request.env['PATH_INFO']}".
      gsub(locale_regexp, "/#{locale}/")
    else
      "/#{locale}#{request.env['PATH_INFO']}"
    end
  end
  helper_method :locale_path
end
```

Listing 5.91 »app/controllers/application_controller.rb«

In der Datei `app/views/layouts/application.html.erb` definieren wir die beiden Links, über die der Sprachwechsel erfolgen kann:

View

```
<!DOCTYPE html>
<html>
...
<body>
  ...
  <div id="footer">
    ...
    <div id="locales">
      <%= link_to "deutsch", locale_path('de') %> |
      <%= link_to "english", locale_path('en') %>
    </div>
  </div>
</body>
</html>
```

Listing 5.92 »app/views/layouts/application.html.erb«

Da wir jetzt über den Locale-Switcher zwischen den Sprachen wechseln können, stellen wir, damit unsere Bookmarkverwaltung standardmäßig auf Deutsch startet, in der Datei `config/application.rb` die Standardsprache wieder um: `config.i18n.default_locale = :de`.

Es stehen auch einige Gems, wie z. B. `routing-filter` von Sven Fuchs, zur Verfügung, mit deren Hilfe man einen Locale-Switcher implementieren kann. Aber wie man sieht, kann man das auch ganz gut selbst bewerkstelligen.

Im Kapitel 15 ab Seite 487 erfahren Sie mehr zum Thema mehrsprachige Applikationen.

Testgetriebene Entwicklung ist das wichtigste Werkzeug eines Entwicklers. Es gibt zahlreiche Tools zum Testen. In diesem Kapitel zeigen wir, wie mit Cucumber nicht nur getestet, sondern auch die Anforderung an eine Software spezifiziert wird.

6 Testen mit Cucumber

6.1 Test Driven Development

Software ist unser Werkzeug

Niemand kommt heute mehr ohne Software aus. Software ist sozusagen unser Werkzeug. Aber wann ist Software gut? Wenn die Benutzer ihre Arbeitsabläufe an die der Software anpassen müssen? Oder wenn sie nicht mehr läuft, nachdem ein Update eingespielt wurde? Sie ist auf jeden Fall dann gut, wenn sie leicht und intuitiv zu bedienen ist und den Anforderungen gerecht wird, welche die Benutzer an sie haben, und wenn sie erweitert werden kann, ohne dass andere Funktionalitäten kaputtgehen.

TDD

Es muss also unser Ziel sein, solche Software zu schreiben. Damit wir das können, steht uns eine wichtige Technik zur Verfügung: Testgetriebene Entwicklung (Test Driven Development oder kurz TDD).

Bei der **testgetriebenen Entwicklung** wird eine Annahme getroffen und entsprechender Testcode programmiert, der dann überprüft, ob der Code der Applikation auch der Annahme entspricht. Wir legen also im Testcode fest, was wir von dem Teil der Applikation erwarten, den wir gerade testen.

Wenn zum Beispiel ein Preis ermittelt werden soll, erwarten wir unter bestimmten Bedingungen einen bestimmten Wert. Ob der ermittelte Wert dem erwarteten Wert entspricht, überprüfen wir mit dem Testcode.

Test first

Das Interessante dabei ist, dass der Testcode nicht am Ende eines Projektes entwickelt wird, sondern bevor man eine Zeile Code der eigentlichen Applikation entwickelt hat. Das heißt, wir beginnen mit dem Testcode, der uns dann vorgibt, was wir für unsere Applikation zu programmieren haben. Praktisch heißt das, wir treffen eine Annahme, programmieren den entsprechenden Testcode und führen diesen aus. Schlägt er fehl, korrigieren und/oder erweitern wir unseren Code der Applikation, bis der Testcode funktioniert.

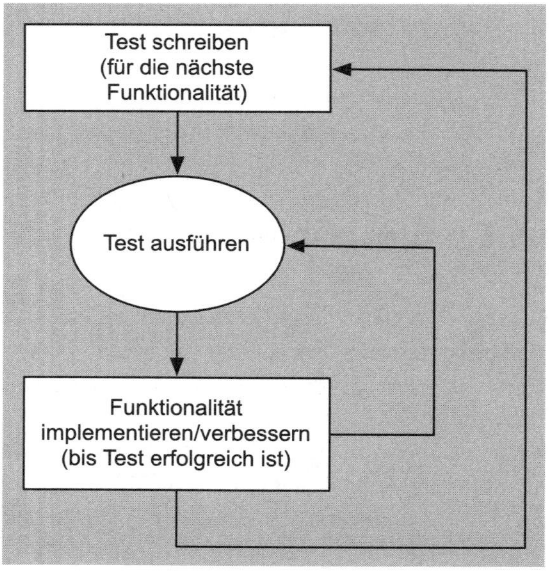

Abbildung 6.1 TDD-Prinzip

»red-green-refactor«

Bekannt ist das Prinzip auch unter dem Namen »red-green-refactor«, womit gemeint ist, dass der Test zuerst fehlschlagen muss (red) und dann so lange gegen den Test implementiert wird, bis er durchläuft (green). Dann soll eine kurze Refaktorisierung des implementierten Codes und des Testcodes folgen, bevor die nächste Funktionalität getestet und implementiert wird. Damit man das Refaktorisieren nicht vergisst, gibt es einen netten Reim:

Make it green, then make it clean.

Wir unterscheiden drei Arten von Tests:

- **Unit-Test**
  Hiemit werden hauptsächlich Methoden in Models getestet.
- **Integrationtest**
  Dient zum Testen der Gesamtfunktionalität der Applikation.
- **Akzeptanztest**
  Akzeptanztests beschreiben die Anforderungen an eine Software. Sie sind Bestandteil der agilen Softwareentwicklung und ersetzen das Pflichtenheft.

Geht es darum, an die Bedürfnisse der Benutzer angepasste Software zu schreiben, ist sicherlich der Akzeptanztest der interessanteste. Und genau an der Stelle kommt Cucumber ins Spiel.

6.1.1 Was ist Cucumber?

Cucumber ist der von Aslak Hellesøy umgeschriebene »RSpec Story runner«. Mit Hilfe von Cucumber können wir die Funktionalitäten und das Verhalten unserer Applikation in Textform beschreiben und diese Texte als Tests ausführen. Man spricht dann auch von automatisierten Akzeptanztests oder einer ausführbaren Spezifikation. **Aslak Hellesøy**

Seit den Anfängen von Cucumber setzen wir es für die meisten Projekte ein. Wir waren von Anfang an begeistert von der Idee, ausführbare Tests gemeinsam mit unseren Auftraggebern in Form von Szenarien schreiben zu können.

In der agilen Entwicklung werden häufig User-Storys von den Projektverantwortlichen zur Formulierung dieser Anforderungen verwendet. Und genau diese User-Storys können mit Cucumber von den Projektverantwortlichen definiert werden. Das heißt, die mit Cucumber geschriebenen User-Storys können als Schnittstelle zwischen dem Entwickler(-Team) und allen anderen Projektbeteiligten genutzt werden. **User-Storys**

Der oder die Entwickler können die User-Storys mit Hilfe von Cucumber ausführen, und haben sofort einen Überblick, was schon fertig implementiert ist und was nicht. Uns Entwicklern ist es damit möglich, Software zu schreiben, die gebraucht wird. **Ausführbar**

6.2 Eine Beispielapplikation

In unserer Beispielapplikation soll man Flüge der Fluggesellschaft Railsair buchen können. Als Erstes estellen wir das Projekt. Um sicherzustellen, dass das Beispiel auch bei Ihnen funktioniert, geben wir bei der Generierung des Projektes die Rails-Version mit an. **Railsair**

```
gem install rails --version 3.1.1
rails _3.1.1_ new railsair --skip-test-unit
```

Anschließend fügen wir die Gems `cucumber-rails`, `rspec-rails` und `database_cleaner` zum Gemfile hinzu: **Gems**

```
group :test do
  # Normalerweise Versionsnummer weglassen,
  # um aktuellste Version zu verwenden.
  gem 'cucumber-rails', '1.2.0'
  gem 'rspec-rails', '2.7.0'
  gem 'database_cleaner', '0.6.7'
end
```

Listing 6.1 Gemfile

Danach führen wir `bundle install` aus, um die Gems zu installieren.

6.2.1 Generierung der Cucumber-Dateien

»cucumber:install«

Der Generator `cucumber:install` legt die erforderliche Infrastruktur in unserem Projekt an, damit wir mit Cucumber arbeiten können:

```
rails generate cucumber:install
      create  config/cucumber.yml
      create  script/cucumber
       chmod  script/cucumber
      create  features/step_definitions
      create  features/support
      create  features/support/env.rb
       exist  lib/tasks
      create  lib/tasks/cucumber.rake
        gsub  config/database.yml
        gsub  config/database.yml
       force  config/database.yml
```

SQLite

Falls Sie eine andere Datenbank als SQLite verwenden, sollten Sie vorher `rake db:create` ausführen.

6.2.2 Feature anlegen

Bevor wir eine Zeile Code in unserer Applikation implementieren, müssen wir dem Testkreislauf folgend erst einen Test schreiben, indem wir die Funktionalitäten und das Verhalten der Applikation beschreiben. Diese sogenannten Features haben die Dateiendung `.feature` und werden im Verzeichnis `features` abgelegt.

Sprache

Auch wenn eine Rails-Applikation standardmäßig auf Englisch ist, können die Features in einer anderen Sprache definiert werden. Das ist auch gut so, und davon sollten Sie unbedingt Gebrauch machen, um die Features in der Sprache des Auftraggebers definieren zu können.

Wir werden deutsche Features schreiben. Die Feautres enthalten zwar natürlichsprachigen Text, müssen aber einer bestimmten Syntax (Gherkin) folgen.

Wenn ein Feature in einer anderen Sprache als Englisch definiert wird, muss am Anfang des Features die Sprache angegeben werden. Danach folgt der Titel des Features, eine Beschreibung und/oder eine kurze Begründung, warum dieses Feature gebraucht wird.

```
# language: de
Funktionalität: Buchung eines Railsair-Fluges
  Als Passagier soll es möglich sein, einen Flug auf der
  Website der Fluggesellschaft Railsair zu buchen.
```

Listing 6.2 »features/booking.feature«

Titel

Der Titel des Features wird in der Zeile `Funktionalität:` angegeben. Die Beschreibung folgt danach als freier Text. Titel und Beschreibung werden später nicht ausgeführt.

Szenarien

Jedes Feature sollte ein oder mehrere Szenarien enthalten, die verschiedene Fälle betrachten. Die Beschreibung eines Szenarios erfolgt in sogenannten Steps. Allgemein ist ein Feature wie folgt aufgebaut:

```
# language: de
Funktionalität: Titel
  Beschreibung in einer oder mehreren Zeilen

Szenario: kurze Beschreibung
  Gegeben sei ...
  Und ...
  Wenn ...
  Dann ...
```

Welche Schlüsselworte zur Beschreibung der Features und Szenarien in Deutsch zur Verfügung stehen, können Sie mit `cucumber --i18n de` abfragen.

Erfolgreiche Buchung

In unserem Fall definieren wir zunächst ein Szenario für eine erfolgreiche Buchung. Später fügen wir ein weiteres Szenario für eine fehlgeschlagene Buchung hinzu:

```
# language: de
Funktionalität: Buchung eines Railsair-Fluges
  Als Passagier soll es möglich sein, einen Flug auf der
  Website der Fluggesellschaft Railsair zu buchen.
```

```
  Szenario: Erfolgreich einen Flug buchen
    Gegeben sei ein Flug "RA-448"
    Wenn ich den Flug "RA-448" auswähle
    Und ich meine Personalien eingebe
    Und ich bezahle
    Dann soll ich eine Buchungsbestätigung für den Flug
                                        "RA-448" erhalten
```

Listing 6.3 »features/booking.feature«

Beachten Sie, dass die beiden letzten Zeilen im Listing in eine Zeile gehören.

»cucumber« Um uns vom Test bei der Implementierung leiten zu lassen, führen wir das Feature mit seinem ersten Szenario mit dem Befehl `cucumber` aus. Mit `cucumber` werden alle Features im Verzeichnis `features` ausgeführt. Wir erhalten folgende Ausgabe:

```
Using the default profile...
#language: de
Funktionalität: Buchung eines Railsair-Fluges
  Als Passagier soll es möglich sein, einen Flug auf der
  Website der Fluggesellschaft Railsair zu buchen.

  Szenario: Erfolgreich einen Flug buchen
    Gegeben sei ein Flug "RA-448"
      Undefined step: "ein Flug "RA-448""(Cucumber::Undefined)
      ...

1 scenario (1 undefined)
5 steps (5 undefined)
0m1.082s

You can implement step definitions for undefined steps with
these snippets:

Gegebensei /^ein Flug "([^"]*)"$/ do |arg1|
  pending # express the regexp above with the code you wish...
end

Wenn /^ich den Flug "([^"]*)" auswähle$/ do |arg1|
  pending # express the regexp above with the code you wish...
end
...
```

Step Definitions

Die Steps in den Szenarien werden in sogenannten Step Definitions festgelegt. Das heißt, in den Step Definitions hinterlegen wir den Code, der beschreibt, was in der Applikation passieren soll, wenn der Step ausgeführt wird. Wir beschreiben also unsere Erwartungshaltung an die Applikation. Dazu können wir Ruby, RSpec und Capybara nutzen. Mit Hilfe der DSL (Domain Specific Language) Capybara können wir den Weg des Users durch die Applikation beschreiben. Es stehen uns u. a. Befehle zur Verfügung, um Seiten zu besuchen, Links und Buttons zu klicken usw.

Die Step Definitions werden im Verzeichnis `features/step_definitions` angelegt und werden nach dem Schema `name_steps.rb` benannt, wobei »name« frei wählbar ist. Wenn die Step Definitions allerdings zu einem bestimmten Feature gehören, sollte die Datei auch so wie die Featuredatei benannt werden.

Snippets

Wir legen die fehlenden Step Definitions in der Datei `booking_steps.rb` an. Dazu kopieren wir zunächst die beim letzten Ausführen von `cucumber` ausgegebenen Snippets:

```
Gegebensei /^ein Flug "([^"]*)"$/ do |arg1|
  pending # express the regexp above with the code you wish...
end

Wenn /^ich den Flug "([^"]*)" auswähle$/ do |arg1|
  pending # express the regexp above with the code you wish...
end

Wenn /^ich meine Personalien eingebe$/ do
  pending # express the regexp above with the code you wish...
end

Wenn /^ich bezahle$/ do
  pending # express the regexp above with the code you wish...
end

Dann /^soll ich eine Buchungsbestätigung für den Flug
                            "([^"]*)" erhalten$/ do |arg1|
  pending # express the regexp above with the code you wish...
end
```

Listing 6.4 »features/step_definitions/booking_steps.rb«

Wenn wir jetzt erneut `cucumber` ausführen, erhalten wir die folgende Meldung:

```
...
Gegeben sei ein Flug "RA-448"
TODO (Cucumber::Pending)
...
```

Erster Step

Wir werden also aufgefordert, die Step Definition für den ersten Step »Gegeben sei ein Flug ... « zu implementieren.

Da wir die Features auf Deutsch schreiben und es deshalb vorkommen kann, dass wir Umlaute verwenden, müssen wir am Anfang der Datei UTF-8 als Kodierung setzen:

```
# encoding: utf-8

Gegeben sei /^ein Flug "([^"]*)"$/ do |nr|
  Flight.create(nr: nr)
end
...
```

Listing 6.5 »features/step_definitions/booking_step.rb«

Wenn der Step ausgeführt wird, soll also ein Flug mit der Flugnummer angelegt werden, die wir im Step angegegeben haben. Dazu wünschen wir uns ein Model `Flight`, das ein Attribut `nr` hat. Nach der Implementierung des Steps führen wir erneut `cucumber` aus. Wir erhalten den Hinweis, dass `Flight` nicht existiert:

```
...
Gegeben sei ein Flug "RA-448"
uninitialized constant Flight (NameError)
...
```

Model generieren

Wir erstellen also das Model `Flight` mit dem Model-Generator, führen die Migrationen aus und laden das geänderte Schema der Datenbank in die Testumgebung:

```
rails g model Flight nr:string
rake db:migrate
rake db:test:prepare
```

Test läuft

Danach führen wir erneut `cucumber` aus. Die erste Step Definition uns jetzt grün angezeigt. Das heißt, wir werden von Cucumber Schritt für Schritt zum Erfolg geführt. Und mit Schritt für Schriit, meinen wir auch Schritt für Schritt. Wir haben immer nur den nächsten Schritt, den Cucumber gefordert hat, implementiert. Wenn Sie sich an diese Regel halten, werden Sie sehen, dass Sie sich auf das System verlassen können und schnell in einen Flow geraten.

Wir können uns nun um die Implementierung der nächsten Step Definition kümmern. Der Step »Wenn ich den Flug RA-448 auswähle« soll folgende Situation beschreiben: Der Besucher der Website befindet sich auf der Indexseite der Flüge und kann dort auf die Flugnummer »RA-448« klicken, um zur Buchungsseite zu dem Flug zu gelangen.

Nächster Step

Um diesen Weg des Users durch die Applikation auch so beschreiben zu können, steht uns mit `Capybara` eine DSL zur Verfügung, mit deren Hilfe wir z. B. Seiten besuchen und Links klicken können. Um abzufragen, was sich auf der aktuellen Seite befindet, steht das Objekt `page` zur Verfügung.

Capybara

Das heißt, wir können unseren Step wie folgt implementieren:

```
Wenn /^ich den Flug "([^"]*)" auswähle$/ do |flight_nr|
  visit flights_path
  click_link flight_nr
  page.should have_content("Booking of #{flight_nr}")
end
```

Wenn wir jetzt wieder `cucumber` ausführen, erhalten wir folgende Meldung:

```
undefined local variable or method `flights_path'
```

Das heißt, die von uns gewünschte Routing-Methode `flights_path`, um zur Indexseite der Flüge zu gelangen, ist nicht vorhanden. Um das zu ändern, nehmen wir folgenden Routing-Eintrag vor:

Routing

```
Railsair::Application.routes.draw do
  resources :flights
  ...
end
```

Listing 6.6 »config/routes.rb«

Nun erhalten wir nach Ausführung von `cucumber` die Meldung:

```
Wenn ich den Flug "RA-448" auswähle
uninitialized constant FlightsController
```

Also erstellen wir einen Flights-Controller mit dem Controller-Generator:

```
rails g controller Flights
```

Jetzt erhalten wir, wenn wir `cucumber` ausführen, die Fehlermeldung:

```
The action 'index' could not be found for FlightsController
```

Wir fügen zum Flights-Controller eine leere `index`-Methode hinzu:

```
class FlightsController < ApplicationController
  def index
  end
end
```

Listing 6.7 »app/controllers/flights_controller.rb«

Wir führen wieder `cucumber` aus. Wir erhalten nun die Fehlermeldung:

```
Missing template flights/index, application/index
```

Wir erstellen also eine zunächst leere Template-Datei `index.html.erb` im Verzeichnis `app/views/flights`. Da unser View noch leer ist, liefert `cucumber` nun die Meldung:

```
no link with title, id or text 'RA-448' found
```

Deshalb erweitern wir unseren View `index.html.erb` um die Liste aller Flüge, in der die Flugnummern ausgegeben werden, die verlinkt sind:

```
<ul>
  <% @flights.each do |flight| %>
    <li><%= link_to flight.nr %></li>
  <% end %>
</ul>
```

Listing 6.8 »app/views/flights/index.html.erb«

Minimale Implementierung

Wir implementieren immer nur das, was Cucumber von uns erwartet. Da zur Zeit erstmal nur ein Link von uns gefordert wird, geben wir noch kein Ziel für den Link an.

Da die Instanzvariable `@flights` noch nicht definiert ist, erhalten wir genau diese Fehlermeldung, wenn wir `cucumber` ausführen:

```
You have a nil object when you didn't expect it!
You might have expected an instance of Array.
The error occurred while evaluating nil.each
```

Im Flights-Controller definieren wir deshalb die Instanzvariable:

```
class FlightsController < ApplicationController
  def index
    @flights = Flight.all
  end
end
```

Listing 6.9 »app/controllers/flights_controller.rb«

Wenn wir nun `cucumber` ausführen, erhalten wir die Meldung, dass der Text »Booking of RA-448« fehlt:

```
expected there to be content "Booking of RA-448"
```

Ursache für den Fehler ist, dass wir noch nicht auf die Buchungsseite verlinkt haben. Das holen wir nun nach.

Verschachtelte Ressource

Wir müssen zunächst klären, auf welche Seite wir verlinken. Es sollte zum Formular für eine neue Buchung verlinkt werden. Da die Buchung zu einem bestimmten Flug gehört, möchten wir das über eine verschachtelte Ressource (siehe Abschnitt 10.2.4 auf Seite 359) lösen. Die URL, um eine Buchung zu einem Flug mit der ID 2 anzulegen, würde dann z. B. */flights/2/bookings/new* und die Routing-Methode, die diese URL generiert `new_flight_booking_path` lauten.

Die Routing-Methode geben wir als Ziel in dem Link auf der Indexseite der Flüge an:

```
<ul>
  <% @flights.each do |flight| %>
    <li>
    <%= link_to flight.nr, new_flight_booking_path(flight) %>
    </li>
  <% end %>
</ul>
```

Listing 6.10 »app/views/flights/index.html.erb«

Wir erhalten nun, wenn wir `cucumber` ausführen, die Fehlermeldung, dass die Methode `new_flight_booking_path` nicht definiert ist:

```
undefined method `new_flight_booking_path'
```

Routing

Grund für den Fehler ist ein fehlender Eintrag im Routing. Da eine Buchung zu einem Flug gehört, erstellen wir innerhalb der Flights-Resource eine verschachtelte Bookings-Ressource:

```
Railsair::Application.routes.draw do
  resources :flights do
    resources :bookings
  end
  ...
end
```

Listing 6.11 »config/routes.rb«

Nach erneutem Ausführen von `cucumber` erhalten wir die Fehlermeldung, dass der Bookings-Controller fehlt:

```
uninitialized constant BookingsController
```

Den zunächst leeren Bookings-Controller erstellen wir wie vorher den Flights-Controller mit dem Controller-Generator:

```
rails g controller Bookings
```

Da der Bookings-Controller noch leer ist, die Routing-Methode `new_flight_booking_path` aber zur Action `new` im Bookings-Controller weiterleitet, gibt `cucumber` folgenden Fehler aus:

```
The action 'new' could not be found for BookingsController
```

Daher erstellen wir eine leere `new`-Methode im Bookings-Controller:

```
class BookingsController < ApplicationController
  def new

  end
end
```

Listing 6.12 »app/controllers/bookings_controller.rb«

Wir erhalten nun den Hinweis, dass das `new`-Template fehlt, wenn wir `cucumber` ausführen:

```
Missing template bookings/new
```

»new.html.erb« Nach Erstellung der leeren Datei `new.html.erb` im Verzeichnis `app/views/bookings` erhalten wir wieder den Fehler, dass der Text »Booking of RA-448« fehlt. Aber diesmal können wir den Fehler leicht beheben, indem wir den Text im zuvor erstellten Template `new.html.erb` ausgeben:

```
<h1>Booking of <%= @flight.nr %></h1>
```

Listing 6.13 »app/views/bookings/new.html.erb«

Da `@flight` nicht definiert ist, erhalten wir, wenn wir `cucumber` ausführen, die Fehlermeldung:

```
undefined method `nr' for nil:NilClass
```

In der Action `new` des Bookings-Controller setzen wir deshalb die Instanzvariable `@flight`:

```
class BookingsController < ApplicationController
  def new
    @flight = Flight.find(params[:flight_id])
  end
end
```

Listing 6.14 »app/controllers/bookings_controller.rb«

Wenn wir nun `cucumber` ausführen, wird der Step »Wenn ich den Flug ... auswähle« grün angezeigt, und wir werden mit `TODO` darauf hingewiesen, dass wir nun den nächsten Step »Und ich meine Personalien eingebe« implementieren sollen:

```
Wenn ich den Flug "RA-448" auswähle
Und ich meine Personalien eingebe
      TODO (Cucumber::Pending)
```

Der Step soll die Situation beschreiben, dass der Reisende seine Personalien in das Buchungsformular einträgt. Im Rahmen dieses Beispiels bengügen wir uns damit, den Namen und die E-Mail Adresse azugeben.

Zum Ausfüllen von Formularen steht uns die Capybara-Methode `fill_in` zur Verfügung. Das bedeutet für unsere Step Definition:

»fill_in«

```
Wenn /^ich meine Personalien eingebe$/ do
  fill_in "Name", with: "Luke Skywalker"
  fill_in "Email", with: "luke@example.net"
end
```

Listing 6.15 »features/step_definitions/booking_steps.rb«

Da wir noch kein Fomular erstellt haben, liefert `cucumber` den Fehler:

```
cannot fill in, no text field, text area or password field
with id, name, or label 'Name' found
```

Deshalb erstellen wir ein Formular in dem bereits vorhandenen View `new.html.erb`. Da es sich um eine verschachtelte Ressource handelt, müssen wir in der Methode `form_for` die beiden betroffenen Objekte (`@flight und @booking`) als Array übergeben:

```
<h1>Booking of <%= @flight.nr %></h1>

<%= form_for([@flight, @booking]) do |f| %>
  <div class="field">
    <%= f.label :name %><br />
    <%= f.text_field :name %>
  </div>
```

```
    <div class="field">
      <%= f.label :email %><br />
      <%= f.email_field :email %>
    </div>
    <div class="actions">
      <%= f.submit %>
    </div>
<% end %>
```

Listing 6.16 »app/views/bookings/new.html.erb«

Da die Instanzvariable `@booking` noch nicht gesetzt ist, erhalten wir beim Ausführen von `cucumber` den folgenden Fehler:

```
undefined method `model_name' for NilClass:Class
```

Wir setzen die Instanzvariable `@booking` in der `new`-Action des Bookings-Controller auf eine neue Buchung:

```
class BookingsController < ApplicationController
  def new
    @flight = Flight.find(params[:flight_id])
    @booking = Booking.new
  end
end
```

Listing 6.17 »app/controllers/bookings_controller.rb«

Wenn wir jetzt `cucumber` ausführen, kommt es, da wir das Model `Booking` noch nicht erstellt haben, zu folgendem Fehler:

```
uninitialized constant BookingsController::Booking
```

Model Booking

Wir erstellen daher das Model Booking, das den Namen und die E-Mail-Adresse des Reisenden speichert. Außerdem muss gespeichert werden, zu welchem Flug die Buchung gehört. Wie beim Flight-Model verwenden wir den Model-Generator, führen anschließend die Migration aus und laden das geänderte Schema der Datenbank in die Testumgebung:

```
rails g model Booking name:string email:string \
  flight_id:integer
rake db:migrate
rake db:test:prepare
```

Wenn wir nun `cucumber` ausführen, erhalten wir die positive Nachricht, dass der Step »Und ich meine Personalien eingebe« erfolgreich ausgeführt werden konnte.

Nächster Step

Wir widmen uns nun dem nächsten Step: »Und ich bezahle«. Da ein Bezahlprozess relativ aufwändig ist, begnügen wir uns im Rahmen dieses Beispiels damit, dass die Buchung gespeichert wird, wenn der »Bezahl«-Button angeklickt wird.

Durch diese vereinfachte Annahme und mit Hilfe der Capybara-Methode `click_button` ist dieser Step schnell implementiert:

```
Wenn /^ich bezahle$/ do
  click_button "pay"
end
```

Listing 6.18 »features/booking_steps.rb«

Wir erhalten nach Ausführung von `cucumber` den folgenden Fehler:

```
no button with value or id or text 'pay' found
```

Das Problem lässt sich leicht lösen, indem wir den Button im Buchungs-Formular benennen:

```
  ...
  <div class="actions">
    <%= f.submit "pay" %>
  </div>
<% end %>
```

Listing 6.19 »app/views/bookings/new.html.erb«

Da der Button nun gefunden wird und gedrückt werden kann, wird das Formular abgeschickt. Deshalb liefert `cucumber` den Fehler, dass die Action `create` im Bookings-Controller fehlt, an die das Formular gesendet wird:

```
The action 'create' could not be found for BookingsController
```

Wir erstellen deshalb eine leere Methode `create` im Bookings-Controller:

```
class BookingsController < ApplicationController
  def new
    @flight = Flight.find(params[:flight_id])
    @booking = Booking.new
  end

  def create
  end
end
```

Listing 6.20 »app/controllers/bookings_controller.rb«

Wenn wir `cucumber` ausführen, erhalten wir nun den Fehler, dass das Template `create` fehlt:

```
Missing template bookings/create
```

Wir werden in diesem Fall jedoch nicht das geforderte Template erstellen, da die `create`-Methode kein eigenes Template benötigt. Innerhalb der `create`-Methode wird geprüft, ob das Objekt mit den Attributen, die über das Formular gesendet werden, gespeichert werden kann. Wenn ja, erfolgt eine Weiterleitung zu einer anderen Seite, z. B. zu der Detailseite des neu angelegten Objektes, wenn nein, wird das Formular nochmal angezeigt.

Da wir immer nur das nötigste implementieren, wird innerhalb unserer `create`-Methode das Booking-Objekt gespeichert und dann zur Detailseite der Buchung weitergeleitet:

```
class BookingsController < ApplicationController
  ...
  def create
    @flight = Flight.find(params[:flight_id])
    @booking = @flight.bookings.create(params[:booking])
    redirect_to [@flight, @booking]
  end
end
```

Listing 6.21 »app/controllers/bookings_controller.rb«

Da die Buchung zu einem Flug gehört, wählen wir zum Anlegen des Booking-Objektes statt

```
@booking = Booking.create(params[:booking])
```

diesen Weg:

```
@flight.bookings.create(params[:booking])
```

Der Methode `redirect_to`, um zur Detailseite der verschachtelten Ressource weiterzuleiten, übergeben wir wie zuvor der Methode `form_for` beide betroffenen Objekte in einem Array.

Wir erhalten nun von cucumber den Fehler, dass die Methode `bookings` nicht auf das Objekt `@flight` angewendet werden kann:

```
undefined method `bookings' for #<Flight:0x007fc434b6f828>
```

1:n Zwischen dem Flug und der Buchung existiert eine 1:n-Assoziation. (Ein Flug kann mehrere Buchungen haben.) Auf Datenbankebene haben wir auch schon vorgesehen, dass die `flight_id` zu einer Buchung gespeichert wird. Aber auf Model-Ebene haben wir diese 1:n-Assoziation noch nicht definiert. Das müssen wir jetzt nachholen:

```
class Flight < ActiveRecord::Base
  has_many :bookings
end
```

Listing 6.22 »app/model/flight.rb«

Mehr zu 1:n-Assoziationen erfahren Sie in Abschnitt 8.8.1 auf Seite 296.

Cucumber meldet nun, dass Fehlen `show`-Action im Bookings-Controller:

```
The action 'show' could not be found for BookingsController
```

In der `show`-Action soll die Buchungsbestätigung angezeigt werden. Wir legen aber zunächst nur eine leere Datei `show.html.erb` im Verzeichnis `app/views/bookings` an.

Cucumber liefert uns nun zurück, dass der Step »Und ich bezahle« erfolgreich ausgeführt werden konnte.

Letzter Step

Kommen wir nun zum letzten Step dieses Szenarios: »Dann soll ich eine Buchungsbestätigung für den Flug "RA-448" erhalten«. In diesem Step wird überprüft, ob der Text »Your booking confirmation« auf der Buchungsbestätigungsseite angezeigt wird. Außerdem wird geprüft, ob es zu dem Flug eine Buchung mit den richtigen Daten gibt:

```
Dann /^soll ich eine Buchungsbestätigung für den Flug
                                  "([^"]*)" erhalten$/ do |nr|
  page.should have_content("Your booking confirmation")
  flight = Flight.find_by_nr(nr)
  flight.should have(1).bookings
  booking = flight.bookings.first
  booking.name.should == "Luke Skywalker"
  booking.email.should == "luke@example.net"
end
```

Listing 6.23 »features/step_definitions/booking_steps.rb«

Wenn wir `cucumber` ausführen, erhalten wir zunächst den Fehler, dass der gewünschte Bestätigungstext nicht angezeigt wird:

```
expected there to be content "Your booking confirmation"
```

In dem noch leeren Template `show.html.erb` fügen wir einfach den Text ein:

```
<h1>Your booking confirmation</h1>
```

Listing 6.24 »app/views/bookings/show.html.erb«

Szenario grün

Nach Ausführung von `cucumber` erhalten wir die freudige Meldung, dass sowohl der letzte Step als auch das gesamte Szenario grün und damit korrekt implementiert sind.

Jetzt haben wir also tatsächlich eine kleine Buchungsapplikation entwickelt. So schnell kann es also gehen, wenn man sich immer nur auf den nächsten Schritt konzentriert und immer nur das nötigste implementiert.

Dem Testkreislauf `red-green-refactor` folgend wäre jetzt Refaktorisierung angesagt. Da es den Rahmen dieses Kapitels sprengen würde, zeigen wir das jetzt nicht, möchten Ihnen aber trotzdem dringend empfehlen, immer sofort, nachdem die Tests laufen, sowohl den implementierten Code als auch den Testcode zu refaktorisieren.

Aufruf im Browser

Ist Ihnen etwas aufgefallen? Wir haben unsere Applikation implementiert, ohne sie ein einziges Mal im Browser aufzurufen. Also wird es jetzt Zeit, den lokalen Rails-Server zu starten und die Applikation zu testen.

Damit wir Beispielflüge haben, fügen wir in der Datei `seeds.rb` im Verzeichnis `db` Folgendes ein:

```
Flight.create([
  {nr: 'RA-458'},
  {nr: 'RA-943'},
  {nr: 'RA-700'},
  {nr: 'RA-533'}
])
```

Listing 6.25 »db/seeds.rb«

»seed«

Anschließend führen wir `rake db:seed` aus, starten den lokalen Rails-Server mit `rails server` und rufen die URL *http://localhost:3000/flights* auf. Es funktioniert!

Es ist interessant, dass wir eine kleine Applikation erstellen konnten, ohne diese andauernd im Browser zu testen. Wir haben Cucumber die Aufgabe machen lassen und konnten uns somit vollkommen auf die Implementierung der Features konzentrieren. Was uns aber auffällt ist, dass wir eine Buchung ausführen können, ohne dass wir die Felder im Formular ausgefüllt haben.

Neues Szenario

Das heißt, hier haben wir etwas noch nicht getestet! Deshalb fügen wir ein Szenario zu unserem Booking-Feature hinzu:

```
...
  Szenario: Bei Fehleingabe soll die Buchung nicht
                              ausgeführt werden
    Gegeben sei ein Flug "RA-448"
    Wenn ich den Flug "RA-448" auswähle
    Und ich meine Personalien nicht eingebe
    Und ich bezahle
    Dann soll mir eine Fehlermeldung angezeigt werden
```

Listing 6.26 »features/booking.feature«

Wenn wir `cucumber` ausführen, werden wir darauf aufmerksam gemacht, dass zwei Steps noch nicht definiert sind:

```
Wenn /^ich meine Personalien nicht eingebe$/ do
  pending # express the regexp above with the code you wish...
end

Dann /^soll mir eine Fehlermeldung angezeigt werden$/ do
  pending # express the regexp above with the code you wish...
end
```

Wir kopieren die von Cucumber vorgeschlagenen Snippets und fügen sie der Datei `booking_steps.rb` im Verzeichnis `features/step_definitions` hinzu.

Leerer Step

Anschließend implementieren wir den Step »Wenn ich meine Personalien nicht eingebe«, indem wir einfach nur das `pending` herausnehmen und den Step leer lassen. Es soll ja im wahrsten Sinne des Wortes an dieser Stelle nichts passieren.

```
Wenn /^ich meine Personalien nicht eingebe$/ do
end
```

Das heißt, dieser Step läuft jetzt durch, wenn wir `cucumber` ausführen, sodass wir mit der Implementierung des letzten Steps fortfahren können.

Wir erwarten, dass der Text »Your booking confirmation« nicht angezeigt wird, weil wir nicht zur Buchungsbestätigungsseite weitergeleitet werden sollen, sondern das Formular zur Eingabe der Personalien angezeigt werden soll. Außerdem sollen zwei Fehlermeldungen ausgegeben werden, die den Benutzer darauf hinweisen, dass er sowohl seinen Namen als auch seine E-Mail-Adresse angeben muss.

```
Dann /^soll mir eine Fehlermeldung angezeigt werden$/ do
  page.should_not have_content("Your booking confirmation")
  page.should have_content("Booking of RA-448")
  page.should have_content("Name can't be blank")
  page.should have_content("Email can't be blank")
end
```

Wenn wir `cucumber` ausführen, erhalten wir folgende Meldung:

```
expected content "Your booking confirmation" not to return
anything
```

Das heißt, die Buchung wurde, wie wir das zuvor beim Ausprobieren im Browser auch schon bemerkt haben, ausgeführt, obwohl das Formular nicht ausgefüllt wurde.

Wir müssen also eine Validierungs-Regel im Booking-Model definieren:

```
class Booking < ActiveRecord::Base
  validates :name, :email, presence: true
end
```

Listing 6.27 »app/models/booking.rb«

Jetzt erhalten wir eine Fehlermeldung, wenn wir `cucumber` ausführen:

```
The action 'index' could not be found for BookingsController
```

Das liegt daran, dass wir in unserer Action `create` im Bookings-Controller den Fall, dass eine Buchung nicht gespeichert werden kann, nicht berücksichtigen. Das holen wir nun nach, indem wir das Booking-Objekt fragen, ob es gespeichert werden konnte. Wenn ja, leiten wir zur Buchungsbestätigungsseite weiter, wenn nein, laden wir wieder das Formular:

```
class BookingsController < ApplicationController
  def new
    @flight = Flight.find(params[:flight_id])
    @booking = Booking.new
  end

  def create
    @flight = Flight.find(params[:flight_id])
    @booking = @flight.bookings.new(params[:booking])
    if @booking.save
      redirect_to [@flight, @booking]
    else
```

```
      render action: :new
    end
  end
end
```

Listing 6.28 »app/controllers/bookings_controller.rb«

Jetzt kann unsere Buchung zwar nicht gespeichert werden, und es wird wieder das Formular angezeigt, aber `cucumber` gibt die Fehlermeldung aus, dass die Fehlermeldungen, die wir im Formular erwarten, nicht ausgegeben werden:

```
expected there to be content "Name can't be blank"
```

Das holen wir nach, indem wir Folgendes in der `new.html.erb` hinzufügen:

```
<%= form_for([@flight, @booking]) do |f| %>

  <% if @booking.errors.any? %>
    <div id="error_explanation">
      <ul>
      <% @booking.errors.full_messages.each do |msg| %>
        <li><%= msg %></li>
      <% end %>
      </ul>
    </div>
  <% end %>
...
```

Listing 6.29 »app/views/bookings/new.html.erb«

Alle Steps grün

Wenn wir jetzt nochmal `cucumber` ausführen, werden alle Steps grün, das heißt, jetzt kann keine Buchung mehr ausgeführt werden, wenn das Formular nicht ausgefüllt wird.

Damit wollen wir dieses Tutorial abschließen, aber natürlich ist die Applikation noch nicht fertig.

6.2.3 Erweiterungen

Kontingent

Ein mögliches Szenario, um welches das Booking-Feature erweitert werden müsste, um die Applikation produktiv nutzen zu können, wäre:

```
Szenario: Das Buchen eines ausgebuchten Fluges soll nicht
                                              möglich sein
 Gegeben sei ein Flug RA-448 von DUS nach LUX mit 0
                                       freien Plätzen
 Wenn ich den Flug RA-448 auswähle
 Dann soll mir angezeigt werden, dass der Flug ausgebucht ist
```

Optionsbuchung

Ein weiteres wichtiges Szenario wäre, dass während des Bezahlvorgangs der gebuchte Platz als vorübergehend gebucht markiert wird, damit kein anderer diesen Platz buchen kann. Erfolgt keine Zahlung, muss der Platz wieder freigegeben werden. Erfolgt die Zahlung, muss der Platz als fest gebucht markiert werden.

Ihrer Fantasie sind keine Grenzen gesetzt. Wir wünschen Ihnen viel Erfolg und vor allen Dingen viel Spaß bei der Weiterentwicklung der Applikation mit Cucumber!

[+]

Informationen zu Cucumber

Weitere Informationen zu Cucumber finden Sie auf den nachfolgenden Websites und vor allem im sehr empfehlenswerten Buch »The Cucumber Book« von Aslak Hellesøy (*http://pragprog.com/book/hwcuc/the-cucumber-book*).

- *http://cukes.info/*
- *http://devteam.sales-lentz.lu/10minutes/acceptance_test_mit_cucumber.html*
- *http://devteam.sales-lentz.lu/10minutes/cucumber-ohne-stuetzraeder.html*

Nachdem Sie in den letzten Kapiteln das Erstellen von Rails-Applikationen an praktischen Beispielen kennen gelernt haben, möchten wir Ihnen in diesem Kapitel die Struktur und die Konfiguration einer Rails-Applikation erläutern.

7 Rails-Projekte erstellen und konfigurieren

Im Zentrum dieses Kapitels steht der Kommandozeilenbefehl `rails`. Die Funktionsweise dieses Befehls ist abhängig vom Verzeichnis, aus dem heraus er aufgerufen wird.

- **Außerhalb eines Verzeichnisses eines Rails-Projektes**
  um Rails-Projekte zu generieren
- **Innerhalb eines Verzeichnisses eines Rails-Projektes**
  u. a. zum Starten des lokalen Servers und zum Aufruf von Generatoren

Wenn Sie den Befehl `rails` ohne Optionen aufrufen, werden die möglichen Optionen angezeigt.

Rails-Version

Bevor Sie ein neues Rails-Projekt anlegen, überprüfen Sie bitte die Version Ihrer Rails-Installation. Sie sollten mindestens Rails 3.1.0 verwenden. Mit dem Befehl `rails -v` können Sie überprüfen, welche Version Sie installiert haben:

```
rails -v
Rails 3.1.3
```

Sollten Sie noch eine ältere Version installiert haben, so aktualisieren Sie bitte Ihre Rails-Version (siehe Kapitel 2 ab Seite 33).

7.1 Generieren eines Rails-Projektes

Neues Projekt

Mit dem Befehl `rails new pfad/projektname` wird ein neues Projekt erzeugt. Falls das Verzeichnis `projektname` nicht existiert, wird es erstellt.

Ohne Pfadangabe wird das Projekt im aktuellen Verzeichnis erstellt. Während der Ausführung des `rails`-Befehls wird ausgegeben, welche Verzeichnisse und Dateien erzeugt werden:

```
rails new demo1

  create
  create  README
  create  Rakefile
  create  config.ru
  create  .gitignore
  create  Gemfile
  create  app
  ...
 create  vendor/plugins
 create  vendor/plugins/.gitkeep
 run  bundle install
```

»bundle install« Nachdem das Projekt generiert wurde, werden im Anschluss automatisch die zusätzlich benötigten Erweiterungen (Gems) mit dem Befehl `bundle install` installiert, die in der Datei `Gemfile` eingetragen sind (siehe Abschnitt 7.2 ab Seite 202). Dieser Schritt kann ein paar Minuten dauern, da die Gems aus dem Internet geladen werden.

[»] **Vorsicht bei der Wahl des Projektnamens**

Bei der Wahl des Projektnamens ist darauf zu achten, dass der Name innerhalb des Projektes nicht mehr als Klassenname (z. B. als Model-Name) verwendet werden kann. Angenommen, ein Projekt heißt `book`, dann kann es kein Model `Book` mehr innerhalb der Applikation geben. Auch sollten keine reservierten Wörter als Projektname verwendet werden, z. B. `test`.

7.1.1 Verzeichnisstruktur einer Rails-Applikation

Beim Anlegen eines Rails-Projektes wird die gesamte Verzeichnisstruktur erstellt. Nachfolgend werden wir diese Struktur erklären:

- **app**
  Enthält weitere Verzeichnisse, u. a. für die Models, Controller, Views und ihre Helper-Dateien.
- **app/assets**
  Enthält die Unterverzeichnisse für Bilder, Stylesheets und JavaScripts. Jede der Dateien in den Unterverzeichnissen ist standardmäßig von außen über den Pfad `/assets/datei` aufrufbar. Die Bilddatei

rails.png im Verzeichnis assets/images wird z. B. lokal über die URL *http://localhost:3000/assets/rails.png* (ohne *images*) aufgerufen. Das Verhalten der sogenannten Asset Pipeline kann in der Datei config/application.rb konfiguriert werden (siehe Kapitel 11 ab Seite 371).

- **app/controllers**
  Enthält die Controller-Klassen, die für die Interaktion zwischen dem Benutzer und der Applikation zuständig sind. Die Controller-Dateien enden mit _controller.rb wie z. B. guests_controller.rb. Alle Controller-Klassen sollten von der Klasse ApplicationController erben, die in der Datei app/controllers/application_controller.rb definiert ist und die wiederum von der Klasse ActionController::Base erbt.

- **app/helpers**
  Enthält Hilfsklassen, in welche Methoden ausgelagert werden können, die Funktionalitäten für den View zur Verfügung stellen. Die Helper-Dateien sollten die Endung _helper.rb haben, z. B. guests_helper.rb.

- **app/mailers**
  Enthält die Mailer-Klassen, in denen die Methoden zum Versand von E-Mails definiert werden. Die Mailer-Klassen erben von ActionMailer::Base.

- **app/models**
  Enthält die Model-Klassen, die in den meisten Fällen für den Datenbankzugriff dienen. In diesem Fall erben sie standardmäßig von der Klasse ActiveRecord::Base.

- **app/views**
  Enthält die Views bzw. die Templates. Für jeden Controller liegt ein eigenes Verzeichnis innerhalb von app/views vor, das genauso heißt wie der jeweilige Controller. Die Dateiendung der Views ist standardmäßig .html.erb für ERB-Templates. Andere Endungen wie z. B. .html.haml, wenn Sie das Template-System Haml verwenden, sind auch möglich.

- **app/views/layouts**
  Enthält Template-Dateien, in die HTML-Code ausgelagert wurde, der sich auf mehreren Seiten der Applikation wiederholen soll. Innerhalb der Layout-Dateien muss an der Stelle, an welcher der Quelltext aus

den Templates, die dieses Layout verwenden, geladen werden soll, die Methode `yield` aufgerufen werden.

- **config**
  Hier finden Sie alle Konfigurationsdateien für die Rails-Umgebung, die zum Beispiel das Routing, die Datenbankeinstellungen oder andere Einstellungen definieren.

- **db**
  In diesem Verzeichnis befindet sich zunächst nur die Datei `seed.rb`, die zum Laden von Daten in die Datenbank verwendet wird. Wenn Migrationen verwendet werden, wird auch ein Unterverzeichnis namens `migrate` und die Schema-Datei `schema.rb` angelegt (siehe Kapitel 8 ab Seite 253). Falls SQLite als Datenbanksystem verwendet wird, befindet sich in diesem Verzeichnis auch die SQLite-Datenbank `development.sqlite3`.

- **doc**
  Hier wird die Dokumentation der Applikation abgelegt, die mit dem Rake-Task `rake doc:app` generiert werden kann. Standardmäßig befindet sich in diesem Verzeichnis die Datei `README_FOR_APP`, in der eine Beschreibung der Applikation hinterlegt werden kann.

- **lib**
  Im Verzeichnis `lib` können Sie Code ablegen, der nicht direkt zu einem Model, einem Controller oder einem View gehört. Sie können aber auch Code speichern, den sich Models, Controller und Views teilen. Standardmäßig werden die Unterverzeichnisse `assets` für die von Ihnen entwickelten Bibliotheken oder für Bibliotheken, die von mehreren Applikationen genutzt werden, und `tasks` für die von Ihnen entwickelten Rake-Tasks angelegt.

- **log**
  Hier werden Logdateien abgelegt. Standardmäßig wird die Datei `development.log` generiert.

- **public**
  Enthält standardmäßig die Fehlerdokumente, das Favicon, die Dateien `robots.txt` und `index.html`. Jede der Dateien im `public`-Verzeichnis ist direkt von außen aufrufbar. Sie können auch eigene Verzeichnisse erstellen wie z. B. `pdfs` für PDF-Dokumente.

- **script**
  Enthält Skriptdateien zur Automatisierung und Generierung. Standardmäßig wird das Skript `rails` angelegt.

- **test**
  Enthält sämtliche Testdateien für die Rails-Applikation, wenn `Test::Unit` als Test-Framework verwendet wird.
- **test/fixtures**
  Enthält Test- bzw. Beispieldaten für die Tests.
- **test/functional**
  Enthält hauptsächlich Tests für die Controller-Klassen.
- **test/integration**
  Enthält die Integrationstests, mit denen die Gesamtfunktionalität oder größere Teile der Applikation getestet werden.
- **test/performance**
  Performancetests sind eine spezielle Art von Integrationstests, mit deren Hilfe Sie Speicher- oder Geschwindigkeitsprobleme analysieren können. Die einzelnen Tests können in der Datei `test/performance/browsing_test.rb` definiert werden.
- **test/unit**
  Enthält u. a. die Tests für die Models.
- **vendor**
  In diesem Verzeichnis werden externe Bibliotheken abgelegt, welche die Applikation verwendet. Gegebenenfalls wird auch EdgeRails hier installiert (siehe Abschnitt 7.1.6 auf Seite 200).
- **vendor/assets**
  Hier können in den Unterveichnissen `images`, `stylesheets` und `javascripts` die entsprechenden Dateien der verwendeten externen Erweiterungen abgelegt werden.
- **vendor/plugins**
  Hier werden Plugins installiert.

In den folgenden Abschnitten werden die diversen Optionen für den Befehl `rails new` vorgestellt.

7.1.2 Datenbankoptionen

Seit Rails 2.0.2 wird als Standarddatenbank SQLite3 statt MySQL verwendet, weil für SQLite3 keine separate Datenbanksoftware installiert werden muss. Es ist beispielsweise auch möglich, SQLite3 während der Entwicklung zu verwenden und in der Produktionsumgebung MySQL oder PostgreSQL einzusetzen. Es ist jedoch empfehlenswert, sowohl für die Entwicklungsumgebung als auch für die Produktionsumgebung das gleiche Datenbanksystem einzusetzen.

Wenn Sie ein anderes Datenbanksystem nutzen möchten, können Sie mit Hilfe des Parameters `-d` oder `--database` angeben, welches Datenbanksystem verwendet werden soll:

```
rails new demo2 -d mysql
rails new demo3 --database postgresql
```

Unterstützte Datenbanksysteme

Folgende Datenbanksysteme werden direkt von Rails unterstützt:

- **MySQL**
  `rails new projektname -d mysql`
- **PostgreSQL**
  `rails new projektname -d postgresql`
- **SQLite3**
  `rails new projektname -d sqlite3`
- **Oracle**
  `rails new projektname -d oracle`
- **FrontBase**
  `rails new projektname -d frontbase`
- **IBM DB2**
  `rails new projektname -d ibm_db`

Gem

Abhängig von der gewählten Datenbank installiert Rails die passende Erweiterung (Gem) für den Zugriff auf das entsprechende Datenbanksystem, indem das Gem in der Datei `Gemfile` eingetragen wird (siehe Abschnitt 7.2 ab Seite 202). Im Fall von Oracle wird z. B. das Gem `ruby-oci8` installiert. Um die Installation des Datenbankservers müssen Sie sich allerdings selbst kümmern.

[+]

Welcher Datenbankserver?

Die meisten Rails-Entwickler setzen MySQL ein. Immer mehr Entwickler wechseln jedoch zum freien Datenbanksystem PostgreSQL. Für viele Applikationen reicht jedoch SQlite3 aus. Dieses Datenbanksystem benötigt keinen Datenbankserver, und es ist schneller als die anderen Datenbanksysteme, wenn es um Leseoperationen geht. Wenn Sie z. B. eine CMS-Applikation erstellen, wird in der Regel mehr gelesen als geschrieben. Shopsysteme oder Buchungssysteme sind jedoch wegen der vielen Schreibzugriffe weniger geeignet für SQLite3. In diesen Fällen ist MySQL oder PostgreSQL zu bevorzugen.

In Abhängigkeit vom gewählten Datenbanksystem wird die Datenbankkonfigurationsdatei `config/database.yml` angelegt, in der u. a. die Zugangsdaten zum Datenbanksystem hinterlegt werden (siehe Abschnitt 7.3.4 ab Seite 212). **»database.yml«**

Falls Sie in der Java-Welt zu Hause sind, können Sie mit JRuby über die Java Database Connectivity (JDBC) auf die folgenden Datenbanksysteme zugreifen: **JRuby**

- **JDBC für MySQL**
  `rails new projektname -d jdbcmysql`
- **JDBC für PostgreSQL**
  `rails new projektname -d jdbcpostgresql`
- **JDBC für SQLite3**
  `rails new projektname -d jdbcsqlite3`

Voraussetzung ist jedoch, das Sie JRuby installiert haben (siehe Kapitel 4 ab Seite 57 und Kapitel 2 ab Seite 33).

Die wichtigsten relationalen Datenbanksysteme werden von Rails direkt unterstützt. NoSQL-Datenbanksysteme wie z. B. MongoDB oder CouchDB lassen sich durch Gem-Erweiterungen leicht anbinden. **NoSQL**

Eine Anbindung an SQL-Server von Microsoft lässt sich über das Gem `activerecord-sqlserver-adapter` bewerkstelligen. Dieses Gem wird automatisch mit dem Rails-Windows-Installer mitgeliefert (siehe Abschnitt 2.3 auf Seite 40). **SQL-Server**

Für den Zugriff auf die relationalen Datenbanken verwendet Rails die Komponente ActiveRecord (siehe Kapitel 8 ab Seite 239). Wenn kein Datenbankzugriff für die Applikation erforderlich ist oder eine alternative Komponente für den Datenbankzugriff verwendet werden soll (z. B. Datamapper), kann dies mit der Option `--skip-active-record` oder `-O` angegeben werden. **Keine Datenbank**

7.1.3 JavaScript-Framework-Optionen

Seit Rails 3.1 wird jQuery statt Prototype beim Erstellen von neuen Rails-Projekten als Standard-JavaScript-Framework verwendet. Wenn Sie jQuery verwenden möchten, brauchen Sie daher keine Option anzugeben. Wenn Sie jedoch dennoch Prototype verwenden möchten, geben Sie die Option `--javascript=prototype` oder `-j prototype` an. **jQuery**

Gemfile

Je nachdem, welches JavaScript-Framework gewählt wird, wird entweder das Gem `jquery-rails` oder das Gem `prototype-rails` in der Datei `Gemfile` eingesetzt (siehe Abschnitt 7.2 ab Seite 202). Durch Anpassung der Datei `Gemfile` können Sie auch später noch das JavaScript-Framework austauschen.

7.1.4 Skip-Optionen

Rails generiert eine Menge von Dateien, die Sie gegebenenfalls nicht benötigen. Wenn Sie z. B. kein JavaScript-Framework verwenden möchten, können Sie beim Generieren des Rails-Projektes unterdrücken, dass die zugehörigen Dateien angelegt werden.

- **--skip-gemfile**
  Unterdrückt die Generierung der Datei `Gemfile`.
- **--skip-javascript oder -J**
  Unterdrückt die Generierung von JavaScript-Dateien.
- **--skip-active-record oder -O**
  Unterdrückt die Generierung von ActiveRecord-Dateien.
- **--skip-test-unit oder -T**
  Unterdrückt die Generierung von TestUnit-Dateien.
- **--skip-git oder -G**
  Es wird nicht das Versionsmanagement Git verwendet. Diese Einstellung ist nützlich, wenn Sie z. B. SVN oder Mercurial einsetzen möchten.
- **--skip-sprockets oder -S**
  Unterdrückt die Generierung der Sprocket-Dateien.
- **--skip-bundle**
  Verhindert das automatische Ausführen des Befehls `bundle install` direkt nach dem Generieren eines Rails-Projektes (siehe Abschnitt 7.2 ab Seite 202).

Ein einfaches Rails-Projekt, das ohne JavaScript, Tests und Versionsmanagement auskommt, kann mit `rails new demo4 -J -T -G` erstellt werden.

Frameworks austauschen

Ein weiterer Grund für den Einsatz der Skip-Optionen ist, den Austausch der von Rails standardmäßig verwendeten Frameworks vorzubereiten. Zum Beispiel kann Cucumber mit RSpec statt TestUnit verwendet werden. Der Austausch kann nicht automatisch erfolgen, sondern die neu zu verwendenden Frameworks müssen über Gems eingebunden werden (siehe Kapitel 6 ab Seite 169). ActiveRecord zu deaktivieren, ergibt Sinn, wenn Ihre Applikation z. B. keine Datenbank benötigt oder ein alternatives Datenbank-Framework (z. B. DataMapper) verwendet werden soll.

7.1.5 Sonstige Optionen

Folgende weitere Optionen stehen für den `rails`-Befehl zur Verfügung:

- **--pretend, -p**
  Bewirkt, dass die Ausgabe des Befehls `rails new` erfolgt, ohne dass das Projekt wirklich erstellt wird.
- **--force**
  Bewirkt, dass der Befehl `rails new` ausgeführt wird und dass bereits vorhandene Dateien ohne Rückfrage überschrieben werden.
- **--skip, -s**
  Bewirkt, dass der `rails`-Befehl ausgeführt wird und dass bereits vorhandene Dateien nicht überschrieben werden (ohne Rückfrage).
- **-r, --ruby=pfad**
  Möglichkeit, den Pfad zum Ruby-Interpreter anzugeben. Wird in der Regel nicht benötigt.
- **--dev**
  Verwendet die lokal installierte Version von Rails, was für Entwickler des Rails-Frameworks von Nutzen ist.
- **--old-style-hash**
  Auch wenn Ruby 1.9 verwendet wird, wird die alte Hash-Syntax `{:name => "Demo"}` statt der neuen Syntax `{name: "Demo"}` verwendet. Wenn Ruby 1.8 eingesetzt wird, wird automatisch die alte Syntax verwendet.
- **-q, --quiet**
  Unterdrückt die Ausgabe während der Ausführung des `rails`-Befehls.
- **-b, --builder=BUILDER**
  Legt u. a. fest, mit welchem Builder XML-Dateien generiert werden.
- **-v, --version**
  Zeigt die Versionsnummer von Rails an.
- **-h, --help**
  Es wird die Liste der Optionen angezeigt.

7.1.6 EdgeRails

EdgeRails

Das Rails-Framework wird fast minütlich auf *http://github.com/rails/rails* aktualisiert. Wenn Sie ein neues Feature benötigen, was noch nicht in einem offiziellen Release (Version) vorhanden ist, können Sie beim Generieren des Projektes angeben, dass die letzte Version verwendet werden soll. Dies wird als »EdgeRails« bezeichnet.

Hierfür steht die Option `--edge` zur Verfügung. Wenn Sie in der Kommandozeile `rails new demo5 --edge` ausführen, wird das komplette Rails-Framework von GitHub heruntergeladen.

Ein Rails-Projekt, das EdgeRails verwendet, erkennt man leicht am Gemfile, in der die URL zum Git-Repository angegeben ist:

```
source 'http://rubygems.org'

gem 'rails',      :git => 'git://github.com/rails/rails.git'
...
```

Listing 7.1 Gemfile mit EdgeRails

Rails aktualisieren

Immer, wenn Sie den Befehl `bundle update rails` auf einem auf EdgeRails basierenden Projekt aufrufen, wird auf die neueste Rails-Version aktualisiert. Somit ist es sehr leicht, immer mit der aktuellsten Version zu arbeiten.

7.1.7 Rails-Projekte mit einer Vorlage generieren

Es kommt immer wieder vor, dass wir nach oder beim Anlegen eines neuen Rails-Projektes die gleichen Dinge verändern oder hinzufügen. Das betrifft beispielsweise das Hinzufügen von Gems oder das Löschen von nicht benötigten Dateien. Dies wird u. a. im Unternehmensumfeld benötigt, wo Sie Projekte auf Ihr Unternehmen zugeschnitten generieren wollen und z. B. automatisch Logos, HTML-Dateien etc. erstellen möchten.

Templates

Damit wir nicht immer die gleichen Schritte wiederholen müssen, erlaubt uns Rails, eine Vorlage (Template) beim Aufruf des `rails`-Befehls zu verwenden. Hiermit sind nicht die Templates für den View gemeint. Eine Vorlage ist ein Ruby-Skript mit speziellen Befehlen, um das Projekt in einen bestimmten Ausgangszustand zu versetzen.

Ein Vorlagenskript könnte wie folgt aussehen:

```
# README, index.html und das Rails-Logo löschen
run "rm README public/index.html app/assets/images/rails.png"
# README.textile erstellen
file "README.textile", <<-END
h1. Dokumentation

Hier die Dokumentation zum Projekt.
END

# Gem Haml und RedCloth hinzufügen
gem 'haml'
gem 'RedCloth'
run 'bundle install'

# Alles zum Git-Repository hinzufügen
git :init
git :add => ".", :commit => "-m 'initial commit.'"

# Generieren von einer User-Ressource
# (mit Model, Controller und Views)
generate :scaffold, 'user', 'email:string', 'password:string'

# Ausführen des Rake-Tasks db:migrate
rake 'db:migrate'

# Homepage auf Liste (Indexseite) der User setzen
route 'root :to => "users#index"'

# User-Ressource commiten
git :add => ".", :commit => "-m 'User-Ressource hinzugefügt'"
```

Listing 7.2 Vorlage »mycompany-template.rb«

Beispiel

Im folgenden Beispiel wird ein neues Projekt generiert und anschließend das Vorlagenskript `mycompany-template.rb` ausgeführt:

```
rails new demo_tpl --template=mycompany-template.rb
```

Wenn Sie dann ins `demo_tpl`-Verzeichnis wechseln und den Befehl `rails server` ausführen, können Sie im Webbrowser *http://localhost:3000* aufrufen. Es wird dann die Indexseite der User-Ressource angezeigt, und Sie können neue Benutzer hinzufügen.

Als Pfad zur Vorlagendatei kann ein lokaler Pfad oder eine URL z. B. zu einem Git-Repository angegeben werden.

[+] **RailsWizard**

Auf der Website *http://railswizard.org/* kann man komfortabel Vorlagen generieren lassen. Weitere Templates mit zahlreichen Tutorials finden sich auf der Seite *http://railsapps.github.com/*.

7.2 RubyGems managen mit Bundler

Eine Rails-Applikation benötigt zum Ausführen einige Erweiterungen (Plugins). Diese Erweiterungen werden RubyGems genannt.

7.2.1 RubyGems installieren

Die Website *http://rubygems.org/* enthält ca. 25.000 Gems (Stand Juni 2011). Sie können auf der Website nach Gems suchen und sich über das jeweilige Gem informieren.

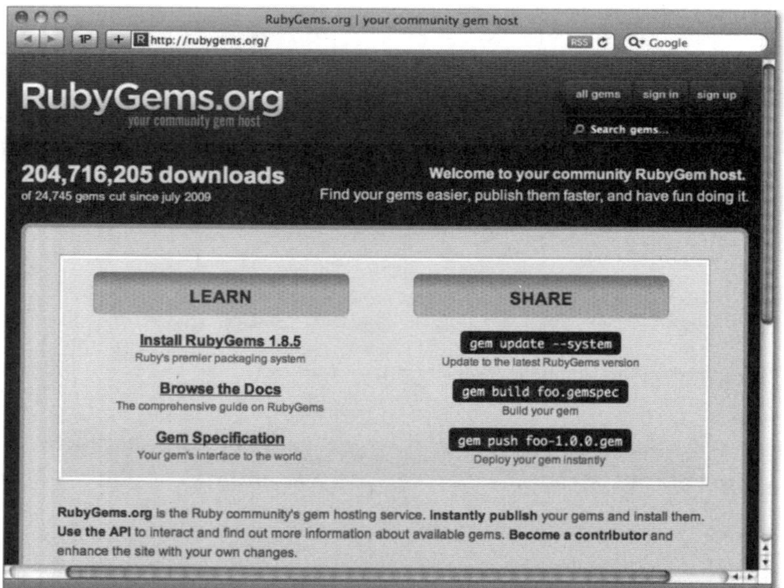

Abbildung 7.1 RubyGems-Website

[+] **The Ruby Toolbox**

Der RubyGems-Katalog auf *http://rubygems.org* ist weniger geeignet, um nach nützlichen Gems zu stöbern. Auf der Website *http://ruby-toolbox.com/* finden Sie sinnvolle Gems nach Kategorien geordnet.

Gems können mit dem Befehl `gem install [name-des-gems]` installiert werden. Mit `gem install sqlite3` wird z. B. das Gem installiert, das den Zugriff auf SQLite3-Datenbanken erlaubt. Seit Rails 3 ist es jedoch nicht mehr notwendig, die benötigten Gems für ein Rails-Projekt einzeln mit `gem install` zu installieren.

Manuelle Installation

7.2.2 Gemfile

In der Datei `Gemfile` wird festgelegt, welche Gems für das Rails-Projekt verwendet werden sollen. Rails erstellt diese Datei automatisch beim Generieren des Projektes. Je nachdem, mit welchen Optionen das Rails-Projekt generiert wird, kann diese Datei anders aussehen. Hier sehen Sie ein Beispiel:

```
source 'http://rubygems.org'

gem 'rails', '3.1.3'

# Bundle edge Rails instead:
# gem 'rails',     :git => 'git://github.com/rails/rails.git'

gem 'sqlite3'

# Gems used only for assets and not required
# in production environments by default.
group :assets do
  gem 'sass-rails',   '~> 3.1.5'
  gem 'coffee-rails', '~> 3.1.1'
  gem 'uglifier', '>= 1.0.3'
end

gem 'jquery-rails'

# To use ActiveModel has_secure_password
# gem 'bcrypt-ruby', '~> 3.0.0'

# Use unicorn as the web server
# gem 'unicorn'

# Deploy with Capistrano
# gem 'capistrano'

# To use debugger
# gem 'ruby-debug19', :require => 'ruby-debug'
```

```
group :test do
  # Pretty printed test output
  gem 'turn', '~> 0.8.3', :require => false
end
```

Listing 7.3 »Gemfile«

Deaktivieren Obwohl die Datei `Gemfile` nicht die Dateiendung `rb` hat, handelt es sich um eine Ruby-Datei. Kommentare werden hier auch zum Deaktivieren von Gems verwendet. Das Gem `bcrypt-ruby` ist z. B. standardmäßig deaktiviert, kann aber durch Entfernen des Rautezeichens wieder aktiviert werden.

In der ersten Zeile wird festgelegt, von welchem Server die Gems heruntergeladen werden sollen.

Gem hinzufügen Der Befehl `gem` erwartet als ersten Parameter den Namen des Gems wie z. B. `gem 'sqlite3'`. Optional kann auch die Versionsnummer angegeben werden, z. B. `gem 'rails', '3.1.3'`. Falls die Versionsnummer nicht angegeben wird, wird die aktuellste Version verwendet. Bei den meisten Gems ist keine Versionsnummer angegeben. Dass beim Rails-Gem eine konkrete Rails-Version angegeben ist, liegt daran, dass ein Upgrade auf eine neuere Version Anpassungen am Projekt notwendig machen könnte.

URL zum Gem Wenn ein Gem verwendet werden soll, das noch nicht auf RubyGems veröffentlicht ist, so kann man auch als Parameter die URL des Git-Repositorys angeben. Im `Gemfile` ist für das Gem Rails bereits ein Beispiel als Kommentar eingetragen. Wenn das Kommentarzeichen entfernt wird, wird der aktuelle Code aus dem Git-Repository geladen. Der `git`-Parameter ist auch sinnvoll, wenn Sie Ihre eigenen Gems verwenden möchten, die Sie jedoch nicht auf RubyGems veröffentlichen wollen.

```
gem 'rails',     :git => 'git://github.com/rails/rails.git'
```

Gruppierung von Gems

»group« Sie können Gems auch gruppieren. In der Datei `Gemfile` kann z. B. die Gruppe `test` zum Einbinden von Cucumber und RSpec (siehe Kapitel 6 ab Seite 169) angelegt werden. Die Gems in dieser Gruppe werden nur zum Testen der Applikation verwendet.

```
group :test do
  gem 'cucumber-rails'
  gem 'rspec-rails'
  gem 'database_cleaner'
end
```

Beim Veröffentlichen eines Rails-Projektes werden normalerweise die Gems in den Gruppen `test` und `development` nicht auf dem Produktivserver verwendet.

Fork [+]

Gelegentlich ist es notwendig, dass Sie Gems an Ihre Bedürfnisse anpassen müssen. In diesem Fall können Sie über GitHub (*http://www.github.com/*) einen sogenannten Fork erstellen, wodurch das Projekt auf Ihren Account kopiert wird und Sie dann daran nach Belieben Anpassungen vornehmen können. Im `Gemfile` geben Sie dann über den `git`-Parameter die URL Ihres Gems auf GitHub an.

7.2.3 Bundler

Der Bundler ist für das Herunterladen der Gems und für die Auflösung der Abhängigkeiten der Gems untereinander zuständig. Es werden nämlich nicht nur die Gems geladen, die in der Datei `Gemfile` explizit angegeben sind, sondern auch die abhängigen Gems. Das Gem Rails benötigt zum Beispiel u. a. die Gems `rake`, `thor` und `activesupport`. Und das Gem `activesupport` benötigt wiederum u. a. das Gem `i18n`.

»bundle install«

Wenn Änderungen am Gemfile vorgenommen werden, muss anschließend der Bundler mit dem Befehl `bundle install` (ohne »r« am Ende) ausgeführt werden. Steht der Befehl nicht zur Verfügung, muss erst der Bundler mit `gem install bundler` installiert werden.

Neben der Installation der Gems erstellt der Bundler auch die Datei `Gemfile.lock`. Diese Datei enthält eine Liste aller Gems mit Versionsnummern, die für das Projekt notwendig sind. Wenn der Rails-Server oder die Rails-Konsole gestartet werden, werden die Gems verwendet, die in der Datei `Gemfile.lock` aufgelistet sind. **»Gemfile.lock«**

Die Datei `Gemfile.lock` sollte nicht manuell bearbeitet werden. Jedoch sollte die Datei ins Repository eingecheckt werden (siehe Abschnitt 7.6 auf Seite 227).

Der Aufruf `bundle` ist übrigens eine Abkürzung für `bundle install`. **»bundle«**

»bundle outdated«

Um festzustellen, ob Ihre Gems noch auf dem aktuellen Stand sind, kann der Befehel `bundle outdated` (ab Bundler Version 1.1) verwendet werden. Der Befehl listet alle Gems in Ihrem Projekt auf, für die ein Update vorliegt. Wenn der Befehl mit der Option `--pre` aufgerufen wird, so werden auch die Gems gelistet, zu denen es ein Pre-Release (eine Vorabversion) gibt. Um die Gems tatsächlich auf den aktuellen Stand zu bringen, kann der Befehl `bundle update` verwendet werden.

»bundle update«

Weiter oben wurde erwähnt, dass Gems, die in der Datei `Gemfile` ohne Versionsnummer angegeben werden wie z. B. `gem 'sqlite3'`, immer in der neuesten Version heruntergeladen werden. Das ist jedoch nur beim ersten Aufruf des Befehls `bundle install` der Fall, nachdem das Gem in das `Gemfile` eingetragen wurde. Denn dann wird in die Datei `Gemfile.lock` die zu dem Zeitpunkt aktuelle Versionsnummer des Gems fest eingetragen und ab diesem Zeitpunkt immer beim Aufruf von `bundle install` verwendet. Wenn anschließend eine neue Version des Gems (in unserem Fall `sqlite3`) veröffentlicht wird, führt der Aufruf von `bundle install` nicht zur Aktualisierung des Gems. Dafür muss der Befehl `bundle update [name-des-gems]` verwendet werden.

Um z. B. das SQlite-Gem zu aktualisieren, muss `bundle update sqlite3` ausgeführt werden. Um alle Gems ohne Versionsangabe zu aktualisieren, kann `bundle update` verwendet werden.

»bundle list«

Gems listen

Der Befehl `bundle list` listet alle Gems auf, die vom Bundler installiert worden sind. In der Ausgabe werden nicht nur die Gems im Gemfile gelistet, sondern auch alle abhängigen Gems:

```
bundle list

Gems included by the bundle:
  * actionmailer (3.1.3)
  * actionpack (3.1.3)
  * activemodel (3.1.3)
  * activerecord (3.1.3)
  * activeresource (3.1.3)
  * activesupport (3.1.3)
  * ansi (1.4.1)
  * arel (2.2.1)
  ...
```

Abhängigkeiten visualisieren

Die Abhängigkeiten der Gems untereinander kann grafisch mit dem Befehl `bundle viz` dargestellt werden. Voraussetzung ist, dass das Gem `ruby-graphviz` und das Paket GraphViz (`brew install GraphViz`) installiert ist.

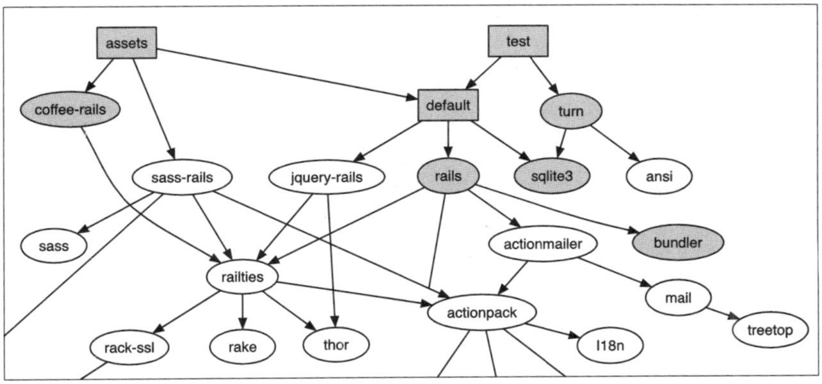

Abbildung 7.2 Visuelle Abhängigkeiten der Gems

7.3 Konfiguration von Rails-Applikationen

Eine frisch generierte Rails-Applikation erfordert zunächst keine Konfiguration. Je nach Anforderung kann es jedoch notwendig sein, Anpassungen an der Standardkonfiguration vorzunehmen. In den folgenden Abschnitten werden die wichtigsten Konfigurationsdateien vorgestellt.

7.3.1 »application.rb«

Grundlegende Einstellungen

In der Datei `config/application.rb` können grundlegende Einstellungen für Ihre Rails-Applikation vorgenommen werden. Einige Einstellungen sind standardmäßig durch Kommentare deaktiviert. Sie können diese aktivieren und anpassen, indem Sie das Kommentarzeichen # entfernen.

Zeitzone

Sie können die Standardzeitzone Ihrer Rails-Applikation einstellen, indem Sie die Zeile `config.time_zone = 'Central Time (US & Canada)'` einkommentieren und Ihre gewünschte Zeitzone einsetzen. Eine Liste der Zeitzonen erhalten Sie mit dem Rake-Task `rake time:zones:all`. Für Deutschland steht die Zeitzone Berlin zur Verfügung:

```
config.time_zone = 'Berlin'
```

Listing 7.4 »config/application.rb«

Kommentare lesen!

Es ist empfehlenswert, sich die die Kommentare in der `application.rb` durchzulesen.

7.3.2 Initializers

Anstatt alle Konfigurationen in einer Datei zu verwalten, können sie in sogenannten Initializer-Dateien abgelegt werden, die sich im Verzeichnis `config/initializers` befinden. Alle Dateien in diesem Verzeichnis werden geladen, nachdem das Rails-Framework und die Gems geladen wurden. Standardmäßig befinden sich im Verzeichnis `config/initializers` folgende Dateien:

- **backtrace_silencers.rb**
  In dieser Datei können Sie Ablaufverfolgung (Backtrace genannt) für einzelne Bibliotheken, die Sie verwenden, ausschalten oder die von Rails standardmäßig ausgeschaltete Verfolgung für die Abläufe innerhalb des Frameworks aktivieren, um einem Problem, dass eventuell im Framework selbst seine Ursache haben könnte, auf die Spur zu kommen. Der Backtrace ist ein Report, der im Falle eines Ausnahmefehlers (Exception Error) ausgegeben wird.

- **inflections.rb**
  Eine Konvention in Rails besagt z. B., dass die Verbindung einer Klasse und einer Datenbanktabelle darüber hergestellt wird, dass der Name der Tabelle dem in den Plural gesetzten Namen des Models entspricht. Daher muss Rails selbstständig den Plural bilden können. Im Englischen wird der Plural meist durch ein *s* am Ende des Substantivs gebildet. Die Ausnahmen von dieser Regel wie z. B. *Person* und *People* werden in der Datei `config/initializers/inflections.rb` definiert. Durch im Framework hinterlegte Flexionsregeln weiß Rails, dass die Tabelle eines Models `Person` nicht `persons`, sondern `people` heißt.

- **mime_types.rb**
  Hier können Sie die MIME-Typen angeben, auf welche die Rails-Applikation reagieren soll.

- **secret_token.rb**
  Hier ist der Schlüssel für die Überprüfung der Integrität der signierten Cookies hinterlegt. Rails generiert automatisch einen Schlüssel, wenn ein neues Projekt angelegt wird. Sie können diesen Schlüssel aber ändern. Dabei sollten Sie darauf achten, dass der Schlüssel mindestens 30 Zeichen lang ist und keine regulären Wörter enthält, also am besten aus zufällig gewählten Zeichen besteht. Wenn Sie den Schlüssel ändern, werden alle alten, bereits signierten Cookies ungültig.

- **session_store.rb**
  Hier wird definiert, wo die Session-Informationen gespeichert werden. Standardmäßig ist die Cookie-basierte Speicherung aktiviert. Sehr vertrauliche Informationen sollten aber besser datenbankbasiert gespeichert werden. Eine Anleitung, was Sie in diesem Fall tun müssen, finden Sie am Ende der Datei.

- **wrap_parameters.rb**
  Diese Datei enthält Einstellungen für das JSON-Format.

Einige Gems wie z. B. `Devise` installieren in das Verzeichnis `config/initializers` ihre eigenen Konfigurationsdateien, die Sie an Ihre Bedürfnisse anpassen können.

Eigene Initializer

Sie können aber auch eigene Intializer-Dateien anlegen. Um z. B. Maileinstellungen vorzunehmen, kann die Datei `config/initializers/mail.rb` erstellt werden:

```
ActionMailer::Base.smtp_settings = {
  address:              "smtp.adresse-des-smtp-host.com",
  port:                 587,
  domain:               'www.ihre-domain.com',
  user_name:            '<username>',
  password:             '<password>',
  authentication:       'plain',
  enable_starttls_auto: true
}
```

Listing 7.5 »config/initializers/mail.rb«

Konstanten definieren

Ein weiteres Beispiel zur Nutzung von Initializer-Dateien ist die Definition von Konstanten, die innerhalb der Rails-Applikation genutzt werden. Die Datei könnte in diesem Fall `app_settings.rb` heißen:

```
# Anzahl Hotels, die pro Seite dargestellt werden
HOTELS_PER_LIST = 10

# Betreff-Auswahlliste für Kontaktformular
CONTACTMESSAGE_SUBJECTS = %w{Frage Reklamation Lob Kritik}
```

Listing 7.6 »config/initializers/app_settings.rb«

Der Dateiname der Initializer-Dateien, die Sie selbst erstellen, spielt keine Rolle. Die Datei muss nur die Endung `.rb` haben.

7.3.3 Umgebungseinstellungen

»environments«

In diesem Abschnitt werden Konfigurationsdateien vorgestellt, die in Abhängigkeit von der Umgebung ausgeführt werden, in der die Rails-Applikation gestartet wird. Eine Rails-Applikation wird in einer sogenannten Umgebung (engl. **environment**) ausgeführt. Standardmäßig sieht Rails drei Umgebungen vor:

- **Entwicklungsumgebung (development)**
  Wird für die lokale Entwicklung verwendet.
- **Produktionsumgebung (production)**
  Wird auf dem produktiven System verwendet.
- **Testumgebung (test)**
  Wird verwendet, wenn Tests ausgeführt werden.

Für jede dieser drei Umgebungen befindet sich eine eigene Konfigurationsdatei (`development.rb`, `production.rb` und `test.rb`) im Verzeichnis `config/environments`.

Entwicklungsumgebung (»development«)

»development.rb«

Die Konfigurationsdatei der Entwicklungsumgebung `development.rb` im Verzeichnis `config/environments` wird verwendet, wenn Sie die Rails-Applikation lokal mit `rails server` oder `rails console` starten. Standardmäßig ist sie so konfiguriert, dass die Applikation bei jeder Anfrage neu geladen wird. Das verzögert zwar die Reaktionszeit, hat aber den Vorteil, dass Sie nicht nach jeder Änderung am Code den Server neu starten müssen. Es werden ausführliche Fehlermeldungen mit Codeauszügen angezeigt, und das Caching ist deaktiviert. Innerhalb der Entwicklungsumgebung wird standardmäßig ignoriert, wenn E-Mails aus der Applikation heraus nicht versendet werden können.

Produktionsumgebung (»production«)

»production.rb«

Standardmäßig ist die Konfigurationsdatei der Produktionsumgebung `config/environments/production.rb` so konfiguriert, dass die Applikation nicht bei jeder Anfrage neu geladen wird. Das heißt, die Applikation muss bei jeder Codeänderung neu gestartet werden. Statt ausführlicher Fehlermeldungen werden nur allgemeine Fehlermeldungen ohne Codeauszüge ausgegeben, und das Caching ist aktiviert.

Diese Konfigurationsdatei ist daher für den produktiven Servereinsatz bestimmt. Zu Testzwecken können Sie jedoch auch lokal die produktive

Umgebung verwenden, indem Sie die Applikation mit `rails server -e production` oder `rails console production` starten.

Testumgebung (»test«)

Die Konfigurationsdatei `config/environments/test.rb` dient ausschließlich zum Ausführen der Tests (siehe Kapitel 6 ab Seite 169). Sie werden sie nie in einem anderen Kontext benötigen. Während der Ausführung der Tests wird die Datenbank immer wieder verändert und zurückgesetzt.

»test.rb«

Eigene Umgebungen anlegen

Die drei gezeigten Umgebungen `development`, `production` und `test` sind die Umgebungen, die standardmäßig von Rails erzeugt werden. Aber selbstverständlich können Sie zusätzlich eigene Umgebungen definieren. Eine beliebte zusätzliche Umgebung ist z. B. die `staging`-Umgebung (zu Deutsch: Arbeitsbühne), die dazu dient, die Veröffentlichung der Applikation zu testen.

»staging.rb«

Um eine eigene Umgebung anzulegen, gehen Sie wie folgt vor:

1. **Neue Konfigurationsdatei anlegen**
   Im Verzeichnis `config/environments` legen Sie eine neue Konfigurationsdatei an, die so heißt wie Ihre Umgebung, z. B. `staging.rb`. In dieser Datei nehmen Sie Ihre Konfigurationseinstellungen vor.
2. **Eintrag in database.yml hinzufügen**
   In der Datenbankkonfigurationsdatei `config/database.yml` definieren Sie einen zusätzlichen Bereich für die neue Umgebung, z. B.:

```
staging:
  adapter: sqlite3
  database: db/staging.sqlite3
  timeout: 5000
```

3. **Datenbank generieren**
   Die in der `database.yml` neu definierte Datenbank legen Sie mit dem Befehl `rake db:create RAILS_ENV=staging` an.

Den lokalen Rails-Server starten Sie mit den Umgebungseinstellungen der `staging`-Umgebung mit dem Befehl `rails server -e staging`. Die Konsole in der `staging`-Umgebung können Sie mit dem Befehl `rails console staging` starten.

Server und Konsole

[+]

Defaultumgebung ändern

Standardmäßig wird beim Aufruf von `rails server` oder `rails console` die Entwicklungsumgebung (`development`) geladen. Auf Unix-basierten Systemen können Sie eine Umgebungsvariable setzen, um das zu ändern:

```
export RAILS_ENV = production
```

7.3.4 Datenbankkonfiguration

Beim Generieren eines Rails-Projektes erstellt Rails die Konfigurationsdatei `config/database.yml` mit den Einstellungen für den Datenbankzugriff automatisch. Rails geht standardmäßig von einer SQLite3-Datenbank aus. Wenn Sie einen anderen Datenbankadapter verwenden möchten, können Sie diesen mit dem optionalen Parameter `--database` oder `-d` angeben (siehe Abschnitt 7.1.2 auf Seite 195).

Die Option `--database` müssen Sie jedoch nicht beim Erzeugen des Projektes angeben, da Sie die Konfigurationsdatei `database.yml` jederzeit an einen anderen Datenbankadapter anpassen können.

»database.yml«

Die Konfigurationsdatei `database.yml` liegt im YAML-Format vor. Nach der Generierung des Rails-Projektes ist die Datei wie folgt für SQLite3 konfiguriert:

```
# SQLite version 3.x
#   gem install sqlite3
#
#   Ensure the SQLite 3 gem is defined in your Gemfile
#   gem 'sqlite3'
development:
  adapter: sqlite3
  database: db/development.sqlite3
  pool: 5
  timeout: 5000

# Warning: The database defined as 'test' will be erased and
# re-generated from your development database when you run
# 'rake'.
# Do not set this db to the same as development or production.
test:
  adapter: sqlite3
  database: db/test.sqlite3
  pool: 5
  timeout: 5000
```

```
production:
  adapter: sqlite3
  database: db/production.sqlite3
  pool: 5
  timeout: 5000
```

Listing 7.7 »config/database.yml«

Die Einstellungen in der `database.yml` sind normalerweise in drei Bereiche unterteilt: **Einstellungen**

1. **Development**
   Datenbankeinstellungen für die Entwicklungsumgebung
2. **Test**
   Datenbankeinstellungen für die Testumgebung
3. **Production**
   Datenbankeinstellungen für die Produktionsumgebung

Jede dieser Umgebungen enthält folgende Einstellungsmöglichkeiten:

- **Adapter**
  Datenbanktyp, z. B. `mysql`, `postgresql` oder `sqlite3`
- **Database**
  Name der Datenbank oder bei SQLite der Datenbankdatei
- **Pool**
  Anzahl der wiederverwendbaren Datenbankverbindungen
- **Timeout**
  maximale Dauer für das Warten auf die Freigabe der Datenbank in Millisekunden

Wenn Sie eine MySQL-Datenbank verwenden, sind folgende Einstellungen möglich: **MySQL**

- **Adapter**
  mysql2
- **Encoding**
  der zu verwendende Zeichensatz in der Datenbank (z. B. `utf8`)
- **Reconnect**
  Steht standardmäßig auf `false`. Wenn es auf `true` gesetzt wird, versucht der Client, eine Verbindung neu aufzubauen, wenn er sie verloren hat.

- **Database**
  Name der Datenbank (z. B. `demo1_development`)
- **Pool**
  5
- **Username**
  Benutzername für den Zugriff auf die Datenbank (standardmäßig `root`)
- **Password**
  Passwort für den Zugriff auf die Datenbank (standardmäßig leer)
- **Socket**
  Socket-Datei für MySQL (wird automatisch ermittelt)

Hätten Sie bei der Generierung des Projektes nicht `rails new projektname`, sondern `rails new projektname -d mysql` verwendet, hätte Rails diese Einstellungen automatisch vorgenommen.

Es gibt zwei Arten, wie Rails mit einer MySQL-Datenbank kommuniziert:

- **Über eine Socket-Datei**
  Schnelle Verbindung zur Datenbank, setzt allerdings voraus, dass der Pfad zu der Datei der ist, den MySQL erwartet. Diese Verbindung wird automatisch beim Erzeugen der Applikation in der `database.yml` über den Eintrag `socket:` angelegt.
- **Über das Netzwerk**
  Diese Verbindung ist ein klein wenig langsamer als die Verbindung über die Socket-Datei. Es wird in der `database.yml` ein zusätzlicher Eintrag `host: 127.0.0.1` benötigt, und der `socket`-Eintrag kann entfallen. Auf Windows-basierten Systemen ist diese Konfiguration zu empfehlen. Zusätzlich kann man über den Eintrag `port` den Port angeben. Wenn Sie den Standardport 3306 für MySQL verwenden, können Sie diesen Eintrag aber weglassen.

Bei anderen Datenbanken wie z. B. MySQL wird ein Datenbankserver benötigt, der installiert werden muss.

[!] **Keine Tabulatoren in YAML-Dateien**

Achten Sie beim Bearbeiten der Konfigurationsdatei unbedingt darauf, dass Sie die Einrückung beibehalten und keine Tabulatoren, sondern nur Leerzeichen verwenden.

7.4 Rails-Applikationen ausführen

7.4.1 Lokaler Server

Rails bringt standardmäßig WEBrick als lokalen Server mit, in dem Sie die Applikation starten können: **WEBrick**

```
rails server

=> Booting WEBrick
=> Rails 3.1.3 application starting in development on
   http://0.0.0.0:3000
=> Call with -d to detach
=> Ctrl-C to shutdown server
...
```

Standardmäßig wird beim Aufruf von `rails server` der Port 3000 verwendet. Das heißt, Sie können Ihre Applikation im Browser über die Adresse *http://localhost:3000* erreichen. Mit Hilfe des Parameters `-p` oder `--port` können Sie auch einen anderen Port angeben. Das ist zum Beispiel dann sinnvoll, wenn Sie mehrere Applikationen gleichzeitig starten möchten. **Port**

Innerhalb des Konsolenfensters, in dem Sie den lokalen Server gestartet haben, wird die Logdatei live angezeigt. Das heißt, Sie können genau verfolgen, was gerade passiert. Sie können sehen, welche Seite im Browser aufgerufen wurde und ob es eventuell zu Fehlern kam. Zur Fehleranalyse ist diese Live-Ausgabe der Logdatei sehr gut geeignet. **Log**

Durch Aufruf des Befehls `rails server` wird standardmäßig die Entwicklungsumgebung geladen (siehe Abschnitt 7.3.3 auf Seite 210).

Beendet wird der lokale Server durch die Tastenkombination **Strg**+**C**.

Mehrere lokale Rails-Server mit Pow **[+]**

Im Arbeitsalltag kommt es schon mal vor, dass man im Laufe eines Tages an mehreren Rails-Applikationen arbeitet. Da kann man leicht den Überblick über die gestarteten Rails-Server und die verwendeten Ports verlieren bzw. es ist lästig, immer wieder den Server für eine Applikation zu beenden und eine andere zu starten. Mit dem Mac-OS-X-Tool Pow (*http://pow.cx/*), können mehrere Applikationen lokal gestartet werden, ohne dass diese sich in die Quere kommen. Die Applikationen sind dann lokal unter der Domain `projektname.dev` erreichbar (z. B. *http://demo1.dev*). Das Gem `powder` (*http://git.io/powder*) vereinfacht die Verwendung von Pow zusätzlich.

7.4.2 Rails-Konsole

Mit dem Befehl `rails console` starten Sie die Rails-Konsole. Innerhalb der Rails-Konsole stehen Ihnen alle Klassen Ihrer Applikation zur Verfügung. Das heißt, Sie können hier z. B. auf alle Models Ihrer Applikation zugreifen, um nach ActiveRecord-Objekten zu suchen, sie zu testen oder sie sogar zu verändern.

Produktivumgebung Beim Aufruf von `rails console` wird standardmäßig die Entwicklungsumgebung geladen (siehe Abschnitt 7.3.3 ab Seite 210). Wenn Sie eine andere Umgebung wie etwa die Produktionsumgebung laden wollen, übergeben Sie dem Befehl den Namen der Umgebung:

```
rails console production
```

Sandbox Wenn Sie die Konsole nur zum Testen von ActiveRecord-Objekten nutzen wollen, also sicherstellen wollen, dass Sie keine Werte verändern, können Sie die Konsole mit dem Parameter `-s` oder `--sandbox` aufrufen. Das bewirkt, dass alle Änderungen beim Verlassen der Konsole wieder rückgängig gemacht werden.

Beispiel Um zum Beispiel die Daten des ersten Mitarbeiters aus unserer Beispielapplikation `employees` aus Kapitel 3 ab Seite 47 in der Konsole auszugeben, starten wir zunächst aus dem Projektverzeichnis heraus die Konsole und suchen den ersten Datensatz. Als Rückgabewert wird der Datensatz ausgegeben:

```
rails console

Loading development environment (Rails 3.1.3)
>> employee = Employee.first
  Employee Load (0.2ms)  SELECT "employees".* FROM
  "employees" LIMIT 1
=> #<Employee id: 1, firstname: "Lee", lastname: "Adama",
   birthday: "1960-09-30", email: "lee.adama@railsair.com",
   comment: "Wird auch "Apollo" genannt.",
   created_at: "2011-09-30 06:47:34",
   updated_at: "2011-09-30 06:47:34">
```

Ausgabe formatieren Mit Hilfe der Methode `y` können wir die Ausgabe im YAML-Format formatieren:

```
>> y employee
--- !ruby/object:Employee
attributes:
  id: 1
  firstname: Lee
```

```
lastname: Adama
birthday: "1960-09-30"
email: lee.adama@railsair.com
comment: Wird auch "Apollo" genannt.
created_at: 2011-09-30 06:47:34.190325
updated_at: 2011-09-30 06:47:34.190325
```

Wenn Sie in der Konsole arbeiten, während Sie entwickeln, müssen Sie darauf achten, dass Sie, nachdem Sie Änderungen am Code vorgenommen haben, entweder die Konsole beenden (`exit`) und neu starten oder mit dem Befehl `reload!` die Applikation neu laden. »reload!«

[+]

Schönere Ausgabe mit »awesome_print«

Das Gem `awesome_print` stellt den Befehl `ap` zur Verfügung, mit dem Objekte ausgegeben werden können. Im Gegensatz zum `y`-Befehl werden die Objekte sehr übersichtlich mit Farben dargestellt. Zur Installation des Gems tragen Sie einfach die Zeile `gem 'awesome_print'` ins Gemfile ein und führen danach den Befehl `bundle install` aus.

7.4.3 Logging

Beim Generieren einer Rails-Applikation wird das Verzeichnis `log` angelegt. In diesem Verzeichnis wird eine Protokolldatei angelegt, wenn der Rails-Server oder die Konsole gestartet oder Tests ausgeführt werden.

- log/development.log
- log/production.log
- log/test.log

Rails protokolliert in den Logdateien sehr viele Informationen, wie z. B., welche URL aufgerufen wurde, welcher Controller und welche Action ausgeführt wurden oder welche SQL-Befehle ausgeführt wurden. Es wird immer in die zu der Umgebung gehörende Logdatei geschrieben, in welcher der Server gestartet wurde.

Mit Hilfe des Objektes `logger` können Sie z. B. aus einem Controller oder einem Model heraus auch einen Eintrag in der Logdatei vornehmen. Dazu stehen fünf Methoden zur Verfügung: »logger«

- logger.debug(text)
- logger.info(text)
- logger.warn(text)

- logger.error(text)
- logger.fatal(text)

Standardmäßig werden in der Entwicklungs- und Testumgebung die Ausgaben aller `logger`-Methoden in der Logdatei protokolliert und in der Produktionsumgebung alle außer die der Methode `debug`.

Ein Aufruf könnte beispielsweise wie folgt lauten:

```
logger.debug("User-id = #{user.id}")
```

7.4.4 Debugging

Ein Debugger (wörtl. »Entwanzer«) hilft beim Analysieren von Fehlern (Bugs), indem man in der Applikation einen Haltepunkt (engl. **Breakpoint**) setzt. Trifft die Applikation auf diesen Breakpoint, wird die Applikation angehalten, und man kann in einer Konsole u. a. die Werte der Variablen überprüfen. Mit dem sogenannten **Continue**-Befehl wird die Ausführung der Applikation wieder an der gleichen Stelle fortgesetzt, bis die Applikation gegebenenfalls wieder auf einen Breakpoint stößt.

Installation von »ruby-debug«

»ruby-debug«

Um den Debugger `ruby-debug` einsetzen zu können, müssen Sie das Gem-Paket `ruby-debug19` installieren. Öffnen Sie dazu die Datei `Gemfile`. In diesem Gemfile ist bereits das Gem als Kommentar vorhanden. Sie müssen lediglich das Kommentarzeichen entfernen:

```
gem 'ruby-debug19', :require => 'ruby-debug'
```

Listing 7.8 »Gemfile«

Rufen Sie anschließend `bundle install` auf, damit das fehlende Gem installiert wird.

Breakpoint setzen

»debugger«

Um den Debugger zu nutzen, setzen Sie im Model oder Controller an der Stelle, an der Sie einen Breakpoint setzen wollen, den Befehl `debugger` ein. Im folgenden Beispiel wird der Breakpoint in der `create`-Methode des Employees-Controllers aus unserer Beispielapplikation aus Kapitel 3 ab Seite 47 direkt nach dem Erzeugen des Employee-Objektes gesetzt, um analysieren zu können, welche Attribute das Objekt erhalten hat:

```
def create
  @employee = Employee.new(params[:employee])
  debugger
  ...
end
```

Listing 7.9 »app/controllers/employees_controller.rb«

Server mit Debugger starten

Starten Sie den Debugger gemeinsam mit dem lokalen Server über den Befehl `rails server --debugger` oder kurz `rails s -u`.

Aufruf im Browser

Rufen Sie dann im Browser die Stelle Ihrer Applikation auf, an der Sie den Debugger gesetzt haben. Rufen Sie in unserem Beispiel die URL *http://localhost:3000/employees/new* auf, geben Sie ein Beispiel ein, und klicken Sie auf die Schaltfläche »Create Employee«.

Die Ausführung der betreffenden Action wird beim Erreichen des Debugger-Befehls gestoppt. Im Safari-Browser kann man ganz gut erkennen, dass der Ladebalken in der URL stehen bleibt.

Debugger-Konsole

In dem Konsolenfenster, in dem Sie den Debugger zusammen mit dem lokalen Server gestartet haben, haben Sie jetzt vollen Zugriff auf die zur Zeit zur Verfügung stehenden Objekte. Sie können die Objekte ausgeben (`y @objekt`) oder verändern (`@objekt.name = "neuer_name"`).

Objekte ausgeben

In unserem Beispiel können wir z. B. die Attribute des Objektes `@employee` anzeigen:

```
(rdb:13) y @employee
...
attributes:
  id:
  firstname: Lee
  lastname: Adama
...
```

Listing 7.10 Debugger-Konsole

»params«

Praktisch ist es auch, im Controller die übergebenen Parameter `params` oder die Umgebungsvariablen `env` auszugeben.

```
(rdb:15) y params
...
employee: !map:ActiveSupport::HashWithIndifferentAccess
  firstname: Lee
  lastname: Adama
  birthday(1i): "2011"
  birthday(2i): "6"
  birthday(3i): "23"
  email: ""
  comment: ""
commit: Create Employee
action: create
controller: employees
```

Listing 7.11 Ausgabe von »params« und »env« in der Debugger-Konsole

Ausführung fortsetzen

»continue« Durch Eingabe des Befehls `continue` in der Konsole wird der Code weiter ausgeführt. Der `continue`-Befehl ist ein Befehl des Ruby-Debuggers. Mit der Option `help` können Sie alle verfügbaren Befehle auflisten lassen.

```
help
ruby-debug help v0.11
Type 'help <command-name>' for help on a specific command

Available commands:
backtrace  delete enable help list ps save thread var
...
```

Listing 7.12 Hilfe des Ruby-Debuggers

[+] **Debuggen mit Pry**

Das Gem Pry bietet nützliche Funktionen zum Debuggen, wie z. B. Syntax-Highlighting und Autovervollständigung. Eine kurze Einführung zu Pry finden Sie auf der Webseite *http://devteam.sales-lentz.lu/10minutes/pry.html*.

7.5 Rake-Tasks

Rake ist ein Tool, das in der Softwareentwicklung eingesetzt wird. Es ist in Ruby geschrieben, und die Rake-Files, die äquivalent zu den Make-Files von `make` sind, benutzen die Ruby-Syntax. Rake wurde von Jim Weirich entwickelt.

In Rails sind über 30 Rake-Tasks integriert. Installierte Gems können weitere Rake-Tasks hinzufügen. Im Folgenden werden die Rake-Tasks vorgestellt, die Rails zur Verfügung stellt.

7.5.1 Rake-Tasks ausführen

Rake-Tasks werden aus einem Projektverzeichnis heraus aufgerufen, zum Beispiel:

```
rake db:migrate
```

Bei einigen Rake-Tasks können Parameter mittels Umgebungsvariablen übergeben werden: **Umgebungs-variablen**

```
rake db:migrate VERSION=20110516160347
```

7.5.2 Rake-Tasks im Überblick

Eine Übersicht aller Rake-Tasks erhalten Sie mit `rake --tasks` oder in der kürzeren Schreibweise mit `rake -T`. Durch die Installation von Erweiterungen (Plugins) oder Gems wie z. B.`rspec` kann die Liste auch länger sein, weil diese ihre eigenen Rake-Tasks mitbringen. Die Rake-Tasks für Datenbanken (`rake db:*`) werden ausführlich im Kapitel 8 ab Seite 239 behandelt. **»rake -T«**

Folgende Rake-Tasks sind standardmäßig in einer Rails-Applikation verfügbar:

- **rake about**
  Gibt Umgebungsvariablen der Applikation wie z. B. die verwendete Ruby- oder Rails-Version aus.
- **rake assets:clean**
  Löscht die kompilierten Asset-Dateien.
- **rake assets:precompile**
  Kompiliert Asset-Dateien; wird nur in der Produktivumgebung benötigt.
- **rake db:create**
  Erzeugt die Datenbank, die in `config/database.yml` für die aktuelle Umgebung definiert ist. In der `development`-Umgebung wird auch die Testdatenbank erzeugt. Mit `rake db:create:all` werden alle lokalen Datenbanken erstellt, die in `config/database.yml` definiert sind.

- **rake db:drop**
  Löscht die Datenbank der aktuellen Umgebung. In der `development`-Umgebung wird im Gegensatz zum `create`-Befehl, nur die `development`-Datenbank gelöscht. Mit `rake db:drop:all` werden alle lokalen Datenbanken entfernt, die in `config/database.yml` definiert sind.

- **rake db:fixtures:load**
  Lädt die Fixtures in die Datenbank der aktuellen Entwicklungsumgebung. Wird der optionale Parameter `FIXTURES=x,y` gesetzt, werden explizit nur diese Fixtures geladen. Befinden sich die Fixtures in einem Unterverzeichnis von `test/fixtures`, kann das Verzeichnis mit `FIXTURES_DIR=verzeichnis` übergeben werden. Über den optionalen Parameter `FIXTURES_PATH=pfad/fixtures` kann auch ein alternativer Pfad zu den Fixtures übergeben werden.

- **rake db:migrate**
  Führt die Migration-Skripte im Ordner `db/migrate` aus und ändert die Datenbankstruktur entsprechend. Existiert die Datenbank für die aktuelle Entwicklungsumgebung nicht, wird diese erstellt. Durch Angabe einer bestimmten Migration über den optionalen Parameter `VERSION=x` kann man die Datenbank auf den Stand dieser Version bringen. Übergibt man den optionalen Parameter `VERBOSE=false`, wird der Output des Rake-Tasks unterdrückt.

- **rake db:migrate:status**
  Gibt den aktuellen Migrationsstatus an. Neben dem Status wird die Migration-ID und der Name der Migration ausgegeben.

- **rake db:rollback**
  Es wird die letzte Migration rückgängig gemacht. Die Anzahl der Versionen, um die zurückgegangen werden soll, kann über den optionalen Parameter `STEP=n` angegeben werden.

- **rake db:schema:dump**
  Erstellt das Datenbankschema in der Datei `schema.rb` im Ordner `db`, in der alle Tabellen mit Feldern definiert sind.

- **rake db:schema:load**
  Lädt das Datenbankschema aus der Datei `schema.rb` in die Datenbank. Dabei werden alle Tabellen ersetzt und somit auch Daten gelöscht.

- **rake db:seed**
  Lädt die Startdaten, die in der Datei `db/seeds.rb` definiert sind.

- **rake db:setup**
  Erstellt die Datenbank in der aktuellen Entwicklungsumgebung, lädt die `schema.rb`-Datei und führt die Datei `db/seeds.rb` aus, indem die Rake-Tasks `rake db:create`, `rake db:schema:load` und `rake db:seed` nacheinander ausgeführt werden. Mit `rake db:reset` wird zusätzlich vorher die Datenbank gelöscht, indem die beiden Rake-Tasks `rake db:drop` und `rake db:setup` nacheinander ausgeführt werden.

- **rake db:structure:dump**
  Gibt die Datenbankstruktur in eine SQL-Datei aus.

- **rake db:version**
  Gibt die aktuelle Versionsnummer des Schemas zurück.

- **rake doc:app**
  Generiert die Dokumentation der Applikation im HTML-Format und speichert sie im Verzeichnis `doc/app`. Die Datei `index.html` in diesem Verzeichnis kann im Browser betrachtet werden. Über den optionalen Parameter `TEMPLATE=pfad/zu/template.rb` kann ein eigenes Template angegeben werden, und über den optionalen Parameter `TITLE=eigener_Titel` kann ein eigener Titel für die Dokumentation vergeben werden.

- **rake doc:guides**
  Unter *http://guides.rubyonrails.org/* finden Sie die sogenannten Rails Guides, die Dokumentation zu Ruby on Rails in englischer Sprache. Damit Ihnen die Dokumentation auch offline zur Verfügung steht, können Sie die Rails Guides auch lokal in einem Ihrer Rails-Projekte generieren. Öffnen können Sie die Guides, indem Sie die Datei `index.html` im Verzeichnis `doc/guides` im Browser aufrufen (unter Mac OS X: `open doc/guides/index.html`).

- **rake doc:plugins**
  Generiert die Dokumentation aller Plugins im HTML-Format und speichert sie im Verzeichnis `doc/plugins/name_des_plugins`. Die Datei `index.html` in diesem Verzeichnis kann im Browser betrachtet werden. Auch hier kann über den optionalen Parameter `TEMPLATE=pfad/zu/template.rb` ein eigenes Template verwendet und über den optionalen Parameter `TITLE=eigener_Titel` ein eigener Titel für die Dokumentation vergeben werden.

- **rake doc:rails**
  Mit diesem Rake-Task können Sie lokal die API-Dokumentation von Rails generieren.
- **rake log:clear**
  Leert alle Logfiles im Ordner `/log`.
- **rake middleware**
  Listet die von der Applikation verwendeten Rack Middlewares.
- **rake notes**
  Gibt alle Anmerkungen vom Typ `TODO`, `OPTIMIZE` oder `FIXME` aus. Mit Hilfe der Rake-Tasks `rake notes:todo`, `rake notes:optimize` oder `rake notes:fixme` können die Anmerkungen von nur einem bestimmten Typ ausgegeben werden.
- **rake notes:custom**
  Gibt die Anmerkungen von einem eigenen definierten Typ zurück, der mit dem Parameter `ANNOTATION=Typ` angegeben werden kann.
- **rake rails:template**
  Lädt das über den Parameter `LOCATION=pfad/zum/template` angegebene Applikations-Template.
- **rake rails:update**
  Aktualisiert Konfigurationsdateien und einige andere von Rails generierte Dateien, z. B. die Initializer-Dateien.
- **rake routes**
  Gibt alle Routing-Einträge alphabetisch sortiert nach Controller-Name aus. Mit dem optionalen Parameter `CONTROLLER=controller` kann die Ausgabe auf die Routing-Einträge eines bestimmten Controllers beschränkt werden.
- **rake secret**
  Generiert einen sicheren geheimen Schlüssel. (Wird normalerweise benutzt, um einen sicheren Schlüssel für die Verschlüsselung der Cookie-Sessions zu generieren.)
- **rake stats**
  Gibt Statistiken der Applikation aus, wie z. B. die Gesamtanzahl der Zeilen an Programmiercode oder das Verhältnis von Programmcode zu Testcode.
- **rake test**
  Führt alle Unit- und Functional-Tests aus, indem die Rake-Tasks `rake`

`test:units`, `rake test:functionals` und `rake test:integration` ausgeführt werden. Die drei Tasks können auch einzeln ausgeführt werden. Darüber hinaus stehen die Rake-Tasks `rake test:benchmark`, `rake test:profile` und `rake test:plugins` zur Verfügung, um die Performancetests im Verzeichnis `test/performance` bzw die Plugin-Tests auszuführen. Bei Letzterem kann über den optionalen Parameter `PLUGIN=name` angegeben werden, für welches Plugin die Tests ausgeführt werden sollen.

- **rake test:recent**
  Führt alle Tests aus, die vor Kurzem (max. 10 Min.) geändert wurden.
- **rake test:single TEST=pfad_zu_test_datei**
  Führt nur die angegebene Testdatei aus.
- **rake test:uncommitted**
  Es werden die Tests von noch nicht committet Model- und Controller-Dateien ausgeführt (ist nur möglich, wenn eine Versionsverwaltung wie SVN oder Git genutzt wird).
- **rake time:zones:all**
  Gibt alle Zeitzonen aus. Mit dem optionalen Parameter `OFFSET=+/-Anzahl Stunden` kann man das Ergebnis auf eine bestimmte Zeitverschiebung zur UTC-Zeit einschränken. Um nur die Zeitzonen in den USA auszugeben, kann der Rake-Tasks `rake time:zones:us` ausgeführt werden.
- **rake tmp:clear**
  Löscht alle temporären Dateien im Verzeichnis `tmp`.
- **rake tmp:create**
  Erzeugt die Verzeichnisse `sessions`, `cache`, `sockets` und `pids` im Ordner `tmp`.

7.5.3 Eigene Rake-Tasks erstellen

»lib/tasks«

Es ist auch möglich, eigene Rake-Tasks im Verzeichnis `lib/tasks` zu erstellen. Rake-Tasks können Sie nutzen, um z. B. Daten in Ihre Applikation zu importieren oder sie aus dieser zu exportieren. Den Dateinamen von Rake-Task-Dateien können Sie frei wählen; wichtig ist lediglich die Dateiendung `.rake`.

Um zum Beispiel neue Versicherungstarife in eine Applikation einzulesen, könnte ein Rake-Task wie folgt aussehen:

```
def import_insurances(data)
  data.each do |line|
    title, valid_from, valid_to, baggage_cents,
    cancellation_cents, currency = line.split(",")
    Insurance.create(
      :title => title,
      :valid_from => valid_from,
      :valid_to => valid_to,
      :baggage_cents => baggage_cents,
      :cancellation_cents => cancellation_cents,
      :currency => currency)
  end
end

namespace :import do
  desc "Import new insurances from csv-file"
  task :insurance => :environment do
    if ENV['FILE']  && File.exist?(ENV['FILE'])
      csv_file = ENV['FILE']
      data = File.open(csv_file).map |line| line.chop
      puts "Number of Data to import: #data.size"
      import_insurances(data)
    else
      puts "Set FILE to the csv-files"
    end
  end
end
```

Listing 7.13 »lib/tasks/import.rake«

Der `namespace` dient der Gruppierung mehrerer Rake-Tasks und wird später beim Aufruf dem Namen des Tasks vorangestellt. Mit `desc` können Sie Ihren Rake-Task beschreiben. Diese wird z. B. beim Aufruf von `rake -T` ausgegeben. Im `task`-Block wird der eigentliche Rake-Task definiert.

Aufruf Unseren Rake-Task können Sie wie folgt aufrufen:

```
rake import:insurance FILE=/path/data.csv
```

Die Entwicklung von eigenen Rake-Tasks kann Ihnen helfen, immer wiederkehrende Aufgaben zu automatisieren.

In diesem Tutorial von Jason Seifer finden Sie nützliche Tipps zur Erstellung von Rake-Tasks: *http://jasonseifer.com/2010/04/06/rake-tutorial*

7.6 Versionsverwaltung

Versionsverwaltung wird in der Softwareentwicklung nicht nur zur Versionierung eingesetzt, sondern auch, um den gemeinsamen Zugriff mehrerer Programmierer auf den Quelltext der einzelnen Dateien zu steuern. Das heißt, die Versionsverwaltung erfasst alle Änderungen an den Dateien mit Zeitstempel und Benutzerkennung und verwaltet sie im sogenannten **Repository**. So wird gewährleistet, dass jeder mit dem aktuellen Stand arbeitet, bei Bedarf aber jederzeit auch auf einen älteren Stand zurückgreifen kann.

Die Versionsverwaltung bietet für die Softwareentwicklung folgende Vorteile:

Vorteile

- **Protokollierung der Änderungen**
  Jeder kann jederzeit im Detail nachvollziehen, was geändert wurde, wer für welche Änderung verantwortlich ist und wann die Änderung vorgenommen wurde.
- **Wiederherstellung älterer Versionen**
  Versehentliche Änderungen können wieder rückgängig gemacht werden.
- **Koordinierung des gemeinsamen Zugriffs**
  Beim Update wird kontrolliert, ob es in der lokalen Arbeitskopie eine Version dieser Datei gibt, die noch nicht an das System übertragen und im gleichen Bereich geändert wurde. Wenn ja, macht das System darauf aufmerksam. Diese sogenannten Konflikte müssen manuell gelöst werden.
- **Archivierung von Release-Ständen (Tags)**
  Fertiggestellte Releases können als Gesamtheit archiviert und somit immer wieder geladen werden.
- **Entwicklung mehrerer Entwicklungszweige (Branches)**
  Durch das Auslagern in einen Entwicklungszweig kann gleichzeitig an mehreren Releases gearbeitet werden. Beim Zusammenführen mit der Hauptversion unterstützt das System die Entwickler.

Aufgrund dieser Vorteile sollte man kein Projekt ohne Versionsverwaltung entwickeln – egal, wie klein es auch sein mag.

7.6.1 Ein Rails-Projekt mit Git verwalten

Wir setzen für unsere Projekte die Versionsverwaltung Git ein. Git ist eine verteilte Versionsverwaltung, die im April 2005 von Linus Torvalds entwickelt wurde und als freie Software zur Verfügung steht.

Stellen Sie zunächst sicher, dass Git auf Ihrem System installiert ist (z. B. indem Sie `git --version` ausführen). Nachdem Sie Git installiert haben (Siehe Kapitel 2 ab Seite 33), können Sie relativ einfach ein bereits vorhandenes Projekt damit verwalten:

»git init«

Wechseln Sie in das Projektverzeichnis, z. B. in das unserer Mitarbeiterverwaltung aus Kapitel 3 ab Seite 47, und führen Sie den Befehl `git init` aus:

```
cd employees
git init
```

Sie erhalten folgende Ausgabe:

```
Initialized empty Git repository in ...
```

Das heißt, das Projekt wurde erfolgreich in ein Git-Repository überführt. Und dieses Repository befindet sich inklusive der History auf Ihrer lokalen Maschine.

Kein zentrales Repository

Git benötigt kein zentrales Repository (wie das z. B. bei SVN der Fall ist), sondern man kann es auch ganz einfach auf der lokalen Maschine ohne Anbindung an einen externen Server nutzen.

Mit dem Befehl `git status` können Sie abfragen, welche Dateien verändert wurden und welche Dateien beim nächsten Commit ins Repository übertragen werden.

Wenn Sie aus dem `employees`-Projektverzeichnis heraus den Befehl `git status` aufrufen, erhalten Sie folgende Ausgabe:

```
git status
# On branch master
#
# Initial commit
#
# Untracked files:
#   (use "git add <file>..." to include in what will be
#    committed)
#
# .gitignore
# Gemfile
```

```
# Gemfile.lock
# README
...
nothing added to commit but untracked files present
(use "git add" to track)
```

Das heißt, alle unsere Projektdateien werden als noch nicht versioniert erkannt. Um noch nicht versionierte Inhalte in das Repository übernehmen zu können (commit), müssen die Änderungen zuerst auf die sogenannte Stage übertragen werden. Dazu steht der Befehl `git add` zur Verfügung. Wenn Sie `git add .` (mit einem Punkt) ausführen, wird das gesamte Verzeichnis für den Commit ins Repository vorbereitet. Den Commit selbst führen Sie dann mit dem Befehl `git commit -m 'erster commit'` aus. Jetzt können Sie mit `git log` die letzten Änderungen am Projekt verfolgen. **»commit«**

7.6.2 Ignorieren von Dateien und Verzeichnissen

Temporäre Dateien, Logdateien und Caches sollten nicht ins Repository übernommen werden. Beim Generieren eines Rails-Projektes wird automatisch eine Datei `.gitignore` erstellt (es sei denn, es wird die Option `--skip-git` oder `-G` angegeben). Diese Datei definiert, welche Dateien und Verzeichnisse automatisch ignoriert werden:

```
.bundle
db/*.sqlite3
log/*.log
tmp/
.sass-cache/
```

Listing 7.14 ».gitignore«

Sie können diese Datei auch um eigene Angaben ergänzen.

7.6.3 Git-Befehle

Für alle diejenigen, die bis jetzt noch nicht mit Git gearbeitet haben, möchten wir hier die wichtigsten Git-Befehle kurz vorstellen:

- **git init**
  Initialisiert ein Git-Repository.
- **git status**
  Gibt den Status der lokalen Dateien aus.

- **git pull**
  Aktualisiert das lokale Repository, in dem die neuesten Commits von einem entfernten Git-Server geladen werden.
- **git add**
  Bereitet geänderte oder neue Dateien für den Commit vor.
- **git commit**
  Fügt alle »geaddeten« Dateien dem Repository hinzu. Mit der Option `-m` kann eine Message übergeben werden.
- **git revert HEAD**
  Macht den letzten Commit rückgängig.
- **git push**
  Überträgt die Commits auf einen Git-Server.
- **git log**
  Gibt das Log der Commits aus.

Unter *http://progit.org/book/de/* finden Sie die kostenlose Onlineversion des Buches »Pro Git«. Das Projekt wird in einem Git-Repository auf GitHub (siehe nächster Abschnitt) gehostet und von der Community in mehrere Sprachen übersetzt (*https://github.com/progit/progit*).

7.6.4 GitHub

GitHub (*https://github.com/*) ist ein Hosting-Dienst für Projekte, die Git als Versionsverwaltung benutzen. Mit Hilfe von GitHub können Projekte sehr einfach in verteilten Teams verwaltet werden.

Kostenloser Account

Als Entwickler können Sie sich kostenlos einen GitHub-Account anlegen. Öffentliche Projekte können auch kostenlos auf GitHub verwaltet werden. Nachdem Sie einen User-Account erstellt haben, können Sie ein neues Repository auf GitHub anlegen. Um ein bestehendes Projekt in das GitHub-Repository einzuchecken oder das GitHub-Repository auszuchecken, benötigen Sie die sogenannte `clone`-URL, die Ihnen auf der Startseite zu Ihrem GitHub-Repository angezeigt wird. Die `clone`-URL ist wie folgt aufgebaut:

```
git@github.com:benutzername/projektname.git
```

Ein bestehendes Rails-Projekt wie z. B. unsere Mitarbeiterverwaltung können Sie dann wie folgt in das GitHub-Repository übernehmen:

```
git remote add origin git@github.com:ajnato/employees.git
git push origin master
```

Als Mac-User können Sie auch die GitHub-Client-App installieren, um mit GitHub zu arbeiten. Mehr Informationen erhalten Sie hier: *http://mac.github.com/*

Rails mitentwickeln [«]

Auch der Rails-Quellcode wird mit Git verwaltet und auf GitHub als öffentliches Repository gehostet (*http://github.com/rails/rails*). Das heißt, jeder kann an Rails mitentwickeln. Auch Hussein Morsy hat das schon gemacht: *https://github.com/rails/rails/commits/master?author=HusseinMorsy*

7.7 Generatoren

Generatoren helfen dem Entwickler bei der Erstellung von Applikationen, indem sie Code generieren. Somit kann meist auch die Entwicklungszeit verkürzt werden. Es ist auch möglich, eigene Generatoren zu erstellen.

7.7.1 Verwendung

Mit dem Befehl `rails generate` oder kurz `rails g` erhalten Sie eine Übersicht aller Generatoren.

Beschreibung aufrufen

Um eine Beschreibung zu einem Generator zu sehen, geben Sie `rails generate`, gefolgt vom Namen des Generators an. Um z. B. die Beschreibung zum Controller-Generator aufzurufen, geben Sie `rails generate controller` ein:

```
rails generate controller
...
Rails:
  assets
  controller
  generator
  helper
  integration_test
  mailer
  migration
  model
  observer
  ...
```

7.7.2 Übersicht aller Generatoren

Folgende Generatoren werden mit Rails ausgeliefert:

- **Assets**
  Der Generator legt eine JavaScript- und eine Stylesheet-Datei im Verzeichnis `app/assets/javascripts` bzw. `app/assets/stylesheets` an. Den Namen für die Dateien übergeben Sie entweder im CamelCase-Format oder durch Unterstriche getrennt:

  ```
  rails generate assets BusConnections
  rails generate assets bus_connections
  ```

  Um Asset-Dateien in einem Unterverzeichnis anzulegen, können Sie den Namen des Verzeichnisses und den Namen für die Dateien als Pfad übergeben:

  ```
  rails generate assets admin/BusConnections
  rails generate assets admin/bus_connections
  ```

  Wenn CoffeeScript in der Applikation eingesetzt wird, werden die JavaScripts mit der Dateiendung `.coffee` erstellt. Wenn Sass verwendet wird, werden die Stylesheets mit der Dateiendung `.scss` angelegt.

- **Controller**
  Controller dienen der Interaktion zwischen dem Benutzer und der Rails-Applikation. Der Generator erstellt eine Controller-Klasse im Verzeichnis `app/controllers`, den dazugehörigen funktionalen Test im Verzeichnis `test/functional`, eine Hilfsklasse für die Views im Verzeichnis `app/helpers`, die Asset-Dateien in den Verzeichnissen `app/assets/javascripts` und `app/assets/stylesheets` und die Views im Verzeichnis `app/views` sowie die Routing-Einträge, um per `GET`-Methode zugreifen zu können, wenn Views angegeben wurden. Der erste Parameter gibt den Namen des Controllers an (im CamelCase-Format oder durch Unterstriche getrennt). Danach folgen optional die Views:

  ```
  rails generate controller SpecialGuests index show
  rails generate controller special_guests index show
  ```

  Um einen Controller innerhalb eines Moduls zu generieren, geben Sie den Modulnamen und dann den Namen des Controllers (beide entweder im CamelCase-Format oder durch Unterstriche getrennt) als Pfad an:

  ```
  rails generate controller admin/SpecialGuests index show
  rails generate controller admin/special_guests index show
  ```

- **Generator**
  Mit Hilfe dieses Generators können Sie einen eigenen, neuen Generator im Verzeichnis `lib/generators` erstellen. Den Namen für den Generator übergeben Sie entweder im CamelCase-Format oder durch Unterstriche getrennt:
  ```
  rails generate generator CoolStuff
  rails generate generator cool_stuff
  ```
  Es wird das Verzeichnis `lib/generators/cool_stuff` und darin die Dateien `cool_stuff_generator.rb` und `USAGE` sowie das Unterverzeichnis `templates` angelegt.

- **Helper**
  Dieser Generator erstellt eine Helper-Datei im Verzeichnis `app/helpers` und die zugehörige Testdatei im Verzeichnis `test/unit/helpers`. Den Namen des Helpers können Sie entweder im CamelCase-Format oder durch Unterstriche getrennt übergeben:
  ```
  rails generate helper DoSomething
  rails generate helper do_something
  ```
  Um einen Helper innerhalb eines Moduls zu generieren, geben Sie den Modulnamen und dann den Namen des Helpers (beide entweder im CamelCase-Format oder durch Unterstriche getrennt) als Pfad an:
  ```
  rails generate helper admin/DoSomething
  rails generate helper admin/do_something
  ```

- **Integration_test**
  Hiermit wird ein Integrationstest im Verzeichnis `test/integration` generiert. Ein Integrationstest dient zur Prüfung der Funktionsfähigkeit der Applikation.
  ```
  rails generate integration_test Booking
  ```
  Auf Wunsch können Sie Optionen übergeben, um z. B. festzulegen, welches Test-Framework dem Integrationstest zugrunde liegen soll. Standardmäßig ist das `test_unit`. Eine Liste aller möglichen Optionen erhalten Sie, wenn Sie `rails generate integration_test` aufrufen.

- **Mailer**
  Setzen Sie diesen Generator ein, wenn Sie aus Ihrer Rails-Applikation heraus E-Mails versenden möchten (siehe Kapitel 12 ab Seite 447). Es werden neben der Mailer-Klasse im Verzeichnis `app/mailers` Tests im Verzeichnis `test/functional` mit Testdaten (Fixtures) im Verzeichnis `test/fixtures` und optional auch die E-Mail-Templates `app/views` generiert. Der erste Parameter gibt den Namen des Controllers an (im

CamelCase-Format oder durch Unterstriche getrennt). Danach folgen optional die E-Mails:

```
rails generate mailer ContactMessageMailer confirm
rails generate mailer contact_message_mailer confirm
```

- **Migration**
  Dieser Generator erzeugt eine Datenbank-Migration-Datei im Verzeichnis `db/migrate`. Verwenden Sie diesen Generator, um Änderungen an Ihrer Datenbankstruktur vorzunehmen, also z. B. Felder zu einer Datenbanktabelle hinzuzufügen. Migrationen verwenden Sie auch, um die Tabellen zu erstellen. Für diesen Zweck ist jedoch der Model-Generator besser geeignet.

  ```
  rails generate migration AddPriceToReservation
  rails generate migration add_price_to_reservation
  ```

- **Model**
  Um in Ihrer Rails-Applikation auf eine Datenbanktabelle zugreifen zu können, benötigen Sie eine Model-Klasse. Dieser Generator erzeugt neben der Model-Klasse im Verzeichnis `app/models` mit den zugehörigen Tests in `test/unit` und Testdaten im Verzeichnis `test/fixtures` auch eine Datenbank-Migration-Datei für die Erstellung der Datenbanktabelle. Geben Sie den Namen des Models an. Optional können Sie auch schon die Felder mit den dazugehörigen Datentypen definieren:

  ```
  rails generate model Guest fname:string lname:string
  ```

- **Observer**
  Es wird eine Observer-Klasse im Verzeichnis `app/models` und ein zugehöriger Test im Verzeichnis `test/unit` angelegt:

  ```
  rails generate observer Reservation
  ```

- **Performance_test**
  Legt im Verzeichnis `test/performance` eine Datei an, in der Methoden für die Performancetests der Applikation definiert werden können. Der Name der Testdatei wird als erster Parameter übergeben. Nachfolgend können weitere Optionen übergeben werden. Beispielsweise bestimmt `--performance-tool`, welches Test-Framework genutzt werden soll. Standardmäßig ist das `test_unit`. Eine Liste der zur Verfügung stehenden Optionen können Sie mit `rails generate performance_test` abfragen.

  ```
  rails generate performance_test booking
  ```

- **Plugin**
  Setzen Sie diesen Generator ein, wenn Sie eine eigene Erweiterung erstellen möchten. Der Generator erstellt ein neues Plugin im Verzeichnis `vendor/plugins` mit einer `init.rb`, Dateien zum Installieren und Deinstallieren des Plugins, ein Rakefile, eine MIT-Lizenz und eine Datei namens `README`. Zusätzlich werden die Verzeichnisse `lib` und `test` angelegt. Als Parameter erwartet der Generator den Namen des Plugins im CamelCase-Format oder durch Unterstriche getrennt. Zusätzlich stehen Optionen zur Verfügung. Eine Liste der möglichen Optionen können Sie mit `rails generate plugin` abfragen.

  ```
  rails generate plugin MeinPlugin
  rails generate plugin mein_plugin
  ```

- **Resource**
  Diesen Generator können Sie nutzen, um eine Ressource zu erzeugen. Es werden ein leeres Model, ein leerer Controller, Asset- und Helper-Dateien sowie die Unit-, Functional- und Helper-Testklassen und die Fixtures generiert. Der dazugehörige `resources`-Eintrag in der Datei `config/routes.rb` wird auch vorgenommen. Der Resource-Generator erzeugt keine Methoden im Controller und auch nicht die dazugehörigen Views. Das übernimmt der Scaffold-Generator. Als Parameter erwartet der Resource-Generator den Namen des Models im Singular und eine optionale Liste von `Spaltenname:sql_type`-Paaren. Werden diese angegeben, werden die entsprechenden Felder in der Migration angelegt. Die Felder `created_at` und `updated_at` werden automatisch angelegt. Eine Liste der zur Verfügung stehenden Optionen können Sie mit `rails generate resource` abfragen.

  ```
  rails generate resource person name:string
  ```

- **Scaffold**
  Dieser Generator erzeugt alle erforderlichen Dateien mit allen erforderlichen Inhalten, um sofort eine Ressource nutzen zu können. Es werden das Model, die Migration-Datei, der Controller mit den CRUD-Actions, die dazugehörigen Views, Helper- und Asset-Dateien sowie die fertigen Testklassen generiert. Der erforderliche `resources`-Eintrag in der Datei `config/routes.rb` wird auch automatisch vorgenommen. Als erster Parameter wird der Name des Models im Singular erwartet. Optional können Sie eine Liste von `Spaltenname:sql_type`-Paaren übergeben. Werden diese angegeben, werden die entsprechenden Felder in der Migration angelegt. Die Felder `created_at` und `updated_at` werden automatisch angelegt. Eine Liste der zur Verfügung stehenden

Optionen können Sie mit `rails generate scaffold` abfragen.

```
rails generate scaffold post message:text
```

- **Scaffold_controller**
  Erzeugt einen Ressourcen-Controller mit den CRUD-Actions, die dazugehörigen Views, Helper und die fertigen Testklassen. Als erster Parameter wird der Name des Models im Singular erwartet (entweder im CamelCase-Format oder durch Unterstriche getrennt). Der Generator setzt den Controller-Namen automatisch in den Plural.

  ```
  rails generate scaffold_controller BusConnection
  rails generate scaffold_controller bus_connection
  ```

  Um einen Controller innerhalb eines Moduls zu generieren, geben Sie den Modulnamen und dann den Namen des Models (beide entweder im CamelCase-Format oder durch Unterstriche getrennt) als Pfad an:

  ```
  rails generate scaffold_controller admin/BusConnection
  rails generate scaffold_controller admin/bus_connection
  ```

- **Session_migration**
  Mit diesem Generator erstellen Sie eine Migration, um die Tabelle `sessions` für das Session-Management anzulegen. Der Generator erwartet keine weiteren Parameter:

  ```
  rails generate session_migration
  ```

- **coffee:assets**
  Dieser Generator erzeugt eine CoffeeScript-Datei im Verzeichnis `app/assets/javascripts`. Als Parameter erwartet der Generator den Namen der Datei. Eine Liste der zur Verfügung stehenden Optionen können Sie mit `rails generate coffee:assets` abfragen.

  ```
  rails generate coffee:assets messages
  ```

- **js:assets**
  Dieser Generator erzeugt eine JavaScript-Datei im Verzeichnis `app/assets/javascripts`. Als Parameter erwartet der Generator den Namen der Datei. Eine Liste der zur Verfügung stehenden Optionen können Sie mit `rails generate js:assets` abfragen.

  ```
  rails generate js:assets messages
  ```

Je nachdem welche Gems Sie zusätzlich installiert haben, stehen noch weitere Generatoren zur Verfügung. Diese Generatoren werden auch mit dem Befehl `rake generate` gelistet.

7.7.3 Rückgängig machen

»rails destroy«

Die generierten Skripte können mit dem Befehl `rails destroy` rückgängig gemacht werden. Verwenden Sie dabei die gleichen Parameter wie beim Generieren mit `rails generate`.

```
rails destroy controller SpecialGuests index show edit

      remove  app/controllers/special_guests_controller.rb
      route  get "special_guests/show"
      route  get "special_guests/index"
      invoke  erb
      remove    app/views/special_guests
      remove    app/views/special_guests/index.html.erb
      remove    app/views/special_guests/show.html.erb
      ...
```

7.7.4 Generatoren konfigurieren

Wie wir in der Liste der von Rails gelieferten Generatoren gesehen haben, hat fast jeder Generator Optionen, mit denen einzelne Einstellungen gesetzt bzw. Standardwerte pro Aufruf verändert werden können. Zum Beispiel kann das zu verwendende Test-Framework oder das Template-System ausgetauscht werden.

Die zur Verfügung stehenden Optionen inklusive der verwendeten Standardwerte für einen Generator können Sie mit `rails generate name-des-generators` abfragen, z. B. so:

```
rails generate scaffold
Usage:
rails generate scaffold NAME [field:type field:type] [options]
...
```

Aber was ist, wenn Sie die Standardwerte dauerhaft verändern möchten? Wenn Sie z. B. immer RSpec statt TestUnit als Test-Framework oder immer Haml anstelle von ERB-Templates verwenden möchten? Die dazu erforderlichen Einstellungen nehmen Sie in der Datei `config/application.rb` vor.

Um z. B. RSpec als Test-Framework und Haml als Template-System zu verwenden, können die Generatoren wie folgt in der Datei `config/application.rb` konfiguriert werden:

```
config.generators do |g|
  g.template_engine :haml
  g.test_framework  :rspec
end
```

Listing 7.15 »config/application.rb«

Aber das ist noch nicht alles. Sie können auch bestimmen, ob Sie statt ActiveRecord z. B. DataMapper als ORM nutzen oder ob Fixtures verwendet werden sollen oder nicht, und wenn ja, welche. Außerdem können Sie einstellen, ob Stylesheet-Dateien erstellt werden sollen oder nicht:

```
config.generators do |g|
  g.template_engine     :haml
  g.test_framework      :rspec, fixture: true, views: false
  g.fixture_replacement :factory_girl, dir: "spec/factories"
  g.stylesheets         :false
  g.orm                 :datamapper
end
```

Listing 7.16 »config/application.rb«

Die erforderlichen Gems müssen natürlich noch zum `Gemfile` hinzugefügt und mit `bundle isntall` installiert werden.

Dieses Kapitel stellt ActiveRecord vor und zeigt, wie man Daten aus einer Datenbank wie Objekte behandelt.

8 Datenbankzugriff mit ActiveRecord

Domain Specific Language

ActiveRecord ist ein Framework, das als Domain-spezifische Programmiersprache (Domain Specific Language, DSL), d. h., als problemorientierte Programmiersprache, die nur einen bestimmten fachlichen Bereich unterstützt, den objektorientierten Zugriff auf relationale Datenbanksysteme wie MySQL, PostgreSQL, Oracle usw. steuert. Da es sich um ein eigenes Framework handelt, können Sie ActiveRecord auch außerhalb von Rails nutzen, aber dazu später mehr.

8.1 Einführung

Entwurfsmuster

Den Begriff ActiveRecord hat Martin Fowler in seinem Buch »Patterns für Enterprise Application-Architekturen« für die Benennung eines Entwurfsmusters (Design Pattern) zur Abbildung von objektorientierten Daten auf relationale Daten und umgekehrt verwendet.

Martin Fowler hält das ActiveRecord-Framework in Rails für die beste Implementierung des Entwurfsmusters. Nach seiner Definition ist ActiveRecord Folgendes: ein Objekt, das eine Zeile in einer Datenbanktabelle oder in einer Sicht umhüllt, die Datenbankzugriffe kapselt und Domainlogik zu diesen Daten hinzufügt. Das hört sich etwas kompliziert an, ist aber im Prinzip ganz einfach.

Abbildung 8.1 Model-View-Controller Entwurfsmuster

Models

Angenommen, wir haben eine Datenbank mit den Tabellen `products` und `clients` zur Verwaltung von Produkten und Kunden. Zu jeder Tabelle gibt es jeweils eine entsprechende ActiveRecord-Klasse, die Models. Die Models sind für die Datenbankoperationen zuständig. In unserem Fall heißen die beiden Models `Product` und `Client`. Nach einer Konvention in Rails werden Tabellennamen mit Kleinbuchstaben und im Plural benannt und die Klassennamen im Singular mit einem führenden Großbuchstaben.

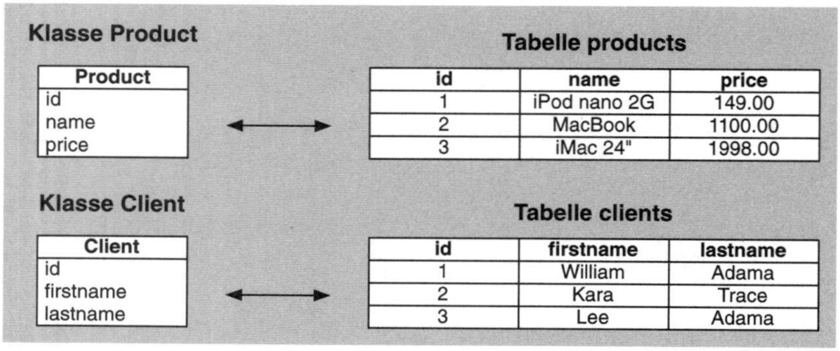

Abbildung 8.2 Jede Klasse entspricht einer Tabelle.

Jede Zeile in der Tabelle `products` wird durch ein Objekt bzw. eine Instanz der ActiveRecord-Klasse `Product` repräsentiert.

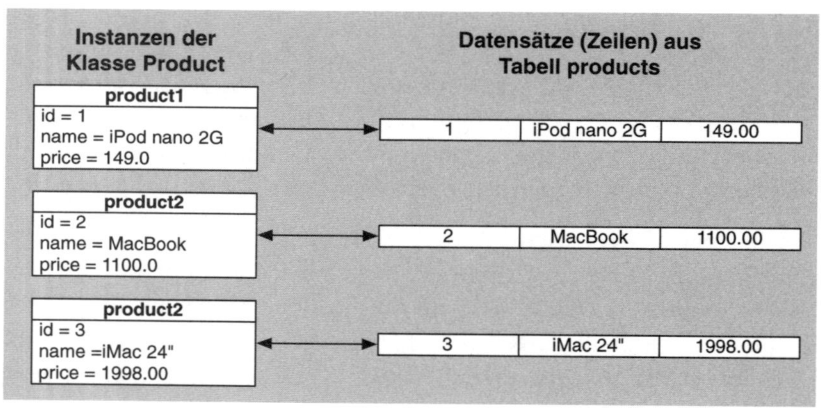

Abbildung 8.3 Jedes Objekt entspricht einer Zeile.

Klassenmethoden

Jede ActiveRecord-Klasse besitzt u. a. folgende (Klassen-)Methoden:

- **new(...)**
  Erzeugt ein neues ActiveRecord-Objekt (wird nicht gespeichert).
- **create(...)**
  Dient zum Erzeugen eines ActiveRecord-Objektes und anschließendem Speichern in der Datenbank.

- **find(2)**
  Mit Angabe einer ID wird der Datensatz mit dieser ID als Active-Record-Objekt zurückgeliefert.

- **where(...) und order(...)**
  Dient zum Suchen von Daten und Sortieren von Daten.

Es ist auch möglich, eigene Methoden hinzuzufügen, wie z. B. eine Methode `best_offer`, die das günstigste Produkt aus der Produkttabelle zurückliefert.

Jedes ActiveRecord-Objekt besitzt mindestens folgende Operationen:

1. **save**
   zum Speichern eines Objektes in der Datenbank
2. **update**
   zum Ändern von allen oder einzelnen Attributen des Objektes
3. **destory, delete**
   zum Löschen eines Objektes

8.1.1 Vor- und Nachteile

Interessante Funktion

ActiveRecord bietet folgende sehr interessante Funktionen an:

- **Validierung**
  Zu jedem Attribut kann man Validierungsregeln angeben, die festlegen, welchen Kriterien das Attribut entsprechen muss. Zum Beispiel kann man vorgeben, welche Attribute einen Wert haben müssen oder dass nur positive Zahlen erlaubt sind. Erst wenn alle Validierungsregeln erfüllt sind, kann das Objekt in der Datenbank gespeichert werden.

- **Filter**
  Filter wie `before_filter` und `after_filter` erlauben dem Entwickler, bestimmte Befehle vor oder nach dem Speichern eines Objektes durchzuführen. Zum Beispiel kann vor dem Speichern ein Feld automatisch aktualisiert werden.

- **Assoziation bzw. Relationen**
  Auf sehr einfache Weise können Relationen, wie z. B. 1:n-Relationen, n:m-Relationen usw. zwischen den Model-Klassen abgebildet werden.

- **Migrationen**
  Mit Migrationen ist es möglich, die Tabellenstruktur in Ruby zu be-

schreiben und auch Änderungen vorzunehmen wie z. B. das Hinzufügen oder Löschen von Spalten.

- **Automatische Attribute**
  Wenn sich in der Tabelle die Felder `created_at` (oder `created_on`) und `updated_at` (oder `updated_on`) vom Datentyp `DateTime` befinden, werden sie automatisch aktualisiert.
- **Single Table Inheritance**
  ActiveRecord unterstützt auch das Vererben von Models mit der Technik Single Table Inheritance.
- **Transaktionen**
  Eine Transaktion gewährleistet, dass eine Gruppe von Datenbankoperationen gemeinsam ausgeführt wird, oder eben nicht, falls eine Operation scheitert.

Solange man sich auf Schienen bewegt, d. h., die Konvention von ActiveRecord beachtet, ist der Einsatz von ActiveRecord relativ leicht. Abweichungen von dem Standard sind meist nicht leicht umzusetzen. Folgendes wird in ActiveRecord nicht direkt unterstützt bzw. ist nicht so leicht zu realisieren:

- Stored Procedures
- Views
- zusammengesetzte IDs
- Abweichung von der Namenskonvention (nur eingeschränkt)

8.1.2 Unterstützte Datenbanksysteme

Relationale Datenbanksysteme

Rails unterstützt die folgenden relationalen Datenbanksysteme (Relational Database Management Systems):

- **MySQL**
  Ist das meistverwendete Open-Source-Datenbanksystem von Oracle.
- **PostgreSQL**
  Ist ein beliebtes Open-Source-Datenbanksystem, das sehr viele Standards unterstützt.
- **SQLite**
  Kommt ohne Datenbankserver aus. Es ist nur für kleine Applikationen oder Applikationen mit mehr Lese- als Schreibzugriffen geeignet.

- **Oracle**
  Ist das leistungsfähige, kommerzielle Datenbanksystem von Oracle.
- **Frontbase**
  Ist ein kommerzielles Datenbanksystem.
- **DB2**
  Ist ein kommerzielles Datenbanksystem von IBM.

8.1.3 Erstellen und Löschen von Datenbanken

Konfiguration

Bevor Sie die Datenbank erstellen, sollten Sie einen Blick in die Datenbankkonfigurationsdatei `database.yml` im `config`-Verzeichnis werfen (siehe Abschnitt 7.3.4 auf Seite 212).

Erstellen und Entfernen

Mit den folgenden Rake-Tasks können auf einfache Weise Datenbanken erstellt und entfernt werden.

- **rake db:create**
  Erzeugt die Datenbank, die in `config/database.yml` für die aktuelle Umgebung definiert ist. Dies ist standardmäßig die Datenbank, die unter `development` vorgegeben ist. Die aktuelle Umgebung kann mit der Umgebungsvariablen `RAILS_ENV` festgelegt werden. Mit dem Befehl `rake db:create RAILS_ENV=production` kann z. B. die Produktionsdatenbank erstellt werden.
- **rake db:create:all**
  Erzeugt lokal alle Datenbanken, die in `config/database.yml` definiert sind.
- **rake db:drop**
  Löscht die Datenbank der aktuellen Umgebung.
- **rake db:drop:all**
  Löscht alle lokalen Datenbanken, die in `config/database.yml` definiert sind.
- **db:setup**
  Erzeugt eine neue Datenbank, erstellt alle Tabellen anhand der Schema-Datei und lädt anschließend die Daten (falls vorhanden) aus `db/seeds.rb`.
- **rake db:reset**
  Dieser Rake-Task macht das Gleiche wie `rake db:setup`, jedoch mit dem Unterschied, dass die Datenbank vorher gelöscht wird.

Zeichensatz und Sortierreihenfolge

Mit den folgenden Rake-Tasks kann man den verwendeten Zeichensatz und die Sortierreihenfolge abfragen:

- **rake db:charset**
  Gibt den verwendeten Zeichensatz der Datenbank aus, z. B. `utf8`.
- **rake db:collation**
  Gibt die verwendete Kollation der Datenbank aus. Die Kollation gibt an, wie sortiert werden soll, z. B., ob der Buchstabe `Ö` nach dem `O` sortiert wird (Beispiel: `utf8_general_ci`).

8.1.4 Ein erstes Beispiel

Wir werden im Folgenden ein kleines Beispielprojekt erstellen, um die grundlegende Funktionsweise von ActiveRecord zu erklären. Dabei werden wir zunächst keine Generatoren verwenden, sondern alles manuell erstellen, damit Sie die Funktionsweise besser nachvollziehen können. In der Praxis sollten Sie jedoch Generatoren einsetzen.

SQLite

Als Datenbanksystem setzen wir für die folgenden Beispiele SQLite ein, was standardmäßig in Rails verwendet wird. Sie können über die Option `--database` beim Generieren des Rails-Projektes auch ein anderes Datenbanksystem angeben (siehe Abschnitt 7.1.2 auf Seite 195).

Projekt generieren

Zunächst erstellen wir ein neues Beispielprojekt `activerecord_bsp1` ohne Test- und jQuery-Dateien, da wir diese für die folgenden Übungen nicht benötigen. Anschließend wechseln wir in das Projektverzeichnis.

```
rails new activerecord_bsp1 --skip-test-unit --skip-javascript

cd activerecord_bsp1
```

»database.yml«

Beim Generieren des Projektes wurde u. a. die Datenbankkonfigurationsdatei `config/database.yml` automatisch erzeugt. Dieser Datei können Sie die Namen der erwarteten Datenbanken entnehmen.

```
...
development:
  adapter: sqlite3
  database: db/development.sqlite3
  pool: 5
  timeout: 5000
...
```

```
test:
  adapter: sqlite3
  database: db/test.sqlite3
  pool: 5
  timeout: 5000

production:
  adapter: sqlite3
  database: db/production.sqlite3
  pool: 5
  timeout: 5000
```

Für uns ist zunächst nur die Umgebung `development` relevant.

Datenbank erstellen

»rake db:create«

Anschließend erstellen wir mit `rake db:create` eine Datenbank. Im Falle von SQLite wird die Datenbankdatei `development.sqlite3` im Verzeichnis `db` erstellt. Bei anderen Datenbanksystemen wird entsprechend auf dem Datenbankserver die Datenbank erstellt.

Model erstellen

Wir legen nun die ActiveRecord-Klasse `Product` an. Dazu erstellen wir die Datei `product.rb` im Verzeichnis `app/models` mit folgendem Inhalt:

```
class Product < ActiveRecord::Base
end
```

Die Klasse `Product` scheint über keine Methoden zu verfügen, da sie aber von der Klasse `Base` innerhalb des Moduls `ActiveRecord` erbt, stehen ihr alle Methoden der Klasse `Base` zur Verfügung. ActiveRecord analysiert beim Laden der Klasse, welche Felder die Tabelle `products` enthält, und generiert dynamisch die Methoden (Accessoren), um auf die Felder zugreifen zu können. Das ist zum Beispiel die Methode `price`, mit der der Preis eines `Product`-Objektes abgefragt werden kann.

8.1.5 Tabelle erstellen

Nachdem wir die Datenbank und die Model-Klasse erstellt haben, müssen wir nun die zugehörige Datenbanktabelle `products` anlegen.

Konvention

Wir haben nirgendwo definiert, dass sich die Klasse `Product` auf die Tabelle `products` bezieht – müssen wir auch nicht. Rails folgt der Konvention, dass Datenbanktabellen nach den zugehörigen Klassen im Plural benannt werden.

Die Tabelle `products` soll folgende Felder besitzen:

1. **Id**
   Primärschlüssel der Tabelle vom Typ `ingeger`
2. **Name**
   Name des Produktes vom Typ `string`
3. **Price**
   Preis des Produktes vom Typ `decimal` mit sechs Stellen vor dem Komma und zwei Stellen nach dem Komma
4. **Enabled**
   Dieses Feld gibt an, ob das Produkt freigegeben ist oder nicht, und ist deshalb vom Typ `boolean`. Der Standardwert soll `true` sein.
5. **Created_at**
   Erstellungsdatum des Datensatzes vom Typ `datetime`
6. **Updated_at**
   Änderungsdatum des Datensatzes vom Typ `datetime`

Migration

Zum Anlegen der Tabelle werden wir eine Migration-Datei erstellen, in der die Tabellenstruktur per Ruby-Code definiert wird. Für die Erstellung einer Migration stellt Rails den Migration-Generator zur Verfügung. Wir werden die Datei jedoch von Hand erstellen, indem wir im Verzeichnis `db` das Unterverzeichnis `migrate` erzeugen und die Datei `20110930_create_products.rb` darin erstellen. Der Name der Migration muss mit einer Zahl beginnen, gefolgt von einem Namen, der die Migration beschreibt. Als Zahl wird in Rails der Zeitstempel (Datum und Uhrzeit) zum Zeitpunkt der Erstellung der Datei verwendet. Wir verwenden hier einfach nur das Datum. Bei Verwendung eines Generators (siehe Abschnitt 8.2 auf Seite 249) wird der Dateiname der Migration automatisch erstellt. Wir legen die folgende Tabellenstruktur fest:

```
class CreateProducts < ActiveRecord::Migration
  def change
    create_table :products do |t|
      t.string :name
      t.decimal :price, precision: 8, scale: 2
      t.boolean :enabled, default: true
      t.timestamps
    end
  end
end
```

Listing 8.1 »20110930_create_products.rb«

Primärschlüssel

Das ID-Feld wird von ActiveRecord automatisch als Primärschlüssel vom Typ `integer` angelegt, weshalb es nicht in der Migration definiert werden muss.

»timestamps«

Der Befehl `timestamps` erzeugt die Felder `created_at` und `updated_at` vom Datentyp `datetime`.

Die Migration wird mit folgendem Befehl aus dem Projektverzeichnis heraus ausgeführt:

```
rake db:migrate

==  CreateProducts: migrating ==========================
-- create_table(:products)
   -> 0.0163s
==  CreateProducts: migrated (0.0164s) =================
```

Listing 8.2 Migration ausführen

Testen in der Konsole

Der Umgang mit ActiveRecord kann spielerisch in der Rails-Konsole erlernt werden. Führen Sie dazu auf der Kommandozeile `rails console` aus. In der Rails-Konsole können wir die neue ActiveRecord-Klasse nutzen, um z. B. die Anzahl der Produkte abzufragen:

```
>> Product.count
  SQL (0.1ms)  SELECT COUNT(*) FROM "products"
=> 0
```

Es ist sehr hilfreich, dass nicht nur das Ergebnis des Methodenaufrufs gezeigt wird, sondern auch die SQL-Befehle, die Rails an die Datenbank sendet. Zum Verständnis von ActiveRecord sind daher SQL-Grundkenntnisse von Vorteil.

Gibt man in der Konsole nur den Klassennamen ein, so werden die Felder und deren Datentypen angezeigt.

```
>> Product
=> Product(id: integer, name: string, price: decimal,
enabled: boolean, created_at: datetime, updated_at: datetime)
```

Erstellen eines neuen Datensatzes

Ein neues Produkt legen Sie wie folgt an:

```
>> ipad = Product.new
=> ...
>> ipad.name = 'iPad'
=> "iPad"
>> ipad.price = 479.0
=> 479.0
>> ipad.id
=> nil
>> ipad.save
  SQL (20.2ms)  INSERT INTO "products" ("created_at",
  "enabled", "name", "price", "updated_at")
  VALUES (?, ?, ?, ?, ?)  [["created_at", Tue, 25 Oct 2011 ...
>> ipad.id
=> 1
```

»id« Das Attribut id ist die eindeutige Datensatznummer (Primärschlüssel) und wird vom Datenbanksystem automatisch gesetzt, nachdem das Objekt gespeichert wurde.

Anstatt die Zuweisungen einzeln in jeder Zeile auszuführen, ist es auch möglich, die Attribute direkt in der new-Methode anzugeben:

```
>> ipad = Product.new(name: 'iPad', price: 479.0)
=> ...
>> ipad.save
```

Noch kürzer geht es, wenn wir die Methode create verwenden, die direkt auch das Objekt speichert:

```
» ipad = Product.create(name: 'iPad', price: 479.0)
```

Lesen und Ändern eines Datensatzes

Die einfachsten Methoden, um Produkte aus der Datenbank zu lesen, sind die Methoden first und last, mit denen jeweils der erste und der letzte Datensatz aus der Datenbanktabelle gelesen wird.

```
>> product = Product.first
=> ...
>> product.name
=> "iPad"
>> product = Product.last
=> ...
>> product.name
=> "MacBook Air"
>> product.name = 'MacBook Air 11"'
=> "MacBook Air 11"
>> product.save
```

```
(1.0ms) UPDATE "products" SET "name" = 'MacBook Air 11"',
"updated_at" = '2011-10-26 09:04:38.307765'
WHERE "products"."id" = 3
=> true
```

Mit der Methode `find` kann auch direkt über die ID auf einen bestimmten Datensatz zugegriffen werden:

```
>> product  = Product.find(1)
=> ...
>> product.name
=> "iPad"
```

Suchen mit einem Kriterium

Anschließend werden wir mit der Methode `where` die Produkte mit einem Preis unter 1.000 Euro suchen und ausgeben: »where«

```
>>  cheapest = Product.where("price < 1500")
... SELECT "products".* FROM "products" WHERE (price < 1000)
>> cheapest.each {|prod| puts "Produkt #{prod.name} kostet
   #{prod.price} EUR"}
Produkt iPad kostet 479.0 EUR
Produkt MacBook Air kostet 949.0 EUR
=>...
```

Löschen eines Datensatzes

Abschließend wollen wir noch den letzten Datensatz löschen: »destroy«

```
>> Product.count
=> 3
>> macbook = Product.last
=> ...
>> macbook.destroy
... DELETE FROM "products" WHERE "products"."id" = ?
     [["id", 3]]
=> ...
>> Product.count
=> 2
```

8.2 Generatoren

Im letzten Beispiel haben wir sowohl die Tabelle als auch die Active-Record-Model-Klasse manuell erstellt. Dies ist aber nicht der typische Rails-Weg (auf Schienen). Typisch ist es, einen Generator zu verwenden, der sowohl die Model-Klasse generiert als auch eine sogenannte Migration-Datei, mit der die Tabellenstruktur in Ruby definiert wird. Je nach verwendetem Generator kann zusätzlich auch ein Controller mit den passenden Views erstellt werden.

Die Vorgehensweise ist wie folgt:

1. Generieren des Models
2. Definition der Tabellenstruktur in der Migration
3. Migration ausführen, damit die Tabelle generiert wird

8.2.1 Übersicht

Generatoren

Folgende Generatoren eignen sich zum Erzeugen eines Models:

1. **Model-Generator**
   Dieser Generator erstellt neben der Model-Klasse im Verzeichnis `app/models` auch eine Migration-Datei für die Erstellung der Datenbanktabelle. Als Parameter geben Sie den Namen des Models im Singular an. Optional können Sie auch schon die Felder mit den dazugehörigen Datentypen angeben:

   ```
   rails generate model Guest firstname:string \
        lastname:string
   ```

   Alle folgenden Generatoren basieren auf dem Model-Generator.

2. **Resource-Generator**
   Diesen Generator können Sie nutzen, um eine Ressource zu erzeugen. Es werden ein leeres Model und ein leerer Controller erstellt. Der dazugehörige Routing-Eintrag (`resources`) in der Datei `config/routes.rb` wird auch vorgenommen (siehe Kapitel 10 ab Seite 351). Der Generator `resource` erstellt keine Methoden im Controller und auch nicht die dazugehörigen Views. Das übernimmt der Scaffold-Generator. Als Parameter erwartet der Resource-Generator den Namen des Models im Singular und eine optionale Liste von `Spaltenname:sql_type`-Paaren. Werden diese angegeben, werden die entsprechenden Felder in der Migration angelegt. Die Felder `created_at` und `updated_at` werden automatisch erzeugt.

   ```
   rails generate resource person name:string
   ```

3. **Scaffold-Generator**
   Dieser Generator erstellt alle erforderlichen Dateien mit allen benötigten Inhalten, um sofort eine Ressource nutzen zu können. Es werden das Model, die Migration-Datei, der Controller mit den CRUDActions (Create, Read, Update, Delete) und die dazugehörigen Views generiert. Der für die Ressource erforderliche Routing-Eintrag (`resources`) in der Datei `config/routes.rb` wird auch automatisch vorgenommen. Als erster Parameter wird der Name des Models erwartet. Optional können Sie eine Liste von `Spaltenname:sql_type`-Paaren übergeben. Werden diese angegeben, werden die entsprechenden Felder in der Migration-Datei angelegt. Die Felder `created_at` und `updated_at` werden automatisch erzeugt.

   ```
   rails generate scaffold post title:string \
        nachricht:text
   ```

Allen Generatoren ist gemeinsam, dass sie auch Testcode erstellen (es sei denn, die Option `-skip-test-unit` oder `-T` wurde beim Erstellen des Rails-Projektes angegeben).

Der wichtigste Generator im täglichen Einsatz ist der Model-Generator. Daher werden wir im folgenden Beispiel dessen Anwendung demonstrieren.

8.2.2 Model-Generator-Beispiel

»rails generate«

Der Model-Generator wird mit `rails generate model`, gefolgt von einem Namen (z. B. `client`) des Models (in Singularform) aufgerufen. Optional können auch die Felder mit den Datentypen angegeben werden, aus denen die Tabelle bestehen soll. Die Angabe der Felder mit Datentypen ist sehr praktisch, da sie automatisch in die Migration-Datei übernommen werden. Die möglichen Datentypen finden Sie im Abschnitt 8.3.6 auf Seite 262.

Im folgenden Beispiel erstellen wir ein `client`-Model zur Verwaltung von Kundendaten:

```
rails generate model client firstname:string lastname:string\
                            birthday:date active:boolean

invoke  active_record
create  db/migrate/20111027053121_create_clients.rb
create  app/models/client.rb
```

Folgende Dateien wurden generiert:

- **Model-Klasse client.rb**

```
class Client < ActiveRecord::Base
end
```

- **Migration 20111027053121_create_clients.rb**

```
class CreateClients < ActiveRecord::Migration
  def change
    create_table :clients do |t|
      t.string :firstname
      t.string :lastname
      t.date :birthday
      t.boolean :active

      t.timestamps
    end
  end
end
```

Migration

Die Model-Klasse können wir zunächst so belassen. Die Migration-Datei ist zwar schon fertig generiert, aber Sie können noch Ergänzungen vornehmen. In unserem Beispiel möchten wir z. B. noch für das Feld `active` den Ddefaultwert auf `true` setzen. Die Spaltendefinition für die ID wird nicht angegeben, da sie automatisch von Rails erstellt wird. Weitere Details zu Migration siehe Abschnitt 8.3 in diesem Kapitel.

```
class CreateClients < ActiveRecord::Migration
  def change
    create_table :clients do |t|
      t.string :firstname
      t.string :lastname
      t.date :birthday
      t.boolean :active, default: true

      t.timestamps
    end
  end
end
```

»rake db:migrate«

Mit dem folgenden Befehl wird die Migration ausgeführt. Das bedeutet, dass der Ruby-Code in einen SQL-Befehl umgewandelt und ausgeührt wird, um die entsprechende Tabelle zu generieren:

```
rake db:migrate

==  CreateClients: migrating ==========================
-- create_table(:clients)
   -> 0.0171s
==  CreateClients: migrated (0.0172s) =================
```

Auf der Konsole kann das eben erstellte Model getestet werden:

Test auf der Konsole

```
rails console

>> Client.count
(0.1ms)  SELECT COUNT(*) FROM "clients"
=> 0
>> Client.create(:firstname=>"William", :lastname=>"Adama")
=> ...
>> Client.count
...
=> 1
>> william = Client.find(1)
=> ...
>> william.firstname
=> "William"
>> william.birthday
=> nil
>> william.active
=> true
>> william.created_at
=> Thu, 27 Oct 2011 05:47:16 UTC +00:00
```

8.3 Datenbankschema und Migrationen

Migrationen

Migrationen sind eine der nützlichsten Funktionen von Rails, wenn es um die Erstellung und Änderung des Datenbankschemas[1] geht.

Beispiel

Stellen Sie sich folgendes Szenario vor: Sie haben eine Webapplikation erstellt (z. B. eine Weblogapplikation), die bereits von vielen Benutzern erfolgreich auf Ihrer Website eingesetzt wird. Wenn Sie nun die Applikation korrigieren bzw. verbessern, kommt es häufig nicht nur zu Änderungen am Quelltext, sondern auch zu Änderungen am Datenbankschema.

1 Das Datenbankschema legt die in der Datenbank enthaltenen Tabellen fest. In relationalen Datenbanksystemen, wie Oracle, PostgreSQL, MySQL usw., wird das Datenbankschema mittels SQL definiert.

Änderungen am Datenbankschema Es ist ein Trugschluss zu glauben, man könne das Datenbankschema in der Planungsphase exakt festlegen. Während der Entwicklung einer Applikation durchläuft das Datenbankschema eine Evolution. Am Anfang werden Tabellen erstellt. Später wird das Datenbankschema durch neue Tabellenfelder und sogar durch neue Tabellen ergänzt. Es kann auch vorkommen, dass der Datentyp eines Feldes verändert wird oder ganze Tabellen wieder entfernt werden.

Versionierung Wenn Sie nun eine neue Version Ihrer Applikation mit den Änderungen veröffentlichen, stellt sich die Frage, wie die anderen Entwickler oder Benutzer die alte Version auf den neuesten Stand bringen. In der Regel stellt es kein Problem dar, den alten Quelltext einfach durch den neuen Quelltext zu ersetzten (z. B. mit Hilfe eines Versionierungstools wie Git). Der springende Punkt liegt in der Aktualisierung des Datenbankschemas.

Das gleiche Problem ergibt sich auch, wenn Sie eine lokale Datenbank für die Entwicklung sowie eine Datenbank für den Produktionsserver verwenden. Auch hier müssen die Änderungen an der Entwicklungs-Datenbank auf dem Produktionsserver übernommen werden.

Migration mit SQL Wir können nicht einfach die Datenbank ersetzen, da dabei die Daten, die gegebenenfalls in jeder Datenbank unterschiedlich sind, verloren gehen. Die einfachste Lösung besteht darin, SQL-Code[2] zu verwenden, der die Änderungen beschreibt. Das Problem an SQL besteht darin, dass sich trotz Standards die SQL-Befehle bei unterschiedlichen Datenbanksystemen im Detail unterscheiden. Da wir den anderen Entwicklern nicht diktieren möchten, welches Datenbanksystem sie zu verwenden haben, müssen wir einen Weg finden, datenbankunabhängig die Änderungen zu beschreiben.

Migration-Skripte Hierfür bietet Rails mit der Klasse `ActiveRecord::Migration` eine sehr praktische Lösung. Für jede Änderung am Datenbankschema wird ein sogenanntes Migration-Skript angelegt. Innerhalb dieser Skripte werden die Änderungen am Datenbankschema in Ruby beschrieben. Diese Ruby-Befehle werden dann von Rails automatisch in SQL-Befehle für die in der Konfigurationsdatei definierte Datenbank umgesetzt. Das heißt, die Ruby-Befehle, welche die Änderungen am Datenbankschema beschreiben, sind in der Regel unabhängig vom Datenbanksystem. Diese Migration-Skripte müssen bei jedem Update der Applikation ausgeführt werden, damit die Änderungen auf die Datenbank angewendet werden können.

2 Zum Ändern des Datenbankschemas gibt es bestimmte SQL-Befehle, wie z. B. `CREATE TABLE` und `ALTER TABLE`. Diese Befehle werden als Data Definition Language, kurz DDL, zusammengefasst.

Beispieldaten

Sie können mit Migrationen nicht nur das Datenbankschema verändern, sondern sogar Daten hinzufügen, ändern oder löschen. Davon ist jedoch abzuraten, da ActiveRecord dafür die Technik **Seed** bietet (siehe Kasten auf Seite 270).

[«]

Keine Datenbanksystem-Unabhängigkeit um jeden Preis

Migration bietet zwar die Möglichkeit der Datenbanksystem-Unabhängigkeit, der Preis dafür ist aber, dass besondere Fähigkeiten eines bestimmten Datenbanksystems nicht genutzt werden. Wenn Sie z. B. eine Rails-Applikation für einen bestimmten Kunden erstellen, der bereits das Datenbanksystem festgelegt hat, so ist Datenbanksystem-Unabhängigkeit nicht unbedingt notwendig. Wenn Sie jedoch eine Applikation für eine breite Massse (wie z. B. ein Weblogsystem) erstellen, so sollten Sie sich nicht auf ein Datenbanksystem festlegen, um den Nutzern die Wahlmöglichkeit zu überlassen.

8.3.1 Migration-Skripte

Der folgende Überblick zeigt Ihnen, wie ein typischer Arbeitsablauf mit Migration durchgeführt wird.

1. Migration-Skript generieren mit einem Migration-, Model- oder Scaffold-Generator
2. Befehle einfügen, welche die Änderung am Datenbankschema beschreiben
3. Migration-Skript ausführen mit `rake db:migrate`

Es ist auch möglich, mehrere Migration-Skripte zu erstellen und sie dann in einem Schritt gemeinsam auszuführen.

Generator

Zur Erstellung der Migration-Skripte stellt Rails einige sehr hilfreiche Generatoren zur Verfügung. Generatoren haben Sie bereits mehrfach für die Generierung von Scaffolds, Models und Controllern kennengelernt.

Je nach Anwendungszweck können Sie den Migrations-Generator, den Model-Generator oder den Scaffold-Generator für die Erstellung der Migration-Skripte verwenden:

Migration-Generator

Der Migration-Generator erstellt nur ein Migration-Skript. Dies ist sinnvoll, um z. B. Felder einer Tabelle zu ändern, neue hinzuzufügen oder nicht mehr benötigte zu entfernen. Zum Erstellen einer neuen Tabelle sollten Sie besser den Model-Generator oder den Scaffold-Generator verwenden.

Anwendung Der Migration-Generator kann auf drei verschiedene Arten verwendet werden. Um ein leeres Migration-Skript zu erstellen, das nur das »Gerüst« einer Migration-Datei enthält, gehen Sie wie folgt vor:

```
rails generate migration AddFielsdToClients
      exists  db/migrate
      create  db/migrate/20111030061659_add_fields_in_clients
```

In der generierten Migration-Datei können dann die gewünschten Migration-Befehle hinzugefügt werden.

```
class AddFielsdToClients < ActiveRecord::Migration
  def up
    add_column :clients, :street, :string
    add_column :clients, :postcode, :string
  end

  def down
    remove :clients, :street
    remove :clients, :postcode
  end
end
```

Das Migration-Skript enthält zwei **Methoden**: `up` und `down`.

»up« Die Befehle, welche die Änderung des Datenbankschemas beschreiben, werden innerhalb der Methode `up` angegeben. Um z. B. ein Tabellenfeld hinzuzufügen, steht die Methode `add_column` zur Verfügung.

»down« Um Migrationen wieder rückgängig zu machen (siehe Abschnitt 8.3.4 auf Seite 259), gibt es die Methode `down`. Tragen Sie hier den gegenteiligen Befehl ein. Um z. B. eine Spalte wieder zu entfernen, können Sie den Befehl `remove_column` einsetzen.

»change« Statt `up` und `down` kann zur Vereinfachung auch `change` verwendet werden. In der `change`-Methode wird das Gleiche wie in der `up`-Methode eingetragen. Jedoch ist es dann nicht mehr notwendig, den gegenteiligen Befehl in `up` einzusetzen.

```
class AddFielsdToClients < ActiveRecord::Migration
  def change
    add_column :clients, :street, :string
    add_column :clients, :postcode, :string
  end
end
```

Seit Rails 3.1 ist die Verwendung von `change` der Standard. Die Verwendung von `up` und `down` ist nur noch in bestimmten Fällen sinnvoll, z. B. wenn Sie mit `execute` eigenen SQL-Code im Migration-Skript verwenden.

Feld hinzufügen

Um ein Feld zu einer Tabelle hinzuzufügen, setzen Sie den Generator wie folgt ein:

```
rails generate migration AddFeldToTabelle feld:datentyp
```

In diesem Fall werden die Befehle zum Anlegen der neuen Felder automatisch in das Migration-Skript eingefügt. Im folgenden Beispiel wird das Feld `fax` zur Tabelle `clients` hinzugefügt:

```
rails generate migration AddFaxToClients fax:string
      exists  db/migrate
      create  db/migrate/20111030061905_add_fax_to_clients
```

Die generierte Datei enthält bereits die Migration-Befehle zum Hinzufügen des Feldes.

```
class AddFaxToClients < ActiveRecord::Migration
  def change
    add_column :clients, :fax, :string
  end
end
```

Felder löschen

Zum Löschen von Feldern kann die folgenden Form verwendet werden:

```
rails generate migration RemoveFeldFromTabelle feld:datentyp
```

Im folgenden Beispiel wird das Feld `fax` wieder aus der Tabelle `clients` entfernt:

```
rails generate migration RemoveFaxFromClients fax:text
      exists  db/migrate
      create  db/migrate/20111030061905_remove_fax_from_cl...
```

Die Migration-Datei enthält ensprechend die passenden Einträge zum Löschen des Feldes:

```
class RemoveFaxFromClients < ActiveRecord::Migration
  def change
    remove_column :clients, :fax
  end
end
```

Model-Generator

Der Model-Generator generiert ein Migration-Skript zur Erstellung einer Tabelle mit den angegebenen Feldern und eine Model-Klasse mit dem angegebenen Namen. Außerdem werden Testskripte und Testdaten (sogenannte Fixtures) generiert.

```
rails generate model BonusCard points:integer \
client_id:integer
```

Die Migration-Datei enthält bereits die Befehle zum Erstellen der Tabelle mit den entsprechenden Feldern. Sie können selbst noch Ergänzungen hinzufügen.

```
class CreateBonusCards < ActiveRecord::Migration
  def change
    create_table :bonus_cards do |t|
      t.integer :points
      t.integer :client_id

      t.timestamps
    end
  end
```

Scaffold-Generator

Der Scaffold-Generator macht das Gleiche wie der Model-Generator. Zusätzlich wird der Controller mit sämtlichen zugehörigen Views zur Verwaltung der Datensätze generiert.

```
rails generate scaffold Country name:string code:string
```

8.3.2 Namenskonvention

Der Name der generierten Migration-Skripte setzt sich aus einem Zeitstempel und dem angegebenen Migration-Namen zusammen. Der Zeitstempel enthält das Datum und die Uhrzeit inklusive Sekunden in UTC, im Format `YYYYMMDDHHMMSS`. Wenn wir z. B. `RemoveFaxFromClients` als Migration-Namen verwenden und der Zeitpunkt der Generierung der 24.12.2011 um 17:30:10 UTC wäre, so erhalten wir die Migration-Datei `20111224173010_remove_fax_from_clients.rb`.

Nummern statt Zeitstempel

Vor Rails 2.1 wurden statt des Zeitstempels aufsteigende Nummern beginnend bei 001 verwendet. Das hatte den Nachteil, dass Migration-Skripte mit gleichen Nummern vorkommen konnten, wenn mehrere Entwickler parallel an einem Projekt gearbeitet haben. Wenn Sie in Ihren Projekten lieber die Nummerierung statt eines Zeitstempels verwenden möchten, so können Sie folgende Einstellung in der Datei `config/application.rb` vornehmen: `config.active_record.timestamped_migrations = false`

8.3.3 Änderungen ausführen

»rake db:migrate«

Nachdem wir nun ein Migration-Skript angelegt und bearbeitet haben, stellt sich die Frage, wie wir diese Änderungen auf die Datenbank anwenden können. Mit dem Befehl `rake db:migrate` werden die noch nicht ausgeführten Migration-Skripte im Verzeichnis `db/migrate` ausgeführt.

Eine wichtige Frage drängt sich noch auf: Wie verhindert Rails, dass bereits ausgeführte Migration-Skripte erneut ausgeführt werden? Dazu verwendet Rails einen Trick. Beim ersten Aufruf des Befehls `rake db:migrate` erstellt es eine neue Tabelle namens `schema_migrations`, in der die Zeitstempel aller ausgeführten Migration-Skripte gespeichert werden.

```
select * from schema_migrations;
  version
  --------------
  20111224173910
  20111224181045
  20111225075433
  20111225103405
```

Listing 8.3 »Tabelle schema_migrations«

8.3.4 Änderungen rückgängig machen

Jede Textverarbeitung bietet eine Undo-Funktion, mit der die letzten Änderungen rückgängig gemacht werden können. Ähnlich verhält es sich mit den Migration-Skripten in Rails. Mit dem Befehl

```
rake db:rollback
```

wird die zuletzt ausgeführte Migration rückgängig gemacht. Wenn z. B. eine neue Tabelle zu einer Migration hinzugefügt wurde, so wird diese durch `rake db:rollback` wieder gelöscht. Das Migration-Skript wird jedoch nicht gelöscht.

Außerdem wird aus der Migration-Tabelle `schema_migrations` der Zeitstempel der Migrationen entfernt.

»STEP«

Mit dem `STEP`-Parameter können sogar mehrere Migrationen mit einem Befehl rückgängig gemacht werden. Im folgenden Beispiel werden die letzten drei Migrationen zurückgenommen:

```
rake db:rollback STEP=3
```

Korrekturen

Häufig werden Migrationen rückgängig gemacht, um Korrekturen an ihnen vorzunehmen. Nach der Korrektur können die Migrationen wieder mit dem Rake-Task `rake db:migrate` ausgeführt werden.

»redo«

Mit dem Rake-Task `rake db:migrate:redo` wird die letzte Migration rückgängig gemacht und dann anschließend wieder ausgeführt. Das ist z. B. praktisch, um schnell Änderungen an Migrationen vorzunehmen, die neue Tabelle erstellen. Auch dieser Rake-Task unterstützt die Option `STEP`.

»reset«

Um alle Migrationen erneut auszuführen, kann der Rake-Task `rake db:migrate:reset` ausgeführt werden, der die Detanbank löscht, sie neu erstellt und anschließend alle Migrationen ausführt.

8.3.5 Schnappschuss eines Datenbankschemas

»rake db:schema:dump«

Bei jeder Ausführung des Rake-Tasks `rake db:migrate` oder `rake db:rollback` werden nicht nur die Migration-Skripte ausgeführt bzw. zurückgenommen, sondern automatisch auch der Rake-Task `rake db:schema:dump` aufgerufen.

Der Rake-Task `rake db:schema:dump` analysiert den aktuellen Stand der Datenbank und erstellt daraus eine Ruby-Datei `db/schema.rb` mit allen Tabellendefinitionen und den zugehörigen Tabellen. Es handelt sich also um einen »Schnappschuss« des aktuellen Datenbankschemas.

In der Schema-Datei `schema.rb` sind `create_table`- und gegebenenfalls `create_index`-Befehle enthalten, die wir bereits kennen. Der entscheidende Unterschied liegt darin, dass im Schema-Skript eine Versionsnummer (Zeitstempel) in der ersten Zeile steht. Diese Versionsnummer gibt an, welches Migration-Skript als Letztes ausgeführt wurde.

```
ActiveRecord::Schema.define(:version => 20111027053121) do
   create_table "clients", :force => true do |t|
    t.string   "firstname"
    t.string   "lastname"
    t.date     "birthday"
    t.boolean  "active"
    t.datetime "created_at"
    t.datetime "updated_at"
  end

  create_table "products",  :force => true do |t|
    t.string   "name"
    t.decimal  "price",     :precision => 8, :scale => 2
```

```
    t.boolean  "enabled",   :default => true
    t.datetime "created_at"
    t.datetime "updated_at"
  end

  create_table "products",  :force => true do |t|
    t.string   "name"
    ...
```

Listing 8.4 Beispiel einer Schema-Datei »db/schema.rb«

Die Schema-Datei dokumentiert den aktuellen Stand des Datenbankschemas und sollte daher auch in das Versionierungssystem (Git) aufgenommen werden.

Wenn Sie im Verlauf Ihrer Entwicklung viele Migration-Skripte angelegt haben und Sie die Migration-Skripte mit `rake db:migrate` auf einer neuen Datenbank ausführen, werden alle Migration-Skripte ausgeführt, bis die Datenbank den aktuellen Stand hat. Dies kann bei z. B. zehn Migrationen viel Zeit in Anspruch nehmen. Auch für dieses Problem bietet Rails eine Lösung:

»db:schema:load«

Anstatt mit `rake db:migrate` alle Migration-Skripte auszuführen, rufen Sie einfach den Rake-Task

```
rake db:schema:load
```

auf. Dieses Kommando führt die Schema-Datei `db/schema.rb` aus, indem es die Tabellen und Indizes erstellt. Außerdem wird die Tabelle `schema_migrations` in der Datenbank erstellt und die Versionsnummer, die dem Schema-Skript entnommen wird, eingetragen (z. B. »6«). Damit wird verhindert, dass bei Ausführung des Kommandos `rake db:migrate` ältere Migration-Skripte noch einmal ausgeführt werden.

»db:seed«

Der Rake-Task `rake db:seed` lädt die Daten, die in der Datei `db/seeds.rb` hinterlegt sind, in die Datenbank (siehe Kasten auf Seite 270).

»db:setup«

Falls Sie ein Rails-Projekt frisch augecheckt haben, ist es am einfachsten, `rake db:setup` aufzurufen, da dieser Rake-Task die Datenbank erstellt, die Schema-Datei lädt und anschließend die Daten (falls vorhanden) aus `db/seeds.rb` lädt.

»db:reset«

Um eine Datenbank vollständig zurückzusetzen, kann der Rake-Task `rake db:reset` eingesetzt werden. Dieser Rake-Task macht das Gleiche wie `rake db:setup`, jedoch mit dem Unterschied, dass die Datenbank vorher gelöscht wird.

8.3.6 Datentypen in Migrationen

Jedes Feld in einer Datenbanktabelle gehört einem bestimmten SQL-Datentyp an. Die verschiedenen Datenbanksysteme haben zwar viele SQL-Datentypen gemeinsam, wie z. B. `INT`, `CHAR`, `VARCHAR`, jedoch gibt es auch Datentypen, die nicht in jedem Datenbanksystem verfügbar sind. Ein Beispiel hierfür ist der Datentyp `BOOLEAN`, der nicht von allen Datenbanksystemen unterstützt wird. In diesem Fall speichert dann ActiveRecord die Boolean-Werte intern als 1 oder 0. Aber dank Rails brauchen wir uns um diese Details nicht zu kümmern.

Migration-Datentyp	Erläuterung
`:string`	Zeichenkette mit maximal 255 Zeichen
`:text`	Zeichenkette mit mehr als 255 Zeichen
`:integer`	Ganzzahlige Werte
`:float`	Fließkommazahlen
`:decimal`	Dezimalzahlen mit fester Anzahl an Nachkommastellen. Verwenden Sie diesen Typ z. B. für Währungen, da es nicht wie beim Typ `:float` zu Rundungsfehlern kommen kann. Sie sollten die Optionen `precision` (Anzahl Gesamtstellen) und `scale` (Anzahl Nachkommastellen) verwenden.
`:datetime`	Datum und Zeit
`:timestamp`	Zeitstempel, der die aktuelle Zeit und das aktuelle Datum speichert, wenn ein Datensatz hinzugefügt oder geändert wurde.
`:time`	Nur die Zeit
`:date`	Nur das Datum
`:binary`	Binärdaten, wie z. B. Bilder, MP3-Dateien
`:boolean`	Wahrheitswert `true` oder `false`

Tabelle 8.1 Datentypen

8.3.7 Tabellenfelder verwalten

Wir haben bereits die beiden Befehle `add_column` und `remove_column` kennen gelernt, mit denen das Datenbankschema verändert werden kann. In diesem Abschnitt werden wir alle Befehle im Detail vorstellen.

Felder hinzufügen

Um ein neues Feld zu einer Tabelle hinzuzufügen, verwenden Sie den folgenden Befehl:

```
add_column Tabellenname, Feldname, Datentyp, Optionen
```

Felder werden in Rails mit Kleinbuchstaben benannt. Sollte es sich um zusammengesetzte Begriffe handeln, werden die einzelnen Begriffe durch Unterstriche miteinander verbunden:

```
add_column :products, :price, :decimal, precision => 5,
           :scale => 2
add_column :products, :active, :boolean
add_column :products, :name, :string, :limit => 100
add_column :products, :stock, :integer, default=>0,
           :null => false
add_column :products, :picture, :binary, :limit=> 2.megabytes
add_column :products, :booking_date, :datetime
```

Listing 8.5 Hinzufügen von Tabellenfeldern

Im obigen Beispiel kann das Feld `price` Zahlen von –999.99 bis +999.99 speichern.

Felder löschen

Ein Tabellenfeld wird einfach mit folgendem Befehl gelöscht:

```
remove_column Tabellenname, Feldname
```

In diesem Fall ist ein Wiederherstellen der Daten in dem betreffenden Feld nicht mehr möglich, auch wenn Sie in der Methode `self.down` den Befehl `add_column` zur Wiederherstellung des Feldes verwenden.

Felder umbenennen

Tabellenfeldnamen sollten unbedingt für sich sprechen, wie z. B. der Feldname `info1`. Um Felder umzubenennen, können Sie den Befehl

```
rename_column Tabellenname, Feldname, NeuerFeldname
```

verwenden.

Datentyp von Feldern ändern

Sie können nicht nur ein Feld umbenennen, sondern auch nachträglich den Datentyp des Feldes ändern. Verwenden Sie dazu den Befehl:

```
change_column Tabellenname, Feldname, Datentyp, Optionen
```

Wenn Sie den Datentyp eines Feldes ändern, kann es zu Datenverlust kommen.

```
change_column :products, :description, :text
change_column :products, :name, :string, :limit=>120
```

Listing 8.6 Beispiele für die Verwendung von »change_column«

8.3.8 Tabellen verwalten

Tabellen erstellen

Sie können nicht nur Felder zu bereits bestehenden Tabellen hinzufügen, sondern auch neue Tabellen erstellen. Der folgende Befehl erstellt eine Tabelle mit dem angegebenen Tabellennamen und den angegebenen Feldern:

```
create_table products do |t|
  t.string :name
  ...
  t.timestamps
end
```

Tabellennamen im Plural

Rails geht davon aus, dass Tabellennamen im Plural angegeben werden. Verwenden Sie am besten auch nur englische Namen, damit Rails automatisch die Singularform des Namens bilden kann. Der `create`-Befehl erstellt automatisch einen Primärschlüssel mit dem Namen `id` und dem Datentyp `integer`. Der Primärschlüssel ist immer dann notwendig, wenn eine Model-Klasse auf die Tabelle zugreift. In seltenen Fällen ist es sinnvoll, mit der Option `:id => false` die automatische Generierung des Primärschlüssels zu deaktivieren.

»t.timestamps«

Mit dem Ausdruck `t.timestamps` werden automatisch die Felder `updated_at` und `created_at` vom Typ `:datetime` erstellt, die bei Aktualisierung (`update`) oder Hinzufügen eines Datensatzes automatisch von Rails auf das aktuelle Datum gesetzt werden.

Tabellen modifizieren

Wenn in einer Migration Felder zu einer bestehenden Tabelle hinzugefügt, aus ihr gelöscht oder einfach nur verwendet werden sollen, kann `change_table` verwendet werden. Im folgenden Beispiel wird das Feld `description` hinzugefügt, das Feld `image` nach `picture` umbenannt und das Feld `stock` entfernt:

```
change_table :products do |t|
  t.string :description
  t.rename :image, :picture
  t.remove :stock
  ...
end
```

Tabellen löschen

Wenn wir eine Tabelle erstellen können, müssen wir auch eine Tabelle löschen können. Der Befehl

```
drop_table Tabellenname
```

löscht die gesamte Tabelle mit allen Daten.

Tabellen umbenennen

Eine Tabelle kann mit dem Befehl

```
rename_table Tabellenname, NeuerTabellenName
```

umbenannt werden.

8.3.9 Indizes verwalten

Ein Datenbanksystem kann auf Daten nur effizient zugreifen, wenn die Felder, nach denen gesucht oder sortiert wird, indiziert werden. Um einen Index über Rails anzulegen, wird der Befehl

```
add_index Tabellenname, Feldname, Optionen
```

angewendet. Zum Löschen eines Index kann der Befehl

```
remove_index Tabellenname, Feldname, Optionen
```

ausgeführt werden.

Index bennen

Mit der Option `name:"mein index"` kann der Indexname angegeben werden. Wird der Name nicht angegeben, so setzt Rails ihn, indem es den Namen der Tabelle und den Namen des Feldes mit einem Unterstrich verbindet. Es ist daher normalerweise nicht nötig, einen Namen anzugeben.

Eindeutiger Index

Die Option `unique:true` legt einen eindeutigen Index fest, der verhindert, dass in einem Tabellenfeld doppelte Werte vorkommen.

Es ist sogar möglich, einen Index über mehrere Felder anzulegen, indem die Feldnamen als Array angegeben werden.

Die folgenden Beispiele zeigen die Verwendung des Befehls `add_index`:

```
add_index :products, :price
add_index :products, :name, unique: true
add_index :clients, [:lastname, :firstname]
```

Listing 8.7 Hinzufügen von Indizes

Löschen von Indizes

Zum Löschen von Indizes steht die Methode `remove_index` zur Verfügung.

```
remove_index :products, :price
remove_index :products, :name
remove_index :clients, [:lastname, :firstname]
```

8.3.10 SQL-Befehle direkt verwenden

Sie stoßen mit den Migration-Befehlen zuweilen an Grenzen. In diesem Fall bietet Rails die Möglichkeit, auch SQL in die Migration-Skripte einzufügen. Dies ist jedoch dann meist nicht mehr datenbankunabhängig.

```
execute 'SQL-Befehle'
```

Wenn `execute` eingesetzt wird, sollten die beiden Methoden `up` und `down`, statt `change` im Migration-Skript verwendet werden.

8.4 Getter- und Setter-Methoden

Die generierten ActiveRecord-Model-Klassen sind anfangs leer, d. h., es sind dort explizit keine Methoden definiert.

```
class Product < ActiveRecord::Base
end
```

Listing 8.8 »app/models/product.rb«

Da die Klasse von `ActiveRecord::Base` erbt, stehen ihr alle Methoden der Klasse `Base` zur Verfügung.

Methoden für jedes Feld

Beim ersten Aufruf der Klasse definiert ActiveRecord automatisch für jedes Feld der zugehörigen Datenbanktabelle, in unserem Fall `products`, eine Methode zum Lesen (`objekt.feldname`) und eine zum Verändern (`objekt.feldname=`) des Feldes in der Klasse `Product`. Die Methoden zum Lesen werden als **Getter**-Methoden und die Methoden zum Setzen von Werten als **Setter**-Methoden bezeichnet.

»feldname?«

Außerdem wird für jedes Feld eine Methode mit angehänktem Fragezeichen definiert, mit der überprüft werden kann, ob ein Feld einen Inhalt hat.

```
product = Product.first

puts product.name # => "iPad"

product.name?  # => true

product.name = ""
product.name?  # => false

product.name = nil
product.name?  # => false
```

Typerkennung

ActiveRecord erhält sämtliche Daten aus der Datenbank als Zeichenketten und wandelt sie vor der Ausgabe in den in der Datenbank definierten Datentyp um (siehe Abschnitt 8.3.6 ab Seite 262).

Dies wird besonders deutlich bei einem Feld vom Typ `boolean`. Wenn in einem Boolean-Feld der Wert »0« oder »f« aus der Datenbank gelesen wird, so wandelt ActiveRecord das in `false` um. Entsprechend wird der Wert »1« oder »t« in `true` umgewandelt. Wie ein boolesches-Feld in der Datenbank gespeichert, wird ist abhängig vom verwendeten Datenbanksystem. Jedoch müssen Sie sich nicht darum kümmern, da der ActiveRecord das automatisch erledigt.

»read_attribute«, »write_attribute«

Rails bietet auch eine alternative Möglichkeit, auf die Felder zuzugreifen. Mit der Methode `read_attribute(:feldname)` wird der Wert des angegebenen Feldes gelesen, und mit `write_attribute(:feldname,wert)` wird ein Wert im Feld gespeichert.

```
product = Product.first
puts product.read_attribute(:name)
product.write_attribute(:name, "iPad 3")
```

Diese Möglichkeit erscheint auf den ersten Blick etwas umständlich, da z. B. `product.name` viel kürzer ist als `product.read_attribute(:name)`. Die Methoden können aber eingesetzt werden, um die Standard-Getter- und -Setter-Methoden zu überschreiben.

8.4.1 Überschreiben der Getter- und Setter-Methoden

Die Standard-Getter- und -Setter-Methoden kann man durch eigene Getter- und Setter-Methoden überschreiben. Angenommen, wir möchten die Preise nicht in Euro, sondern in Cents speichern. Jedoch sollen weiterhin Euro-Beträge gesetzt und abgefragt werden. In diesem Fall muss der Betrag beim Speichern und Abfragen umgerechnet werden.

```
class Product < ActiveRecord::Base
  def price
    Product.read_attribute(:price)/100.0
  end

  def price=(value)
   Product.write_attribute(:price, value*100)
  end
end
```

Für die beiden Methoden `read_attribute` und `write_attribute` bietet Active-Record noch eine kürzere Schreibweise, indem man auf das `self`-Objekt mit einer Array-Syntax zugreift:

```
class Product < ActiveRecord::Base
  def price
    self[:price]/100.0
  end

  def price=(value)
    self[:price] = value*100
  end
end
```

8.4.2 Eigene Methoden

Da ein Model eine Klasse ist, können Sie auch eigene Methoden hinzufügen. Im folgenden Beispiel fügen wir dem Model `client` die Methode `fullname` hinzu, die den Vornamen und den Nachnamen zurückgibt:

```
class Client < ActiveRecord::Base
  def fullname
    "#{firstname} #{lastname}"
  end
end
```

8.5 Erstellen, bearbeiten und löschen

Wenn Sie ein neues ActiveRecord-Objekt erzeugen, haben Sie die Wahl, ob es zunächst nur im Speicher angelegt (new) oder direkt in der Datenbank gespeichert werden soll (create). In Abschnitt 8.1 auf Seite 239 haben wir bereits die beiden Methoden eingesetzt. In diesem Abschnitt werden wir vertiefend auf die Methoden eingehen.

8.5.1 Neues ActiveRecord-Objekt erstellen

Es gibt mehrere Möglichkeiten, ein neues Objekt anzulegen:

```
client = Client.new
client.firstname = "William"
client.lastname = "Adama"
client.save
```

Alternativ kann auch ein Block verwendet werden:

```
Client.new do |client|
  client.firstname = "William"
  client.lastname = "Adama"
end.save
```

Die kürzeste Variante ist die folgende:

```
client = Client.new(firstname: "William", lastname: "Adama")
client.save
```

Die Methode save liefert true zurück, wenn das Objekt erfolgreich gespeichert werden konnte, ansonsten false. Ein Grund, warum ein Objekt nicht gespeichert werden kann, ist die Verletzung von Validierungsregeln, falls diese definiert wurden. Wenn man keine Abfrage auf den Rückgabewert der Methode save durchführt, kann es passieren, dass man es nicht bemerkt, wenn ein Objekt nicht gespeichert werden konnte. »save«

Die Methode save! hingegen erzeugt einen Laufzeitfehler. Somit kann ein Fehlschlagen des Speichervorgangs nicht so leicht übersehen werden.

8.5.2 Objekt erstellen und direkt speichern

Mit der Methode create wird ein Objekt erstellt und automatisch gespeichert, ohne dass explizit die Methode save oder save! aufgerufen wird.

Auch hier unterstützt ActiveRecord mehrere Varianten:

```
Client.create do |c|
  c.firstname = "William"
  c.lastname = "Adama"
end
```

In der Kurzvariante sieht das so aus:

```
Client.create(firstname: "William", lastname: "Adama")
```

In beiden Fällen ist der Rückgabewert das gespeicherte ActiveRecord-Objekt. Das heißt, Sie können auch `client1 = Client.create(...)` schreiben. Falls das Objekt z. B. wegen einer nicht erfüllten Validierungsregel nicht gespeichert werden kann, wird das ungespeicherte Objekt zurückgeliefert. Die Methode `create!` führt hingegen zu einem Laufzeitfehler, falls das Objekt nicht gespeichert werden kann.

Mehrere Datensätze

Die Methode `create` erlaubt es sogar, mehrere Datensätze auf einmal zu erzeugen, indem ein Array von Hashes als Parameter übergeben wird:

```
Client.create([
  { firstname: 'William', lastname: 'Adama' },
  { firstname: 'Lee', lastname: 'Adama' }
])
```

»find_or_create_by«

Zum Erstellen von Objekten gibt es noch eine praktische Methode namens `find_or_create_by`, die nach einem bestimmten Objekt sucht, es zurückgibt oder, falls es nicht existiert, ein Objekt mit den gewünschten Attributen erstellt (siehe Abschnitt 8.7.7 auf Seite 291).

[+]

»seeds«-Datei

Um einen ersten Datenbestand einer Applikation anzulegen, ist es sehr praktisch, die `create`-Befehle in die Datei `db/seeds.rb` einzutragen, die dann mit dem Rake-Task `rake db:seed` ausgeführt werden. Im folgenden Beispiel werden zehn Kunden erstellt:

```
1.upto(10) do |nr|
  Client.create(firstname: "Hans",
                lastname: "Mustermann #{nr}")
end
```

Listing 8.9 db/seeds.rb

Die `seeds`-Datei wird auch genutzt, um Daten zu erzeugen, für die es keine Eingabeformulare gibt, z. B. Kategorien.

8.5.3 Aktualisieren von Objekten

Der einfachste Weg, ein Objekt zu verändern, ist, ein Attribut zu setzen und das Objekt anschließend wieder zu speichern:

```
client = Client.first
client.firstname = "Lee"
client.save
```

Alternativ kann auch die Methode `update_attribute` verwendet werden, die keinen Aufruf der `save`-Methode benötigt: **»update_attribute«**

```
client = Client.first
client.update_attribute(:firstname,"Lee")
```

Um mehrere Attribute zu aktualisieren, können Sie die Methode `update_attributes` verwenden: **»update_attributes«**

```
client = Client.first
client.update_attributes(firstname: "Kara", lastname: "Trace")
```

Aktualisieren von Model-Daten im Controller **[+]**

Die Methode `update_attributes` wird oft in Controllern in der Action `update` eingesetzt, um Daten eines bestimmten Datensatzes zu ändern. Für das Formular zum Ändern eines Client-Objektes stehen zum Beispiel die Formulareingaben des Benutzers im Controller über `params[:client]` zur Verfügung. Mit nur zwei Befehlen ist dann das Aktualisieren dieses Objektes im Controller möglich:

```
@client = Client.find(params[:id])
@client.update_attributes(params[:client])
```

Mit Hilfe der Methode `update`, die jedem ActiveRecord-Model zur Verfügung steht, geht es sogar noch kürzer: **»update«**

```
Client.update(1, firstname: "Kara", lastname: "Trace")
```

8.5.4 Löschen von Objekten

Sie können entweder ein einzelnes Objekt löschen, indem Sie die Methode `destroy` auf ein vorhandenes Objekt anwenden, oder mehrere Datensätze löschen, indem Sie die Methoden `delete` oder `destroy` auf die Model-Klasse anwenden. **»destroy«**

```
client = Client.first
client.destroy
```

Die Methode `destroy` löscht zwar den entsprechenden Datensatz in der Datenbanktabelle, das Objekt `client` ist aber noch vorhanden, das heißt, es kann weiterhin verwendet werden. Allerdings können die Attribute nicht mehr verändert werden, das heißt, sie sind »eingefroren«. Ein Versuch, ein Attribut zu ändern, führt zu einem Laufzeitfehler:

```
client = Client.first
client.destroy
client.firstname = "Lee"
=> TypeError: can't modify frozen hash
```

»freeze« Die Methode `frozen?` kann verwendet werden, um zu überprüfen, ob ein Objekt verändert werden kann. Mit der Methode `freeze` können Sie ein Objekt explizit einfrieren.

Sie können auch Datensätze löschen, ohne die Objekte vorher laden zu müssen. Dazu existieren zu jedem ActiveRecord-Model die Klassen-Methoden `destroy` und `delete`.

So löschen Sie einen Datensatz über Angabe der ID:

```
Client.destroy(1)
```

Alternativ übergeben Sie eine Liste von IDs:

```
Client.destroy([1,4,6])
```

»delete« Die Methode `delete` unterscheidet sich von der Methode `destroy` dadurch, dass die `before_`- und `after_filter` nicht ausgeführt werden.

Um mehrere oder alle Datensätze einer Tabelle zu löschen, können Sie die Methode `destroy_all` oder `delete_all` verwenden. Auch hier gilt, dass bei `delete_all` die `before_`- und `after_filter` nicht ausgeführt werden, was aber einen erheblichen Geschwindigkeitsvorteil bringt.

8.6 Validierung

Validation-Helpers Um sicherzugehen, dass nur zulässige Daten gespeichert werden können, werden in den Model-Klassel Validierungregeln mittels der `validations`-Methode definiert.

Im folgenden einfachen Beispiel wird festgelegt, dass der Produktname nicht leer sein darf, nicht mehrfach vorkommen darf und dass der Preis und das Gewicht immer größer als 0 sein müssen:

```
class Product < ActiveRecord::Base
  validates :name, presence: true, uniqueness: true
  validates :price, :weight, numericality: { greater_than: 0 }
  ...
end
```

Mit der Methode `valid?` kann überprüft werden, ob ein Objekt valide ist. Wenn es nicht valide ist, wird es nicht in der Datenbank gespeichert. Die Methoden `save` und `create` überprüfen vor dem Speichern automatisch, ob das Objekt valide ist. Nur wenn es valide ist, wird das Objekt auch persistent in der Datenbank gespeichert. Daher ist der explizite Aufruf der Methode `valid?` meist nicht notwendig. **»valid?«**

```
>> product = Product.new(name: "", price: 0)
...
>> product.valid?
=> false

>> product.save?
=> false

>> product.new_record?
=> true

>> product.name = "Apple TV"
>> product.price = 119.0

>> product.valid?
=> true

>> product.save
=> true
```

Die Methode `new_record?` liefert `true`, wenn das Objekt noch nicht in der Datenbank gespeichert ist.

Wenn `valid?` ausgeführt wird, sei es direkt oder indirekt durch die Methodenaufrufe `create` oder `save`, so kann mit `errors[:attribut]` auf die Fehlermeldung zugegriffen werden. **»errors«**

```
>> product = Product.new(name: "", price: 0)
...
>> product.errors[:name]
=> ["can't be blank"]

>> product.errors[:price]
=> ["must be greater than 0"]
```

Mehrsprachigkeit

Die Fehlermeldungen sind in Rails normalerweise auf Englisch. In Kapitel 15 ab Seite 487 wird gezeigt, wie diese Texte auch in andere Sprachen übersetzt werden. Wie Fehlermeldungen in einem Formular ausgegeben werden, erfahren Sie im Abschnitt 11.5.2 ab Seite 421.

ActiveRecord stellt einige Helper-Methoden (Validation-Helpers) zur Verfügung, welche die Validierung von Formularen sehr vereinfachen. Im Folgenden werden die einzelnen Validierungen beschrieben.

8.6.1 »acceptance«

Dies überprüft, ob ein Attribut akzeptiert wurde, zum Beispiel, ob beim Abschluss einer Bestellung die AGBs bestätigt wurden:

```
class Booking < ActiveRecord::Base
  validates :agbs, acceptance: true
end
```

Listing 8.10 Aufruf im Model

Das Attribut gilt als akzeptiert, wenn der Wert `1` gesetzt wurde. Wird im Formular der View-Helper `check_box` verwendet, so wird der Wert `1` gesetzt, wenn das Kontrollkästchen angeklickt ist.

Im View definieren Sie innerhalb des Formulars das entsprechende Feld:

```
<% form_for(@booking) do |f| %>
  ...
  AGBS bestätigen: <%= f.check_box :agbs %>
<% end %>
```

[»]

Virtuelle Attribute

Ein Attribut wie `agbs` in unserem Beispiel muss nicht in der Tabelle enthalten sein. Das Feld wird virtuell vom Validation-Helper zum Model hinzugefügt.

8.6.2 »validates_associated«

Dies überprüft, ob ein assoziiertes Objekt auch valide ist. Angenommen, wir haben eine Klasse `Category`, die mehrere Favoriten (Bookmarks) enthalten kann. Eine Kategorie soll dann als valide gelten, wenn auch die zugeordneten Favoriten valide sind.

```
class Category < ActiveRecord::Base
  has_many :bookmarks

  validates_associated :bookmarks
end
```

8.6.3 »confirmation«

Bei Anmeldeformularen muss man sehr häufig das Passwort oder die E-Mail-Adresse doppelt eingeben, damit Schreibfehler möglichst vermieden werden. Genau für diesen Zweck können Sie die `confirmation`-Validierung einsetzen.

Doppeltes Passwort

Angenommen, wir haben eine Anmeldeseite, um einen neuen Benutzer anzulegen, und das neue Benutzerkonto wird nur erstellt, wenn das Passwort doppelt eingegeben wurde:

```
class User < ActiveRecord::Base
   validates :password, confirmation: true
end
```

Im View definieren Sie innerhalb des Anmeldeformulars ein Passwortfeld `password` für die Passworteingabe und ein Feld `password_confirmation` für die Bestätigung des Passworts:

```
<% form_for(@user) do |f| %>
  Passwort:
  <%= f.password_field :password %>
  Passwort bestätigen:
  <%= f.password_field :password_confirmation %>
<% end
```

[«]

Attribut »*_confirmation« ist virtuell

Die entsprechende Tabelle muss nicht das Attribut `password_confirmation` enthalten. Es wird virtuell von dem Helper erstellt. Sie benötigen für das obige Beispiel nur das Feld `password` in Ihrer Tabelle.

8.6.4 »exclusion«

Mit diesem Helper wird überprüft, ob der Wert eines Attributs **nicht** in einer Liste vorkommt. Im folgenden Beispiel möchten wir bestimmte Usernamen ausschließen:

```
class User < ActiveRecord::Base
  validates :username, exclusion:
  { in: ["admin", "root", "webmaster"] }
end
```

8.6.5 »inclusion«

Diese Validierung überprüft, ob der Wert eines Attributs in einer Liste vorkommt.

Im folgenden Beispiel wird ein Model definiert, das nur User aus bestimmten Ländern zulässt:

```
class User < ActiveRecord::Base
  validates :country, inclusion:
  { in: %w(Deutschland Schweiz Luxemburg Österreich) }
end
```

8.6.6 »format«

Mit `format` kann überprüft werden, ob das Attribut einem bestimmten Muster entspricht, das als regulärer Ausdruck angegeben wird.

E-Mail-Muster

Im folgenden Beispiel wird das Muster für eine E-Mail-Adresse festgelegt:

```
class User < ActiveRecord::Base
   validates :email, format:
   { with:/\A([^@\s]+)@((?:[-a-z0-9]+\.)+[a-z]{2,})\Z/i }
end
```

8.6.7 »length«

Mit diesem Helper können Sie die Länge von Zeichenketten überprüfen. Sie können entweder eine exakte Länge (`is`), einen Bereich (`within`), ein Maximum (`maximum`) oder ein Minimum (`minimum`) angeben.

Im folgenden Beispiel werden die Längen von Attributen einer Client-Klasse festgelegt:

```
class Client < ActiveRecord::Base
  validates :client_nr, length: { is: 7 }
  validates :password, length: { minimum: 7 }
  validates :comment, length: { :aximum: 100 }
  validates :lastname, length: { within: 2..100 }
end
```

Statt `:length` kann auch `:size` verwendet werden.

8.6.8 »numericality«

Die Validierung `numericality` überprüft, ob ein Wert dem Format einer Ganzzahl (ohne Komma) oder einer Fließkommazahl (mit Punkt als Dezimalzeichen) entspricht.

Im folgenden Beispiel für die `Product`-Klasse wird festgelegt, dass das Gewicht eine Fließkommazahl sein soll, der Preis zwischen 0 und 999 liegen muss und dass die Menge ganzen Zahl entsprechen muss.

```
class Product < ActiveRecord::Base
  validates :weight, numericality: true
  validates :price, numericality:
  { greater_than: 0, less_than_or_equal: 999}
  validates :quantity, numericality: { only_integer: true }
end
```

Folgende Optionen können verwendet werden:

- **only_integer**
  Wenn die Option auf `true` gesetzt wird, wird überprüft, ob der Wert dem Format einer Ganzzahl entspricht. Ist die Option auf `false` gesetzt, wird überpüft, ob es sich um eine Fließkommazahl (mit Punkt als Dezimalzeichen) handelt. In diesem Fall gilt auch eine Zahl ohne Dezimalzeichen als gültig.
- **greater_than**
  Überprüft, ob der zu prüfende Wert größer ist als der definierte Wert.
- **greater_than_or_equal**
  Überprüft, ob der zu prüfende Wert größer als der oder gleich dem definierten Wert ist.
- **equal_to**
  Überprüft, ob der zu prüfende Wert gleich dem definierten Wert ist.
- **less_than**
  Überprüft, ob der zu prüfende Wert kleiner als der definierte Wert ist.
- **less_than_or_equal**
  Überprüft, ob der zu prüfende Wert kleiner als der oder gleich dem definierten Wert ist.
- **odd**
  Überprüft, ob der zu prüfende Wert eine ungerade Zahl ist.

- **even**
  Überprüft, ob der zu prüfende Wert eine gerade Zahl ist.

Kombination

Die Optionen können miteinander kombiniert werden, solange sie sich nicht gegenseitig ausschließen.

8.6.9 »presence«

Dies ist die einfachste Validierungsoption. Es wird überprüft, ob die zu prüfenden Felder gesetzt sind. Im folgenden Beispiel werden in der `Bookmark`-Klasse die Attribute `title` und `url` als Pflichtfelder deklariert:

```
class Bookmark < ActiveRecord::Base
  validates :title, :url, presence: true
end
```

8.6.10 »uniqueness«

Hiermit kann überprüft werden, ob ein Wert eines Feldes in einer Datenbanktabelle nicht mehrfach vorkommt. Dies ist z. B. bei Benutzernamen oder E-Mail-Adressen sinnvoll.

```
class Client < ActiveRecord::Base
  validates :email, uniqueness: { case_sensitive: false }
end
```

»scope«

Gelegentlich soll die Eindeutigkeit nur relativ zu einem anderen Feld sein. Die Flugnummer ist z. B. pro Abflugdatum eindeutig. Die Option `scope` legt das entsprechende Feld fest.

```
class Flight < ActiveRecord::Base
  validates nr:, uniqueness: { scope: :departure_date }
end
```

Folgende Optionen können verwendet werden:

- **case_sensitive**
  Legt fest, ob zwischen Groß- und Kleinschreibung unterschieden wird. Der Standardwert ist `true`, d. h., es wird zwischen Groß- und Kleinschreibung unterschieden. In MySQL wird standardmäßig bei Zeichenketten-Vergleichen nicht zwischen Groß- und Kleinschreibung unterschieden, weshalb diese Option dann keine Wirkung hat.
- **scope**
  Legt die Spalten fest, anhand derer die Eindeutigkeit des Datensatzes festgelegt wird.

8.6.11 »validates_each«

Telefonnummerprüfung

Dieser Helper ist in der Verwendung etwas komplexer, da er mit einem Block verwendet wird. Er wird eingesetzt, wenn Sie ein oder mehrere Attribute mit eigenem Code überprüfen möchten. Im folgenden Beispiel überprüfen wir mit `validates_each`, ob es sich um eine korrekte Telefon- und Faxnummer handelt.

```
class Client < ActiveRecord::Base
  validates_each :phone, :fax do |record, attr,value|
    unless PhoneService.check(attr, value)
      record.errors.add(attr)
    end
  end
end
```

Die Klasse `PhoneService` ist eine fiktive Klasse, die mit der Methode `check` überprüfen kann, ob die angegebene Rufnummer korrekt ist. Der Parameter `record` repräsentiert das ActiveRecord-Objekt. Der Parameter `attr` ist in unserem Beispiel `:phone` und `:fax`. Und der Parameter `value` beinhaltet jeweils den Wert des entsprechenden Feldes.

8.6.12 Validierungsoptionen

Es gibt einige Optionen, die können in allen der oben beschriebenen Validierungen verwendet werden. Mit der Option `message:` ist es z. B. möglich, individuelle Fehlermeldungen festzulegen.

- **allow_nil**
  Wenn `allow_nil` auf `true` gesetzt wird, so wird keine Validierung durchgeführt, falls das Attribut `nil` ist. Standard ist `false`.

- **allow_blank**
  Wenn `allow_blank` auf `true` gesetzt wird, wird keine Validierung durchgeführt, falls das Attribut `blank` (leer) ist. Standard ist `false`.

- **on**
  Gibt an, ob die Überprüfung beim Speichern (`:save`), nur beim Erstellen (`:create`) oder nur beim Ändern (`:update`) durchgeführt werden soll. Standard ist `:save`.

- **if**
  Legt eine Bedingung fest für die Entscheidung, ob die Validierung durchgeführt werden soll.

- **unless**
  Eine übergebene Methode, Prozedur oder Zeichenkette, die `true` oder `false` zurückliefert, prüft, ob die Validierung nicht auszuführen ist.

8.6.13 Selbstdefinierte Validierungen

Es ist auch sehr einfach möglich, eigene Validierungen zu definieren. Im folgenden Beispiel wird sichergestellt, dass der Verkaufspreis größer ist als der Einkaufspreis (`purchase_price`), damit kein Verlustgeschäft entsteht.

»validate« Für die selbstdefinierten Validierungen wird die Methode `validate` (nicht `validates`) verwendet.

```
class Product < ActiveRecord::Base
  validate :price_must_be_greater_than_purchase_price

  ...

  private

  def price_must_be_greater_than_purchase_price
    if price.present?  && purchase_price.present? &&
      purchase_price > price
      errors.add(:purchase_price,"can't be higher than price")
    end
  end
end
```

8.7 Suchen

Dank ActiveRecord ist es in den meisten Fällen nicht notwendig, für die Suche nach Datensätzen SQL-Code zu schreiben.

Vor Rails 3 Vor Rails 3 gab es praktisch nur die Methode `find` zum Suchen, jedoch mit vielen Optionen. Komplexe Suchabfragen waren oft nur schwer zu formulieren.

Ab Rails 3 Für Rails 3 wurde ActiveRecord von Grund auf neu entwickelt. Es stehen zahlreiche Methoden zur Verfügung, welche die Suche nicht nur vereinfachen, sondern auch die Lesbarkeit des Codes sehr erhöhen.

8.7.1 Suche nach IDs

Primärschlüssel

Die einfachste Suche ist die Suche nach einer oder mehreren IDs. In ActiveRecord sollte jede Tabelle einen Primärschlüssel vom Typ `integer` mit dem Feldnamen `id` besitzen. Wird eine Datenbanktabelle über eine Migration-Datei erzeugt, wird dieses Feld automatisch angelegt. Die ID wird von Rails automatisch verwaltet. Beim Einfügen eines neuen Datensatzes wird jeweils die nächsthöhere ID verwendet (`auto increment`). Jeder Datensatz besitzt also eine eindeutige ID.

In der Praxis verwenden Sie oft noch weitere Felder, um einen Datensatz eindeutig zu kennzeichnen. Dazu gehören z. B. Kundennummern, ISBN, Bestellnummern usw. Diese Felder können zusätzlich zu der ID in der Tabelle angelegt werden. Die Suche nach der ID, die im Folgenden beschrieben wird, sucht jedoch nur nach dem Feld `id`. Verwenden Sie für die Suche nach mehreren Feldern die Suche über alle Datensätze.

[«]

Zusammengesetzte Primärschlüssel

Zusammengesetzte Primärschlüssel werden von ActiveRecord nicht direkt unterstützt. Es gibt aber alternative Frameworks wie DataMapper, die sich in Rails 3 leicht integrieren lassen.

Die Suche nach einer ID liefert genau ein Objekt mit dem entsprechenden Datensatz zurück, wenn der Datensatz mit dieser ID existiert:

```
client = Client.find(1)
client.id
=> 1
```

Mehrere IDs

Um mehrere IDs zu suchen, werden einfach die entsprechenden IDs übergeben:

```
clients = Client.find(1,3)
clients.size
=> 2
clients.map(&:id)
=> [1,3]
```

Es ist auch erlaubt, die Werte in einem Array zu übergeben. Das Ergebnis ist das Gleiche:

```
clients = Client.find([1,3])
clients.size
=> 2
clients.map(&:id)
=> [1,3]
```

»exists?« Es ist auch möglich, einfach nur zu überprüfen, ob ein Datensatz mit einer bestimmten ID vorhanden ist. Im folgenden Beispiel wird mit der Methode `exists?` überprüft, ob ein Datensatz mit der ID 1 vorhanden ist:

```
if Client.exists?(1)
  puts "ID 1 existiert"
else
  puts "ID 1 existiert nicht"
end
```

Der Ausdruck `clients.map(&:id)` ist eine Abkürzung für den Ausdruck `clients.map{|c| c.id}`, der ein Array von IDs zurückliefert (siehe Abschnitt A.5.13 auf Seite 591 im Anhang).

[!]

Laufzeitfehler, falls IDs nicht vorhanden

Wenn der gesuchte Datensatz bei der Suche nach einer ID nicht existiert, wird ein `RecordNotFound`-Laufzeitfehler generiert. Bei allen anderen Sucharten wird ein leeres Ergebnis (`nil`) zurückgeliefert.

```
client = Client.find(13)
=> ActiveRecord::RecordNotFound: Couldn't find Client ...
```

Der Fehler kann wie folgt abgefangen werden:

```
begin
  client = Client.find(13)
rescue ActiveRecord::RecordNotFound
  # Der Code in diesem Bereich wird ausgeführt,
  # wenn es zu einem Fehler gekommen ist.
end
```

8.7.2 Suchmethoden im Überblick

Richtig interessant wird es erst, wenn die Suche mittels Suchkriterien eingeschränkt wird. Für die Suche stehen die folgenden Suchmethoden zur Verfügung.

- **where**
  Gibt ein Suchkriterium an, siehe Seite 286.
- **order**
  Gibt an, nach welchen Feldern sortiert werden soll, siehe Seite 289.
- **limit**
  Beschränkt die Anzahl der Suchergebnisse, siehe Seite 290.

- **offset**
  Gibt an, ab welchem Datensatz die Ergebnisse zurückgeliefert werden sollen, siehe Seite 290.

- **group**
  Hiermit können Gruppierungen durchgeführt werden.

- **having**
  Hiermit können Gruppierungen eingeschränkt werden.

- **joins**
  Entspricht dem Join-SQL-Befehl, siehe Seite 322.

- **includes**
  Hiermit können assoziierte Tabellen angegeben werden, die beim Generieren der Ergebnisobjekte gleich mitgeladen werden, siehe Seite 321.

- **select**
  Hiermit kann man angeben, welche Felder in den Suchergebnissen enthalten sein sollen. Der Standardwert ist `*`, was allen Feldern entspricht. Um nur die Felder `firstname` und `lastname` in den Suchergebnissen zu berücksichtigen, muss `:select` auf `'firstname, lastname'` gesetzt werden.

- **from**
  Gibt an, in welcher Tabelle gesucht werden soll. Wird von ActiveRecord automatisch gesetzt.

SQL-Fragmente

Jede der oben genannten Methoden hat eine direkte Entsprechung zu einem SQL-Fragment einer `SELECT`-Abfrage in der SQL-Abfragesprache. Die Zeichenkette, die Sie z. B. der `where`-Methode übergeben, wird als SQL-Fragment direkt bei `WHERE` angefügt, was in folgendem Beispiel verdeutlicht wird:

```
produkte = Product.where("price < 1000")
  SELECT "products".* FROM "products" WHERE (price < 1000)
```

Suchergebnisse

Um auf die Suchergenisse zuzugreifen, kann z. B. mit der Methode `each` iteriert werden. Das erste oder letzte Element kann mit den Methoden `first` und `last` abgefragt werden:

```
produkte.each{|product| puts product.name}
"iPad"
...
produkte.first.name
=> "iPad"
```

»find_each« Beim Iterieren über Tausende von Datensätzen sollte statt each besser die Methode find_each verwendet werden, da diese Methode standardmäßig jeweils maximal 1.000 Datensätze gleichzeitig in den Hauptspeicher lädt. Über die Option batch_size kann dieser Wert auch individuell eingestellt werden.

```
produkte.find_each(batch_size: 2000) do |product|
  puts product.name
end
```

Anzahl Die Anzahl der Ergebnisse kann mit count abgefragt werden:

```
produkte.count
  SELECT COUNT(count_column) FROM ...
=> 2
```

»any?«, »many?« Um zu überprüfen, ob mindestens ein Ergebnis vorliegt, kann die Methode any? angewendet werden. Die Methode many? gibt true zurück, wenn viele Elemente vorhanden sind. In Rails gelten mindestens zwei Ergebnisse als viele.

```
produkte.any?
=> true
produkte.many?
=> true
```

[»]

»ActiveRecord::Relation« (ARel)

Das Ergebnis einer Suchabfrage, z. B. Product.where("price < 1000"), mag auf dem ersten Blick vom Typ Array sein, da die Methoden each, first, last angewendet werden können. Wenn wir die class-Methode auf eine Suchabfrage anwenden, erhalten wir folgendes Ergebnis:

```
Product.where("price < 1000").class
=> ActiveRecord::Relation
```

Die Klasse ActiveRecord::Relation wird auch kurz **ARel** genannt und kümmert sich u. a. um die Generierung von SQL-Code.

Um ein echtes Array zu erhalten, kann auch die Methode all aufgerufen werden:

```
Product.where("price < 1000").all
=> Array
```

Die Methode all kann auch direkt auf eine Model-Klasse angewendet werden, wenn alle Datensätze abgefragt werden sollen: Product.all

Verkettung Die Suchmethoden können beliebig oft hintereinander aufgerufen werden. Im folgenden Beispiel werden die billigsten drei Produkte unter

1.000 Euro abgefragt, indem in einer Kette die Methoden `where`, `order` und `limit` aufgerufen werden.

```
Product.where("price < 1000").order("price").limit(3)
  SELECT "products".* FROM "products" WHERE (price < 1000)
  ORDER BY price LIMIT 3
```

Reihenfolge

In ActiveRecord spielt die Reihenfolge der Methoden-Aufrufe (meistens) keine Rolle, wie man am generierten SQL-Befehl sehen kann:

```
Product.limit(3).where("price < 1000").order("price")
  SELECT "products".* FROM "products" WHERE (price < 1000)
  ORDER BY price LIMIT 3
```

Mehrfach

Es ist sogar möglich, dass die gleichen Methoden mehrfach aufgerufen werden können. Im folgenden Beispiel werden alle Produkte mit einem Preis zwischen 500 und 1.000 Euro abgefragt:

```
Product.where("price > 500").where("price > 1000")
  SELECT "products".* FROM "products" WHERE (price > 500)
  AND (price > 1000)
```

Wir hätten in diesem Beispiel auch das Suchkriterium mit nur einer `where`-Methode realisieren können:

```
Product.where("price > 500 AND price < 1000")
  SELECT "products".* FROM "products" WHERE
  (price > 500 AND price < 1000)
```

Es ist auch möglich, die Abfragen in mehrere Schritte zu zerlegen.

```
preiswerte_produkte = Product.where("price < 1000")
   SELECT "products".* FROM "products" WHERE (price < 1000)
top3 = preiswerte_produkte.limit(3)
  SELECT "products".* FROM "products" WHERE (price < 1000)
  LIMIT 3
```

Im letzten Beispiel könnte man meinen, dass es effizienter gewesen wäre, die Suchmethoden in einer Zeile zu formulieren, damit nicht zwei Suchabfragen ausgeführt werden. Doch genau das spielt keine Rolle. Es werden zwar zweimal SQL-Befehle generiert, aber erst, wenn wir über das Ergebnis z. B. mit `each` iterieren oder auf das erste (`first`) oder letzte (`last`) Element zugreifen, wird der generierte SQL-Code an die Datenbank gesendet.

Mit den Methoden `only` und `except` können die bisherigen Suchkriterien beeinflusst werden.

»only« Mit der Methode `only` können Sie angeben, welche der bisherigen Suchmethoden nur (only) verwendet werden sollen. Alle anderen Suchkriterien werden entfernt.

```
produkte = Product.where("price < 1000").order("price").
                                            limit(3)

produkte.only(:where, :order)
  SELECT "products".* FROM "products" WHERE (price < 1000)
  ORDER BY price
```

»except« Die Methode `except` macht genau das Gegenteil. Es werden alle Suchkriterien übernommen außer (»except«) den angegebenen:

```
produkte.except(:limit)
  SELECT "products".* FROM "products" WHERE (price < 1000)
  ORDER BY price
```

Im Folgenden werden die Suchmethoden im Detail vorgestellt.

8.7.3 Suchbedingung (»where«)

Meistverwendete Suchmethode Die meistverwendete Suchmethode ist `where`, mit der die Suchbedingung angegeben wird. Die Suchbedingung kann in drei Formaten angegeben werden:

- **SQL-Zeichenkette**
  z. B. `Client.where("firstname = 'Lee'")`
- **SQL-Zeichenkette mit Platzhaltern**
  z. B. `Client.where("firstname = ?", 'Lee')`
- **Hash**
  z. B. `Client.where({firstname: 'Lee'})`

Im Folgenden werden die verschiedenen Formate in den Suchbedingungen näher beschrieben.

»where« mit SQL-Zeichenkette

Der `where`-Methode kann eine Zeichenkette übergeben werden:

```
Client.where("lastname = 'Adama' AND birthday > '1950-01-01'")
```

Die Bedingung wird von Rails unverändert in die `WHERE`-Klausel des SQL-Befehls übernommen, der intern ausgeführt wird:

```
SELECT * FROM clients
WHERE lastname = 'Adama' AND birthday > '1950-01-01'
```

Für einige Suchanfragen sind SQL-Kenntnisse erforderlich. Im folgenden Beispiel werden alle Kunden abgefragt, die einen Geburtstag eingetragen haben:

```
Client.where("birthday IS NOT NULL")
```

Sicherheitshinweis: SQL Injection [×]

Vermeiden Sie die Verwendung von Variablen in SQL-Zeichenketten, insbesondere dann, wenn Sie Variablen aus Benutzereingaben einsetzen wie im folgenden Beispiel:

```
Client.where("lastname = '#{params[:lastname]}'")
```

Es könnten per SQL Injection unerlaubte SQL-Befehle ausgeführt werden. Verwenden Sie deshalb in diesen Fällen `where` mit einerm SQL-Array oder einen Hash. Außerdem werden die Variablen gegebenenfalls nicht in den richtigen Typ umgewandelt.

»where« mit Platzhaltern

Um dynamische Suchabfragen zu generieren, in denen z. B. Benutzereingaben verwendet werden, ist es empfehlenswert, Platzhalter zu verwenden. Das folgende Beispiel fragt alle Kunden ab, die den Vornamen Adama haben und nach 1950 geboren sind:

```
lastname = "Adama"
birthday = Date.new(1950,1,1)
Client.where("lastname= ? AND birthday > ?",
             lastname, birthday)
```

Das erste Fragezeichen wird durch den Wert der Variablen `lastname` ersetzt und das zweite Fragezeichen durch den Wert der Variablen `birthday`.

Wegen der besseren Lesbarkeit können alternativ zu den Fragezeichen auch benannte Platzhalter verwendet werden:

```
Client.where("lastname= :lname AND birthday > :bday ",
            { lname: "Adama" , bday: Date.new(1950,1,1) })
```

»where« mit Hash

Auf Gleichheit prüfen

Diese Variante ist sehr praktisch, wenn auf Gleichheit geprüft wird. In einem Hash werden die Werte den Feldnamen zugeordnet. Die einzelnen

Zuweisungen werden im daraus generierten SQL-Code jeweils mit AND verbunden.

```
Client.where(firstname: 'Lee', lastname: 'Adama')
```

Bereiche

Es können auch Bereiche mit .. angegeben werden. Um z. B. alle Kunden abzufragen, die gestern hinzugefügt wurden, kann folgende Abfrage durchgefürt werden:

```
Client.where(created_at: (Time.now.midnight - 1.day)..
Time.now.midnight)
  SELECT "clients".* FROM "clients" WHERE ("clients".
  "created_at" BETWEEN '2011-10-27 22:00:00.000000' AND
  '2011-10-28 22:00:00.000000')
```

Sicherheit durch automatische Typumwandlung

Die where-Variante mit Platzhaltern und der Hash-Variante hat zahlreiche Vorteile gegenüber der Variante mit SQL-Zeichenketten:

- **Automatische Umwandlung der Datentypen**
  Zum Beispiel wird der Ruby-Typ Date automatisch in den Datumstyp umgewandelt, der in SQL erwartet wird.
- **Zeichenketten werden automatisch in Hochkommata gesetzt**
  Bei der Verwendung einer SQL-Zeichenkette müssen Zeichenketten manuell mit Hochkommata umschlossen werden:

  ```
  Client.where("lastname = 'Adama'").
  ```

  Wenn Sie ein SQL-Array oder einen Hash übergeben, übernimmt ActiveRecord das:

  ```
  Client.where(lastname: var)
  ```
- **Unerlaubte Zeichen werden geschützt ausgegeben**
  Unerlaubte Zeichen wie Hochkommata in den Variablen werden automatisch geschützt, um Sicherheitsprobleme z. B. durch eine SQL Injection zu vermeiden.

»where« verketten

Mehrere where-Methoden in unterschiedlichen Varianten werden beim Generieren in UND-Verknüpfungen (AND) umgewandelt:

```
Client.where("birthday > ?",  Date.new(1950,1,1)).
       where(firstname: 'Lee')
  SELECT "clients".* FROM "clients" WHERE "clients".
  "firstname" = 'Lee' AND (birthday > '1950-01-01')
```

8.7.4 Sortierreihenfolge (»order«)

Suchergebnisse werden standardmäßig aufsteigend sortiert. Das heißt, es ist nicht erforderlich, die Sortierreihenfolge anzugeben, wenn Sie Ihr Ergebnis aufsteigend sortieren möchten:

```
clients = Client.order("firstname")
  SELECT "clients".* FROM "clients" ORDER BY firstname
  clients.map(&:firstname)
=> ["Kara", "Lee", "William"]
```

»reverse_order«

Um die letzte Sortierung umzukehren, kann die Methode `reverse_order` zum Einsatz kommen:

```
clients = Client.order("firstname").reverse_order
  SELECT "clients".* FROM "clients" ORDER BY firstname DESC
```

»ASC« und »DESC«

Statt `reverse_order` könnten wir auch die Sortierreihenfolge direkt in der `order`-Methode mit `DESC` (»descending«) für absteigende und `ASC` (»ascending«) für aufsteigende Sortierung angeben:

```
clients = Client.order("firstname DESC")
   SELECT "clients".* FROM "clients" ORDER BY firstname DESC
clients.map(&:firstname)
=> ["Kara", "Lee", "William"]
```

»order«-Methoden verketten

Es sind auch zusammengesetzte Sortierreihenfolgen möglich. Im folgenden Beispiel soll nach dem Nachnamen sortiert werden. Falls gleiche Nachnamen vorkommen, wird der jüngere Client zuerst gelistet. Die Reihenfolge der `order`-Methoden ist hier relevant:

```
Client.order("lastname ASC").order("birthday DESC")
  SELECT "clients".* FROM "clients" ORDER BY lastname ASC,
  birthday DESC
```

Es ist jedoch auch möglich das gleiche Ergebnis mit dem Aufruf nur einer `order`-Methode zu erzielen.

```
Client.order("lastname ASC, birthday DESC")
  SELECT "clients".* FROM "clients" ORDER BY lastname ASC,
  birthday DESC
```

»reorder«

Wenn die Methode `reorder` eingesetzt wird, so überschreibt diese eine bestehende Sortierung:

```
Client.order("lastname ASC).reorder("birthday DESC")
   SELECT "clients".* FROM "clients" ORDER BY birthday DESC
```

8.7.5 Limitieren der Suchergebnisse (»limit«, »offset«)

»limit« Mit der Methode `limit` kann die Anzahl der Suchergebnisse eingeschränkt werden. Um z. B. die ersten zehn Datensätze zu ermitteln, können Sie `limit` wie folgt einsetzen:

```
clients = Client.limit(10) clients.size => 10
```

Wenn es weniger Datensätze gibt, als mit der Option `limit` angegeben wurde, werden alle verfügbaren Datensätze zurückgeliefert. Es kommt also zu keinem Fehler.

»offset« Besonders nützlich ist die Kombination von `limit` und `offset`. Sie wird oft für die Anzeige von Suchergebnissen verwendet, wenn zum Beispiel nur eine bestimmte Anzahl von Ergebnissen pro Seite angezeigt werden soll. Mit `offset` kann die Position angegeben werden, ab der die Suchergebnisse angezeigt werden sollen. Die Zählung beginnt dabei bei 0, das heißt, um z. B. beim dritten Datensatz zu beginnen, muss `offset` auf 2 gesetzt werden.

Um zum Beispiel die dritte Seite von Suchergebnissen zu zeigen, wenn zehn Ergebnisse pro Seite angezeigt werden, kann man wie folgt vorgehen:

```
clients = Client.limit(10).offset(30)
  SELECT "clients".* FROM "clients" LIMIT 10 OFFSET 30

clients.map(&:id)
=> [31,32,33,...40]
```

8.7.6 Statistische Berechnungen

ActiveRecord stellt Methoden für die Berechnung von Summen zur Verfügung. Diese ermitteln das Minimum, das Maximum oder den Durchschnitt.

- **count**
  Die Methode `count` bestimmt die Anzahl der Datensätze. Optional kann der Name eines Feldes übergeben werden. In diesem Fall werden nur die Datensätze gezählt, die im angegebenen Feld einen Wert haben. Außerdem kann mit der Option `:conditions` (wie bei der `find`-Methode) eine Bedingung angegeben werden.

```
Product.count
# => 2

# Bestimme die Anzahl der Produkte, deren Preis
# unter 1000 EUR liegt.
Product.where("price < 1000").count
# => 1
```

- **maximum**
  Es wird das Maximum des angegebenen Feldes bestimmt.

```
Product.maximum(:price).to_f
# => 1100
```

- **minimum**
  Diese Klassen-Methode bestimmt den kleinsten Wert des angegebenen Feldes.

```
Product.minimum(:price).to_f
# => 149.0
```

- **sum**
  Es werden alle Werte des angegebenen Feldes summiert. Optional kann auch eine Bedingung mit `:conditions` angegeben werden.

```
Product.sum(:price).to_f
# => 1249.0

# Summiere alle Preise, deren Produkte aktiviert sind
Product.where(enabled: true).sum(:price).to_f
# => 1249.0
```

- **average**
  Diese Methode bestimmt den Durchschnitt (arithmetisches Mittel) des angegebenen Feldes. Optional kann eine Bedingung mit `:conditions` angegeben werden.

```
Product.average(:price)
# => 624.5
```

8.7.7 Suchen mit dynamischen »find«-Methoden

Bei einfachen Suchabfragen ist es nicht notwendig, Suchmethoden wie `where` zu verwenden.

»find_by_feld«

Für jedes Feld einer Tabelle steht die Methode `find_by_feld(wert)` zur Verfügung, um nach dem entsprechenden Feld zu suchen. Der Befehl

`Product.find_by_name("iPod")` gibt beispielsweise den ersten Datensatz zurück, dessen Name mit »iPod« übereinstimmt.

Um alle Datensätze zurückzuliefern, die mit dem gesuchten Wert übereinstimmen, kann die Methode `find_all_by_feldname(wert)` verwendet werden:

```
Product.find_all_by_name("iPod")
```

Es sind auch Verknüpfungen mit `and` möglich:

```
Product.find_by_name("iPad")
# entspricht Product.where(name: "iPod").first

Product.find_all_by_name("iPod")
# entspricht Product.where(name: "iPod").all

Product.find_all_by_name_and_price("iPod",149)
# entspricht Product.where(name: "iPod", price: 149).all
```

Dynamisch Diese `find`-Methoden werden als dynamisch bezeichnet, weil sie erst beim ihrem Aufruf zur Laufzeit erzeugt werden.

»find_or_create« Es ist auch möglich, mit dieser Technik neue Objekte zu erstellen. Mit der Methode `find_or_create_by_feldname(wert, attribute)` wird zunächst eine Suche nach dem entsprechenden Feld durchgeführt. Ist die Suche erfolgreich, wird das entsprechende Objekt zurückgeliefert. Wird kein Datensatz gefunden, wird ein neues Objekt mit den angegebenen Attributen erstellt.

Im folgenden Beispiel soll nach einem Produkt mit einem bestimmten Namen gesucht werden. Daher wird die `find_or_create_by_name` aufgerufen mit dem Namen des gesuchten Produktes als ersten Paramater.

Der zweite optionale Pramater gibt die Attribute an, die zum Erzeugen des Objektes verwendet werden sollen, falls das gewünschte Objekt nicht gefunden wird.

```
produkt = Product.find_or_create_by_name('iPod"',
          price: 149.0, :enabled=>false)
  INSERT INTO "products" ...
  # entspricht Product.create(name: "iPod", price: 149.0,... )
produkt = Product.find_or_create_by_name('iPod"',
          price: 149.0, :enabled=>false)
  SELECT "products".* FROM "products" WHERE
  "products"."name" = 'MacBook Air 13"' LIMIT 1
  # entspricht Product.find_by_name("iPod")
```

Beim ersten Aufruf existierte das Objekt noch nicht und wurde daher erstellt. Beim zweiten Aufruf wird das Objekt gefunden.

Wenn das Objekt jedoch noch nicht gespeichert werden soll, kann die Methode `find_or_initialize_by_feldname(wert, attribute)` verwendet werden.

8.7.8 Suche über SQL

»find_by_sql«

ActiveRecord erlaubt es auch, den SQL-Code direkt für die Suche anzugeben. Dies sollte in der Praxis jedoch nur in Ausnahmefällen erfolgen. Aus Performanzgründen kann es sinnvoll sein, spezielle SQL-Befehle einzusetzen, die das Datenbanksystem bietet.

Im folgenden Beispiel wird der MySQL-Befehl `SOUNDS LIKE` verwendet, der auch Suchergebnisse findet, die zwar von der Schreibweise verschieden sind, aber ungefähr gleich ausgesprochen werden. Dieser SQL-Befehl kann nur bei Verwendung einer MySQL-Datenbank benutzt werden:

```
Product.find_by_sql(
  "SELECT trim(name) AS name, price
   FROM products
   WHERE name SOUNDS LIKE 'ball'")

Product.find_by_sql(
  "SELECT trim(name) AS name, price
   FROM products
   WHERE name SOUNDS LIKE ?",  'ball')
```

8.7.9 Selbstdefinierte Suchmethoden (Scope)

Es ist sehr verlockend, insbesondere für Rails-Anfänger, die Suchmethoden wie `where` direkt in Controllern zu verwenden, wie im folgenden Beispiel:

```
class ProductsController < ApplicationController
  def index
    @products = Product.where(enabled: true).
                where("price < 500").
                where("created_at >= ?", Date.today - 7.days).
                order("price")
  end
end
```

Listing 8.11 »app/controller/products_controller.rb«

Die `index`-Methode liefert alle freigegebenen Produkte unter 500 Euro, die in den letzten sieben Tagen hinzugefügt wurden. Das sollte jedoch vermieden werden, da für die Implementierung der Suchabfragen das Model zuständig ist. Besser ist die folgende Implementierung:

```
class ProductsController < ApplicationController
  def index
    @products = Product.freigegeben.preiswert.neuste
  end
end
```

Listing 8.12 »app/controller/products_controller.rb«

Klaasenmethoden

Damit der Controller-Code funktioniert, müssen wir die Klassenmethoden `freigegeben`, `preiswert` und `neuste` in der `Product`-Klasse definieren:

```
class Product < ActiveRecord::Base
  def self.preiswert
    where("price < 500").order("price")
  end

  def self.freigegeben
    where(enabled: true)
  end

  def self.neuste
    where("created_at >= ?", Date.today - 7.days)
  end
end
```

Listing 8.13 »app/models/product.rb«

»scope«

Da das Definieren von Klassenmethoden für die Suche sehr häufig vorkommt, bietet ActiveRecord nach dem Motto »Don't Repeat Yourself« (DRY) die Methode `scope`, mit der wir kürzeren und (meist) besser lesbaren Code erhalten:

```
class Product < ActiveRecord::Base
  scope :preiswert, where("price < 500").order("price")
  scope :freigegeben, where(enabled: true)
  scope :neuste, lambda { where("created_at > ?",
                                Date.today - 7.days) }
end
```

Listing 8.14 »app/models/product.rb«

Der letzte `scope` enthält einen `lambda`-Aufruf. Dies ist notwendig, damit das Datum bei jedem Aufruf ausgeführt und nicht zwischengespeichert wird. Das ist immer bei Datums- und Zeitangaben notwendig.

Parameter

Mit `lambda` ist es auch möglich, Parameter zu übergeben. Im folgenden Beispiel kann dem Scope `neuste` auch ein Parameter übergeben werden, der die Anzahl der Tage festlegt:

```
class Product < ActiveRecord::Base
  ...
  scope :neuste, lambda { |anzahl=7| where("created_at >= ?",
                            Date.today - anzahl.days) }
end
```

Listing 8.15 »app/models/product.rb«

Der Aufruf `Product.neuste(2))` liefert die Produkte der letzten zwei Tage.

»default_scope«

Die bisherigen Scopes mussten explizit aufgerufen werden, damit sie das Suchergebnis beeinflussen. Mit `default_scope` bietet ActiveRecord die Möglichkeit, einen Scope zu definieren, der immer automatisch angewendet wird. Im folgenden Beispiel wird eine Methode `default_scope` definiert, die nur freigegebene Produkte ins Suchergebnis aufnimmt:

```
class Product < ActiveRecord::Base
  default_scope where(enabled: true)
  ...
end
```

Listing 8.16 »app/models/product.rb«

Wenn dann z. B. `Product.preiswert` aufgerufen wird, wird sowohl der `preiswert`-Scope als auch der `default_scope` angewendet.

»unscoped«

Wenn wir jedoch auch eine Abfrage für die nicht freigeschalteten Produkte benötigen, so kann mit `Product.unscoped` der `default_scope` deaktiviert werden.

»reorder«

Wenn in einem `default_scope` eine Sortierung mit `order` vorgenommen wird, so kann in einem anderen Scope die Sortierung mit der Methode `reorder` geändert werden.

```
class Product < ActiveRecord::Base
  default_scope where(enabled: true).order("created_at")
  scope :preiswert, where("price < 500").reorder("price")
  ...
end
```

Listing 8.17 »app/models/product.rb«

Würde einfach nur `order` verwendet, so würde `Product.preiswert` die Sortierung `ORDER BY created_at, price` liefern, was zu einer nicht gewünschten Sortierung führt. Mit `reorder` wird die Sortierung von `default_scope` ignoriert.

8.8 Assoziationen

8.8.1 Eins-zu-viele-Assoziationen (1:n)

Meistverwendete Assoziation

Die Eins-zu-viele-, oder auch 1:n-Assoziationen (auch Relationen), sind die meistverwendeten Assoziationen. Hierbei steht ein Objekt einer Klasse A in Beziehung zu »beliebig vielen« Objekten einer Klasse B, und ein Objekt der Klasse B steht zu einem Objekt der Klasse A in Beziehung. Man kann auch sagen, dass ein Objekt der Klasse A *viele* Objekte der Klasse B *hat* und ein Objekt der Klasse B *zu einem* Objekt der Klasse A *gehört*.

Die Eins-zu-viele-Assoziation wird in Diagrammen (UML) oft mit einer Verbindungslinie mit den Bezeichnungen **1** und ***** dargestellt. Um zu verdeutlichen, dass ein Objekt höchstens eine Beziehung hat, wird statt **1** auch **0..1** geschrieben.

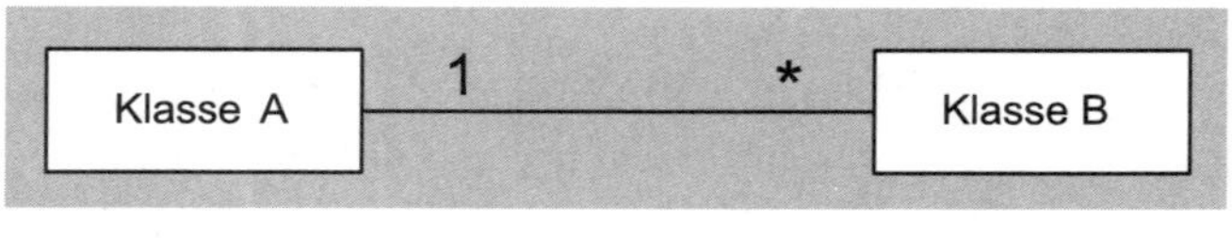

Abbildung 8.4 1:n-Assoziation

In der Praxis gibt es zahlreiche Beispiele:

- *Ein* Land hat *viele* Flughäfen, und ein Flughafen *gehört zu einem* Land.
- *Eine* Wohnung hat *viele* Möbel, aber ein Möbelstück *gehört zu einer* Wohnung.

- *Ein* Sonnensystem hat *viele* Planeten, und ein Planet *gehört zu einem* Sonnensystem.
- *Ein* Mensch hat *viele* Organe, und ein Organ *gehört zu einem* Menschen.
- *Ein* Kunde hat *viele* Bestellungen, und eine Bestellung *gehört zu einem* Kunden.

Mit »beliebig vielen« ist auch keinmal eingeschlossen, z. B. kann ein Kunde auch keine Bestellung haben.

Das folgende Diagramm zeigt die Assoziation zwischen der Klasse `Country` und der Klasse `Airport` aus unserer Beispielapplikation `railsair` (siehe Kapitel 6 ab Seite 169).

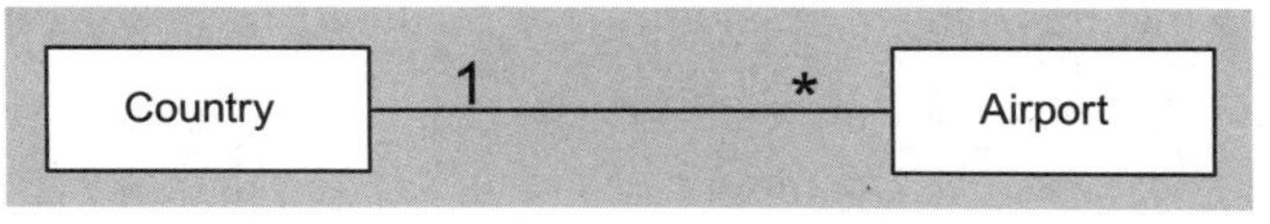

Abbildung 8.5 Country-Airport-Assoziation

Zwei Tabellen

Zur Implementierung einer Eins-zu-viele-Assoziation in einer relationalen Datenbank werden zwei Tabellen benötigt. Eine Tabelle (die »Viele«-Tabelle) enthält einen sogenannten *Fremdschlüssel*, der einen Verweis auf einen Datensatz einer anderen (oder der gleichen) Tabelle (die »Eins«-Tabelle) darstellt. Theoretisch ist ein Fremdschlüssel ein Tabellenfeld, das den Wert eines Primärschlüssels enthält, zu dem die Assoziation hergestellt wird. Ein Primärschlüssel ist ein Tabellenfeld, das jeden Datensatz der Tabelle eindeutig identifiziert.

Konventionen

Das Framework ActiveRecord hat folgende wichtige Konventionen:

- Primärschlüssel sind ganzzahlige Felder mit dem Namen `id`.
- Der Name des Fremdschlüssels setzt sich aus dem Namen der Tabelle, auf die er verweist, und der Bezeichnung `id` zusammen, wie z. B. `country_id`.
- Tabellen werden anders als Klassen im Plural benannt.

Ein Land (Tabelle `countries`) hat z. B. viele Flughäfen (Tabelle `airports`). Die Tabelle `airports` enthält deshalb den Fremdschlüssel `country_id`.

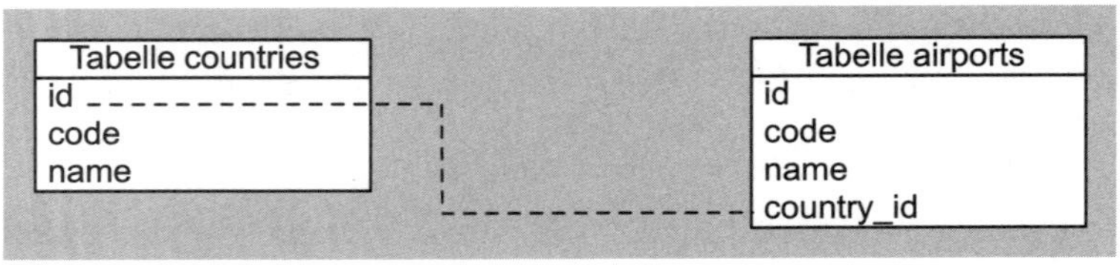

Abbildung 8.6 Country-Airport-Assoziation

Erstellung der Tabellen und Model-Klassen

Model-Generator

Für die Erstellung der Models können wir den Model-Generator verwenden. Alternativ kann auch der Scaffold-Generator verwendet werden, der zusätzlich auch die zugehörigen Controller und Views erzeugt. Die Angabe der Felder für die Tabelle ist optional. Sie können die Felder auch manuell in der Migration-Datei definieren.

Im Folgenden verwenden wir den Model-Generator zur Erstellung des Country- und Airport-Models. Als Parameter übergeben wir den Namen des Models und die Tabellenfelder-Datentyp-Paare.

```
rails generate model country code:string name:string
rails generate model airport code:string name:string \
country_id:integer
```

»rake db:migrate«

Die Tabellen `countries` und `airports` werden in der Datenbank erstellt, wenn die Migration-Dateien mit dem Rake-Task `rake db:migrate` ausgeführt werden.

Test in der Konsole

Nachdem die Migrations ausgeführt und die Tabellen angelegt wurden, werden wir in der `rails console` als Übung das Land Germany anlegen und ihm zwei Flughäfen zuordnen. Da wir uns auch um das Setzen der Fremdschlüssel kümmern müssen, ist das sehr umständlich.

```
# Erstellen von Objekten
germany = Country.create(code: 'DE', name: 'Germany')
air_muc = Airport.create(code: 'MUC', name: 'Munich')
air_dus = Airport.create(code: 'DUS', name: 'Düsseldorf')

# Zuordnung
air_muc.country_id = germany.id
air_dus.country_id = germany.id

air_muc.save
air_dus.save

# Suchen nach allen deutschen Flughäfen:
german_airports = Airport.where(country_id: germany.id)
```

Auch die Suche muss mit Hilfe von `where` erfolgen und ist deshalb auch sehr umständlich. Aber wie Sie sicher schon vermutet haben, stellt Rails dazu eine sehr praktische Lösung zur Verfügung, die wir Ihnen im nächsten Abschnitt vorstellen.

Definieren der Assoziation in den Models

Damit ActiveRecord sich um die Fremdschlüssel automatisch kümmert, muss in den Model-Klassen in Form einer Deklaration angegeben werden, wie und mit welcher anderen Klasse die Klasse in Relation steht.

»has_many«, »belongs_to«

Um eine Eins-zu-viele-Assoziation abzubilden, werden die Methoden `has_many` (»hat viele«) und `belongs_to` (»gehört zu«) verwendet. In der Klasse mit dem Fremdschlüssel (in unserem Beispiel die Klasse `Airport`) wird die `belongs_to`-Methode verwendet, und in der Klasse, zu der die Assoziation besteht (in unserem Beispiel die Klasse `Country`), wird die `has_many`-Methode verwendet:

```
# Datei app/models/country.rb
class Country < ActiveRecord::Base
  has_many :airports
end

# Datei app/models/airport.rb
class Airport < ActiveRecord::Base
  belongs_to :country
end
```

Listing 8.18 Model-Klassen »Country« und »Airport«

[!] Die Angabe des Models erfolgt bei der `has_many`-Methode im Plural und die bei der `belongs_to`-Methode im Singular. Dies kann man sich jedoch leicht merken, denn ein Country »hat viele« Airports und ein Airport »gehört zu« einem Country.

Unser umständliches Beispiel von eben kann nun vereinfacht werden. Falls Sie vorher bereits Daten angelegt haben, können Sie mit `rake db:reset` die Datenbank wieder zurücksetzen, um das folgende Beispiel auszuführen.

```
# Erstellen von Objekten
germany = Country.create(code:'DE', name:'Germany')
air_muc = Airport.create(code: 'MUC', name: 'Munich')
air_dus = Airport.create(code: 'DUS', name: 'Düsseldorf')
```

```
# Zuordnung
germany.airports << air_muc
germany.airports << air_dus

# Suchen nach allen deutschen Flughäfen.
german_airports  = germany.airports
```

[»] **Zugeordnete Objekte werden automatisch gespeichert**

Die Airport-Objekte haben wir nur mit der Methode `new` erstellt und nicht gespeichert. Bei der Zuordnung mit `<<` werden die Fremdschlüssel der Airport-Objekte gesetzt und die Objekte automatisch gespeichert. Voraussetzung dafür ist, dass das Country-Objekt bereits gespeichert wurde. Hätten wir die Airport-Objekte mit der `create`-Methode erstellt, hätte die Zuordnung zu einem erneuten Speichern geführt, was zwar kein Problem darstellen würde, jedoch für die Performance nicht von Vorteil ist.

Löschen

Wenn zu einem Objekt (z. B. dem Country-Objekt `germany`) mehrere Objekte (z. B. die Airport-Objekte `dus` und `muc`) in Relation stehen, dann stellt sich die Frage, was passiert, wenn das Country-Objekt (`germany`) gelöscht wird.

»dependent« Dies hängt von der Option `dependent` der `has_many`-Methode ab, die die Werte `:nullify` (Standardeinstellung), `:destroy`, `:delete_all` oder `:restrict` annehmen kann.

- **dependent: :nullify**
  Beim Löschen eines Objektes (z. B. `germany`) werden die assoziierten Objekte nicht gelöscht, sondern es wird lediglich der Eintrag der ID-Nummer aus dem Fremdschlüssel entfernt . `:nullify` ist die Standardeinstellung von `:has_many` und braucht daher nicht explizit angegeben zu werden.

```
# app/models/country.rb
class Country < ActiveRecord::Base
  has_many :airports
end

# Beispielaufruf in der script/console
germany = Country.create(code: 'DE', name: 'Germany')
gemany.airports << Airport.new(code: 'MUC', name: 'Munich')
Airport.find_by_code('DE').id # => 1
germany.destroy
Airport.find_by_code('DE').id # => nil
```

- **dependent: :destroy**
  In diesem Fall werden alle assoziierten Objekte gelöscht, indem auf jedem assoziierten Objekt die `destroy`-Methode aufgerufen wird:

```
# app/models/country.rb
class Country < ActiveRecord::Base
  has_many :airports, dependent: :destroy
end

# Beispielaufruf in der script/console
germany = Country.create(code: 'DE', name:  'Germany')
gemany.airports << Airport.new(code: 'MUC', name: 'Munich')
germany.destroy
Airport.find_by_code('DE').nil? # => true
```

- **dependent: :delete_all**
  Diese Option löscht wie bei der Option `:dependent :destroy` die assoziierten Objekte, jedoch direkt mit dem SQL-Befehl `DELETE`, ohne dass die `destroy`-Methode auf den assoziierten Objekten aufgerufen wird, was zur Folge hat, dass Callbacks nicht ausgeführt werden (siehe Abschnitt 8.9 auf Seite 324).

- **dependent: :restrict**
  Diese Option verhindert das Löschen, solange noch Objekte assoziiert sind.

Im nächsten Abschnitt wird detailliert gezeigt, was der Aufruf von `belongs_to` und `has_many` hinter den Kulissen von Rails bewirkt.

Hinzugefügte Methoden von »belongs_to«

belongs_to

Durch die Deklaration bzw. den Aufruf von `belongs_to :country` werden nachfolgende Methoden dynamisch der Klasse `Airport` hinzugefügt. Dies ist wegen der Flexibilität von Ruby möglich:

- **country**
  Liefert das assoziierte Objekt, in diesem Fall das Land, das dem Flughafen zugeordnet ist. Wenn `country(true)` aufgerufen wird, wird ActiveRecord angewiesen, das assoziierte Objekt erneut zu laden. Dies ist sinnvoll, wenn sichergestellt werden soll, dass die aktuellen Daten geladen werden.

```
airport = Airport.find(1)
puts airport.country.name
```

- **country=**
  Hiermit kann das assoziierte Objekt zugeordnet werden. Im folgenden Beispiel wird dem Flughafen Düsseldorf das Land Deutschland zugeordnet.

  ```
  dus = Airport.new
  dus.name = "Airport Düsseldorf"
  country_de = Country.find_by_code('DE')
  dus.country = country_de
  ```

- **build_country**
  Hiermit wird direkt ein neues assoziiertes Objekt erstellt, jedoch noch nicht gespeichert.

  ```
  airport = Airport.last
  germany = airport.build_country(name: "Germany")
  germany.save
  ```

- **create_country**
  Hiermit wird direkt ein neues assoziiertes Objekt erstellt und auch gespeichert.

  ```
  airport = Airport.find(12)
  germany = airport.create_country(name: "Germany")
  ```

- **country.nil?**
  Liefert `true` zurück, wenn es kein passendes assoziiertes Objekt gibt.

  ```
  fra = Airport.create(name: "Frankfurt a.M. Airport")
  fra.country.nil? # => true
  ```

Hinzugefügte Methoden von »has_many«

»has_many«

Durch die Deklaration bzw. den Aufruf von `has_many :airports` werden folgende Methoden der Klasse `Country` hinzugefügt:

- **airports**
  Liefert das Array aller assoziierten Objekte. In diesem Fall werden alle Flughäfen zu dem Land zurückgeliefert.

  ```
  country = Country.find_by_DE("DE")
  puts "Folgende Flughäfen hat Deutschland:"
  country.airports.each do |airport|
    puts airport.name
  end
  ```

- **airports** <<
  Fügt ein oder mehrere Objekte zu der Assoziation hinzu. Im folgenden Beispiel werden Flughäfen dem Land zugeordnet:

```
airport1 = Airport.create(code: "DUS")
airport2 = Airport.create(code: "MUC")
country = Country.find_by_code("DE")
country.airports << airport1
country.airports << airport2
# oder in einer Zeile:
country.airports << [airport1, airport2]
```

- **airports.create**
  Mit der Methode `create` auf dem assoziierten Objekt kann gleichzeitig das Objekt erstellt und zugeordnet werden. Als Ergebnis wird das erstellte Objekt zurückgeliefert:

```
berlin = germany.airports.create(code: 'SXF',
                                 name: 'Berlin-Schönefeld')
```

- **airports.build**
  Die Methode `build` funktioniert wie die `create`-Methode, nur dass das Objekt nicht gespeichert wird.

Wie »create«

- **airports=**
  Vorsicht, denn hier werden alle bereits assoziierten Objekte entfernt und die angegebenen Objekte (als Array) neu zugeordnet.

```
germany = Country.find_by_code(code: 'DE')
germany.airports.size
# => 2
germany.airports = [Airport.new(code: 'TXL')]
germany.airports.size
# => 1
```

- **airports.find**
  Die `find`-Methode gibt alle assozierten Objekte zurück, die dem angegebenen Suchkriterium entsprechen (siehe Abschnitt 8.7 auf Seite 280).

```
germany = Country.find_by_code("DE")
# Suche nach allen deutschen Flughäfen, deren Name
# mit  'B' beginnt
germany.airports.where("name like 'B%'")
```

- **airports.size**
  Die Methode liefert die Anzahl der assoziierten Objekte (`airports`) zurück.

```
country = Country.find_by_code("DE")
country.airports.size
# => 2
```

- **airports.emtpy?**
  Liefert `true`, wenn es keine assoziierten Objekte (`airports`) gibt.

```
france = Country.create(code: 'FR')
france.airports.empty?
# => true
```

- **airports.delete**
  Die Methode entfernt die Assoziation zu den assoziierten Objekten (`airports`), d.h., die Einträge der Fremdschlüssel (`country_id`) werden auf `NULL` gesetzt. Die assoziierten Objekte (`airports`) werden jedoch nicht gelöscht, es sei denn, die Methode `belongs_to` wird mit der Option `:dependent=>:destroy` aufgerufen.

```
country = Country.find_by_code("DE")
country.airports.size
# => 2
country.airports.delete
country.airports.size
# => 0
```

8.8.2 Eins-zu-eins-Assoziationen (1:1)

Höchstens eins

Eine Eins-zu-eins-Assoziation (1:1) ist genau genommen eine Eins-zu-viele-Assoziation, bei der die Mengenangabe »viele« auf höchstens »eins« reduziert ist.

- Ein Passagier hat (höchstens) eine Bonuskarte (einer Fluggesellschaft).
- Eine Firma hat (höchstens) einen Vorstand.
- Ein Land hat (höchstens) einen Regierungschef.

Im folgenden Beispiel wird jedem Passagier höchstens eine Bonuskarte zugeordnet. Das bedeutet, dass ein Passagier entweder keine oder eine Bonuskarte besitzt.

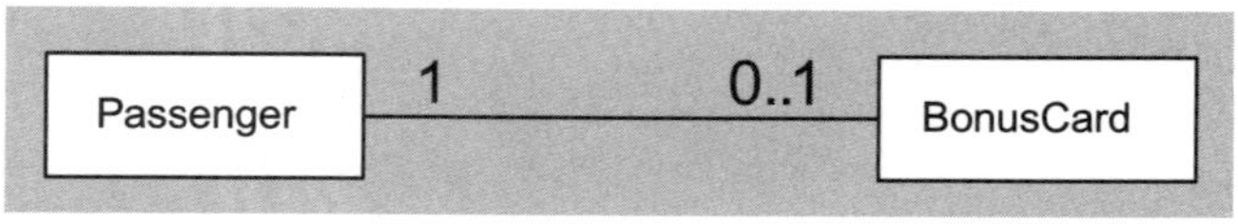

Abbildung 8.7 Klassendiagramm einer 1:1-Assoziation

In einer der beiden Tabellen wird wie bei einer Eins-zu-viele-Assoziation ein Fremdschlüssel benötigt. In unserem Beispiel wird der Fremdschlüssel `passenger_id` in der Tabelle `bonus_cards` angelegt.

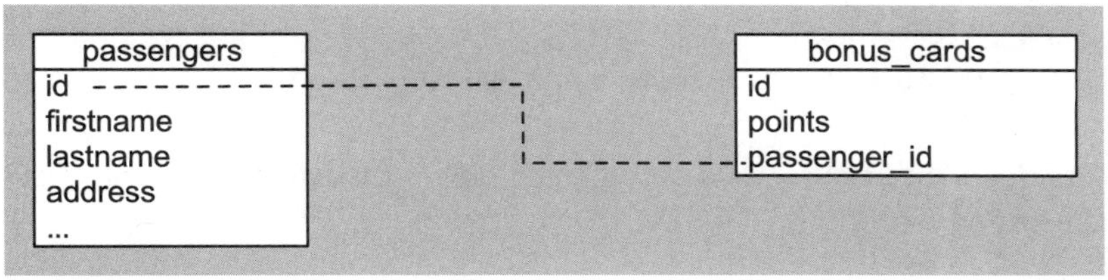

Abbildung 8.8 Tabellen »passengers« und »bonus_cards«

Erstellung der Tabellen und Model-Klassen

Model-Generator

Zu jeder Tabelle gibt es eine Model-Klasse. Zur Generierung der Tabellen und Model-Klassen kann auch hier der Model-Generator verwendet werden:

```
rails generate model Passenger firstname:string \
     lastname:string

rails generate model BonusCard points:integer \
     passenger_id:integer
```

»rake db:migrate«

Vor Ausführung der Migration-Dateien mit dem Befehl `rake db:migrate` können Sie bei Bedarf die Migration-Dateien vorher anpassen, um z. B. weitere Felder hinzuzufügen.

Definieren der Assoziationen in den Models

»has_one«, »belongs_to«

Die Definition der Assoziation erfolgt bei einer Eins-zu-eins-Assoziation mit den Methoden `has_one` und `belongs_to`. In der Model-Klasse, deren Tabelle den Fremdschlüssel enthält, wird die Methode `belongs_to` verwendet. In der `passengers`-Tabelle verwenden wir die Methode `has_one` mit der Option `:dependent=>:destroy`, da beim Löschen eines Passagiers aus der Datenbank auch die zugehörige Bonuskarte gelöscht werden soll.

```
# Datei app/models/passenger.rb
class Passenger < ActiveRecord::Base
  has_one :bonus_card, dependent: :destroy
end
```

```
# Datei app/models/bonus_card.rb
class BonusCard < ActiveRecord::Base
  belongs_to :passenger
end
```

Listing 8.19 Model-Klassen »Passenger« und »BonusCard«

Daten zuordnen

Im folgenden Beispiel wird gezeigt, wie einem Passagier eine Bonuskarte zugeordnet wird.

```
# Anlegen eines Passagiers
lee = Passenger.create(firstname: 'Lee', lastname: 'Adama')

# Überprüfen, ob Lee keine BonusCard hat
lee.bonus_card.nil? # => true

# Anlegen einer BonusCard
card = BonusCard.new(points: 100)

# Zuweisen der BonusCard
# Es wird automatisch der Fremdschlüssel gesetzt
# und das Objekt card gespeichert.
lee.bonus_card = card

# Überprüfen, ob Lee eine BonusCard hat
lee.bonus_card.nil? # => false

# Abfrage der Punkte
puts lee.bonus_card.points # => 100
```

»BonusCard«-Objekt

Um ein `BonusCard`-Objekt zu erstellen und gleichzeitig einem Passagier zuzuordnen, können die Methoden `build_bonus_card` und `create_bonus_card` verwendet werden. Die erste Methode erstellt ein `BonusCard`-Objekt, ohne es zu speichern, und die zweite Methode speichert das Objekt in der Datenbank.

```
# Anlegen eines Passagiers
william = Passenger.create(firstname: 'William',
                           lastname: 'Adama')

# Anlegen der BonusCard für den Passagier William
william.create_bonus_card(points: 200)

# Abfrage der Punkte
puts william.bonus_card.points # => 200
```

8.8.3 Viele-zu-viele-Assoziationen (n:m)

Bei der Viele-zu-viele-Assoziation, oder auch n:m-Assoziation (gelesen »n zu m«), steht ein Objekt einer Klasse A in Beziehung zu »beliebig vielen« Objekten einer Klasse B, und ein Objekt der Klasse B wiederum steht in Beziehung zu »beliebig vielen« Objekten der Klasse A. Die Mengenangabe »beliebig viele« schließt auch keinmal ein.

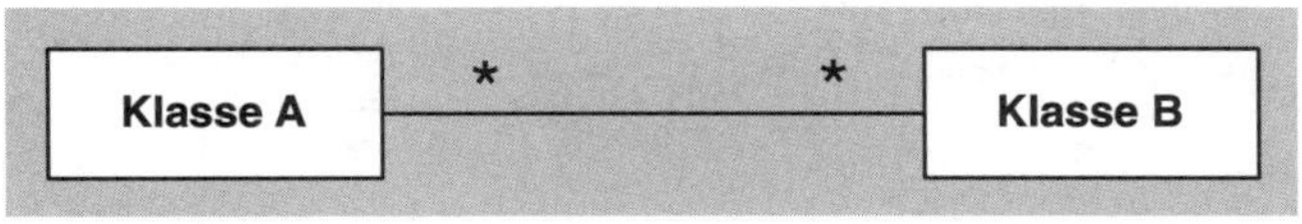

Abbildung 8.9 n:m-Assoziation

Beispiele für Viele-zu-viele-Assoziationen sind:

- Ein Produkt gehört zu vielen Kategorien, und eine Kategorie hat viele Produkte.
- Ein Flug hat viele Passagiere, und eine Passagier ist öfter geflogen.
- Eine Playlist eines MP3-Players hat viele Songs, und ein Song kann in mehreren Playlisten vorkommen.

Join-Tabelle

Für die Umsetzung einer Viele-zu-viele-Assoziation in einem relationalen Datenbanksystem wird neben den Tabellen für die Objekte der Klasse A und der Klasse B noch eine dritte Tabelle benötigt, welche die Fremdschlüssel enthält, um die Assoziation herzustellen. Diese Tabelle wird auch als Join-Tabelle bezeichnet.

Es gibt es zwei Techniken, eine Viele-zu-viele-Assoziation zu erstellen:

- **Join-Tabelle ohne ein Model**
  Die Join-Tabelle wird nur für die Verwaltung der Assoziation verwendet. Sie enthält neben den Fremdschlüsseln keine weiteren Felder. Es wird keine Model-Klasse für diese Join-Tabelle angelegt.
- **Join-Tabelle mit einem Model**
  Die Join-Tabelle enthält nicht nur die Fremdschlüssel, sondern auch weitere Felder. Die Join-Tabelle wird einem Model zugeordnet. Somit ist die Join-Tabelle mehr als eine Hilfstabelle.

Join-Tabelle ohne ein Model

Namenskonvention

Im Folgenden sollen Flüge Passagieren zugeordnet werden. Wenn ein Passagier an einem Flug teilnimmt, so wird der Passagier diesem Flug zugeordnet. Für die Zuordnung wird eine Tabelle mit den Fremdschlüsseln `flight_id` und `passenger_id` erstellt. Die Benennung der Tabelle muss der Konvention folgen: Name der beiden Tabellen, die mit einem Unterstrich verbunden werden. Wichtig ist, dass die Tabellen in aufsteigender alphabetischer Reihenfolge benannt werden. In unserem Beispiel also `flights_passengers`.

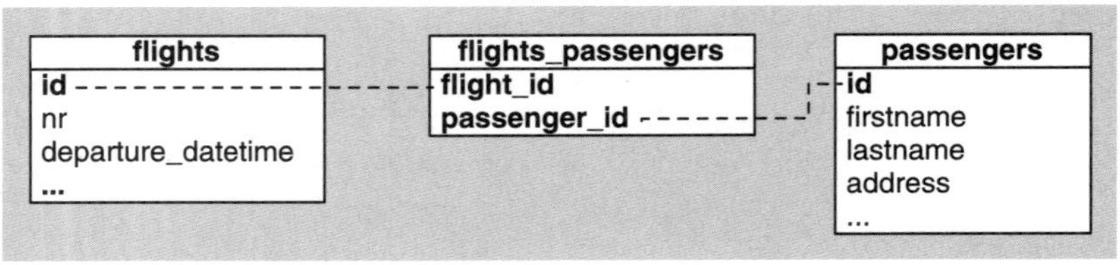

Abbildung 8.10 n:m-Assoziation

Erstellung der Tabellen und Models

Zu den Tabellen `flights` und `passengers` werden Model-Klassen erstellt. Die Join-Tabelle wird keinem Model zugeordnet. Diese Tabelle wird bei der Programmierung mit ActiveRecord nicht direkt angesprochen. Das Framework kümmert sich um die Verwaltung der Tabellen.

Für die Erstellung der Model-Klassen `Flight` wird wieder der Model-Generator eingesetzt:

```
rails generate model flight nr:string \
  departure_datetime:datetime
```

Die Model-Klasse `Passenger` wurde im letzten Abschnit bereits erstellt.

Migration-Generator

Zur Erstellung der Join-Tabelle wird der Migration-Generator eingesetzt:

```
rails generate migration CreateJoinFlightsPassengers
```

Die erzeugte Migration-Datei ist bis auf die Klassen- und Methoden-Deklarationen noch leer:

```
class CreateJoinFlightsPassengers < ActiveRecord::Migration
  def up
  end

  def down
  end
end
```

Listing 8.20 »db/migrate/*_create_join_flights_passengers.rb«

Wir ändern die Migration-Datei wie folgt, um die neue Tabelle `flights_passengers` zu erstellen:

```
class CreateJoinFlightsPassengers < ActiveRecord::Migration
  def change
    create_table :flights_passengers, id: false do |t|
      t.integer :flight_id
      t.integer :passenger_id
    end
  end
end
```

Listing 8.21 »db/migrate/*_create_join_flights_passengers.rb«

Mit dem Parameter `id: false` wird angegeben, dass kein ID-Feld (Primärschlüssel) generiert werden soll. Da zu der Join-Tabelle keine Model-Klasse erstellt wird, ist dies nicht notwendig. **»id: false«**

Außerdem haben wird statt den Methoden `up` und `down` nur die Methode `change` verwendet, da dies für diese Migration eine Abkürzung darstellt. **»change«**

Definieren der Assoziation in den Models

Bei einer Viele-zu-viele-Assoziation wird in beiden Model-Klassen die Methode `has_and_belongs_to_many` zur Deklaration der Assoziation verwendet. Als Parameter wird die jeweils andere Model-Klasse im Plural angegeben.

```
# Datei app/models/flight.rb
class Flight < ActiveRecord::Base
  has_and_belongs_to_many :passengers
end

# Datei app/models/passenger.rb
class Passenger < ActiveRecord::Base
  ...
  has_and_belongs_to_many :flights
end
```

Listing 8.22 Model-Klasse »Flight« und »Passenger«

Dank der Konvention muss die Join-Tabelle nicht erwähnt werden. Rails geht davon aus, dass die Tabelle `flights_passengers` existiert. **Konvention**

Durch den Aufruf der Methode `has_and_belongs_to_many` werden die gleichen zusätzlichen Methoden definiert wie bei einer Eins-zu-viele-Assoziation durch Aufruf der Methode `has_many` (siehe Abschnitt 8.8.1 auf Seite 296).

Beispiele In den folgenden Beispielen wird der Umgang mit der Viele-zu-viele-Assoziation demonstriert:

```
# Erstellen eines Fluges
flight =Flight.create(nr: "RA223")

# Erstellung zweier Passagiere falls nicht vorhanden.
lee = Passenger.find_or_create_by_firstname('Lee')
william = Passenger.find_or_create_by_firstname( 'William')

# Wie viele Passagiere hat der Flug?
flight.passengers.count # => 0

# Passagiere dem Flug zuordnen
flight.passengers << lee
flight.passengers << william
# oder flight.passengers << [lee, william]

# Wie viele Passagiere hat der Flug?
flight.passengers.count # => 2

# Wie viele Flüge hat Lee
lee.flights.count # => 1

# Flugnummer des Fluges von Lee?
lee.flights.first.nr # => "RA223"


# Ausgabe der Passagierliste
flight.passengers.each do |passenger|
  puts passenger.firstname
end
# => "Lee"
#    "William"

# Passagierliste als Array
flight.passengers.map{|passenger| passenger.firstname}
# => ["Lee","William"]


# Lee storniert den Flug RA223.
# Dazu wird die Assoziation zum Flug gelöst.
# Der Flug wird nicht gelöscht!
```

```
flight = Flight.find_by_nr('RA223')
lee.flights.delete(flight)

# Anzahl der Passagiere vom Flug ist nun um eins verringert
flight.passengers.size # => 1
```

Join-Tabelle mit einem Model

Mehr als Fremdschlüssel

Die Join-Tabelle enthält normalerweise nur die beiden Fremdschlüssel. Dies reicht in vielen praktischen Fällen jedoch nicht aus. In unserem Beispiel wäre es sinnvoll, in der Join-Tabelle z. B. auch das Buchungsdatum und den Kaufpreis der Buchung festzuhalten. In diesem Fall fungiert die Join-Tabelle nicht mehr als Hilfstabelle, sondern als Tabelle mit einer zugehörigen Model-Klasse.

Die Join-Tabelle erhält dann auch einen »richtigen« Namen. In unserem Beispiel wird die Join-Tabelle `bookings` genannt.

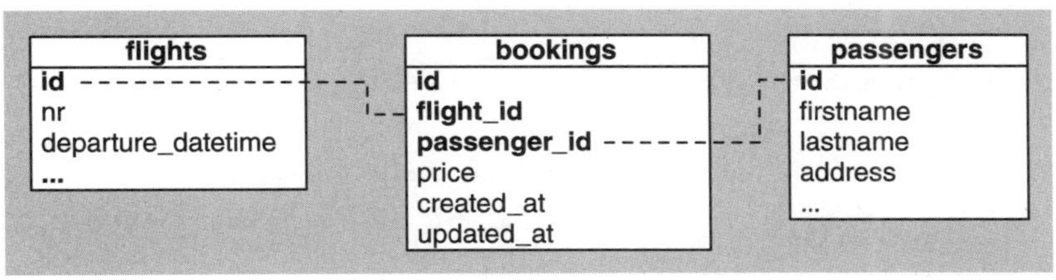

Abbildung 8.11 Assoziationen zwischen »flights-bookings-passengers«

Zwei Eins-zu-viele

Anstatt eine Viele-zu-viele-Assoziation werden nun zwei Eins-zu-viele-Assoziationen verwendet.

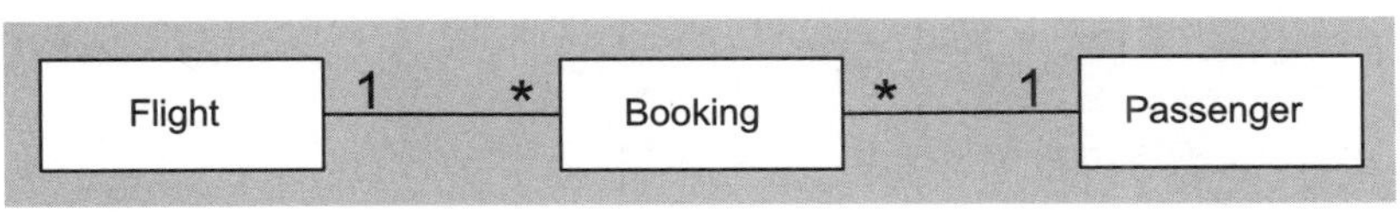

Abbildung 8.12 Klassen-Diagramm

Die Join-Tabelle und die dazugehörige Model-Klasse können nun auch mit dem Model-Generator erstellt werden.

```
rails generate model Booking flight_id:integer \
    passenger_id:integer price:float
```

Listing 8.23 Generierung des »Booking«-Models

Anschließend führen wir wieder `rake db:migrate` aus.

Die Assoziationen werden in den Model-Klassen durch die Methoden `has_many` und `belongs_to` definiert.

```
# Datei app/models/flight.rb
class Flight < ActiveRecord::Base
  has_many :bookings
end

# Datei app/models/booking.rb
class Booking < ActiveRecord::Base
  belongs_to :flight
  belongs_to :passenger
end

# Datei app/models/passenger.rb
class Passenger < ActiveRecord::Base
  ...
  has_many :bookings
end
```

Listing 8.24 Models »Flight«, »Booking« und »Passenger«

Eine Buchung kann dann wie folgt durchgeführt werden:

```
# Erstellen eines Fluges
flight =Flight.create(nr: "RA101")

# Erstellung eines Passagiers falls nicht vorhanden
lee = Passenger.find_or_create_by_firstname('Lee')

# Buchung erstellen
booking = Booking.new(price: 299.0)


# Buchung dem Passagier und dem Flug zuordnen
lee.bookings << booking
flight.bookings << booking

# Wie viele Buchungen hat der Passagiere Lee?
lee.bookings.count # => 1

# Wie viele Buchungen hat der Flug?
flight.bookings.count # => 1
```

Problem Es gibt jedoch ein Problem. Es ist nicht direkt möglich (ohne Umweg über das `Booking`-Model), zu einem Flug alle Namen der Passagiere zu ermitteln. Der Ausdruck `flight.users` ist zur Zeit nicht möglich.

Das Problem lässt sich durch Hinzufügen weiterer Assoziationen in den Models lösen. Zwischen den Models `Flight` und `Passenger` definieren wir eine Assoziation mit der Methode `has_many` mit der Option `through: :bookings`. Diese Option gibt den Namen der Join-Tabelle an.

```
# Datei app/models/flight.rb
class Flight < ActiveRecord::Base
  has_many :bookings
  has_many :passengers, through: :bookings
end

# Datei app/models/passenger.rb
class Passenger < ActiveRecord::Base
  ...
  has_many :bookings
  has_many :flights, through: :bookings
end
```

Listing 8.25 Models »Flight« und »Passenger«

Jetzt können wir z. B. leicht die Passagiere eines Fluges ermitteln:

```
# Anzahl Passagiere zu einem Flug
flight = Flight.last
flight.passengers.count
# => 1

# Ausgabe der Namen mit puts
flight.passengers.each do |passenger|
  puts passenger.firstname
end
# => "Lee"

# oder Erstellung eines Arrays mit den Namen
flight.passengers.map{|passenger| passenger.firstname}
# => ["Lee"]
```

8.8.4 Polymorphe Assoziationen

Definition

Polymorphe Assoziationen sind Assoziationen, die sich jeweils nicht nur auf Objekte der gleichen Klasse beziehen können, sondern auch auf Objekte verschiedener Klassen. Dies wird dadurch erreicht, dass nicht nur ein Fremdschlüssel, sondern auch der Name der Klasse gespeichert wird, auf die sich der Fremdschlüssel bezieht.

Anhand einer Buchungsapplikation demonstrieren wir den Einsatz von polymorphen Assoziationen.

Beispiel

Ein Reiseunternehmen bietet eine Reihe von verschiedenen Reisen, wie z. B. Flüge (Flights), Hotels und Schiffsreisen (Cruises) an, die buchbar sein sollen. Zur Verwaltung der Buchungen wird eine Tabelle bzw. eine Model-Klasse `Booking` verwendet.

Jede buchbare Reise kann beliebig viele Buchungen besitzen. Deshalb besteht zwischen den buchbaren Reisen und den Buchungen eine Eins-zu-viele-Assoziation.

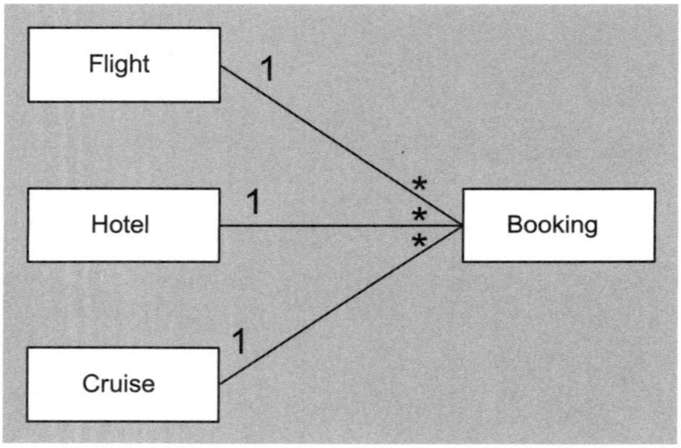

Abbildung 8.13 Klassen-Diagramm für Buchungsbeispiel

Wenn wir jedoch versuchen, die Eins-zu-viele-Assoziation zu implementieren, treffen wir auf folgendes Problem:

In der Tabelle mit den Buchungen (`bookings`) wird ein Fremdschlüssel benötigt, der die ID zur entsprechenden Reise speichert. Jedoch ist dann nicht klar, ob sich der Fremdschlüssel auf einen Flug, ein Hotel oder eine Schiffsreise bezieht.

Die Lösung besteht darin, dass wir in der Buchungstabelle (`bookings`) nicht nur ein Feld für den Fremdschlüssel erstellen, sondern auch ein Feld für den Namen der Klasse, auf die sich der Fremdschlüssel bezieht.

Es stellt sich jedoch die Frage, wie wir die Felder benennen. Da es sich um Reisen handelt, nennen wir das Feld mit dem Fremdschlüssel `voyage_id` und das Feld, das den Namen der Klasse speichert, `voyage_type`. Auf jeden Fall sollten die Felder dem Muster `*_id` und `*_type` entsprechen, um der Konvention in Rails zu genügen.

[+]

Benennung von Feldern in polymorphen Assoziationen

Wir hätten die Felder auch `bookable_id` und `bookable_type` nennen können. Die Bezeichnung *bookable* bezieht sich auf die *buchbaren* Objekte, die in unserem Fall Flüge, Hotels oder Schiffsreisen sein können. Diese Art der Benennung mit **able*, wie z. B. *commentable* oder *imageable*, wird bei polymorphen Assoziationen gerne verwendet.

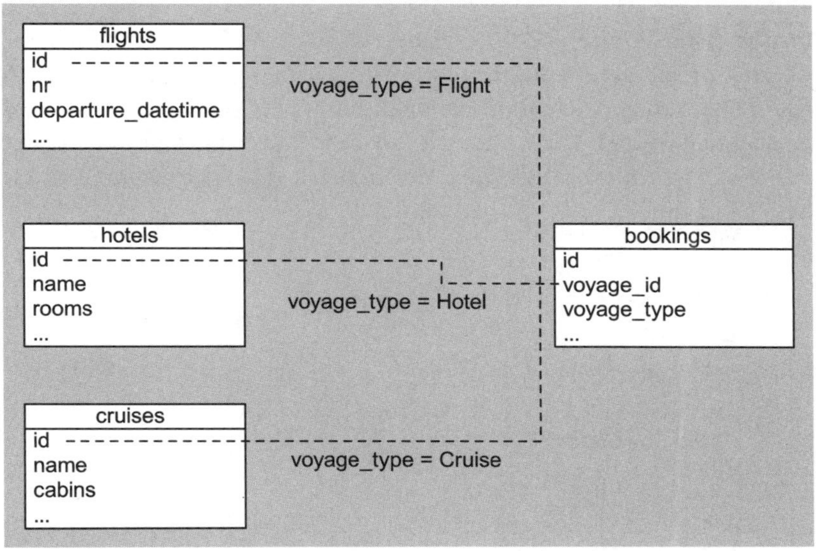

Abbildung 8.14 Tabellen der polymorphen Assoziation

Generierung der Model-Klassen und Tabellen

»rails polymorph«

Zur Übung können Sie hierfür ein neues Rails-Projekt mit `rails new polymorph -T -J` erstellen. Für die Erstellung der Model-Klassen und der zugehörigen Tabellen setzen wir auch hier wieder den Model-Generator ein. Alternativ kann auch der Scaffold-Generator benutzt werden. Der Einfachheit halber erstellen wir nur die wichtigsten Felder. In der Tabelle `flights` erstellen wir z. B. nur ein Feld für die Flugnummer (`nr`).

```
rails generate model flight nr:string

rails generate model hotel name:string rooms:integer

rails generate model cruise name:string cabins:integer

rails generate model booking firstname:string \
    lastname:string voyage_id:string voyage_type:string
```

In einer realen Applikation würde man in der bookings-Tabelle nicht ein Feld für den Nachnamen und den Vornamen verwenden, sondern ein Feld user_id als Fremdschlüssel einer User-Tabelle verwenden.

Um die Tabellen zu erstellen, führen wir die Migration-Skripte mit dem Befehl rake db:migrate aus.

Definieren der Assoziation in den Models

»has_many«, »as«

In den Model-Klassen Flight, Hotel und Cruise deklarieren wir die Assoziation mit der Methode has_many :bookings. Da es sich jedoch um eine polymorphe Assoziation handelt, muss die Option :as=> :voyage hinzugefügt werden. Die Option gibt an, dass es sich bei der Model-Klasse um eine Reise (voyage) handelt, auf die sich dann die Booking-Klasse beziehen kann.

```
class Flight < ActiveRecord::Base
  has_many :bookings, as: :voyage
end
```

Listing 8.26 Model-Klasse »Flight«

```
class Hotel < ActiveRecord::Base
  has_many :bookings, as: :voyage
end
```

Listing 8.27 Model-Klasse »Hotel«

```
class Cruise < ActiveRecord::Base
  has_many :bookings, as: :voyage
end
```

Listing 8.28 Model-Klasse »Cruise«

»polymorphic: true«

In der Model-Klasse Booking deklarieren wir die Assoziation mit der Methode belongs_to :voyage. Da es sich um eine polymorphe Assoziation handelt, muss zusätzlich die Option polymorphic: true angegeben werden. Ohne diese Option würde ActiveRecord versuchen, auf die nicht existente Tabelle voyages zuzugreifen.

```
class Booking < ActiveRecord::Base
  belongs_to :voyage, polymorphic: true
end
```

Listing 8.29 Model-Klasse »Booking«

Polymorphe Assoziationen werden im Prinzip genauso verwendet wie »normale« Eins-zu-viele-Assoziationen:

Verwendung

```
flight = Flight.create(nr: "RH482")
hotel = Hotel.create(name: "Burj Al Arab", rooms: 202)
cruise = Cruise.create(name: "Queen Mary 2", cabins: 1310)

flight.bookings << Booking.new(firstname: "Lee",
                               lastname: "Adama")

# Alternativ kann auch direkt die
# create-Methode der Assoziation verwendet werden.
hotel.bookings.create(firstname: "Kara",
                      lastname: "Trace")

# Anzahl Gesamt Buchungen bestimmen.
Booking.count # => 2

# Anzahl Flug-Buchungen bestimmen
flight.bookings.count # => 1

# Auf die erste Reise der ersten Buchung zugreifen
voyage = Booking.first.voyage
puts voyage.class # => Flight
puts voyage.nr # => RH482

# Alle Buchungen durchlaufen und Name der Klasse ausgeben
Booking.all.each do |booking|
  puts booking.voyage.class
end
# => Flight
# => Hotel
```

[+]

Polymorphe Assoziationen auch für Eins-zu-eins-Assoziationen

Polymorphe Assoziationen können nicht nur bei Eins-zu-viele-Assoziationen (`has_many`-Methoden) verwendet werden, sondern auch bei Eins-zu-eins-Assoziationen (`has_one`-Methoden).

8.8.5 Mehrere Assoziationen zum gleichen Model

Angenommen, wir möchten Flüge (`flights`) verwalten, die jeweils einen Abflughafen (`departure_airport`) und einen Zielflughafen (`destination_airport`) haben. Dann handelt es sich um zwei Assoziationen zur selben Tabelle (`airports`).

Zwei Fremdschlüssel

Um das Problem zu lösen, werden in der Tabelle `flights` die beiden Fremdschlüssel `departure_airport_id` und `arrival_airport_id` benötigt.

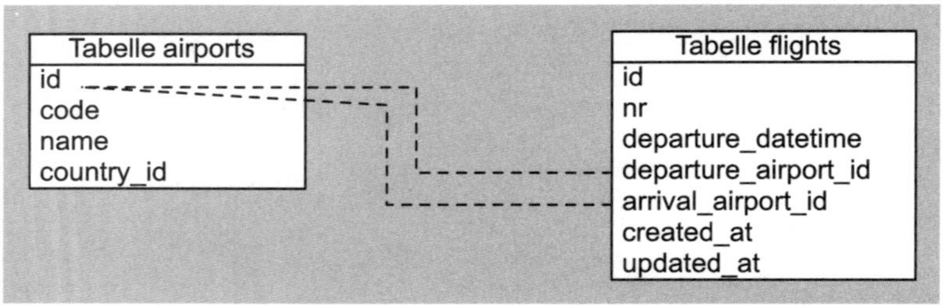

Abbildung 8.15 Airport-Flight-Tabellen

Zweimal »belongs_to«

In der Model-Klasse `Flight` werden dann zwei `belongs_to`-Methodenaufrufe mit der Option `class_name` benötigt:

```
class Flight < ActiveRecord::Base
  belongs_to :departure_airport, class_name: "Airport"
  belongs_to :arrival_airport, class_name: "Airport"
end
```

Listing 8.30 »app/models/flights.rb«

»foreign_key«

ActiveRecord erkennt automatisch, dass die Fremdschlüssel `departure_airport_id` und `arrival_airport_id` verwendet werden sollen. Daher kann man auf die zusätzlichen Optionen `foreign_key: "departure_airport_id"` und `foreign_key: "arrival_airport_id"` verzichten.

```
air_dus = Airport.create(code: 'DUS', name: 'Düsseldorf')
air_muc = Airport.create(code: 'MUC', name: 'Munich')
flight = Flight.create
flight.departure_airport = air_dus
flight.arrival_airport = air_muc
```

8.8.6 Assoziationen mit Bedingungen

Beispiel

Angenommen, wir möchten zu einem Flughafen speichern können, ob dieser ein regionaler oder ein internationaler Flughafen ist. Dazu fügen wir der Flughafentabelle `airports` ein zusätzliches Feld `international` hinzu. Wenn die Tabelle bereits existiert, können wir mit folgender Migration ein weiteres Feld hinzufügen:

```
rails generate migration AddInternationalToAirports \
     international:boolean
```

Anschließend führen wir mit `rake db:migrate` das Migration-Skript aus.

Beispieldatensätze

Anschließend legen wir in der Rails-Konsole (`rails console`) ein paar Beispieldatensätze an. Dazu setzen wir für alle bereits vorhandenen Flughäfen das Feld `international` auf `true` und fügen einen Regionalflughafen ein.

```
Airport.update_all(international: true)
air_mgl = Airport.new(code: 'MGL', name: 'Mönchengladbach',
                      international: false)
germany = Country.find_by_code("DE")
germany.airports << air_mgl
air_mgl.international?
# => false
```

Um nun zu einem Land (`country`) alle regionalen Flughäfen zu listen, können wir folgenden Befehl ausführen:

```
germany.airports.where(international: false).each do |airport|
  puts airport.name
end
# => Mönchengladbach
```

Vereinfachung

Analog kann man auf diese Weise auch alle internationalen Flughäfen auflisten. Die Verwendung der `find`-Methode mit Optionen macht Ihren Code jedoch sehr unleserlich. Wäre es nicht besser, wenn wir einfach `germany.regional_airports` verwenden könnten? Im Folgenden wird gezeigt, wie statt der `where`-Methode eigene Methoden definiert werden können.

»conditions«

Der Aufruf `germany.regional_airports` suggeriert, dass es eine Assoziation zu einem Model `RegionalAirport` gibt. Da dieses Model jedoch nicht existiert, geben wir über Optionen zu der `has_many`-Methode an, dass das Model `Airport` verwendet werden soll. Über die Option `:conditions` wird dann entsprechend die Bedingung angegeben, dass nur Flughäfen mit dem Wert `false` bzw. `true` im Feld `international` zurückgeliefert werden sollen.

```
class Country < ActiveRecord::Base
  has_many :airports

  has_many :international_airports,
           class_name: "Airport",
           conditions: { international: true }
```

```
  has_many :regional_airports,
           class_name: "Airport",
           conditions: { international: false }
end
```

Listing 8.31 »app/models/country.rb«

Auf internationale und regionale Flughäfen kann nun viel einfacher zugegriffen werden:

```
# Anzahl Internationale Flughäfen
puts germany.international_airports.count
# => 2

# Namen der internationale Flughäfen
germany.international_airports.each do |airport|
  puts airport.name
end
# => Munich
# => Düsseldorf

germany.regional_airports.each do |airport|
  puts airport.name
end
# => Mönchengladbach
```

Controller Statt der Schleife mit each würde man im Controller einfach eine Instanzvariable setzen, die dann im Template durchlaufen wird:

```
...
def index
  @internationals = germany.international_airports
  @regionals = germany.regional_airports
end
...
```

Listing 8.32 Verwendung im Controller

Eine alternative Möglichkeit, den Code zu vereinfachen, wird im nächsten Abschnitt behandelt.

8.8.7 Eine Assoziation, um eigene Methoden erweitern

Im letzten Abschnitt wurde gezeigt, wie der Code durch Verwendung einer has_many-Methode in Verbindung mit einer Bedingung vereinfacht werden konnte. In diesem Abschnitt werden wir das gleiche Ziel mit einer anderen Technik erreichen.

Block definieren

Zu der Methode has_many können wir mit do ... end einen Block erstellen, in dem wir zu den Assoziationen Methoden hinzufügen können:

```
class Country < ActiveRecord::Base
  has_many :airports do
     def international(status)
       where(international: status)
     end
   end
end
```

Wir können nun die internationalen und regionalen Flughäfen wie folgt abrufen:

```
# internationale Flughäfen
germany.airports.international(true).each do |airport|
  puts airport.name
end
# => Munich
# => Düsseldorf

germany.airports.international(false).each do |airport|
  puts airport.name
end
# => Mönchengladbach
```

Im Controller könnte der Aufruf z. B. wie folgt aussehen:

```
...
def index
  @internationals = germany.airports.international(true)
  @regionals = germany.airports.international(false)
end
...
```

Listing 8.33 Verwendung im Controller

8.8.8 SQL-Abfragen reduzieren mit »includes«

Im folgenden Beispiel werden alle internationalen Flughäfen mit Angabe des jeweiligen Landes ausgegeben:

```
airports = Airport.where(international: true)
airports.each do |airport|
  puts  "Flughafen: " + airport.name
  puts  "Land: " + airport.country.name
end
```

Auf den ersten Blick könnte man vermuten, dass nur eine SQL-Abfrage an die Datenbank gesendet wird:

```
SELECT "airports".* FROM "airports" WHERE
"airports"."international" = 't'
```

Da wir jedoch auf den Namen des Landes über die Country-Assoziation mit `airport.country` zugreifen, wird für jeden Schleifendurchlauf folgende SQL-Abrage ausgeführt:

```
SELECT "countries".* FROM "countries" WHERE
"countries"."id" = 1 LIMIT 1
```

Bei 100 Flughäfen wären das dann 100 + 1 SQL-Abragen. Dieses Problem ist auch als »N+1 queries«-Problem bekannt.

Mit Hilfe der `includes`-Methode lässt sich das Problem jedoch einfach lösen:

```
airports = Airport.where(international: true).
                   includes(:country)
airports.each do |country|
  puts airport.name
  puts airport.country.name
end
```

Es werden jetzt noch zwei SQL-Abfragen in der Datenbank ausgeführt, egal, wie viele Flughäfen oder Länder es gibt:

```
SELECT "airports".* FROM "airports" WHERE
"airports"."international" = 't'
SELECT "countries".* FROM "countries" WHERE
"countries"."id" IN (1,2,3)
```

8.8.9 Komplexe Suchabfragen mit »joins«

»JOIN« Um Suchabfragen über mehre Datenbanktabellen durchzuführen, wird der SQL-Befehl `JOIN` verwendet. Anhand des folgenden Beispiels wird gezeigt, wie `JOIN`-Abfragen mit ActiveRecord implementiert werden können.

Für den Airbus A380 gibt es besondere Anforderungen an den Flughafen, damit dieser Flugzeugtyp dort landen darf. Daher fügen wir in der `flights`-Tabelle ein Feld `a380_allowed` vom Typ `boolean` hinzu. Wir hätten gerne eine Liste aller Länder, die Flughäfen haben, auf denen der Airbus A380 landen darf. Das Problem besteht darin, dass das `a380_allowed` kein Attribut des Country-Models ist, denn sonst hätten wir folgende Abfrage durchführen können:

```
Country.where(a380_allowed: true)
=> SQLException: no such column: countries.a380_allowed
```

Da `a380_allowed` jedoch ein Attribut der Tabelle `airports` ist, könnten wir Folgendes versuchen:

```
Country.airports.where(a380_allowed: true)
=> undefined method `airports'
```

Das funktioniert jedoch auch nicht, da `airports` nur auf einer Instanz der Klasse `Country` angewendet werden kann.

»joins«

Die Lösung bietet die `joins`-Methode, die für die Verknüpfung der beiden Tabellen zuständig ist:

```
Country.joins(:airports).where("airports.a380_allowed = ? ",
                               true)
```

Rails nimmt uns einige Arbeit ab. In SQL hätten wir schreiben müssen:

```
SELECT "countries".* FROM "countries" INNER JOIN "airports" ON
"airports"."country_id" = "countries"."id" WHERE
"airports"."a380_allowed" = 't'
```

Es ist auch möglich `joins` über mehrere Tabelle zu bilden. Wir hätten gerne alle Länder aufgelistet, in denen die Pilotin Tanja gelandet ist. Wir nehmen an, dass die Tabelle `flights` ein Attribut `pilot` vom Typ `string` enthält. Auch hier kommt uns wieder die `joins`-Methode zu Hilfe:

```
Country.joins(:airports=>:flights).
where("flights.pilot" => "Tanja")
```

Es geht auch noch komplexer. Um z. B. zusätzlich auch auf die Buchungen zuzugreifen, die mit den Flügen assoziiert sind, wäre dies eine naheliegende Lösung:

```
Country.joins(:airports => :flights => :bookings)
=>Syntax-error
```

Aber syntaktisch korrekt ist folgende Abfrage:

```
Country.joins(:airports => { :flights=>:bookings })
```

In der `joins`-Methode können durch Kommata getrennt auch unabhängige Assoziationen angegeben werden. Im folgenden Beispiel sollen die Botschaften eines Landes in die Anfrage aufgenommen werden:

```
Country.joins(:embassies, :airports => {:flights=>:bookings})
```

[+]

»OUTER JOIN«

Wenn die `joins`-Methode verwendet wird, setzt ActiveRecord dies mit dem SQL-Befehl `INNER JOIN` um. Wenn Sie jedoch `OUTER JOIN` in der Abfrage benötigen, so kann die `joins`-Methode nicht verwendet werden. Stattdessen müssen Sie `OUTER JOIN` in der Methode `from` selbst definieren:

```
Country.from("countries OUTER JOIN airports
ON airports.country_id = countries.id").
where("airports.a380_allowed = ? ", true)
```

8.9 Callbacks

ActiveRecord bietet einen sehr hohen Komfort, da zu jeder Model-Klasse Methoden zum Hinzufügen, Ändern, Löschen usw. automatisch zur Verfügung gestellt werden. Man muss lediglich eine Tabelle (über eine Migration) erstellen und gegebenenfalls ein paar Deklarationen für Assoziationen in der entsprechenden Model-Klasse definieren.

Beispiele

In einigen Anwendungsfällen reicht es nicht aus, dass beim Aufruf der Methode `destroy` nur der entsprechende Datensatz gelöscht wird. Bei einer Produkttabelle, in der Produktbilder und PDF-Broschüren nicht in der Datenbank, sondern als Dateien abgelegt sind, wäre es sinnvoll, dass der Aufruf der `destroy`-Methode nicht nur den entsprechenden Datensatz, sondern auch die zugehörigen Dateien löscht.

Anstatt jedoch eine eigene `destroy`-Methode zu implementieren, können sogenannte **Callbacks** definiert werden. Mit diesen können Sie ActiveRecord anweisen, Ihren eigenen Code vor oder nach bestimmten Befehlen zum Speichern, Löschen usw. auszuführen. In unserem Beispiel können wir einen Callback erstellen, der nach dem Löschen des Datensatzes mit `destroy` die zugehörigen Dateien löscht.

```
class Product < ActiveRecord::Base
  after_destroy  :delete_pdf_files

  private

  def delete_pdf_files
    # Lösche Dateie
    FileUtils.rm(pdf_path)
  end
end
```

In dem Beispiel wird nach jedem Aufruf der `destroy`-Methode die Methode `delete_pdf_files` aufgerufen.

Im folgenden Beispiel soll mit dem Callback `before_destroy` verhindert werden, dass ein Flug gelöscht wird, falls sich Passagiere auf diesem Flug befinden bzw. ihn gebucht haben.

Löschen verhindern

```
class Flight < ActiveRecord::Base
  has_many :bookings
  has_many :passengers, :through => :bookings

  before_destroy :check_for_passengers

  private

  def check_for_passengers
    return false if passengers.any?
  end
end
```

Wenn in einem Callback `false` zurückgeliefert wird, so wird der Vorgang (in unserem Fall das Löschen) abgebrochen.

»delete« ignoriert Callbacks [!]

Wenn statt `destroy` die Methode `delete` aufgerufen wird, so werden die Callbacks ignoriert und die Löschung des Datensatzes wird sofort ausgeführt. Das Gleiche gilt auch für die Methode `delete_all`, die alle Datensätze löscht.

Liste von Callbacks

In der folgenden Liste werden die wichtigsten Callback-Methoden aufgeführt:

Methoden

- **before_validation**
  Callback wird vor einer Validierung ausgeführt.
- **after_validation**
  Callback wird nach einer Validierung ausgeführt.
- **before_save**
  Callback wird vor dem Speichern ausgeführt.
- **after_save**
  Callback wird nach dem Speichern ausgeführt.
- **before_create**
  Callback wird vor Ausführung der `create`-Methode ausgeführt.
- **after_create**
  Callback wird nach Ausführung der `create`-Methode ausgeführt.
- **before_destroy**
  Callback wird vor Ausführung der `destroy`-Methode ausgeführt.
- **after_destroy**
  Callback wird nach Ausführung der `destroy`-Methode ausgeführt.

8.10 Vererbung

Elternklasse, Kindklasse

Die Objektorientierung stellt das Konzept der Vererbung zur Verfügung. Zum Beispiel erben die Klasse `Car` und die Klasse `Bicycle` alle Methoden der Klasse `Vehicle`. Wenn die Klasse `Vehicle` z. B. die Methode `anzahl_raeder` hat, so erben die Klassen `Bicycle` und `Car` diese Methode. Die Klassen `Bicycle` und `Car` können weitere Methoden definieren oder sogar die geerbte Methode überschreiben, indem die Methode neu definiert wird.

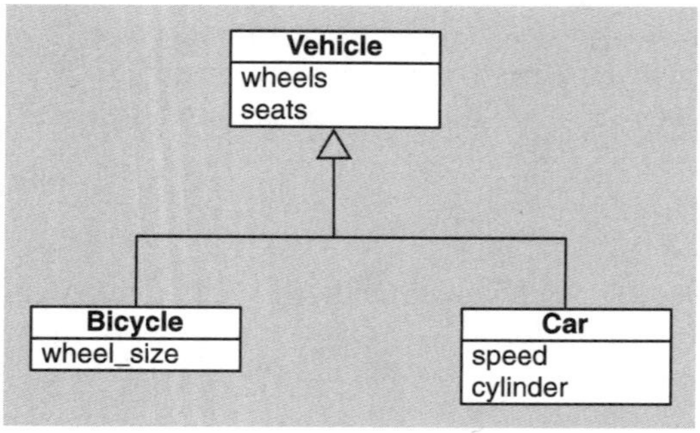

Abbildung 8.16 UML-Diagramm einer Vererbung

Die Klasse Vehicle wird auch **Elternklasse** genannt und die Klassen Bicycle und Car **Kindklassen**.

Das Diagramm zeigt an, dass Bicycle und Car die Attribute wheels und seats von der Klasse Vehicle erben. Zusätzlich besitzt die Klasse Bicycle noch das Attribut wheel_size, und die Klasse Car besitzt zwei weitere Attribute.

Relationale Datenbanksysteme kennen das Konzept der Vererbung nicht direkt. Es ist z. B. in einem relationalen Datenbanksystem nicht möglich, eine Tabelle zu definieren, die von einer anderen Tabelle die Felder erbt. **Keine Vererbung**

Durch die sogenannte **Single Table Inheritance** (abgekürzt STI) kann eine Vererbung in einem relationalen Datenbanksystem abgebildet werden. Dazu wird eine Tabelle erstellt, welche die Felder aller beteiligten Klassen erhält. Außerdem wird ein zusätzliches Feld type benötigt, das den Namen der Klasse speichert (z. B. Bicycle oder Car). **STI**

In unserem Beispiel benötigen wir eine Tabelle mit den Feldern wheels, seats, wheel_size, speed, cylinder und type. Gegebenenfalls können Sie vorher auch ein neues Projekt mit rails new vererbung erstellen.

```
rails generate model vehicle wheels:integer \
              seats:integer wheel_size:integer \
              speed:integer cylinder:integer type:string
```

Das generierte Migration-Skript enthält bereits alle erforderlichen Felder. Vor Ausführung des Migration-Skriptes mit rake db:migrate können Sie noch weitere Ergänzungen vornehmen.

```
class CreateVehicles < ActiveRecord::Migration
  def change
    create_table :vehicles do |t|
      t.integer :wheels
      t.integer :seats
      t.integer :wheel_size
      t.integer :speed
      t.integer :cylinder
      t.string :type

      t.timestamps
    end
  end
end
```

Listing 8.34 »db/migration/*_create_vehicle«

Eine Tabelle

Ohne Vererbung (bzw. STI) hätten wir eine Tabelle `cars` und eine Tabelle `bicycles` erstellen müssen. Mit STI wird hingegen eine große Tabelle verwendet.

Das Skript generiert neben den Migration-Skripten auch die Model-Datei `vehicle.rb` im Verzeichnis `app/models`.

```
class Vehicle < ActiveRecord::Base
# Hier können Methoden hinzugefügt werden,
# die auf alle Kindklassen vererbt werden.
end
```

Listing 8.35 »app/models/vehicle.rb«

In diesem Verzeichnis erstellen wir noch zwei weitere Model-Klassen manuell. Diese Klassen sind direkte Kindklassen von der Klasse `Vehicle`.

```
class Bicycle < Vehicle
# Es können individuelle Methoden hinzugefügt werden
end
```

Listing 8.36 »app/models/bicycle.rb«

```
class Car < Vehicle
# Es können individuelle Methoden hinzugefügt werden
end
```

Listing 8.37 »app/models/car.rb«

Beispiele

Wenn ein neuer Datensatz erstellt wird, so wird automatisch das Feld `type` auf den Namen der Klasse gesetzt. In der Rails-Konsole kann der Umgang mit STI demonstriert werden. Achten Sie bei den Ausgaben auf das Feld `type`.

```
rails console
>> Bicycle.create(wheels: 2, seats: 2, wheel_size: 28)
...
>> Car.create(wheels: 4, seats: 5,speed: 220, cylinder: 6)
...
>> Car.create(:wheels=>4,:seats=>2,:speed=>320,:cylinder=>12)
...
```

Die Suchmethoden wie z. B. `where` und `count` beziehen sich immer nur auf den entsprechenden Typ. Der Ausdruck `Car.count` zählt z. B. nur die Datensätze, die im Feld `type` den Wert `Car` enthalten. Wenn die Klassenmethoden hingegen auf die Elternklasse angewendet werden, so werden alle Datensätze einbezogen.

```
>> Bicycle.count
  SELECT COUNT(*) FROM "vehicles" WHERE "vehicles"."type"
  IN ('Bicycle')
=> 1
>> Car.count
  SELECT COUNT(*) FROM "vehicles" WHERE "vehicles"."type"
  IN ('Car')
=> 2
>> Vehicle.count
=> 3
```

Wenn man über eine Elternklasse auf ein Objekt z. B. über die Methode `find` zugreift, so wird die Klasse automatisch angepasst.

```
>> Vehicle.find(1).class
=> "Bicycle"

>> Vehicle.find(2).class
=> "Car"
```

Man kann bei STI nicht verhindern, dass Objekte Felder verwenden, die für diese nicht bestimmt sind.

```
Bicycle.create(cylinder: 2)
```

Das stellt in der Praxis jedoch meist kein Problem dar, da die Eingaben für den Endbenutzer über Formulare erfolgen. In den Templates können Sie dann selbst bestimmen, welche Felder verwendet werden.

Wenn die beteiligten Klassen jedoch nur sehr wenig gemeinsame Attribute besitzen, so ist STI weniger gut geeignet. In diesem Fall können polymorphe Assoziationen verwendet werden.

Der Controller stellt die Zentrale einer Rails-Applikation dar. Zusammen mit ActionView und ActionDispatch bildet ActionController das Modul ActionPack.

9 Steuerzentrale mit ActionController

Beim Model-View-Controller-Entwurfsmuster nimmt der Controller eine zentrale Rolle ein. Den Controller kann man sich im Prinzip als Steuerzentrale vorstellen, welche die Interaktion des Benutzers mit der Rails-Applikation steuert. Ein Benutzer kann hier auch eine andere Applikation sein, die z. B. eine Anfrage per XML an unsere Rails-Applikation stellt (siehe Kapitel 14 ab Seite 481). **Steuerzentrale**

Abbildung 9.1 Model-View-Controller-Entwurfsmuster

9.1 Grundlagen

Ein Controller bekommt die Anfrage, die über die URL gesendet wird, vom Routing (siehe Kapitel 10 ab Seite 351) zugewiesen, fragt Daten von einem Model ab und gibt sie an einen View zur Anzeige im Browser weiter oder nimmt Daten z. B. aus einem Formular entgegen und gibt sie an ein Model zum Speichern weiter.

Ein Controller hat u. a. folgende Aufgaben: **Aufgaben**

- Daten aus HTTP-Anfragen empfangen (z. B. Formulardaten)
- Datenbankabfragen über Model-Klassen
- Setzen und Abfragen von Cookies
- Setzen und Abfragen von Sessions
- Templates aufrufen

- Setzen von Flash-Messages
- Weiterleitungen
- Senden von Dateien und Daten
- Authentifizierung

Im Verlauf des Buches haben Sie schon einige Male mit Controllern gearbeitet. Im Rahmen dieses Kapitels wollen wir auf Details rund um ActionController eingehen. Wenn Sie noch nicht so viel Erfahrung mit Rails haben, ist es vor dem Durcharbeiten dieses Kapitels unbedingt empfehlenswert, unsere Beispielapplikation aus Kapitel 5 ab Seite 93 durchzuarbeiten.

Application-Controller

Controller sind Klassen, die von einem übergeordneten Controller, dem Application-Controller, erben. Der Application-Controller wiederum erbt von der Klasse `ActionController::Base` und wird beim Generieren einer Rails-Applikation im Verzeichnis `app/controllers` angelegt.

```
...
class ApplicationController < ActionController::Base
  protect_from_forgery
end
```

Listing 9.1 »app/controllers/application_controller.rb«

CSRF

Die Methode `protect_from_forgery` wird standardmäßig beim Anlegen eines neuen Rails-Projektes im Application-Controller implementiert. Die Methode schützt alle Methoden in den Controllern, die über HTML- oder JavaScript-Anfragen aufgerufen werden und die nicht über die HTTP-Methode `GET` gesendet werden, vor einem Cross-Site-Request-Forgery-Angriff (CSRF/XSRF). Mehr Informationen dazu erhalten Sie in Abschnitt 17.1 ab Seite 517.

Vererbung

Durch die Vererbung stehen allen Controllern einer Rails-Applikation alle Methoden zur Verfügung, die im Application-Controller definiert werden, und die Methoden der Klasse `ActionController::Base`. Die Vererbung wird im nachfolgenden Diagramm 9.2 dargestellt.

Die meisten Controller einer Rails-Applikation verwenden als Elternklasse die Klasse `ApplicationController`.

```
class FlightsController < ApplicationController
...
end
```

Listing 9.2 »app/controllers/flights_controller.rb«

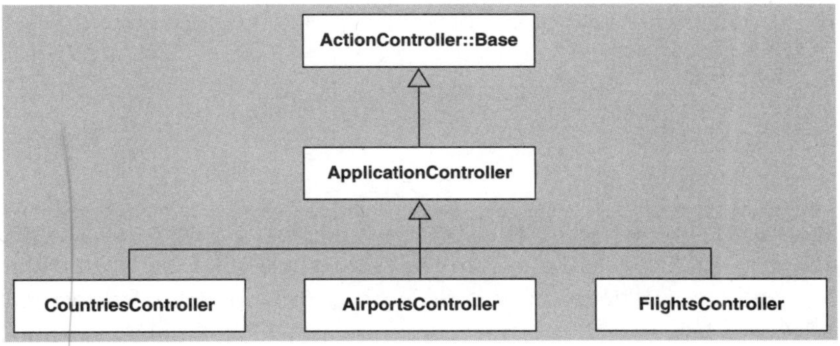

Abbildung 9.2 Controller-Klassen-Hierarchie

Das heißt, im Application-Controller können Sie Methoden definieren, auf die alle Controller zugreifen können, die von ihm erben. Diese Methoden werden üblicherweise als `private` deklariert, damit sie nicht von außen aufrufbar sind.

Die Methoden innerhalb eines Controllers werden als Actions bezeichnet. Es sind nur die Actions von außen aufrufbar, die nicht `private` sind. **Actions**

Das Routing (siehe Kapitel 10 ab Seite 351) entscheidet, welche Methode (Action) in welchem Controller bei welchem Aufruf in der URL zuständig ist und leitet die Anfrage entsprechend weiter.

9.2 Aufgaben des Controllers

Die Klasse `ActionController::Base` stellt zur Bewältigung der Aufgaben eines Controllers eine Reihe von Methoden zur Verfügung. Die wichtigsten dieser Methoden werden wir Ihnen in den folgenden Abschnitten zeigen.

9.2.1 Daten aus HTTP-Anfragen empfangen

»params«

Auf Daten, die über die HTTP-Methoden `GET`, `POST`, `PUT` und `DELETE` gesendet werden, kann im Controller über die Methode `params[]` zugegriffen werden. **Zugriff**

Wenn z. B. die URL `http://localhost:3000/countries?page=3&num=10` aufgerufen wird, so können die Parameter mit der `params`-Methode abgefragt werden.

```
# Auslesen des Parameters :page im Controller
params[:page] # => 3

# Auslesen des Parameters :num im Controller
params[:num] # => 10
```

[»] **»params« ist kein Hash**

Der Zugriff auf die Methode `params[]` erfolgt wie der Zugriff auf einen Hash, was auch beabsichtigt ist, aber genau genommen ist `[]` eine Methode des Objektes `params`.

Im folgenden Beispiel wird eine Klasse mit der Methode, die den Namen `[]` trägt, definiert:

```
class Frage
  def [](var)
    if var=="wie geht's?"
      return "gut, danke"
    else
      return "wie bitte?"
    end
  end
end

frage = Frage.new
puts frage["wie geht's?"]
# => gut, danke
```

Dieses Verhalten wird auch als »hashlike« bezeichnet. Das bedeutet, dass zwar der Zugriff wie bei einem Hash erfolgt, aber nicht die Methoden eines Hash-Objektes zur Verfügung stehen. Das Gleiche gilt u. a. auch für `session` und `cookies`.

»request«

Mit Hilfe der Methode `request[]` haben Sie Zugriff auf alle Informationen, die Rails über die aktuelle Anfrage vorliegen. Dazu zählen unter anderem:

- **request.remote_ip**
  Gibt die IP-Adresse des Clients zurück.
- **request.method**
  Gibt die für die Anfrage verwendete HTTP-Methode (`:get`, `:post`, `:put` oder `:delete`) zurück.

- **request.get?**
  Liefert `true` zurück, wenn die Anfrage mit der HTTP-Methode `GET` gesendet wurde.

- **request.post?**
  Liefert `true` zurück, wenn die Anfrage mit der HTTP-Methode `POST` gesendet wurde.

- **request.put?**
  Liefert `true` zurück, wenn die Anfrage mit der HTTP-Methode `PUT` gesendet wurde.

- **request.delete?**
  Liefert `true` zurück, wenn die Anfrage mit der HTTP-Methode `DELETE` gesendet wurde.

- **request.xml_http_request?**
  Liefert `true` zurück, wenn es sich um eine Ajax-Anfrage handelt. `request.xhr?` ist der Alias der Methode.

- **request.domain(n=2)**
  Gibt die angefragten Segmente des Hosts von rechts nach links an.

- **request.env**
  Mit der Methode `request.env` ist es möglich, auf die Umgebungsvariablen zuzugreifen, die u. a. vom Apache-Webserver gesetzt werden, z. B. `request.env["HTTP_USER_AGENT"]`, um den anfragenden Browser abzufragen, oder `request.env["HTTP_ACCEPT_LANGUAGE"]`, um die im anfragenden Browser eingestellte Sprache abzufragen.

- **request.ssl?**
  Liefert `true` zurück, wenn es sich um eine SSL-Abfrage handelt.

9.2.2 Datenbankabfragen über Model-Klassen

Delegation an das Model

Wichtig ist, dass der Controller nach dem Model-View-Controller-Pattern möglichst viel an das Model delegiert. Anstatt selbst eine Datenbankabfrage wie diese

```
@airports = Country.where(code: "DE").first.airports
```

zu machen, sollte im Model eine Methode (Scope) definiert werden, die diese Anfrage ausführt und die vom Controller aufgerufen wird (siehe Abschnitt 8.7.9 ab Seite 293):

```
@airports = Country.german_airports
```

Ein solcher Methodenaufruf lässt sich auch viel einfacher testen als eine Datenbankabfrage (siehe Kapitel 6 ab Seite 169), was die Entwicklung ungemein erleichtert.

Actions kurz halten

Allgemein sollten Sie daher darauf achten, dass Ihre Actions nicht zu lang werden. Eine Action sollte in der Regel nicht mehr als zehn Zeilen enthalten.

9.2.3 Setzen und Abfragen von Cookies

Um ein Cookie zu setzen oder abzufragen, können Sie die Methode `cookies[]` nutzen. Zum Setzen eines Cookies erwartet die Methode den Namen des Cookies und die einzelnen Werte in Form eines Hashs als Parameter:

```
cookies[:user_id] = {
    value: '8',
    expires: 2.hours.from_now}
```

Sie können folgende Optionen beim Setzen eines Cookies angeben:

- **value**
  Wert des Cookies oder eine Liste von Werten (als Array)
- **path**
  Pfad, für den das Cookie gültig ist. Standardmäßig ist das Root-Verzeichnis der Applikation eingestellt.
- **domain**
  Domain, für die das Cookie gültig ist. Standardmäßig ist das `nil`. Wenn das Cookie auch für alle Subdomains gültig sein soll, müssen Sie `:all` angeben. Auch beim Löschen des Cookies müssen Sie dann die Option `:all` wieder angeben.
- **expires**
  Zeitpunkt (als Time-Objekt), an dem das Cookie abläuft, wie z. B. `30.minutes.from_now`. Wird kein Ablaufzeitpunkt angegeben, wird das Cookie gelöscht, wenn der Browser geschlossen wird.
- **secure**
  Gibt an, ob es sich um ein sicheres Cookie handelt oder nicht. Der Standardwert ist `false`. Sichere Cookies können nur zu HTTPS-Servern übertragen werden.

- **httponly**
  Gibt an, ob das Cookie über Scripting zugänglich ist oder nur über HTTP. Standardmäßig ist `false` eingestellt.

Wenn Sie nur den `value` setzen möchten, können Sie auch die Kurzschreibweise nutzen: **Kurzschreibweise**

```
cookies[:user_id] = '8'
```

Abfragen können Sie ein Cookie einfach, indem Sie der Methode `cookies[]` den Namen des Cookies übergeben:

```
cookies[user_id]
# => 8
```

Mit folgendem Aufruf können Sie ein Cookie löschen: **Cookie löschen**

```
cookies.delete :user_id
```

9.2.4 Setzen und Abfragen von Sessions

Mit Hilfe von Sessions können Sie Daten zwischen den einzelnen Anfragen für jeden Besucher zwischenspeichern. Das Speichern und Abfragen von Daten in einer Session ist ähnlich unkompliziert wie das Setzen und Abfragen eines Cookies. Standardmäßig werden die Session-Daten in einem Cookie gespeichert. Wenn Sie einen anderen Session-Speicher, z. B. eine Datenbank, nutzen wollen, können Sie die Einstellung in der Datei `config/initializers/session_store.rb` ändern. Auf eine Session kann nur aus Controllern oder Views zugegriffen werden.

Mit Hilfe der Methode `session[]` können Sie Daten in einer Session speichern:

```
session[:user_id] = user.id
```

Ähnlich funktioniert die Abfrage:

```
@user = User.find(session[:user_id])
```

Die Methode `session[]` ist kein Hash, verhält sich aber wie `params[]` und `cookies[]` »hashlike«.

Mit folgendem Aufruf können Sie einen einzelnen Wert aus einer Session löschen: **Session löschen**

```
session[:user_id] = nil
```

Eine komplette Session können Sie mit `reset_session` löschen.

[»]

Lazy Loading

Sessions werden nur geladen, wenn darauf zugegriffen wird (»Lazy Loading«). Das heißt, wenn man keine Sessions benötigt, muss man sie nicht deaktivieren, sondern es reicht, nicht darauf zuzugreifen.

9.2.5 Templates aufrufen

Instanzvariablen

In den Methoden im Controller werden die dynamischen Inhalte, die in den Views angezeigt werden sollen, ermittelt und in Instanzvariablen (Variablen mit führendem @-Zeichen) gespeichert. Instanzvariablen stehen allen Methoden innerhalb des Controllers, in dem sie definiert wurden, und den zugehörigen Views zur Verfügung.

Per Konvention ist definiert, dass die Views im Verzeichnis `app/views` in einem Unterverzeichnis abgelegt werden, das so heißt wie der Controller, zu dem die Views gehören. Wenn nichts anderes angegeben wird, lädt jede Action im Controller automatisch einen View, der so heißt wie die aufrufende Action aus diesem Verzeichnis. Die Action `new` im Flights-Controller lädt z. B. den View `new.html.erb` im Verzeichnis `app/views/flights`.

```
class FlightsController < ApplicationController
  def new
    @flight = Flight.new
  end
end
```

»render«

Gleicher Controller

Wenn Sie einen anderen View laden wollen, können Sie das mit Hilfe der Methode `render` tun. Um einen View zu laden, der zu einer anderen Action des gleichen Controllers gehört, genügt es, wenn Sie der Methode den Namen der Action übergeben. Der Code in der Action, deren Namen Sie übergeben, wird nicht ausgeführt. Es wird lediglich der zugehörige View geladen. Zum Beispiel lädt die Action `create` im Flights-Controller, wenn das Objekt nicht gespeichert werden konnte, wieder das Formular zum Anlegen eines Fluges:

```
class FlightsController < ApplicationController
  def new
    @flight = Flight.new
  end

  def create
    ...
```

```
    if @flight.save
      ...
    else
      render "new"
    end
  end
end
```

Anderer Controller

Um einen View zu laden, der zu einem anderen Controller gehört, übergeben Sie der Methode `render` den relativen Pfad zu dem View ab dem Verzeichnis `app/views`:

```
render "flights/new"
```

Statt ein Template aufzurufen, können Sie der Methode `render` auch einen Text übergeben, der an der Oberfläche ausgegeben werden soll:

```
render text: "hello world!"
```

Option »:layout«

Normalerweise wird automatisch ein Layout geladen. Mit der Option `:layout` können Sie beim Aufruf der Methode `render` angeben, ob eine Layoutdatei geladen werden soll oder nicht, und wenn ja, welche.

Standard-Layout deaktivieren

Um das Standard-Layout für das zu ladende Template zu deaktivieren, übergeben Sie `false`:

```
render "new", layout: false
```

Anderes Layout verwenden

Wenn Sie ein anderes als das Standard-Layout für ein Template laden wollen, geben Sie den Namen der Layout-Datei aus dem Verzeichnis `app/views/layouts` an:

```
render "new", layout: "name_des_layouts"
```

Layout-Deklaration

Falls alle Actions in einem Controller ein bestimmtes Layout verwenden sollen, so kann dies mit der Methode `layout` am Anfang des Controllers deklariert werden. Mit der Option `except` können Actions ausgeschlossen werden.

```
class FlightsController < ApplicationController
  layout "name_des_layouts", except: [:rss]
  ...
end
```

Mehr zu Layout-Dateien erfahren Sie in Kapitel 11 ab Seite 371.

Neben der Option `layout` stehen noch drei weitere Optionen zur Verfügung:

- **content_type**
  Setzt den MIME-Type der Datei, die gerendert wird.
- **status**
  Setzt den HTTP-Status-Code. Die Werte können als Zahlen oder Symbole übergeben werden, z. B.: `:forbidden`.
- **location**
  Setzt den HTTP-Location-Header.

Unterschiedliche Darstellungsformate

»respond_to« Rails bietet uns mit `respond_to` eine sehr einfache Methode an, die wir im Controller einsetzen können, um die Ausgabe im View in unterschiedlichen Formaten zu realisieren:

```
class FlightsController < ApplicationController
  def show
    @flight = Flight.find(params[:id])
    respond_to do |format|
      format.html # show.html.erb
      format.json { render json: @flight }
    end
  end
end
```

JSON Da das HTML-Format der Standardausgabe entspricht und es auch Standard ist, dass der passende View zur Action im Controller geladen wird, müssen wir für den Fall, dass die Ausgabe in HTML erfolgen soll, nichts angeben. Erfolgt eine Ausgabe im JSON-Format, setzen wir die Methode `render` ein und übergeben ihr sowohl das Format, in dem die Ausgabe erfolgen soll, als auch das Objekt, das in diesem Format ausgegeben werden soll.

9.2.6 Setzen von Flash-Messages

Statusmeldungen Um dem Benutzer kurze Statusmeldungen, wie z. B. »Sie wurden abgemeldet« oder »Datensatz wurde erfolgreich gelöscht«, anzuzeigen, können sogenannte Flash-Messages verwendet werden, die vom Controller gesteuert werden. Eine Flash-Message ist ein Hash, der nur für eine Anfrage gültig ist und danach wieder gelöscht wird.

»:notice« und »:alert« Bestätigungsmeldungen oder Notizen werden über die Flash-Message `flash[:notice] = "Text"` an den View geschickt. Mit der Flash-Message `flash[:alert] = "Text"` können Sie z. B. Fehlermeldungen ausgeben.

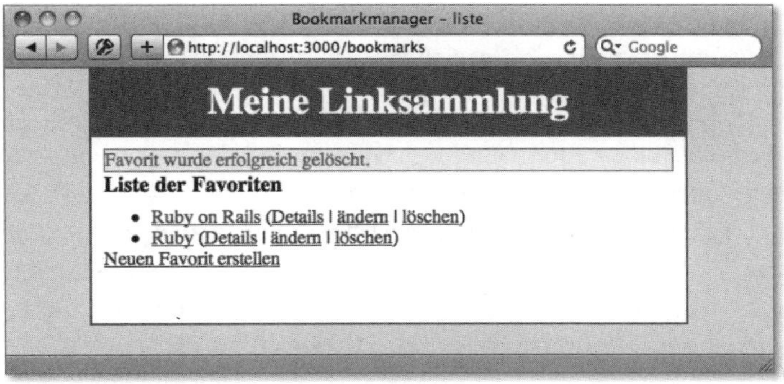

Abbildung 9.3 Beispiel für eine Flash-Message

Flash-Messages müssen immer vor einer Weiterleitung (`redirect_to`) gesetzt werden, damit sie auf der Seite angezeigt werden, die durch den `redirect` angefragt wird:

```
def destroy
  @bookmark = Bookmark.find(params[:id])
  @bookmark.destroy
  flash[:notice] = "Favorit wurde erfolgreich gelöscht."
  redirect_to bookmarks_url
end
```

Listing 9.3 Setzen einer Flash-Message vor einem »redirect«

Im »redirect«

Es besteht auch die Möglichkeit, die Flash-Message als Option im Aufruf von `redirect_to` zu setzen:

```
def destroy
  @bookmark = Bookmark.find(params[:id])
  @bookmark.destroy
  redirect_to bookmarks_url, notice: 'Favorit wurde erfolg-
reich gelöscht.'
end
```

Listing 9.4 Setzen einer Flash-Message als Option von »redirect_to«

Damit es wegen eventuell vorhandener Umlaute in den Flash-Messages unter Ruby 1.9 keine Probleme gibt, fügen Sie bitte am Anfang der Controller-Datei folgenden Kommentar ein:

```
# encoding: utf-8
```

»flash.now«

Wollen Sie eine Flash-Message anzeigen, auch wenn keine Weiterleitung (`redirect`) erfolgt, können Sie dies mit Hilfe von `flash.now.notice` oder `flash.now.alert` erreichen. Eine Weiterleitung findet beispielsweise nicht statt, wenn bei nicht erfolgreicher Validierung ein Formular wieder angezeigt wird.

Flash-Messages ausgeben

Damit die Flash-Messages auch angezeigt werden, müssen wir sie in den Views ausgeben. Das könnte ein bestimmter View sein, z. B. die Datei `index.html.erb`. Für den Fall, dass wir irgendwann einmal auch in anderen Views eine Flash-Message anzeigen wollen, können wir die Ausgabe auch in der Layout-Datei `application.html.erb` vornehmen, da diese, so lange nichts anderes definiert ist, für alle Views gültig ist:

```
...
<body>
  <div id="container">
    <div id="content">
      <%= flash[:notice] %>
      <%= yield %>
    </div>
  </div>
</body>
</html>
```

Listing 9.5 Ausgabe einer Flash-Message in einer Layout-Datei

Flash-Message formatieren

Wenn Sie die Ausgabe der Flash-Message formatieren möchten, können Sie einen Bereich um die Ausgabe der Flash-Message herum setzen, dem Sie eine ID oder CSS-Klasse zuweisen, die Sie dann in der CSS-Datei formatieren können. Damit der Bereich nur dann angezeigt wird, wenn eine Flash-Message gesetzt ist, müssen Sie eine Abfrage ergänzen, ob eine Flash-Message existiert:

```
...
<body>
  <div id="container">
    <div id="content">
      <% if flash[:notice] %>
      <div id="notice">
        <%= flash[:notice] %>
      </div>
      <% end %>
      <%= yield %>
    </div>
  </div>
</body>
</html>
```

9.2.7 Weiterleitungen

»redirect_to«

Weiterleitungen werden eingesetzt, um auf eine andere Website weiterzuleiten oder um eine andere Action des gleichen oder eines anderen Controllers unserer Applikation aufzurufen, das heißt, diese auch auszuführen. Rails stellt uns dazu die Methode `redirect_to` zur Verfügung, der das Ziel der Weiterleitung übergeben werden muss.

Eine Weiterleitung ist dadurch gekennzeichnet, dass sich durch ihren Aufruf in der Regel die URL verändert.

```
def destroy
  @flight = Flight.find(params[:id])
  @flight.destroy
  redirect_to flights_url
end
```

Zielübergabe

Der Parameter für die Angabe des Ziels kann in einer der folgenden Formen übergeben werden:

- **URL**
  Um auf eine andere Website weiterzuleiten, übergeben Sie die URL zu dieser Site: `redirect_to "http://rubyonrails.org"`
- **Pfad ohne Host**
  Um innerhalb der eigenen Applikation weiterzuleiten, können Sie einen Pfad übergeben: `redirect_to "/flights/2"`
- **Hash**
  Um z. B. zu einer anderen Action weiterzuleiten, können Sie einen Hash übergeben. Rails generiert daraus einen Pfad:
  `redirect_to action: 'show', id: 2`
- **Routing-Methode**
  Sie können eine Routing-Methode übergeben. Rails generiert daraus den Pfad: `redirect_to flights_path`
- **ActiveRecord-Objekt**
  Es kann auch zur Detail-Seite eines Objektes weitergeleitet werden, wenn einfach nur ein ActiveRecord-Objekt angegeben wird. Rails generiert daraus den Pfad: `redirect_to flight`

»redirect_to :back«

Wenn Sie zurück zu der Seite umleiten möchten, von der Sie auf die aktuelle Seite gekommen sind, können Sie der Methode `redirect_to` den Parameter `:back` übergeben. Die Weiterleitung erfolgt dann zum `HTTP_REFERER`. `redirect_to :back` ist die Abkürzung für `redirect_to(request.env["HTTP_REFERER"])`.

Das ist besonders dann praktisch, wenn z. B. von mehreren Seiten aus auf ein Formular verlinkt wird und es über den »Zurück«-Link möglich sein soll, immer zur jeweiligen Vorgängerseite zu gelangen.

Wenn kein `HTTP_REFERER` vorhanden ist, liefert `redirect_to :back` einen Fehler. Dies sollten Sie also berücksichtigen, wenn Sie `redirect_to :back` einsetzen.

9.2.8 Senden von Dateien und Daten

»send_file«

Streaming

Mit Hilfe der Methode `send_file` können Sie eine Datei als Datenstrom an einen Client senden. `send_file` erwartet den Pfad zu der Datei als Parameter:

```
send_file '/Pfad_zu/Datei.zip'
```

Achten Sie darauf, diesen Pfad genau zu prüfen, sollte über ein Formular gesendet werden. `send_file(params[:path])` erlaubt es sonst unter Umständen einem böswilligen Benutzer, jede Datei von Ihrem Server herunterzuladen.

Folgende Optionen können angegeben werden:

- **filename**
  Macht einen Vorschlag für den Dateinamen, der beim Download angezeigt wird.
- **type**
  Setzt den HTTP-Content-Type; `application/octet-stream` ist der Standardwert.
- **disposition**
  Legt fest, ob die Datei angezeigt oder zum Download angeboten werden soll. Mögliche Werte sind `inline` oder `attachment`; `attachment` ist der Standardwert.
- **status**
  Legt den Statuscode fest, der mit der Antwort gesendet wird. Der Standardwert ist `200 OK`.
- **url_based_filename**
  Setzen Sie diese Option auf `true`, wenn Sie möchten, dass der Browser

den Dateinamen zum Speichern der Datei aus der URL liest. Für Dateinamen mit Umlauten oder Sonderzeichen ist das in manchen Browsern erforderlich. Die Option `filename` überschreibt diese Option.

»send_data«

Binäre Daten senden

Um Daten im Binärformat an einen Client zu senden, steht Ihnen die Methode `send_data` zur Verfügung. Die Methode erwartet als Parameter die binären Daten.

Folgende Optionen können angegeben werden:

- **filename**
  Macht einen Vorschlag für den Dateinamen, der beim Download angezeigt wird.
- **type**
  Setzt den HTTP-Content-Type; `application/octet-stream` ist der Standardwert.
- **disposition**
  Legt fest, ob die Datei angezeigt oder zum Download angeboten werden soll. Mögliche Werte sind `inline` oder `attachment`; `attachment` ist der Standardwert.
- **status**
  Legt den Statuscode fest, der mit der Antwort gesendet wird. Der Standardwert ist `200 OK`.

Die Methode `send_date` wird eingesetzt, wenn Daten dynamisch generiert werden. Besonders praktisch ist diese Methode, um in der Datenbank binär gespeicherte Bilder im Browser anzuzeigen:

```
send_data image.data,
  :type => image.content_type,
  :disposition => 'inline'
```

9.2.9 Authentifizierung

Um ein Authentifizierungssystem in Ihre Applikation einzubinden, haben Sie mehrere Möglichkeiten.

HTTP-Authentifizierung

Rails stellt uns die Methode `http_basic_authenticate_with` zur Verfügung, mit deren Hilfe es ziemlich einfach ist, eine HTTP-Authentifizierung zu erstellen. Die Methode implementieren Sie im Controller und übergeben ihr den Benutzernamen und das Passwort:

```
class EinController < ApplicationController
  http_basic_authenticate_with name: "admin",
                               password: "geheim"


  ...
end
```

Die Methode `http_basic_authenticate_with` wird vor dem Ausführen jeder Methode des Controllers aufgerufen.

»only«, »except«

Um nur für bestimmte Methoden eines Controllers eine HTTP-Authentifizierung einzusetzen, können Sie `http_basic_authenticate_with` mit den Optionen `only` oder `except` aufrufen:

```
http_basic_authenticate_with name: "admin",
                             password: "geheim",
                             only: [:edit, :update, :destroy]

http_basic_authenticate_with name: "admin",
                             password: "geheim",
                             except: [:index]
```

Ein Beispiel für eine HTTP-Authentifizierung finden Sie in Kapitel 3 ab Seite 47.

Ein eigenes Authentifizierungssystem entwickeln

Rails 3.1 bringt mit `secure_password` alles mit, um ein eigenes Authentifizierungssystem relativ einfach zu implementieren. Wie das geht, zeigen wir in Abschnitt 5.9 ab Seite 143.

Ein Gem nutzen

Devise, Authlogic, Cancan

Zur Lösung des Authentifizierungsproblems können Sie auch eines der vielen Gems wie z. B. Devise, Authlogic oder Cancan einsetzen. Devise ist ein Rack-basiertes Authentifizierungssystem für Ruby on Rails und zum Zeitpunkt, als dieses Buch geschrieben wurde, der Quasistandard zur Lösung dieses Problems. Devise ist sehr umfangreich, es unterstützt z. B. mehrere Rollen, ist aber modular aufgebaut, sodass man nur die Features nutzen kann, die man braucht. Das Projekt wird in einem Git-Repository auf GitHub gehostet (*https://github.com/plataformatec/devise*).

9.3 Filter

Wenn man vor oder nach der Ausführung einer Action bzw. vor und nach der Ausführung einer Action im Controller eine Reihe von Befehlen ausführen möchte, bietet es sich an, sogenannte Filter zu verwenden.

Vererbung

Filter sind vererbbar. Das heißt, einen Filter, den Sie im Application-Controller definieren, wird in allen anderen Controllern ausgeführt, die von diesem Controller erben. Filter werden üblicherweise am Anfang eines Controllers definiert. Wann sie ausgeführt werden, entscheidet die Art des Filters.

Es gibt drei Arten von Filtern:

- **before_filter**
  Werden vor der Ausführung der Actions ausgeführt.
- **after_filter**
  Werden nach der Ausführung der Actions ausgeführt.
- **around_filter**
  Werden vor und nach der Ausführung der Actions ausgeführt.

9.3.1 Filtertypen

»before_filter«

Ein solcher Filter wird mit Hilfe der Methode `before_filter`, der die Methode, die ausgeführt werden soll, übergeben wird, am Anfang des Controllers aufgerufen:

```
class DemoController < ApplicationController
  before_filter :check
  ...
  private

  def check
    ...
  end
end
```

»private«

Die Methode, die ausgeführt werden soll, wird am Ende des Controllers als `private` deklariert.

Die häufigste Anwendung des Filters `before_filter` ist die Authentifizierung bzw. die Abfrage, ob ein User authentifiziert ist. Normalerweise wird nach der Abarbeitung des Filters die eigentliche Action ausgeführt, die aufgerufen wurde. Das ist nicht so, wenn der Filter einen redirect- oder einen render-Befehl aufruft. Im folgenden Beispiel wird beim Aufruf der Action index nur der Text »before filter« ausgegeben. Die Action index wird nicht ausgeführt:

```
class DemoController < ApplicationController
  before_filter :check

  def index
    render :text => "Index wird gerendert"
  end

  private

  def check
    render :text => "before filter"
  end
end
```

»skip_before_filter«

Wenn man nicht möchte, dass ein before_filter, der im ApplicationController definiert wurde, in einem anderen Controller ausgeführt wird, kann man das durch Aufruf der Methode skip_before_filter, der man den Namen des Filters übergibt, am Anfang des Controllers verhindern:

```
class DemoController < ApplicationController
  skip_before_filter :check

  def index
    render :text => "Index wird gerendert"
  end
end
```

»after_filter«

Der Filter after_filter wird ähnlich wie der before_filter am Anfang des Controllers aufgerufen. Die Methode, die ausgeführt werden soll, wird als Parameter übergeben und als private am Ende der Datei implementiert. Im Unterschied zum before_filter wird der after_filter immer erst ausgeführt, nachdem die Action, die angefragt wurde, ausgeführt ist. Das Ganze passiert aber noch vor der Auslieferung des Templates an den Browser. Dadurch hat der after_filter Zugriff auf die Daten, die an den View zur Ausgabe im Browser gesendet werden. Ein after_filter kann nicht wie ein before_filter das Ausführen einer Action verhindern.

»around_filter«

Der Filter `around_filter` wird vor und nach Ausführung der angefragten Action ausgeführt. Das heißt, die Ausführung der angefragten Action muss innerhalb des Filters nochmal angestoßen werden (durch Aufruf von `yield`), wenn die Befehle abgearbeitet sind, die vor Ausführung der Action ausgeführt werden sollen. »yield«

Der `around_filter` kann z. B. eingesetzt werden, um die Zeit zu messen, wie lange eine Action ausgeführt wird, und/oder zum Logging, wenn etwas protokolliert werden soll:

```
class DemoController < ApplicationController
  around_filter :timing

  def index
    render :text => "Index wird gerendert"
  end

  private

  def timing
    logger.info("vorher: #{Time.now}")
    yield # Aufruf der Action
    logger.info("nachher: #{Time.now}")
  end
end
```

9.3.2 Filter nur auf bestimmte Actions anwenden

Mit der Option `except:` wird der Filter auf alle Actions außer auf die angegebenen angewendet. Mehrere Actions werden als Array übergeben: »except:«

```
# Alle außer index:
before_filter :check, except: :index

# Alle außer index und show:
before_filter :check, except: [:index, :show]
```

Mit der Option `only:` wird der Filter nur auf die angegebenen Actions angewendet. Mehrere Actions werden auch hier als Array übergeben: »only:«

```
# Nur destroy und update:
before_filter :check, only: [:destroy, :update]
```

Die Optionen `except:` und `only:` können auch auf die Methode `skip_before_filter` angewendet werden.

Woher weiß Ruby on Rails, was bei welchem URL-Aufruf zu tun ist? Dafür ist das sogenannte Routing zuständig. In diesem Kapitel erfahren Sie, wie Sie Routing-Regeln definieren können.

10 Routing mit ActionDispatch

10.1 Routing-Grundlagen

»routes.rb«

Das sogenannte Routing legt innerhalb von Rails über Routing-Regeln fest, welche Methode (Action) in welchem Controller bei welchem Aufruf in der URL erfolgt. Das heißt, das Routing ist für die Verteilung zuständig, was intern von dem Framework `ActionDispatch` übernommen wird. Die Datei, in der die Routing-Regeln definiert werden, heißt `routes.rb` und befindet sich im Verzeichnis `config`:

```
Bookmarkmanager::Application.routes.draw do
  get "bookmarks" => "bookmarks#index", as: "bookmarks"
  get "bookmarks/new", as: "new_bookmark"
  get "bookmarks/:id" => "bookmarks#show", as: "bookmark"
  get "bookmarks/:id/edit" => "bookmarks#edit",
                              as: "edit_bookmark"
  post "bookmarks" => "bookmarks#create"
  ...
end
```

Listing 10.1 »config/routes.rb«

Reihenfolge

Die Routing-Einträge werden immer von oben nach unten abgearbeitet. Die erste Regel, die passt, wird angewendet.

10.1.1 Elementare Routing-Einträge

Die Abfrage einer URL erfolgt mit einer HTTP-Methode. Die häufigsten Anfragen erfolgen mit der `GET`- und `POST`-Methode. Es gibt auch noch weitere HTTP-Methoden, wie `PUT` und `DELETE`.

Um das Prinzip zu verdeutlichen, betrachten wird folgenden Routing-Eintrag:

```
Bookmarkmanager::Application.routes.draw do
  get "bookmarks/:id" => "bookmarks#show", as: "bookmark"
end
```

Listing 10.2 »config/routes.rb«

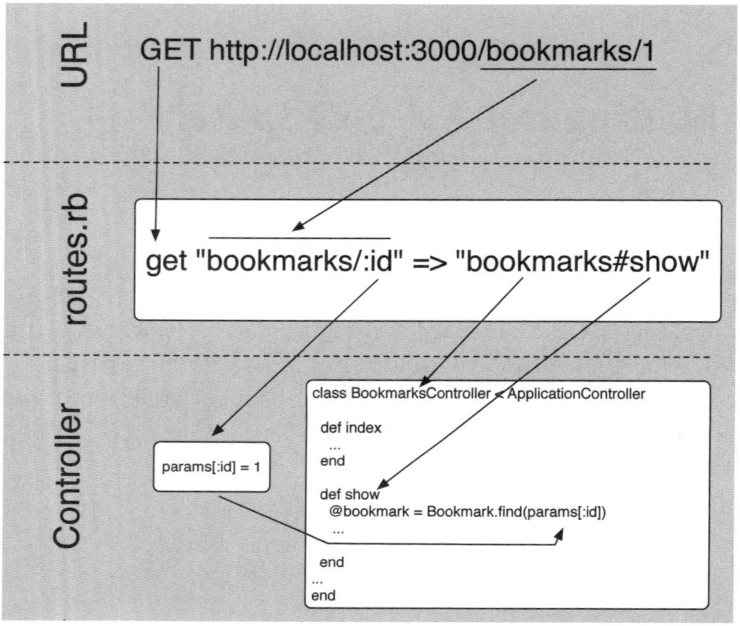

Abbildung 10.1 Routing-Beispiel

Der Routing-Eintrag bewirkt Folgendes:

- **Festlegen der HTTP-Methode**
  Der Routing-Eintrag ist nur für die `GET`-HTTP-Methode zuständig. Statt `get` ist auch `post`, `put` und `delete` möglich.

- **Festlegen der URL**
  Der Routing-Eintrag ist nur für die URL der Form `/bookmarks/:id` zuständig, z. B. `/bookmarks/23`.

- **Controller und Action**
  Durch den Eintrag `bookmarks#show` wird im Bookmarks-Controller die Methode (Action) `show` aufgerufen.

- **Parameter**
  Die in der URL übergebene ID ist im Controller als `params[:id]` abfragbar.

- **Helper**
  Die Option `as: bookmark` bewirkt, dass die Helper `bookmark_path` und `bookmark_url` definiert werden, die im Controller und View verwendet werden können.

Rails bietet einen sehr praktischen Rake-Task an, der alle Routing-Regeln ausgibt:

Routing-Regeln anzeigen

```
rake routes

bookmark GET /bookmarks/:id(.:format) :controller=>"bookmarks",
:action=>"show"
```

Der zuletzt gezeigte Routing-Eintrag kann auch mittels des Routing-Eintrags `match` erfolgen.

»match«

```
Bookmarkmanager::Application.routes.draw do
  # get "bookmarks/:id" => "bookmarks#show", as: bookmark"
  # ist gleich mit folgendem Eintrag:
  match "bookmarks/:id" => "bookmarks#show", as: "bookmark",
        via: :get
end
```

Listing 10.3 »config/routes.rb«

Wenn man `rake routes` erneut aufruft, kann man sich davon überzeugen, dass es sich um die gleiche Routing-Regel handelt.

Mit Hilfe der `via`-Option kann auch ein Array mit den HTTP-Methoden übergeben werden, die von der Routing-Regel akzeptiert werden sollen. Wenn die Option ausgelassen wird, so wird jede HTTP-Methode akzeptiert.

»via«-Option

Wenn die URL nach dem Schema `/controller/action` aufgebaut ist, kann eine Vereinfachung der Routing-Regel vorgenommen werden:

Vereinfachung

```
match "/bookmarks/new" => "bookmarks#new"
# verkürzt:
match "/bookmarks/new"
```

Falls die Controller-Methode `index` aufgerufen wird, so kann diese auch weggelassen werden:

```
match "/bookmarks" => "bookmarks#index"
# verkürzt:
match "/bookmarks" => "bookmarks"
```

10.1.2 Bedingungen definieren mit »constraints«

Die `constraints`-Option erlaubt es Bedingungen in Routing-Regeln zu definieren. Im folgenden Beispiel soll festgelegt werden, dass die ID in der URL nur aus Zahlen besteht. Dazu wird ein regulärer Ausdruck definiert:

```
get "bookmarks/:id" => "bookmarks#show", as: "bookmark",
constraints: { id: /[0-9]+/ }
```

Die URL `/bookmarks/23` wird z. B. von der Regel akzeptiert, die URL `/bookmarks/2a` hingegen nicht. Als Abkürzung kann das `constraints`-Attribut auch ausgelassen werden:

```
get "bookmarks/:id" => "bookmarks#show", as: "bookmark",
id: /[0-9+/]
```

10.1.3 Weiterleitungen

Mit der Option `redirect` können auch Weiterleitungen definiert werden. Im folgenden Beispiel wird die URL `/new_bookmark` nach `/bookmarks/new` umgeleitet:

```
match "/new_bookmark" => redirect("/bookmarks/new")
```

10.1.4 Die »root«-Route

Die Startseite einer Applikation wird mit dem Routing-Eintrag `root to: 'controllers#action'` festgelegt. Im folgenden Beispiel legen wir die Methode (Action) `home` des Pages-Controller als Homepage fest.

```
Bookmarkmanager::Application.routes.draw do
   ...
   root to: 'pages#home'
   ...
end
```

Listing 10.4 »app/config/routes.rb«

Wenn die URL *http://localhost:3000* aufgerufen wird, so wird durch den Routing-Eintrag die Methode (Action) `home` im Pages-Controller aufgerufen. Außerdem werden die Helper `root_url`, der den absoluten Pfad inklusive Host liefert (z. B. 'http://localhost:3000/'), und `root_path`, der den Pfad ohne HOST zurückliefert, zur Verfügung gestellt. Damit kann im View ein Link zur Startseite gesetzt werden:

```
link_to("Zurück zur Liste", root_path)
```

»public/index.html« [«]

Wenn Sie den Rails-Server neu starten und dann *http://localhost:3000* aufrufen, sehen Sie die »Willkommen«-Seite von Rails. Das liegt nicht daran, dass unser Routing-Eintrag fehlerhaft ist, sondern daran, dass sich diese Seite im Verzeichnis `public` befindet und `index.html` heißt. Alles, was im `public`-Ordner liegt, wird bevorzugt verwendet. Wenn sich dort eine Datei `index.html` befindet, wird der Routing-Eintrag für den Aufruf ohne Pfadangabe ignoriert. Das heißt, wir müssen die Datei umbenennen oder löschen. Wenn Sie das tun und anschließend noch einmal *http://localhost:3000* betrachten, wird die Homepage korrekt angezeigt.

10.2 Routing mit Ressourcen

Im letzten Abschnitt haben wir die grundlegenden Routing-Regeln behandelt. Wir haben z. B. eine Routing-Regel angelegt, welche die `show`-Methode des Bookmarks-Controller aufruft, der für das Anzeigen eines Bookmark-Datensatzes zuständig ist.

10.2.1 Der REST-Standard

Wenn wir jedoch die Bookmarks nicht nur anzeigen, sondern hinzufügen, bearbeiten und löschen wollen (Create, Read, Update, Delete), so müssen nicht nur entsprechende Methoden im Controller und die passenden Views erstellt werden, sondern auch eine Menge von Routing-Regeln. Wenn wir nur die elementaren Routing-Befehle verwenden, so müsste Folgendes im Routing definiert werden:

```
get "bookmarks" => "bookmarks#index", as: "bookmark"
get "bookmarks/new", :as => "new_bookmark"
get "bookmarks/:id" => "bookmarks#show", as: "bookmark"
get "bookmarks/:id/edit" => "bookmarks#edit",
                            as: "edit_bookmark"
post "bookmarks" => "bookmarks#create"
put "bookmarks/:id" => "bookmarks#update"
delete "bookmarks/:id" => "bookmarks#destroy", as: "bookmark"
```

Da diese Routing-Regeln in der Rails-Praxis so häufig vorkommen, können diese durch durch den Routing-Helper `resources` ersetzt werden:

```
resources :bookmarks
```

Ressource

In Rails wird der Begriff *Ressource* (meist) für Models verwendet, die mit Hilfe von Controllern und Views erstellt, angezeigt, geändert und gelöscht werden können (Create, Read, Update, Delete, kurz CRUD).

Beispiele für Ressourcen sind in diesem Buch z. B. Bookmarks, Flights, Persons, Bookings etc. Entscheidend dabei ist, dass die Ressource über eine URL (»Uniform Resource Locator«) ansprechbar ist, z. B. über *http://localhost:3000/bookmarks*.

»GET«, »POST«, »PUT«, »DELETE«

Um auf eine Ressource über eine URL zuzugreifen, muss noch die HTTP-Methode angegeben werden. Jeder, der schon einmal HTML-Seiten erstellt hat, kennt die beiden HTTP-Methoden `GET` und `POST`. Die wenigsten kennen jedoch `PUT` und `DELETE`.

Um zum Beispiel ein bestimmtes Bookmark anzuzeigen, wird die URL *http://localhost:3000/bookmarks/2* mittels der HTTP-Methode `GET` aufgerufen. Das Löschen dieses Lesezeichens erfolgt über dieselbe URL, jedoch durch Aufruf der `DELETE`-Methode.

Representational State Transfer

Der Zugriff auf eine Ressource im Internet mittels der URL und der Angabe einer HTTP-Methode wird im REST-Standard (»Representational State Transfer«) definiert.

Folgende Bedeutung haben die HTTP-Methoden nach dem REST-Standard:

- **GET URL**
  Fordert die angegebene Ressource an.
- **POST URL**
  Legt eine neue Ressource an.
- **PUT URL**
  Ändert die angegebene Ressource.
- **DELETE URL**
  Löscht die angegebene Ressource.
- **HEAD URL**
  Fordert Metainformationen für die Ressource an (nicht in Rails).
- **OPTIONS URL**
  Liefert die Methoden, die der Ressource zur Verfügung stehen (nicht in Rails).

Webservices

Der REST-Standard wird heute auch für die Implementierung verteilter, webbasierter Systeme verwendet und löst immer mehr die klassischen Technologien wie *Remote Procedure Call* (RPC) und *SOAP* ab. Google, Amazon und Microsoft z. B. setzen bevorzugt den REST-Standard für Ihre Webdienste ein.

Mit dem Routing-Eintrag `resources :bookmarks` wird automatisch eine Menge von Routing-Regeln definiert, die einen Zugriff nach dem REST-Standard auf die Ressource `bookmarks` erlauben. »map.resources«

Der Einsatz des REST-Standards in Rails wird als **RESTful Rails** bezeichnet Wenn Sie Ihre Applikationen nach dem REST-Standard entwickeln, bietet das u. a. folgende Vorteile: Vorteile

- URLs sind vereinfacht.
- URLs sind standardisiert.
- Realisierung eines Webservices bzw. einer API ist praktisch ohne Mehraufwand möglich (siehe Kapitel 14 ab Seite 481)

Rails macht es Ihnen sehr leicht, Websites nach dem REST-Standard zu erstellen. Eine hervorragende Einführung in das Thema bietet das Buch »REST und HTTP: Einsatz der Architektur des Web für Integrationsszenarien« von Stefan Tilkov.

10.2.2 Ressourcen mit Generatoren erstellen

Am einfachsten ist es, wenn Sie Generatoren einsetzen. Es gibt zwei Generatoren, die Sie beim Implementieren des REST-Standards unterstützen:

- **scaffold-Generator**
  Der Scaffold-Generator erzeugt neben einem Model und der Migration-Datei für die Erstellung der Datenbanktabelle auch einen Controller mit sieben Actions und die passenden Views, um die Datensätze zu verwalten (Anzeigen, Hinzufügen, Ändern und Löschen).

  Wir werden in den folgenden Beispielen eine Ressource `airport` anlegen.

  ```
  rails generate scaffold airport name:string code:string
  ```

- **resource-Generator**
  Der Resource-Generator macht im Prinzip das Gleiche wie der Scaffold-Generator, jedoch mit dem Unterschied, dass keine Views erstellt werden und der Controller keine Actions (Methoden) enthält.

  ```
  rails generate resource airport name:string code:string
  ```

10.2.3 Routing für Ressourcen

Beide Generatoren fügen in der Routing-Konfigurationsdatei `routes.rb` im Verzeichnis `config` folgenden Eintrag ein: »routes.rb«

```
resources :airports
```

Listing 10.5 »config/routes.rb«

Aufgrund dieses Routing-Eintrags sind folgende Zugriffe auf die Ressource `airports` möglich:

- **GET /airports**
  Es wird der Airports-Controller mit der Action `index` aufgerufen. Diese Action listet alle Flughäfen. Der Aufruf kann mit folgendem View-Helper erfolgen:
  `link_to 'Alle Airports', airports_path`

- **GET /airports/1**
  Es wird der Airports-Controller mit der Action `show` und dem Parameter `id = 1` aufgerufen. Diese Action zeigt den Flughafen mit der angegebenen ID an. Der Aufruf kann mit folgendem View-Helper erfolgen:
  `link_to 'Airport Detail', airport_path(1)`
  `link_to 'Airport Detail', airport_path(@airport)`
  `link_to 'Airport Detail', @airport`
  Die Instanzvariable `@airport` enthält ein Objekt bzw. eine Instanz der Klasse `Airport`.

- **GET /airports/new**
  Es wird der Airports-Controller mit der Action `new` aufgerufen. Diese Action lädt das Formular zum Anlegen eines Airports. Der Aufruf kann mit folgendem View-Helper erfolgen:
  `link_to 'neuer Airport', new_airport_path`

- **GET /airports/1/edit**
  Es wird der Airports-Controller mit der Action `edit` und dem Parameter `id = 1` aufgerufen. Diese Action lädt das Formular zum Bearbeiten eines Airports. Der Aufruf kann mit folgendem View-Helper erfolgen:
  `link_to 'Airport editieren', edit_airport_path(1)`
  `link_to 'Airport editieren', edit_airport_path(@airport)`

- **POST /airports**
  Es wird der Airports-Controller mit der Action `create` aufgerufen. Diese Action erstellt einen neuen Airport-Datensatz. Der Aufruf erfolgt über ein Formular:
  `form_for(@airport) do ... end`

Die HTTP-Methode muss nicht angegeben werden, da sie automatisch erkannt wird. Wenn das Objekt `@airport` neu ist, wird die `POST`-Methode verwendet.

- **PUT /airports/1**
  Es wird der Airports-Controller mit der Action `update` aufgerufen. Diese Action ändert die Daten des angegebenen Airport-Datensatzes. Der Aufruf erfolgt über ein Formular:
  ```
  form_for(@airport) do ... end
  ```
  Die HTTP-Methode muss nicht angegeben werden, da sie automatisch erkannt wird. Wenn das Objekt `@airport` bereits in der Datenbank vorliegt, wird automatisch die `PUT`-Methode ausgeführt.
- **DELETE /airports/1**
  Es wird der Airports-Controller mit der Action `destroy` und dem Parameter `id = 1` aufgerufen. Diese Action löscht den angegebenen Datensatz. Der Aufruf kann mit folgendem View-Helper erfolgen:
  ```
  link_to 'löschen', airport_path(1), method: :delete
  link_to 'löschen', airport_path(@airport), method: :delete
  link_to 'löschen', @airport, method: :delete
  ```

Zugriff auf ID

Da per Konvention immer auf die ID eines Objektes zugegriffen wird, wenn das ganze Objekt übergeben wird, können wir statt der IDs auch das Objekt `airport` an die Methoden übergeben:

```
airport_path(airport)

edit_airport_path(airport)
```

Statt der Methode `airport_path` kann auch einfach nur das Objekt `airport` angegeben werden. Mit dem Befehl `rake routes` können Sie alle zur Verfügung stehenden Routing-Methoden abfragen.

10.2.4 Verschachtelte Ressourcen

Wenn eine Ressource von einer anderen abhängig ist, kann eine verschachtelte Ressource angelegt werden. Angenommen, wir wollen zu den Flughäfen die Ladenlokale (Shops) verwalten, können wir mit dem Scaffold-Generator eine Model-Klasse mit zugehörigem Controller und Formularen erstellen:

```
rails generate scaffold shop name:string url:string
```

Da es zu einem Flughafen mehrere Shops geben kann, besteht eine Eins-zu-viele-Relation (siehe Kapitel 8 ab Seite 239). Die Beziehung zwischen den beiden Models `Airport` und `Shop` wird wie folgt definiert:

```
class Airport < ActiveRecord::Base
  has_many :shops
end
```

Listing 10.6 »app/models/airport.rb«

```
class Shop < ActiveRecord::Base
  belongs_to :airport
end
```

Listing 10.7 »app/models/shop.rb«

Verschachtelung

Interessant ist, dass diese Abhängigkeit auch in der URL abgebildet werden kann. Dazu wird die Abhängigkeit durch Verschachtelung der Ressourcen wie folgt im Routing festgelegt:

```
resources :airports do
  resources :shops
end
```

Listing 10.8 »config/routes.rb«

Der Zugriff auf die Ressource `shops` erfolgt dann so:

- **GET http://localhost:3000/airports/2**
  Es wird im Airports-Controller die Action `show` mit dem Parameter `id=2` aufgerufen. Im View kann der Aufruf so erfolgen:
  ```
  link_to 'Airport Detail', airport_path(2)
  link_to 'Airport Detail', airport_path(@airport)
  link_to 'Airport Detail', @airport
  ```
- **GET http://localhost:3000/airports/2/shops**
  Es wird im Shops-Controller die Action `index` mit dem Parameter `airport_id=2` aufgerufen. Im View kann der Aufruf wie folgt erfolgen:
  ```
  link_to 'Alle Shops vom Flughafen 2', airport_shops_path(2)
  link_to 'Alle Shops vom Flughafen 2',
          airport_shops_path(@airport)
  ```
- **GET http://localhost:3000/airports/2/shops/5**
  Es wird im Shops-Controller die Action `show` mit den Parametern `id=5` und `airport_id=2` aufgerufen. Im View kann der Aufruf wie folgt erfolgen:

```
link_to 'Shop im Flughafen 2', airport_shop_path(2, 5)
link_to 'Shop im Flughafen 2',
        airport_shop_path(@airport, @shop)
link_to 'Shop im Flughafen 2', url_for([@airport, @shop])
link_to 'Shop im Flughafen 2', [@airport, @shop]
```

- **GET http://localhost:3000/airports/2/shops/new**
  Es wird im Shops-Controller die Action `new` mit den Parameter `airport_id=2` aufgerufen. Im View kann der Aufruf wie folgt erfolgen:

```
link_to 'Neuer Shop im Flughafen 2',
        new_airport_shop_path(2)
link_to 'Neuer Shop im Flughafen 2',
        new_airport_shop_path(@airport)
```

Mehrere Verschachtelungen

Es können in einem Routing-Eintrag auch mehrere Verschachtelungen definiert werden. Ein Flughafen kann nicht nur mehrere Shops, sondern auch mehrere Restaurants haben. Der Routing-Eintrag könnte dann beispielsweise so aussehen:

```
resources :airports do
  resources :shops
  resources :restaurants
end
```

Es ist auch folgende Abkürzung möglich:

```
resources :airports do
  resources :shops, :restaurants
end
```

[!]

Verschachtelung über mehrere Ebenen

Theoretisch ist auch eine Verschachtelung über mehrere Ebenen möglich, sollte aber praktisch vermieden werden, weil es schnell schwerfällig werden kann. Zum Beispiel führt eine Verschachtelung über zwei Ebenen wie

```
resources :airports do
  resources :shops do
    resources :employees
  end
end
```

zu folgenden Pfaden:

```
/airports/1/shops/2/employees/3
```

10.2.5 Namespaces

Normalerweise gehört zu einer Model-Klasse (z. B. Airport) genau ein Controller (z. B. Airports-Controller). Dieser Controller dient dann in der Regel zum Verwalten der Daten. Man kann auch sagen, dass dieser Controller für die Administratoren (oder Redakteure) der Website bestimmt ist. Für die Anzeige der Flughäfen für den Endbenutzer ist ein weiterer Controller erforderlich, der sich auf das gleiche Model bezieht.

Die beiden Controller sollten wie folgt aufgerufen werden können:

- **http://localhost:3000/admin/airports**
  Auf dieser Seite können die Flughäfen verwaltet werden. Es werden alle Flughäfen angezeigt. Zu jedem Datensatz werden Links zum Ändern und Löschen angezeigt. Diese Seite sollte passwortgeschützt sein.
- **http://localhost:3000/airports**
  Diese Seite ist für den Endbenutzer bestimmt. Es werden z. B. alle Flughäfen gelistet. Jedoch soll das Editieren und Löschen der Datensätze nicht möglich sein.

Um dies zu erreichen, sind folgende Schritte erforderlich:

1. **Generieren der Model-Klasse**
   Mit Hilfe des Model-Generators können Sie die Model-Klasse im Verzeichnis `app/models` anlegen:

   ```
   rails generate model airport code:string \
   name:string
   ```

   Anschließend führen Sie mit `rake db:migrate` die vom Generator angelegte Migration-Datei aus, um die Tabelle `airports` zu erstellen.

2. **Generieren des Admin-Controllers**
   Hierzu können Sie den Generator `scaffold_controller` nutzen, dem Sie den Namen des Models übergeben. Damit der Airports-Controller im Verzeichnis `app/controllers/admin` abgelegt wird, muss dem Namen des Models `admin/` vorangestellt werden:

   ```
   rails generate scaffold_controller admin/airport
   ```

3. **Generieren des Controllers für den Endbenutzer**
   Für den Endbenutzer kann man nun einen weiteren Controller anlegen, der z. B. nur die Flüge auflistet (Action `index`) und zu einem Flug die Details anzeigen kann (Action `show`). Hierfür verwenden wir nicht den Scaffold-Generator, sondern lediglich den Controller-Generator:

   ```
   rails generate controller airports index show
   ```

Plural verwenden

Beachten Sie, dass wenn Sie den Controller-Generator einsetzen, unbedingt die Pluralform von »Airport« verwenden. Der Controller-Generator erstellt für uns leere Actions und leere Templates, die noch ausprogrammiert bzw. angelegt werden müssen. Wir könnten im Controller z. B. Folgendes eintragen:

```
class AirportsController < ApplicationController
  def index
    @airports = Airport.all
  end

  def show
    @airport = Airport.find(params[:id])
  end
end
```

Listing 10.9 »app/controllers/airports_controller.rb«

Zusätzlich müssen noch die Template-Dateien im Verzeichnis `app/views/airports` mit Inhalten gefüllt werden.

4. **Routing-Eintrag**
   In der Routing-Datei `config/routes.rb` benötigen wir einen Routing-Eintrag für den Endbenutzer-Controller und einen für den Admin-Controller:

```
resources :airports

namespace(:admin) do
  resources :airports
end
```

Zur Verlinkung der Seiten kann im View dann z. B. folgender Aufruf eingesetzt werden:

```
<%= link_to "Airport-Liste", airports_path %>

<%= link_to "Airport-Administration", admin_airports_path %>
```

Zu einem Detail eines Views ist wie folgt zu verlinken:

```
<%= link_to "Airport-Administration",
            admin_airport_path(@airport) %>
# oder
<%= link_to "Airport-Administration", [:admin, @airport] %>
```

Im Formular zum Anlegen eines neuen Airports ist Folgendes zu verwenden:

```
<%= form_for([:admin, @airport]) do |f|%>
...
<% end %>
```

10.2.6 Singuläre Ressourcen

Anwendung Auf vielen Websites gibt es die Möglichkeit, dass ein Benutzer seinen Account, in dem u. a. die Adressinformationen gespeichert werden, online pflegen kann. Dem Benutzer soll es möglich sein, einen Account anzulegen, ihn zu bearbeiten und gegebenenfalls wieder zu entfernen. Der Benutzer soll jedoch keinen Zugriff auf die anderen Accounts haben. Das heißt, er soll immer nur Zugriff auf einen Account haben. Dieser Sachverhalt soll sich auch in der URL widerspiegeln.

Aufruf Mit der folgenden URL könnte ein Benutzer auf seinen Account zugreifen: *http://localhost:3000/account*

Wichtig ist hier, dass `account` im Singular angegeben wird. Es kann weder auf alle noch auf einen bestimmten Account mit einer angegebenen ID zugegriffen werden. Bei einer singulären Ressource wird die Ressource nur im Singular angegeben. Im Folgenden wird gezeigt, wie eine singuläre Ressource angelegt wird. Dazu können Sie den normalen Scaffold-Generator verwenden:

```
rails generate scaffold account firstname:string \
lastname:string email:string ...
```

Controller anpassen Es sind jedoch Anpassungen am Controller und Routing erforderlich. Wir gehen im Folgenden davon aus, dass die Methode `current_user` den aktuell angemeldeten User zurückliefert (siehe Abschnitt 5.9 auf Seite 143). Die Action `index` wird bei einer singulären Ressource nicht mehr benötigt. Der Controller könnte dann wie folgt aussehen:

```
class AccountsController < ApplicationController
  # GET /accounts
  def show
    @account = current_user.account
  end

  # GET /accounts/new
  def new
    @account = Account.new
  end
```

```
  # GET /accounts/edit
  def edit
    @account = current_user.account
  end

  # POST /account
  def create
    @account = current_user.account.build(params[:account])
    if @account.save
      redirect_to @account,
        notice: 'Account was successfully created.'
    else
      render action: "new"
    end
  end

  # PUT /account
  def update
    @account = current_user.account
    if @account.update_attributes(params[:account])
      redirect_to @account,
        notice: 'Account was successfully updated.'
    else
      render action: "edit"
    end
  end

  # DELETE /account
  def destroy
    @account = current_user.account
    @account.destroy
    redirect_to root_url
  end
end
```

Listing 10.10 »app/controllers/accounts_controller.rb«

Routing anpassen

In der Routing-Datei `config/routes.rb` ist bereits der Eintrag `resources :accounts` eingetragen. Für eine singuläre Ressource wird der Eintrag wie folgt geändert:

```
resource :account
```

[»] **Controller im Plural**

Obwohl der Routing-Eintrag im Singular angegeben wird, wird der Controller im Plural aufgerufen.

Aufgrund dieses Routing-Eintrags sind folgende Zugriffe auf die Ressource `account` möglich:

- **GET /account**
  Es wird der Accounts-Controller mit der Action `show` aufgerufen. Diese Action zeigt die Details eines Benutzers. Der Aufruf kann mit folgendem View-Helper erfolgen:
  ```
  link_to 'Account-Details', account_path
  ```
- **GET /account/new**
  Es wird der Accounts-Controller mit der Action `new` aufgerufen. Diese Action lädt das Formular zum Anlegen eines neuen Accounts. Der Aufruf kann mit folgendem View-Helper erfolgen:
  ```
  link_to 'neuer Account', new_account_path
  ```
- **GET /account/edit**
  Es wird der Accounts-Controller mit der Action `edit` aufgerufen. Diese Action lädt das Formular zum Bearbeiten eines Accounts. Der Aufruf kann mit folgendem View-Helper erfolgen:
  ```
  link_to 'Account bearbeiten', edit_account_path
  ```
- **POST /account**
  Es wird der Accounts-Controller mit der Action `create` aufgerufen. Diese Action erstellt einen neuen Account-Datensatz. Der Aufruf erfolgt über ein Formular:
  ```
  form_for(@account) do ... end.
  ```
  Die HTTP-Methode muss nicht angegeben werden, da sie automatisch erkannt wird. Wenn das Objekt `@account` neu ist, wird die `POST`-Methode verwendet.
- **PUT /account**
  Es wird der Accounts-Controller mit der Action `update` aufgerufen. Diese Action ändert die Daten des Account-Datensatzes. Der Aufruf erfolgt über ein Formular:
  ```
  form_for(@account) do ... end
  ```
  Die HTTP-Methode muss nicht angegeben werden, da sie automatisch erkannt wird. Wenn das Objekt `@account` bereits in der Datenbank vorliegt, wird automatisch die `PUT`-Methode ausgeführt.

- **DELETE /account**
  Es wird der Accounts-Controller mit der Action `destroy` aufgerufen. Diese Action löscht den Account. Der Aufruf kann mit folgendem View-Helper erfolgen:
  `link_to "löschen", account_path, method: :delete`

10.2.7 Ressourcen erweitern

Mehr Actions erforderlich

Wenn wir den Scaffold-Generator einsetzen, stehen uns sieben Actions im Controller zur Verfügung, um eine Ressource zu verarbeiten. Dies reicht gelegentlich jedoch nicht aus. In diesem Abschnitt möchten wir unsere Airport-Ressource ergänzen. Neben der Verwaltung (Anzeigen, Ändern, Löschen usw.) soll es möglich sein, die Airports zu markieren, die 24 Stunden geöffnet sind, wo also kein Nachtflugverbot herrscht. Außerdem soll es möglich sein, alle markierten Airports aufzulisten.

Dazu sind drei Schritte erforderlich:

1. **Model um Attribut »flag« ergänzen**
   Das Feld `flag` wird mit folgender Migration hinzugefügt:

   ```
   rails generate migration AddFlagToAirports flag:boolean
   rake db:migrate
   ```

2. **Controller um die fehlenden Actions ergänzen**
   Fügen Sie im Airports-Controller die folgenden Actions hinzu:

   ```
   class AirportsController < ApplicationController
     ...
     def flag
       @airport = Airport.find(params[:id])
       @airport.update_attribute(:flag, true)
       render :show
     end

     def unflag
       @airport = Airport.find(params[:id])
       @airport.update_attribute(:flag, false)
       render :show
     end

     def flagged
       @airports = Airport.where(:flag => true)
       render :index
     end
   end
   ```

3. **Routing-Eintrag**
   Damit die entsprechenden Actions über die URL aufgerufen werden können, muss noch folgender Routing-Eintrag vorgenommen werden:

```
resources :airports do
  member do
    put 'flag'
    put 'unflag'
  end
  collection do
    get 'flagged'
  end
end
```

   Es ist auch folgende Vereinfachung möglich:

```
resources :airports do
  put 'flag',   :on => :member
  put 'unflag', :on => :member
  get 'flagged', :on => :collection
end
```

   Da die Actions `flag` und `unflag` sich auf ein konkretes Element beziehen, werden sie innerhalb der Option `:member` definiert. Außerdem wird die HTTP-Methode angegeben, über die sie aufgerufen werden können. Da sich die Action `flagged` nicht auf ein bestimmtes Element bezieht, wird sie innerhalb der Option `:collection` definiert. Auch hier wird die HTTP-Methode angegeben.

Aufruf

Aufgrund dieses Routing-Eintrags kann die erweiterte Ressource wie folgt aufgerufen werden:

- **PUT http://localhost:3000/airports/2/flag**
  Es wird die Action `flag` aus dem Airports-Controller aufgerufen. Diese Action setzt das Attribut `flag` des Airports mit der ID 2 auf den Wert `true`. Der Aufruf kann mit folgendem View-Helper erfolgen:
  `link_to 'Markieren', flag_airport_path(2),`
  `method: :put`
- **PUT http://localhost:3000/airports/2/unflag**
  Es wird die Action `unflag` aus dem Airports-Controller aufgerufen. Diese Action setzt das Attribut `flag` des Airports mit der ID 2 auf den Wert `false`. Der Aufruf kann mit folgendem View-Helper erfolgen:
  `link_to 'Markierung aufheben', unflag_airport_path(2),`
  `method: :put`

- **GET http://localhost:3000/airports/flagged**
  Es wird die Action `flagged` aus dem Airports-Controller aufgerufen. Diese Action listet alle Airports, deren Attribut `flag` auf `true` gesetzt ist. Der Aufruf kann mit folgendem View-Helper erfolgen:
  ```
  link_to 'Alle markierten Airports listen',
  flagged_airports_path
  ```

Das Modul ActionView entspricht der Präsentationsschicht innerhalb des Model-View-Controller-Entwurfsmusters und dient zur Erstellung von Templates. ActionView-Templates können die Daten, die der Controller liefert, als dynamische Inhalte einbinden. Neu in Rails ist die Unterstützung der CSS-Erweiterung Sass und der JavaScript-Alternative CoffeeScript.

11 HTML5, Sass und CoffeeScript mit ActionView

Templates

Templates sind Dateien, die zum Beispiel HTML-, XML- oder andere textbasierte Vorlagen enthalten, in die dynamische Inhalte eingebunden werden können. Innerhalb von Template-Dateien sollte nach Möglichkeit wenig Programmcode (Ruby) enthalten sein, um die Programmierlogik von der Anzeige getrennt zu halten.

Abbildung 11.1 Model-View-Controller-Entwurfsmuster

Instanzvariablen

In den Actions im Controller werden die dynamischen Inhalte, die in den Templates angezeigt werden sollen, ermittelt und in Instanzvariablen gespeichert, auf welche die Templates zugreifen können.

Beispiel

In unserer Beispielapplikation `employees` zur Verwaltung von Mitarbeitern (siehe Kapitel 3 ab Seite 47) befindet sich der Controller `employees_controller.rb` im Verzeichnis `app/controllers`. Die Templates zur Anzeige der Liste oder der Detailansicht der Mitarbeiter und zum Anlegen oder Editieren eines Mitarbeiters befinden sich im Verzeichnis `app/views` im Unterverzeichnis `employees`. Das heißt, die Templates, die von einem Controller benutzt werden, liegen innerhalb des Verzeichnisses `app/views` in einem Unterverzeichnis, das so heißt wie der Controller. Die einzelnen Templates sind nach den Actions innerhalb des Controllers benannt, von denen sie aufgerufen werden (`index.html.erb`, `show.html.erb`, `new.html.erb` und `edit.html.erb`).

Template-Engines

In Rails stehen zwei Template-Engines zur Verfügung:

- **ERB-Templates**
  Standard-Template-Engine in Rails, Dateiendung `*.html.erb`
- **Builder::Xml-Markup-Templates**
  Wird zum Generieren von XML-Dateien verwendet, Dateiendung `*.xml.builder`.

Die Dateiendung gibt an, welche Template-Engine zur Verarbeitung der Datei geladen wird. Vor der Dateiendung steht, von welchem Typ die Ausgabe des Templates ist. Es ist auch möglich per Erweiterung (RubyGems) weitere Template-Engines zu integrieren, wie z. B. HAML. Wir werden uns in diesem Kapitel hauptsächlich mit ERB-Templates beschäftigen.

11.1 ERB-Templates

Standard-Templates

ERB-Templates sind die Standard-Templates von Rails. Generatoren, die Views erstellen, wie z. B. der Scaffold-Generator, verwenden ERB-Templates. Innerhalb der ERB-Templates einer Rails-Applikation wird der HTML-Code zur Ausgabe für den User generiert. Die Datei enthält HTML-Code und darin eingebetteten Ruby-Code (embedded Ruby, ERB). Über den eingebetteten Ruby-Code können die dynamischen Inhalte aus den Instanzvariablen ausgegeben werden. Die Instanzvariablen werden (meist) durch die Action im Controller gesetzt, die so heißt wie das Template.

Tags

Der Ruby-Code wird über spezielle Tags eingebettet:

- **<% Ruby-Code %>**
  Der Ruby-Code innerhalb dieser Tags wird ausgewertet. Es wird jedoch nichts ausgegeben.
- **<%= Ruby-Code %>**
  Der Ruby-Code wird ausgewertet und das Resultat als String ausgegeben.
- **<%- Ruby-Code -%>**
  Der Ruby-Code wird ausgewertet. Jedoch wird nichts ausgegeben (auch die Ausgabe führender und nachfolgender Leerzeichen wird unterdrückt).
- **<%# Ruby-Code %>**
  Wird zum Auskommentieren von Ruby-Code verwendet.

Der Scaffold-Generator hat zum Beispiel zur Ausgabe der Liste aller Mitarbeiter folgenden Code innerhalb des Templates `index.html.erb` generiert:

Generierter Code

```
<h1>Listing employees</h1>

<table>
  <tr>
    <th>Firstname</th>
    <th>Lastname</th>
    <th>Birthday</th>
    <th>Email</th>
    <th>Comment</th>
    <th></th>
    <th></th>
    <th></th>
  </tr>

<% @employees.each do |employee| %>
  <tr>
    <td><%= employee.firstname %></td>
    <td><%= employee.lastname %></td>
    <td><%= employee.birthday %></td>
    <td><%= employee.email %></td>
    <td><%= employee.comment %></td>
    <td><%= link_to 'Show', employee %></td>
    <td>
      <%= link_to 'Edit', edit_employee_path(employee) %>
    </td>
    <td>
      <%= link_to 'Destroy', employee,
                  confirm: 'Are you sure?',
                  method: :delete %>
    </td>
  </tr>
<% end %>
</table>
<br />
<%= link_to 'New Employee', new_employee_path %>
```

Listing 11.1 »app/views/employees/index.html.erb«

In der passenden Action `index` im Employees-Controller wird die Instanzvariable `@employees` gesetzt:

Instanzvariable setzen

```
class EmployeesController < ApplicationController
  def index
    @employees = Employee.all
    ...
  end
  ...
end
```

Listing 11.2 »app/controllers/employees_controller.rb«

E-Mails ERB-Templates werden auch zur Generierung von E-Mails genutzt, aber dazu mehr in Kapitel 12 ab Seite 447.

Vorteile Vorteile von ERB-Templates sind:

- Sie sind sehr flexibel.
- Es können alle Arten von Textdateien generiert werden, z. B. auch CSS-Dateien (siehe Abschnitt 11.9 auf Seite 440).

Nachteile Die Nachteile sind:

- Die Mischung von zwei verschiedenen Sprachen wirkt oft unschön.
- Bei längeren Ruby-Code-Passagen ist der Quelltext schwer lesbar.

Die Nachteile kann man vermeiden, indem man versucht, den Ruby-Code auf ein Minimum zu reduzieren. Dies wird u. a. durch den intensiven Gebrauch von Helper-Methoden erreicht.

11.2 Erstellung von Templates

»*.html.erb« Sie können Template-Dateien manuell erstellen und sie mit der Dateiendung `*.html.erb` im Verzeichnis `app/views` in dem Unterverzeichnis ablegen, das so heißt wie der Controller, von dem die Templates genutzt werden.

Generatoren Wenn Sie einen der folgenden Generatoren nutzen, werden die Template-Dateien automatisch im richtigen Verzeichnis erstellt.

- **controller**
  `rails generate controller`
- **scaffold**
  `rails generate scaffold`

- **scaffold_controller**
  `rails generate scaffold_controller`
- **mailer**
  `rails generate mailer`

11.3 Helper

Möglichst wenig Ruby-Code

Die Templates haben die Aufgabe, die Daten des Models anzuzeigen. Dazu enthalten sie HTML-Code und nicht mehr Ruby-Code als nötig. Das heißt, wir müssen dafür sorgen, dass keine Programmierlogik innerhalb der Templates vorkommt, sondern nur so viel Ruby eingesetzt wird, wie erforderlich ist, um die Instanzvariablen auszugeben, die in den Controllern gesetzt werden.

Eingebaute Helper

Dazu stellt uns Rails zum einen ActionView-Helper-Methoden zur Verfügung, mit deren Hilfe wir ganz schnell HTML-Tags wie zum Beispiel Links oder Formular-Tags erzeugen können, zum anderen haben wir aber auch die Möglichkeit, eigene Helper-Methoden zu definieren.

Wir wollen Ihnen die ActionView-Helper-Methoden vorstellen, die Sie im Alltag am häufigsten brauchen werden.

[+]

Helper in der Rails-Konsole testen

Helper werden normalerweise im Template eingesetzt. Um zu überprüfen, was ein Helper tut, können Helper-Methoden in der Rails-Konsole (`rails console`) ausgeführt werden.

Dazu müssen Sie lediglich `helper.` den Helper-Methoden voranstellen. Um z. B. die `mail_to`-Methode auszuführen, können Sie Folgendes in die Rails-Konsole eingeben:

```
helper.mail_to "lee@adama.com"
=> "<a href=\"mailto:lee@adama.com\">lee@adama.com</a>"
```

Etwas irritierend an der Ausgabe der Rails-Konsole sind die geschützten Hochkommata. Wird die Methode statt in der Rails-Konsole im Template ausgeführt, wird Folgendes ausgegeben:

```
<a href="mailto:lee@adama.com">lee@adama.com</a>
```

Zur besseren Lesbarkeit wird im weiteren Verlauf dieses Kapitels auf das vorangestellte `helper.` verzichtet, und die Ausgaben der Rails-Konsole werden ohne geschützte Hochkommata angegeben.

11.3.1 Helper für Verlinkungen

»link_to«

Links erzeugen

Um einen Link in HTML zu erzeugen, nutzen wir außerhalb eines Rails-Projektes den Tag `<a>`, dem wir über das Attribut `href` den Zielpfad des Links übergeben. Das könnten wir sogar auch in einem ERB-Template einsetzen. Zum Beispiel könnten wir auf einen Mitarbeiter mit der ID 2 wie folgt verlinken:

```
<a href="/employees/2">Details zu Mitarbeiter 2</a>
```

Diesen Link könnten wir so in einer unserer Template-Dateien einsetzen, und es würde funktionieren. Aber das haben Sie bis jetzt in noch keinem Beispiel dieses Buches gesehen. Das liegt daran, dass Rails die ActionView-Helper-Methode `link_to` zur Verfügung stellt, die für uns den HTML-Code für die Links erzeugt.

Allgemein wird `link_to` wie folgt aufgerufen:

```
link_to name, ziel, html-optionen
```

Der erste Parameter gibt den Text an, der im Link angezeigt werden soll. Das Ziel des Links wird im zweiten Paramater definiert. Im letzten Parameter können HTML-Optionen angegeben werden.

Ziel

Ziele können u. a. wie folgt angegeben werden:

- **URL**
  `'http://www.railsbuch.de'`
- **Pfad**
  `'/employees/2'`
- **Routing-Methode**
  `employee_url(2)`
- **Objekt**
  `employee`

Wird der `link_to`-Methode ein Objekt übergeben, wird zur Detailseite des Objektes (z. B. /employees/2) verlinkt.

HTML-Optionen

Als HTML-Optionen können Sie beliebige Optionen setzen, wie z. B. `class: 'hervorhebung'` oder `alt: 'Infos'`.

Zusätzlich stehen folgende HTML-Optionen zur Verfügung:

Option	Beschreibung
`confirm: "Frage?"`	Öffnet ein JavaScript-Bestätigungs-Fenster mit der Frage, die übergeben wurde. Wird die Frage bestätigt, wird die Anfrage ausgeführt; andernfalls passiert nichts.
`method:`	Setzt die HTTP-Methode, mit der die Ziel-URL aufgerufen werden soll (Standard ist `:get`). Mögliche Werte sind `:put`, `:destroy` und `:post`.
`remote: true`	Führt eine Ajax-Anfrage an das übergebene Ziel des Links aus (siehe Kapitel 16 ab Seite 501).

Tabelle 11.1 HTML-Optionen für »link_to«

Bitte beachten Sie, dass die meisten folgenden Beispiele nicht auf der Konsole funktionieren, sondern nur in einer Template-Datei: **Beispiele**

```
link_to 'Mitarbeiter 2', employee_url(2)
=> <a href="http://localhost:3000/employees/2">
Mitarbeiter 2</a>

link_to 'Mitarbeiter 2', employee_path(2), class: "employee"
=> <a href="/employees/2" class="employee">Mitarbeiter 2</a>

link_to 'Mitarbeiter 2', employee
# wenn employee = Employee mit der ID 2
=> <a href="/employees/2">Mitarbeiter 2</a>

link_to 'Mitarbeiter 2', 'http://localhost:3000/employees/2'
=> <a href="http://localhost:3000/employees/2">
Mitarbeiter 2</a>

link_to 'Mitarbeiter 2 löschen', employee,
        confirm: 'Sicher?', method: :delete
# wenn employee = Employee mit der ID 2
=> <a href="/employees/2" data-confirm="Sicher?"
data-method="delete" rel="nofollow">Mitarbeiter 2 löschen</a>
```

Listing 11.3 Beispiele

Wenn anstelle eines Ziels das Symbol `:back` angegeben wird, wird ein »Zurück«-Link zum HTTP-Referrer generiert. Existiert kein HTTP-Referrer, wird ein JavaScript-»Zurück«-Link (`history.back()`) generiert. **»:back«**

Wird statt des Namens eines Links `nil` angegeben, wird der Pfad zum angegebenen Ziel als Name im View ausgegeben.

»button_to«

Schaltfläche statt Link

Mit der ActionView-Helper-Methode `button_to` können Sie ein Formular, das nur einen »Submit«-Button enthält, erzeugen. Der Einsatz von `button_to` ist der beste Weg, um sicherzustellen, dass Links, die zu Änderungen an Datensätzen führen, nicht von Suchmaschinen ausgelöst werden. Im Prinzip wird die `button_to`-Methode genauso wie die `link_to`-Methode verwendet, nur dass statt eines Text-Links eine Schaltfläche angezeigt wird. Außerdem wird das Ziel standardmäßig mit der HTTP-Methode `POST` aufgerufen. Die `button_to`-Methode wird anders als die `submit_tag`-Methode nicht zum Versenden von Formulardaten verwendet.

Allgemein wird `button_to` wie folgt aufgerufen:

```
button_to name, ziel, html-optionen
```

Der erste Parameter gibt den Text an, der auf dem Button angezeigt werden soll. Das Ziel des Links wird im zweiten Parameter angegeben. Im letzten Parameter können HTML-Optionen angegeben werden.

Ziel

Das Ziel kann wie bei der Methode `link_to` wie folgt angegeben werden:

- **URL**
  `'http://www.railsbuch.de'`
- **Pfad**
  `'/employees/2'`
- **Routing-Methode**
  `employee_url(2)`
- **Objekt**
  `employee`

Folgende HTML-Optionen stehen zur Verfügung:

Option	Beschreibung
`method:`	Setzt die HTTP-Methode, mit der die Ziel-URL aufgerufen werden soll (Standard ist `:post`). Mögliche Werte sind `:put`, `:delete` und `:get`.
`disabled:`	Wenn `true`, wird der Button deaktiviert.

Tabelle 11.2 HTML-Optionen für »button_to«

Option	Beschreibung
`confirm: 'Frage?'`	Öffnet ein JavaScript-Bestätigungs-Fenster mit der Frage, die übergeben wurde. Wird die Frage bestätigt, wird die Anfrage ausgeführt; andernfalls passiert nichts.
`remote:`	Wenn `true`, kann das Sendeverhalten über Unobtrusive JavaScript gesteuert werden. Standardmäßig wird eine Ajax-Anfrage an das übergebene Ziel gesendet (siehe Kapitel 16 ab Seite 501).
`form:`	Über den übergebenen Hash können zusätzliche Attribute im `form`-Tag definiert werden.
`form_class:`	Setzt die CSS-Klasse für den `form`-Tag (Standard: `button_to`).

Tabelle 11.2 HTML-Optionen für »button_to« (Forts.)

```
button_to 'URL', 'http://www.railsbuch.de'
=> <form method="post"
         action="http://www.railsbuch.de"
         class="button_to">
      <div>
        <input type="submit" value="URL" />
        <input name="authenticity_token"
               type="hidden"
               value="wHD80wONvorgbvaNyxj5M..." />
      </div>
    </form>

button_to 'Mit method get', employee_url(2), method: :get
=> <form method="get"
         action="http://localhost:3000/employees/2"
         class="button_to">
      <div>
        <input type="submit" value="Mit method get" />
      </div>
    </form>
```

Listing 11.4 Beispiele

»mail_to«

Mit der ActionView-Helper-Methode `mail_to` können Sie einen Mailto-Link-Tag erzeugen. Die Methode erwartet als Parameter die E-Mail-Adresse, an die die E-Mail versendet werden soll, den Link-Namen und HTML-

Optionen. Wird kein Name für den Link übergeben, wird die übergebene E-Mail-Adresse als Name angezeigt. Die zusätzlichen HTML-Optionen für den Link können als Hash übergeben werden.

Beispiel Als Beispiel könnten wir die E-Mail-Adressen der Mitarbeiter auf der Indexseite mit einem Mailto-Link-Tag versehen:

```
<% @employees.each do |employee| %>
  <tr>
    <td><%= employee.firstname %></td>
    ...
    <td>
      <%= mail_to employee.email, 'Nachricht senden' %>
    </td>
    <td><%= employee.comment %></td>
    ...
  </tr>
<% end %>
```

Listing 11.5 »app/views/employees/index.html.erb«

Im HTML-Code der Seite wurde u. a. Folgendes erzeugt:

```
<td><a href="mailto:lee.adama@railsair.com">Nachricht
senden</a></td>
```

Der Helper `mail_to` wird allgemein wie folgt aufgerufen:

```
mail_to email, bezeichnung, optionen
```

Der Parameter `email` gibt die E-Mail-Adresse an, und `bezeichnung` gibt den Text an, der im Link angezeigt werden soll.

Optionen Als Optionen stehen auch einige zur Verfügung, um zu verhindern (bzw. zu erschweren), dass Ihre E-Mail-Adresse automatisiert von der Website ausgelesen wird:

Option	Beschreibung
`subject:`	Setzt die Betreffzeile der E-Mail.
`body:`	Setzt den Body der E-Mail.
`cc:`	Setzt zusätzliche Empfänger, welche die E-Mail als Kopie erhalten sollen (Carbon Copy).
`bcc:`	Setzt zusätzliche Empfänger, welche die E-Mail als Kopie erhalten sollen, aber nicht im E-Mail-Header angezeigt werden (Blind Carbon Copy).

Tabelle 11.3 Optionen für »mail_to«

Option	Beschreibung
`replace_at:`	Wenn Sie keinen Namen für den Link übergeben, wird die E-Mail-Adresse als Name angezeigt. Sie können mit dieser Methode die angezeigte E-Mail-Adresse verschleiern, indem Sie das @-Zeichen durch die der Methode übergebene Zeichenkette ersetzen.
`replace_dot:`	Mit dieser Methode können Sie die angezeigte E-Mail-Adresse verschleiern, indem Sie den Punkt innerhalb der E-Mail-Adresse durch eine Zeichenkette ersetzen.
`encode:`	Akzeptiert die beiden Werte »javascript« und »hex«. Übergeben Sie »javascript«, wird dynamisch ein Mailto-Link erzeugt und verschlüsselt. Der Link wird nicht angezeigt, wenn der User im Browser die JavaScript-Unterstützung deaktiviert hat. Übergeben Sie »hex«, erfolgt eine hexadezimale Verschlüsselung der E-Mail-Adresse, bevor der Link ausgegeben wird.

Tabelle 11.3 Optionen für »mail_to« (Forts.)

```
mail_to "lee@adama.com"
=> <a href="mailto:lee@adama.com">lee@adama.com</a>

mail_to "lee@adama.com", "Lee Adama"
=> <a href="mailto:lee@adama.com">Lee Adama</a>

mail_to "lee@adama.com", "Lee Adama", subject: "Anfrage"
=> <a href="mailto:lee@adama.com?subject=Anfrage">
   Lee Adama</a>

mail_to "lee@adama.com", nil, subject: "Anfrage"
=> <a href="mailto:lee@adama.com?subject=Anfrage">
   lee@adama.com</a>

mail_to "lee@adama.com", nil, cc: "info@adama.com"
=> <a href="mailto:lee@adama.com?cc=info@adama.com">
   lee@adama.com</a>

mail_to "lee@adama.com", nil, bcc: "info@adama.com"
=> <a href="mailto:lee@adama.com?bcc=info@adama.com">
   lee@adama.com</a>

mail_to "lee@adama.com", nil,
        replace_at: "_at_", replace_dot: "_dot_"
=><a href="mailto:lee@adama.com">lee_at_adama_dot_com</a>
```

Listing 11.6 Beispiele

»encode:« verwenden

Um das Scannen Ihrer E-Mail-Adresse zu erschweren, sollten Sie die Option `encode: "javascript"` oder `encode: "hex"` verwenden.

```
mail_to "lee@adama.com", 'Nachricht senden', encode: "hex"
=><a href="&#109;&#97;&#105;&#108;&#116;&#111;&#58;...">
Nachricht senden</a>

mail_to "lee@adama.com", 'Nachricht senden',
        encode: "javascript"
=> <script type="text/javascript">
      eval(decodeURIComponent('%64%6f%63%75%6d%65%6e%74...'))
   </script>
```

HTML-Optionen wie z. B. `class` und `id` können auch als Optionen benutzt werden:

```
mail_to "lee@adama.com", "Lee Adama", class: "email"
=> <a class="email" href="mailto:lee@adama.com">Lee Adama</a>
```

»image_tag«

Bilder einfügen

Mit der Helper-Methode `image_tag` können Sie Bilder in Ihre Templates einfügen. Die Methode erwartet entweder den Dateinamen des Bildes oder eine URL.

```
image_tag "rails.png"
=> <img alt="Rails" src="/assets/rails.png" />

image_tag "http://www.railsbuch.de/assets/rails.png"
=> <img alt="Rails"
   src="http://www.railsbuch.de/assets/rails.png" />
```

Listing 11.7 Beispiele zu »image_tag«

Es stehen die folgenden Optionen zur Verfügung:

Option	Beschreibung
`alt:`	Setzt den alternativen Text (`alt`-Attribut). Wird kein alternativer Text übergeben, wird standardmäßig der Bildname ohne die Dateiendung mit beginnendem Großbuchstaben angezeigt.
`size:`	Erwartet als Wert die Angabe von »BreitexHöhe«.
`mouseover:`	Erwartet als Wert den Pfad zu einem Bild, das angezeigt wird, wenn man mit der Maus über das Original-Bild fährt. Dazu wird das `onmouseover`-Attribut gesetzt.

Tabelle 11.4 Spezielle HTML-Optionen für »image_tag«

Optional können Sie auch HTML-Attribute wie z. B. `class` oder `id` übergeben.

HTML-Optionen

```
image_tag "rails.png", alt: "Logo"
=> <img alt="Logo" src="/assets/rails.png" />

image_tag "rails.png", size: "50x64"
=><img alt="Rails" height="64"
src="/assets/rails.png" width="50" />

image_tag "rails.png" , class: "bild"
=> <img alt="Rails" class="bild" src="/assets/rails.png" />
```

Listing 11.8 Beispiele zu »image_tag«

11.3.2 Helper zur Zahlenformatierung

Ruby on Rails stellt zahlreiche Helper zur Formatierung von Zahlen, Währungen, Telefonnummern, Speicherplatz-Größen und Prozentwerten zur Verfügung.

»number_with_delimiter«

Trennzeichen

Die Methode `number_with_delimiter` formatiert die angegebene Zahl, indem sie eine Tausender-Gruppierung vornimmt. Wenn im Verzeichnis `config/locales` Sprachdateien hinterlegt sind, in denen angegeben ist, welches Tausender-Trennzeichen und welches Zeichen für das Trennen der Nachkommastellen verwendet werden soll, werden diese Einstellungen berücksichtigt (siehe Kapitel 15 ab Seite 487). Sonst stehen für die Anpassung der Formatierung folgende Optionen zur Verfügung:

Option	Beschreibung
`locale:`	Setzt die Sprache, die für die Formatierung benutzt werden soll. Die Formatierung erfolgt dann nach dem in der zugehörigen Sprachdatei hinterlegten Muster (siehe Kapitel 15 ab Seite 487). Standard ist die zum Zeitpunkt des Aufrufs der Methode gesetzte Sprache in `I18n.locale`.
`delimiter:`	Setzt das Tausender-Trennzeichen (Standard: »,«).
`separator:`	Setzt das Trennzeichen für die Nachkommastellen (Standard: ».«).

Tabelle 11.5 Optionen für »number_with_delimiter«

```
number_with_delimiter(1240.99)
=> 1,240.99

number_with_delimiter(1240.99, delimiter: ".", separator: ",")
=> 1.240,99

# Funktioniert nur, wenn in deutsches Format hinterlegt ist:
number_with_delimiter(1240.99, locale: :de)
=> 1.240,99
```

»number_with_precision«

Nachkommastellen begrenzen

Mit der Methode `number_with_precision` werden die Nachkommastellen der angegebenen Zahl begrenzt, wobei auf drei Stellen gerundet wird. Wenn im Verzeichnis `config/locales` Sprachdateien hinterlegt sind, in denen angegeben ist, auf wie viele Stellen die Nachkommastellen zu begrenzen sind, werden diese Einstellungen berücksichtigt (siehe Kapitel 15 ab Seite 487). Sonst stehen für die Anpassung der Formatierung folgende Optionen zur Verfügung:

Option	Beschreibung
`locale:`	Setzt die Sprache, die für die Formatierung benutzt werden soll. Die Formatierung erfolgt dann nach dem in der zugehörigen Sprachdatei hinterlegten Muster (siehe Kapitel 15 ab Seite 487). Standard ist die zum Zeitpunkt des Aufrufs der Methode gesetzte Sprache in `I18n.locale`.
`precision:`	Setzt die Anzahl der Nachkommastellen, auf welche die übergebene Zahl begrenzt werden soll (Standard: 3).
`significant:`	Wenn `true`, wird die Anzahl der Stellen vor dem Komma mit berücksichtigt. Wenn `false`, werden nur die Nachkommastellen berücksichtigt. Standardwert ist `false`.
`delimiter:`	Setzt das Tausender-Trennzeichen (Standard: »,«).
`separator:`	Setzt das Trennzeichen für die Nachkommastellen (Standard: ».«).
`strip_insignificant_zeros:`	Wenn `true`, werden die vernachlässigbaren Nullen nicht ausgegeben. Standardwert ist `false`.

Tabelle 11.6 Optionen für »number_with_precision«

```
number_with_precision(1240.4567)
=> 1240.457

number_with_precision(1240.4567, precision: 2)
=> 1240.46

number_with_precision(12, precision: 5, significant: true)
=> 12.000
```

Listing 11.9 Beispiele zu »number_with_precision«

»number_to_currency«

Währungen formatieren

Die Methode `number_to_currency` formatiert die angegebene Zahl als Währung (z. B. $ 12.40). Wenn im Verzeichnis `config/locales` Sprachdateien hinterlegt sind, die Einstellungen für die Währungsformate enthalten, werden diese Formate berücksichtigt (siehe Kapitel 15 ab Seite 487). Sonst stehen für die Anpassung der Formatierung folgende Optionen zur Verfügung:

Option	Beschreibung
`locale:`	Setzt die Sprache, die für die Formatierung benutzt werden soll. Die Formatierung erfolgt dann nach dem in der zugehörigen Sprachdatei hinterlegten Muster (siehe Kapitel 15 ab Seite 487). Standard ist die zum Zeitpunkt des Aufrufs der Methode gesetzte Sprache in `I18n.locale`.
`precision:`	Gibt Anzahl der Nachkommastellen an (Standardwert: 2).
`unit:`	Setzt Währungszeichen (Standardwert: $).
`separator:`	Gibt Trennzeichen zum Trennen der Nachkommastellen an (Standardwert: ».«).
`delimiter:`	Gibt Tausender-Trennzeichen an (Standardwert: »,«).
`format:`	Setzt das Format für positive Zahlen. Der Standardwert ist `%u%n` (`%u` steht für die Währung und `%n` für die Zahl).
`negative_format:`	Setzt das Format für negative Zahlen. Standardmäßig wird ein Minuszeichen der in `format:` angegebenen Formatierung vorangestellt. Um eine davon abweichende Formatierung vorzunehmen, stehen mit `%u` und `%n` die gleichen Felder wie bei der Option `format:` zur Verfügung, wobei `%n` dem absoluten Wert der Zahl entspricht.

Tabelle 11.7 Optionen für »number_to_currency«

```
number_to_currency(10.129)                  # => $10.13
number_to_currency(10.1234, precision: 3) #=> $10.123
number_to_currency(10.99, unit: "EUR ")   #=> EUR 10.99
number_to_currency(10.99, separator: ",") #=> $10,99
number_to_currency(1250.40, separator: "," , delimiter: ".")
=> $1.250,40
```

Listing 11.10 Beispiele zu »number_to_currency«

»number_to_human_size«

Bytes umwandeln

Die Methode number_to_human_size wandelt Bytes in eine sinnvolle Größe um. Die Methode ist sehr praktisch, um Dateigrößen auszugeben. Zum Beispiel werden 1.500 Bytes in 1,5 KBytes umgewandelt. Wenn im Verzeichnis config/locales Sprachdateien hinterlegt sind, die Einstellungen für diese Methode enthalten, werden diese Formate berücksichtigt (siehe Kapitel 15 ab Seite 487). Sonst stehen für die Anpassung der Formatierung folgende Optionen zur Verfügung:

Option	Beschreibung
locale:	Setzt die Sprache, die für die Formatierung benutzt werden soll. Die Formatierung erfolgt dann nach dem in der zugehörigen Sprachdatei hinterlegten Muster (siehe Kapitel 15 ab Seite 487). Standard ist die zum Zeitpunkt des Aufrufs der Methode gesetzte Sprache in I18n.locale.
precision:	Setzt die Gesamtzahl der Stellen, die ausgegeben werden (Standardwert: 3).
significant:	Wenn true, wird die Anzahl der Stellen vor dem Komma mit berücksichtigt. Wenn false, werden nur die Nachkommastellen berücksichtigt. Standardwert ist false.
separator:	Gibt Trennzeichen zum Trennen der Nachkommastellen an (Standardwert: ».«).
delimiter:	Gibt Tausender-Trennzeichen an (Standardwert: »"«).
strip_insignificant_zeros:	Wenn true, werden die vernachlässigbaren Nullen nicht ausgegeben (Standardwert: true).
prefix:	Wenn :si, wird dem Rückgabewert das Präfix SI vorangestellt (Standardwert: :binary).

Tabelle 11.8 Optionen für »number_to_human_size«

```
number_to_human_size(1500)       #=> 1.46 KB
number_to_human_size(1048576)    #=> 1 MB
number_to_human_size(2000000000) #=> 1.86 GB
number_to_human_size(2000000000, precision: 2) #=> 1.9 GB
```

Listing 11.11 Beispiele zu »number_to_human_size«

»number_to_percentage«

Prozentwerte formatieren

Wenn Sie Prozentwerte anzeigen möchten (z. B. 45 %), können Sie die Methode `number_to_percentage` verwenden. Wenn im Verzeichnis `config/locales` Sprachdateien hinterlegt sind, die Einstellungen für diese Methode enthalten, werden diese Formate berücksichtigt (siehe Kapitel 15 ab Seite 487). Sonst stehen für die Anpassung der Formatierung folgende Optionen zur Verfügung:

Option	Beschreibung
`locale:`	Setzt die Sprache, die für die Formatierung benutzt werden soll. Die Formatierung erfolgt dann nach dem in der zugehörigen Sprachdatei hinterlegten Muster (siehe Kapitel 15 ab Seite 487). Standard ist die zum Zeitpunkt des Aufrufs der Methode gesetzte Sprache in `I18n.locale`.
`precision:`	Setzt die Anzahl der Nachkommastellen, die ausgegeben werden (Standardwert: 3).
`significant:`	Wenn `true`, wird die Anzahl der Stellen vor dem Komma mit berücksichtigt. Wenn `false`, werden nur die Nachkommastellen berücksichtigt (Standardwert: `false`).
`separator:`	Gibt Trennzeichen zum Trennen der Nachkommastellen an (Standardwert: ».«).
`delimiter:`	Gibt Tausender-Trennzeichen an (Standardwert: »"«).
`strip_insignificant_zeros:`	Wenn `true`, werden die vernachlässigbaren Nullen nicht ausgegeben (Standardwert: `false`).

Tabelle 11.9 Optionen für »number_to_percentage«

```
number_to_percentage(45.9) #=> 45.900%
number_to_percentage(45.9, precision: 0) #=> 46%
number_to_percentage(45.9, separator: ',') #=> 45,900%
number_to_percentage(45.9, precision: 2, separator: ',')
=> 45,90%
```

11.3.3 Helper zur Textmanipulation

Rails stellt sehr nützliche Helper zur Verfügung, um mit Texten zu arbeiten.

»excerpt«

Auszug aus einem Text

Die Methode `excerpt` extrahiert einen Auszug aus einem Text. Der Text wird als erster Parameter und der Auszug als zweiter Parameter an die Methode übergeben.

Folgende Optionen stehen zur Verfügung:

Option	Beschreibung
`radius:`	Der `radius` gibt an, wie viele Zeichen nach links und rechts vom ersten Vorkommen des Auszugs mit ausgegeben werden (der Standardwert ist 100). Wenn der `radius` kleiner ist als der Text, wird eine Zeichenkette, die über die Option `omission` gesetzt werden kann, dem Auszug vorangestellt bzw. angehängt. Ist der `radius` größer als der Text, wird der gesamte Text ausgegeben.
`omission:`	Zeichenkette, die dem Auszug vorangestellt bzw. an ihn angehängt wird, falls der `radius` kleiner ist als der Text (Standardwert: »...«).

Tabelle 11.10 Optionen für »excerpt«

```
excerpt("Rails ist ein super Framework", "super", radius: 3)
=> ...in super Fr...

excerpt("Rails ist ein super Framework", "super", radius: 5)
=> ...ein super Fram...

excerpt("Rails ist ein super Framework", "super", radius: 50)
=> Rails ist ein super Framework

excerpt("Rails ist ein super Framework", "super")
=> Rails ist ein super Framework

excerpt("Rails ist ein super Framework", "super",
radius: 5, omission: " # ")
=>  # ein super Fram #
```

Listing 11.12 Beispiele zu »excerpt«

»highlight«

Textstellen markieren

Wenn Sie z. B. eine Suchfunktion implementieren möchten, in der die gefundenen Suchbegriffe hervorgehoben werden sollen, kann die Methode `highlight` Ihnen viel Arbeit ersparen. Durch Aufruf von `highlight(text, textabschnitt)` werden alle Textstellen eines gegebenen Textes durch entsprechenden HTML-Code markiert, in denen der übergebene Textabschnitt gefunden wurde. Die Groß-/Kleinschreibung wird bei der Suche nicht berücksichtigt.

Die Markierung erfolgt standardmäßig mit dem HTML-Code:

```
<strong class="highlight">...</stong>
```

```
highlight("Rails ist ein super Framework", "super")
=> Rails ist ein <strong class="highlight">super</strong>
   Framework

highlight("Rails ist ein super Framework", "SuPeR")
=> Rails ist ein <strong class="highlight">super</strong>
   Framework
```

Listing 11.13 Beispiele zu »highlight«

Eigene Markierung

Sie können auch Ihren eigenen HTML-Code für die Markierung festlegen, indem Sie ihn über die Option `highlighter:` angeben. Die Zeichenfolge `\1` gibt in Ihrem HTML-Code die Position an, an der das Suchwort eingefügt werden soll. Um z. B. die gefundenen Stellen mit einem `em` -Tag zu umschließen, rufen Sie den Helper wie folgt auf. Achten Sie bitte unbedingt darauf, dass Sie einfache Hochkommata verwenden, da sonst `\1` falsch umgesetzt wird:

```
highlight("Rails ist ein super Framework",
          "super",
          highlighter: '<em>\1</em>')
=> Rails ist ein <em>super</em> Framework
```

»truncate«

Text kürzen

Um einen Text auf eine bestimmte Länge zu kürzen, steht Ihnen der Helper `truncate` zur Verfügung. Der an die Methode übergebene Text wird auf die über die Option `length:` gesetzte Länge gekürzt (Standardwert ist 30). Ist der Text länger als der in `length` angegebene Wert, werden die letzten Zeichen standardmäßig durch die Zeichenkette »...« ersetzt. Über die Option `omission:` kann auch eine Zeichenkette definiert werden, die stattdessen ausgegeben werden soll. Mit Hilfe der Option `separator:`

können Sie ein Zeichen im Text angeben, auf das unter Berücksichtigung von `length:` gekürzt werden soll.

```
truncate("Rails ist ein super Framework", length: 15)
=> Rails ist ei...

truncate("Rails ist ein super Framework")
=> Rails ist ein super Framework

truncate("Rails ist ein super Framework", length: 15, separa-
tor: ' ')
=> Rails ist...
```

Listing 11.14 Beispiele zu »truncate«

»word_wrap«

Bestimmte Zeilenbreite

Die Methode `word_wrap` können Sie einsetzen, um Text in einer bestimmten Zeilenbreite auszugeben. Geben Sie keine Zeilenbreite über die Option `line_width:` an, wird der an die Methode übergebene Text mit einer Zeilenbreite von 80 Zeichen ausgegeben. Der Zeilenumbruch erfolgt immer am ersten nicht darstellbaren Zeichen (Leerzeichen, Tabulator oder Zeilenumbruch), das nicht über die gewünschte Zeilenlänge hinausgeht:

```
word_wrap("Rails ist ein super Framework", line_width: 5)
=> Rails\nist\nein\nsuper\nFramework

word_wrap("Rails ist ein super Framework", line_width: 10)
=> Rails ist\nein super\nFramework

word_wrap("Rails ist ein super Framework")
=> Rails ist ein super Framework
```

Listing 11.15 Beispiele zu »word_wrap«

»pluralize«

Pluralisieren

Mit Hilfe des Helpers `pluralize` wird die Pluralform ausgegeben.

```
pluralize(count, singular, plural = nil)
```

Wenn der Parameter `count` ungleich 1 ist und der Parameter `plural` gesetzt wurde, wird dieser ausgegeben.

```
pluralize(1, 'House') #=> 1 House
pluralize(2, 'House') #=> 2 Houses
pluralize(0, 'House') #=> 0 Houses
pluralize(3, 'Haus', 'Häuser') #=> 3 Häuser
```

11.3.4 Helper zur Entfernung von HTML-Code

Die folgenden Helper sind für die Sicherheit Ihrer Rails-Applikation besonders wichtig, weil Sie sie einsetzen können, um HTML-Tags, Links etc. aus Benutzereingaben zu entfernen, die z. B. in ein Formular eingegeben wurden.

»sanitize«

Um alle Attribute aus HTML-Tags, die nicht explizit erlaubt sind, und alle JavaScript-Aufrufe innerhalb von `href`- und `src`-Attributen zu entfernen, eignet sich der Helper `sanitize`:

```
sanitize('<a href="javascript:meineFunktion()">Rails</a>
          ist ein super Framework')
=> <a>Rails</a> ist ein super Framework
```

Um nur bestimmte Tags und/oder Attribute für einen Aufruf der Methode zu erlauben, können diese über die Optionen `tags:` und `attributes:` angegeben werden:

```
sanitize('<a href="javascript:meineFunktion()">Rails</a>
          ist ein super Framework', tags: %w(table tr td))
=> Rails ist ein super Framework
```

Um die Liste der standardmäßig erlaubten Tags innerhalb der Applikation z. B. um den `table`-Tag zu ergänzen, können Sie in der Datei `app/config/application.rb` folgenden Eintrag hinzufügen:

```
config.action_view.sanitized_allowed_tags = ['table']
```

Um aus der Liste der standardmäßig erlaubten Tags z. B. den `div`-Tag zu entfernen, können Sie folgenden Eintrag in der Datei `application.rb` im Verzeichnis `app/config` vornehmen:

```
config.after_initialize do
  ActionView::Base.sanitized_allowed_tags.delete 'div'
end
```

»strip_links«

Mit Hilfe der Methode `strip_links` können Sie den gesamten `link`-Tag entfernen. Nur der Link-Text wird noch zurückgegeben:

»link«-Tag entfernen

```
strip_links('<a href="http://www.rubyonrails.org">Rails</a>
ist ein super Framework')
=> Rails ist ein super Framework
```

»strip_tags«

HTML-Tags entfernen

Um alle HTML-Tags und HTML-Kommentare zu entfernen, eignet sich der Helper `strip_tags`:

```
strip_tags('<a href="http://www.rubyonrails.org">
Rails</a> ist ein <strong>super</strong> Framework')
=> Rails ist ein super Framework
```

11.3.5 Sonstige Helper

»cycle«

Erstellt ein `cycle`-Objekt, das bei jedem Aufruf über die Elemente eines Arrays iteriert. Das können Sie zum Beispiel nutzen, um in einer Tabelle auf die Zeilen zwei unterschiedliche CSS-Klassen im Wechsel anzuwenden. Durch Übergabe des optionalen Parameters `name: name_des_cycle_objekts` können Sie das `cycle`-Objekt benennen:

```
<% @items = [1,2,3] %>
<table>
<% @items.each do |item| %>
<tr class="<%= cycle('odd', 'even') %>">
  <td>item</td>
</tr>
<% end %>
</table>
```

Daraus wird folgender HTML-Code generiert:

```
<table>
  <tr class="odd">
    <td>item</td>
  </tr>
  <tr class="even">
    <td>item</td>
  </tr>
  <tr class="odd">
    <td>item</td>
  </tr>
</table>
```

»reset_cycle«

»cycle«-Objekt zurücksetzen

Mit Hilfe der Methode `reset_cycle` können Sie ein `cycle`-Objekt zurücksetzen, sodass es beim nächsten Aufruf wieder mit dem ersten Wert beginnt. Wenn Sie die Methode auf ein benanntes `cycle`-Objekt anwenden möchten, übergeben Sie den Namen als Parameter:

```
<% @items = [1,2,3] %>
<table>
<% @items.each do |item| %>
<tr class="<%= cycle('red', 'green', name: "colors") %>">
  <td>item</td>
</tr>

<% reset_cycle("colors") %>

<% end %>
```

»content_tag«

HTML-Tags erzeugen

Die Helper-Methode `content_tag` wird im Allgemeinen wie folgt aufgerufen:

```
content_tag(name, content_or_options_with_block = nil,
            options = nil, escape = true, &block)
```

Sie liefert einen HTML-Tag `name` zurück, der den übergebenen Inhalt umschließt. HTML-Attribute können in einem Hash im Parameter `options` übergeben werden. Attribute ohne Werte werden im Hash mit dem Wert `true` übergeben (z. B. `disabled` oder `readonly`). Sie können den Inhalt der Methode auch als Block übergeben. In diesem Fall übergeben Sie die HTML-Attribute als zweiten Parameter. Der Parameter `escape` steht standardmäßig auf `true`. Wenn Sie `false` übergeben, werden die Werte der Attribute nicht maskiert:

```
content_tag(:p, "Hello world!")
=> <p>Hello world!</p>

content_tag(:div, content_tag(:p, "Hello world!"),
            class: "strong")
=> <div class="strong"><p>Hello world!</p></div>

<%= content_tag :div, class: "strong" do %>
  Hello world!
<% end %>
=> <div class="strong"><p>Hello world!</p></div>
```

»debug«

Fehlersuche

Zur Fehlersuche ist die Methode `debug` sehr hilfreich. Dieser Helper gibt alle Werte eines Objektes aus, egal, ob es sich dabei z. B. um ein Array, einen Hash oder ein komplexes ActiveRecord-Objekt handelt. Die Ausgabe erfolgt im YAML-Format:

```
person = {:firstname =>"Lee", :lastname=>"Adama"}
debug(person)
=> <pre class='debug_dump'>---
:firstname: Lee
:lastname: Adama
</pre>"
```

[+]

»debug« in der Konsole

In der Rails-Konsole gibt es den nützlichen Befehl y, der im Prinzip das Gleiche macht wie die Methode debug:

```
rails console
person = {:firstname =>"Lee", :lastname=>"Adama"}
>> y person
---
:firstname: Lee
:lastname: Adama
```

In Abschnitt 11.5 auf Seite 399 werden weitere nützliche Helper rund um Formulare vorgestellt.

11.3.6 Eigene Helper entwickeln

Dem DRY-Prinzip folgend soll gleicher Code nicht an mehreren Stellen vorkommen. Nun möchten wir aber vielleicht einzelne Werte umformatieren, bevor wir sie ausgeben, oder aber wir benötigen zum Beispiel an mehreren Stellen einer Applikation »Zurück«-Links zur Übersicht. Ändert sich an der URL dieser Links etwas, müssen wir das in allen Views ändern.

»app/helpers« Damit das nicht passiert, können wir uns für diese Aufgaben Methoden schreiben, die wir als Hilfsmethoden an eine zentrale Stelle auslagern. Diese sogenannten Helper-Methoden stehen dann als Modul zur Verfügung. Bei der Generierung eines Controllers erstellt Rails automatisch eine Helper-Datei im Verzeichnis app/helpers, deren Name sich aus dem Controller-Namen und dem Suffix _helper zusammensetzt. Die Methoden, die innerhalb dieser Helper-Datei definiert werden, stehen jedem View zur Verfügung.

Beispiel In unserem Beispielprojekt employees aus dem Kapitel 3 ab Seite 47 finden Sie im Verzeichnis app/helpers die Datei employees_helper.rb.

In dieser Datei können wir eine Methode definieren, die uns einen »Zurück«-Link zur Übersicht generiert:

```
# encoding: utf-8
module EmployeesHelper

  def back_to_list
    link_to "Zurück zur Liste", employees_path
  end

end
```

Damit es keine Probleme wegen des Umlauts gibt, geben wir in der ersten Zeile der Helper-Datei `# encoding: utf-8` an.

In unserer Template-Datei `new.html.erb` können wir z. B. die Helper-Methode `back_to_list` einsetzen:

```
<h1>New employee</h1>

<%= render 'form' %>

<%= back_to_list %>
```

Listing 11.16 »app/views/employees/new.html.erb«

Alle Helper stehen jedem View zur Verfügung [+]

Es werden automatisch alle Helper-Methoden von allen Helper-Dateien geladen und stehen allen Views zur Verfügung. Es spielt daher keine Rolle, in welcher Helper-Datei eine Methode definiert wurde. Es werden auch Helper-Dateien geladen, die nicht nach einem Controller benannt sind. Es ist z. B. sehr praktisch, eine Helper-Datei anzulegen, die alle Formatierungs-Methoden Ihres Projektes in einer gemeinsamen Datei (z. B. `format_helper.rb`) zusammenfasst.

Mit Helper-Methoden können wir also Hilfsmethoden auslagern, die für uns etwas generieren, damit unsere Views so wenig Ruby-Code wie möglich enthalten.

11.4 Layouts

Mehrseitige Websites enthalten immer Designelemente, die auf allen Seiten oder zumindest auf den meisten Seiten vorkommen. Damit Sie den entsprechenden Code nicht in allen Templates einfügen müssen, was auch dem DRY-Prinzip widersprechen würde, können Sie ihn in Layout-Dateien auslagern.

»application. html.erb«

Layout-Dateien werden im Verzeichnis `app/views/layouts` gespeichert. Ab Rails 3 befindet sich in diesem Verzeichnis bereits die Layout-Datei `application.html.erb`. Dieses Haupt-Layout wird automatisch auf alle Views der Applikation angewendet, es sei denn, Sie definieren Ausnahmen.

Controller-Layout

Wenn Sie die Layout-Datei wie einen Ihrer Controller benennen (wie z. B. `employees.html.erb` für den Employees-Controller), dann wird dieses Layout automatisch auf alle Views zu dem entsprechenden Controller angewendet.

»yield«

Innerhalb der Layout-Datei müssen Sie an der Stelle `yield` aufrufen, an welcher der Quelltext aus den Templates eingefügt werden soll:

```
<!DOCTYPE html>
<html>
<head>
  <title>Employees</title>
  <%= stylesheet_link_tag    "application" %>
  <%= javascript_include_tag "application" %>
  <%= csrf_meta_tags %>
</head>
<body>

<%= yield %>

</body>
</html>
```

Listing 11.17 »app/views/layouts/application.html.erb«

Alle Instanzvariablen, die im Controller gesetzt werden, stehen in der Layout-Datei zur Verfügung.

11.4.1 Mehrere »yield«-Bereiche

Es ist auch möglich, mehrere `yield`-Bereiche zu verwenden. Im nächsten Beispiel erstellen wir ein Layout mit einem Hauptbereich und einem Seitenbereich für Links. Für den Hauptbereich wird `yield` und für den Seitenbereich `yield(:sidebar)` verwendet:

```
...
<body>
  <div id="content">
    <%= yield %>
  </div>
  <div id="sidebar">
    <%= yield(:sidebar) %>
  </div>
</body>
</html>
```

Listing 11.18 »app/views/layouts/application.html.erb«

»content_for«

In den einzelnen Views (Templates) müssen wir noch festlegen, welcher Bereich im Seitenbereich erscheinen soll. Im View `show.html.erb` umschließen wir die Links mit der Methode `content_for`:

```
...
<% content_for :sidebar do %>
  <%= link_to 'Edit', edit_employee_path(@employee) %> |
  <%= link_to 'Back', employees_path %>
<% end %>
```

Listing 11.19 »app/views/employees/show.html.erb«

Mit der Methode `content_for?(:sidebar)` kann in der Layout-Datei überprüft werden, ob der `yield`-Bereich `:sidebar` im View gesetzt wurde:

```
...
<body>
  <div id="content">
    <%= yield %>
  </div>
  <div id="sidebar">
    <% if content_for?(:sidebar) %>
      <%= yield(:sidebar) %>
    <% else %>
      keine Links vorhanden
    <% end %>
  </div>
</body>
</html>
```

Listing 11.20 »app/views/layouts/application.html.erb«

11.4.2 Verschachtelte Layouts

Es ist auch möglich, innerhalb von Layouts ein weiteres Layout aufzurufen. Wir können diese Technik z. B. dazu zu verwenden, um komplexe Layouts zu vereinfachen.

Im folgenden Beispiel lagern wir den Seitenbereich in eine eigene Layout-Datei `sidebar.html.erb` im Verzeichnis `app/views/layouts` aus:

```
<div id="sidebar">
  <% if content_for?(:sidebar) %>
    <%= yield(:sidebar) %>
  <% else %>
    keine Links vorhanden
  <% end %>
</div>
```

Listing 11.21 app/views/layouts/sidebar.html.erb

In der Datei `application.html.erb` rufen wir das Layout `sidebar.html.erb` mit der Methode `render template:` auf:

```
<body>
  <div id="content">
    <%= yield %>
  </div>
  <%= render template: 'layouts/sidebar' %>
</body>
```

Listing 11.22 »app/views/layouts/application.html.erb«

11.4.3 Layouts im Controller festlegen

»layout "admin"«

Wenn Sie auf die Views eines Controllers ein anderes Layout als sein eigenes oder das der `application.html.erb` anwenden möchten, müssen Sie das im Controller über den Aufruf der Methode `layout` deklarieren, der Sie den Namen des Layouts ohne Dateiendung übergeben. Hätten wir zum Beispiel ein Layout `app/views/layouts/admin.html.erb` definiert, das wir für die Views des Employees-Controllers nutzen wollten, müssten wir Folgendes im Controller deklarieren:

```
class EmployeesController < ApplicationController

  layout "admin"
  ...

end
```

Wenn Sie ein Layout nur auf bestimmte Views anwenden möchten, können Sie die Option `only:` verwenden:

»only:«

```
class EmployeesController < ApplicationController

  layout "admin", only: [:edit, :new]
  ...

end
```

Um hingegen das Layout auf alle Views bis auf ein paar Ausnahmen festzulegen, verwenden Sie die `except:`Option:

»except:«

```
class EmployeesController < ApplicationController

  layout "admin", except: [:index, :show]
  ...

end
```

Bei einem Element kann das Array auch weggelassen werden, wie z. B. `layout "admin", except: :index`.

11.5 Formulare

Formulare begleiten uns täglich bei der Arbeit. Benutzer müssen sich an unseren Applikationen anmelden können, über ein Suchformular nach Inhalten suchen können, oder die Daten in den Datenbanken unserer Applikationen müssen gepflegt werden.

In Rails werden zwei Arten von Formularen unterschieden:

- Formulare mit Bezug zu einem Model
- Formulare ohne Bezug zu einem Model

11.5.1 Formulare mit Bezug zu einem Model

Datensätze bearbeiten

Formulare mit Bezug zu einem Model dienen dazu, neue Datensätze in der Datenbank anzulegen oder bestehende Datensätze zu bearbeiten. Ihre Felder entsprechen den Attributen des Models. Wir haben solche Formulare bei der Erstellung unserer Beispielapplikation `employees` kennen gelernt (siehe Kapitel 3 ab Seite 47). Als wir mit Hilfe des Scaffold-Generators die Ressource `Employee` erzeugt haben, hat uns der Generator automatisch Formulare zum Anlegen und Editieren von Mitarbeitern in den Templates new.html.erb und edit.html.erb erzeugt.

Obwohl beide Formulare die gleichen Formularelemente haben, unterscheiden sie sich in zwei Dingen: Zum einen werden die Formulardaten an unterschiedliche Adressen geschickt, und zum anderen müssen zum Editieren eines Datensatzes die Formularfelder mit den Werten des zu editierenden Datensatzes vorbelegt werden.

Helper

Rails stellt uns viele Helper-Methoden zur Verfügung, die uns das Erstellen von Formularen, die auf Models zugreifen, sehr einfach machen.

Damit ein Formular mit Bezug zu einem Model funktioniert, müssen die erforderlichen Daten vom Controller zur Verfügung gestellt werden. Wie das idealerweise geschieht, können Sie sehr gut anhand der Controller sehen, die beim Erzeugen einer Ressource automatisch von Rails generiert werden.

Bevor das Formular zum Anlegen eines neuen Mitarbeiters angezeigt wird, wird im Employees-Controller die Action new ausgeführt, die ein neues Objekt der Klasse Employee erzeugt und dieses als Instanzvariable zur Verfügung stellt:

```
def new
  @employee = Employee.new
  ...
end
```

Listing 11.23 Action »new« in »app/controllers/employees_controller.rb«

Bevor das Formular zum Editieren eines Mitarbeiters angezeigt wird, wird im Employees-Controller die Action edit ausgeführt, die den zu editierenden Datensatz anhand der ID aus der Datenbank ausliest und ihn auch als Instanzvariable zur Verfügung stellt:

```
def edit
  @employee = Employee.find(params[:id])
end
```

Listing 11.24 Action »edit« in »app/controllers/employees_controller.rb«

»form_for«

Erzeugung von Formularen

Zur Erzeugung von Formularen mit Bezug zu einem Model stellt uns Rails die Helper-Methode form_for zur Verfügung. Der Methode wird das Objekt übergeben, das in den Actions new und edit erzeugt wurde:

```
<%= form_for(@employee) do |f| %>
...
<% end %>
```

Die Methode erkennt, ob es sich dabei um ein neues Objekt handelt oder ein Objekt, das editiert werden soll, und setzt das Attribut `action` innerhalb des von ihr generierten `form`-Tags in Abhängigkeit davon.

Formularelemente

Formularelemente

Die einzelnen Formularelemente werden innerhalb eines Blocks erzeugt, welcher der Helper-Methode `form_for` übergeben wird. Rails stellt dazu weitere Helper-Methoden zur Verfügung, die als Parameter immer den Namen des Feldes im Model erwarten, für dessen Erzeugung oder Bearbeitung das jeweilige Formularfeld zuständig ist. Damit Rails weiß, für welches Objekt die einzelnen Formularelemente erzeugt werden, werden die Helper-Methoden auf die Blockvariable, in unserem Beispiel `f`, angewendet.

Der Name der von den Helper-Methoden generierten HTML-Tags für die Formularelemente setzt sich zusammen aus dem Namen des Objektes, das als Parameter an die Methode `form_for` übergeben wurde, gefolgt von dem übergebenen Feldnamen in eckigen Klammern:

```
<input id="employee_firstname" name="employee[firstname]" />
```

Warum das so ist, bzw. den Trick an dem Ganzen, erkennen wir, wenn wir uns ansehen, was passiert, wenn das Formular ausgefüllt abgeschickt wird. Die Werte aus einem Formular werden immer als Hash an den Controller gesendet, der das Formular verarbeitet. Auf diesen Hash kann innerhalb des Controllers mit Hilfe von `params[:feldname]` zugegriffen werden. Beinhaltet der Feldname im Formular eine eckige Klammer, macht Rails daraus wieder einen Hash. Das heißt, auf den Wert aus dem Feld `firstname` könnte der Controller wie folgt zugreifen:

```
params[:employee][:firstname]
```

Das wiederum bedeutet, dass sich innerhalb des Hashs `params[:employee]` der Hash mit allen Werten aus dem Formular befindet:

```
{firstname: 'Lee', lastname: 'Adama', ...}
```

Und genau dieser Hash wird im Controller innerhalb der Action `create`, die für die Verarbeitung des Formulars zum Anlegen eines neuen Mitarbeiters verantwortlich ist, an die Methode `new` des Models `Employee` übergeben:

```
def create
  @employee = Employee.new(params[:employee])
  ...
end
```

Listing 11.25 Action »create« in »app/controllers/employees_controller.rb«

Den einzelnen Helper-Methoden zum Erzeugen der Formularfelder können Sie zusätzlich HTML-Optionen übergeben, um zum Beispiel die Größe eines Textfeldes zu bestimmen. In den folgenden Abschnitten werden wir Ihnen die einzelnen Helper-Methoden mit den zur Verfügung stehenden HTML-Optionen vorstellen.

Einzeilige Textfelder

»text_field« Zum Erzeugen eines einzeiligen Textfeldes steht die Helper-Methode `text_field` zur Verfügung, der Sie folgende HTML-Optionen übergeben können:

- **size**
  Anzahl der Zeichen, die ein Textfeld breit sein soll. Wird diese Option nicht angegeben, wird standardmäßig ein Textfeld mit der Breite von 30 Zeichen erzeugt.
- **maxlength**
  Anzahl der Zeichen, die maximal eingegeben werden dürfen.
- **class**
  Angabe der CSS-Klasse, die zur Formatierung des Textfeldes genutzt werden soll.
- **disabled**
  Wenn `true` übergeben wird, wird das Textfeld deaktiviert.

Beispiel Das folgende Listing zeigt die Anwendung dieser HTML-Optionen am Beispiel des Textfeldes `firstname` in dem Formular zum Anlegen eines Mitarbeiters:

```
<%= form_for(@employee) do |f| %>
  ...
  <%= f.label :firstname %><br />
  <%= f.text_field :firstname, size: 10, maxlength: 5,
                               class: "eingabe",
                               disabled: true %>
  ...
<% end %>
```

Es wird folgender HTML-Code generiert:

```
<form action="/employees" class="new_employee"
      id="new_employee" method="post">
...
<label for="employee_firstname">Firstname</label><br />
<input class="eingabe" disabled="disabled"
        id="employee_firstname" maxlength="5"
        name="employee[firstname]"
        size="10" type="text" />
...
</form>
```

Beschriftungen von Formularfeldern

Der Helper `label` generiert den `label`-HTML-Tag. Er dient der Beschriftung von Formularfeldern. Als Parameter wird der Name des Feldes als Symbol angegeben. Im Browser wird dann der Feldname mit führendem Großbuchstaben angezeigt. Aus `f.label :firstname` wird dann z. B. `Firstname`. »label«

Wenn Sie jedoch eine Übersetzung anzeigen möchten, so stehen Ihnen zwei Möglichkeiten zur Verfügung:

- **Angabe der Übersetzung als zweiten Parameter**
  Sie können die Übersetzung als zweiten optionalen Parameter dem `label`-Helper übergeben:

  ```
  f.label :firstname, "Vorname"
  ```

- **Verwendung einer Übersetzungsdatei**
  In der Datei `config/locales/de.yml` tragen Sie die deutsche Übersetzung des Feldes ein:

  ```
  de:
    activerecord:
      attributes:
        employee:
          firstname: "Vorname"
  ```

  Listing 11.26 »config/locales/de.yml«

Mehr zu diesem Thema finden Sie in Kapitel 15 ab Seite 487.

HTML5-Eingabefelder

HTML5 führt einige neue Eingabefelder ein, für die Rails auch Formular-Helper zur Verfügung stellt. Wie die Formulare dargestellt werden, hängt vom jeweiligen Browser ab. Wir beschreiben hier, wie der Safari-Browser die HTML5-Formularelemente darstellt.

- **f.number_field :price**
  Es wird ein Textfeld mit Pfeilen angezeigt, mit denen die Zahl erhöht und erniedrigt werden kann.
- **f.range_field :quantity**
  Es wird eine horizonale Linie angezeigt, auf der ein Pin zum Einstellen des Wertes hin- und herbewegt werden kann.
- **f.email_field :email**
  Während der Eingabe schlägt der Browser E-Mail-Adressen aus dem Adressbuch des Systems vor.
- **f.url_field :homepage**
  Dient zur Eingabe von URLs. Wird im Safari-Browser als normales Textfeld angezeigt.
- **f.telephone_field :phone**
  Dient zur Eingabe von Telefonnummern. Wird im Safari-Browser als normales Textfeld angezeigt.

Wenn der Browser das Formularelement nicht direkt unterstützt, so wird ein normales Textfeld angezeigt.

Mehrzeilige Textfelder

»text_area«

Mehrzeilige Textfelder werden mit der Helper-Methode `text_area` erzeugt. Es stehen folgende HTML-Optionen zur Verfügung:

- **cols**
  Anzahl der Spalten, die ein mehrzeiliges Textfeld breit sein soll. Wird diese Option nicht angegeben, wird standardmäßig ein Textfeld mit 40 Spalten erzeugt.
- **rows**
  Anzahl der Zeilen, die ein mehrzeiliges Textfeld hoch sein soll. Wird diese Option nicht angegeben, wird standardmäßig eine Textarea mit 20 Zeilen erzeugt.
- **size**
  Kurzschreibweise zur Angabe von `:cols` und `:rows`. Es wird ein Wert im Format »Breite«x»Höhe« (zum Beispiel `12x4`) übergeben.

- **class**
  Angabe der CSS-Klasse, die zur Formatierung des Textfeldes genutzt werden soll.
- **disabled**
  Wenn `true` übergeben wird, wird das Textfeld deaktiviert.

Diese HTML-Optionen können Sie zum Beispiel auf unser mehrzeiliges Textfeld `comment` in dem Formular zum Anlegen eines Mitarbeiters anwenden: **Beispiel**

```
<%= form_for(@employee) do |f| %>
  ...
  <div class="field">
    <%= f.label :comment %><br />
    <%= f.text_area :comment, size: "20x4" %>
  </div>
  ...
<% end %>
```

Listing 11.27 »app/views/employees/_form.html.erb«

Daraus wird folgender HTML-Code erzeugt:

```
...
<div class="field">
  <label for="employee_comment">Comment</label><br />
  <textarea cols="20" id="employee_comment"
  name="employee[comment]" rows="4"></textarea>
</div>
...
```

Datentypen »string« und »text« [«]

Das mehrzeilige Textfeld `comment` in unserer Beispielapplikation `employees` wurde beim Generieren von `employee` mit dem Scaffold-Generator automatisch erzeugt, weil wir angegeben haben, das es sich beim Datentyp dieses Feldes um `text` handelt. Da `text` sehr viel mehr Zeichen verarbeiten kann als der Datentyp `string`, erzeugt der Generator für Felder vom Typ `string` ein einzeiliges Textfeld und für Felder vom Typ `text` mehrzeilige Textfelder.

Passworteingabefelder

Passworteingabefelder werden in Formularen mit Bezug zu einem Model mit der Helper-Methode `password_field` erzeugt. Als HTML-Optionen stehen dieselben zur Verfügung wie für ein einzeiliges Textfeld: **»password_field«**

- **size**
  Anzahl der Zeichen, die ein Passworteingabefeld breit sein soll. Wird diese Option nicht angegeben, wird standardmäßig ein Passworteingabefeld mit 30 Zeichen erzeugt.
- **maxlength**
  Anzahl der Zeichen, die maximal eingegeben werden dürfen.
- **class**
  Angabe der CSS-Klasse, die zur Formatierung des Passworteingabefeldes genutzt werden soll.
- **disabled**
  Wennn `true` übergeben wird, wird das Passworteingabefeld deaktiviert.

Beispiel Wir haben in unserem Model `Employee` kein Passwortfeld vorgesehen, trotzdem wollen wir Ihnen den Einsatz eines Passworteingabefeldes zeigen. Wir setzen anstelle des Textfeldes zur Eingabe des Nachnamens im Formular zum Anlegen eines Mitarbeiters ein Passworteingabefeld ein:

```
<%= form_for(@employee) do |f| %>
  ...
  <div class="field">
    <%= f.label :lastname %><br />
    <%= f.password_field :lastname, size: 8 %>
  </div>
  ...
<% end %>
```

Listing 11.28 »app/views/employees/_form.html.erb«

Es wird folgender HTML-Code erzeugt:

```
...
<div class="field">
  <label for="employee_lastname">Lastname</label><br />
  <input id="employee_lastname" name="employee[lastname]"
  size="8" type="password" />
</div>
...
```

Versteckte Felder

Versteckte Felder sind im Prinzip wie Textfelder, nur dass sie nicht angezeigt werden und deshalb keine Eingabe möglich ist. Aus diesem Grund müssen sie auch nicht mit Hilfe von HTML-Optionen verändert werden.

Der Wert eines versteckten Feldes wird zusammen mit den Werten der anderen Formularelemente übertragen. Versteckte Felder werden eingesetzt, um Zusatzinformationen zu übermitteln, die nicht vom Benutzer eingegeben werden sollen.

Zur Erzeugung eines versteckten Feldes steht die Helper-Methode `hidden_field` zur Verfügung. Wir zeigen den Einsatz der Methode am Beispiel der Eingabe des Nachnamens im Formular zum Editieren eines Mitarbeiters: »hidden_field«

```
<%= form_for(@employee) do |f| %>
  ...
  <div class="field">
    <%= f.label :lastname %><br />
    <%= f.hidden_field :lastname, size: 8 %>
  </div>
  ...
<% end %>
```

Listing 11.29 »app/views/employees/_form.html.erb«

Daraus wird folgender HTML-Code generiert:

```
...
<div class="field">
  <label for="employee_lastname">Lastname</label><br />
  <input id="employee_lastname" name="employee[lastname]"
  type="hidden" />
</div>
...
```

Absende-Button

Zum Erzeugen eines Absende-Buttons, der ein Formular abschickt, stellt uns Rails die Helper-Methode `submit` zur Verfügung, welche die Beschriftung des Buttons als Parameter erwartet. In unserem Formular zum Editieren eines Mitarbeiters ist das der Wert »Update«. »submit«

```
<%= form_for(@employee) do |f| %>
  ...
  <div class="actions">
    <%= f.submit %>
  </div>
<% end %>
```

Listing 11.30 »app/views/employees/_form.html.erb«

Rails erzeugt daraus folgenden HTML-Code:

```
...
<div class="actions">
  <input name="commit" type="submit"
  value="Create Employee" />
</div>
...
```

Beschriftung

Als Beschriftung des Buttons hat Rails automatisch `Create Employee` verwendet. Wenn das Objekt `@employee` jedoch editiert wird, so wird `Update Employee` als Beschriftung angezeigt. In Kapitel 15 ab Seite 487 erfahren Sie, wie Sie die Beschriftungen übersetzen lassen können.

Als HTML-Option steht auch `disabled: true` zur Verfügung, um den Button zu deaktivieren.

Datei-Upload

»file_field«

Ein Formularelement zum Datei-Upload wird in Formularen mit Bezug zu einem Model mit der Helper-Methode `file_field` erzeugt, die wie alle anderen Helper-Methoden zur Generierung von Formularelementen den entsprechenden Namen des Feldes im Model als Parameter erwartet. Wir können Ihnen hier nur die Syntax der Methode zeigen, da unser Model nicht auf das Speichern von Dateien vorbereitet ist:

```
<%= f.file_field :image %>
```

Die Methode generiert ein Formularelement vom Typ `file`:

```
<input id="employee_image" name="employee[image]"
      type="file" />
```

HTML-Optionen

Als HTML-Optionen stehen dieselben wie für ein einzeiliges Textfeld zur Verfügung:

- **accept**
  Grenzt die zum Upload erlaubten Dateitypen ein, die als MIME-Typ übergeben werden können.
- **class**
  Angabe der CSS-Klasse, die zur Formatierung des Datei-Upload-Feldes genutzt werden soll.
- **disabled**
  Wenn `true` übergeben wird, wird das Datei-Upload-Feld deaktiviert.

Checkboxen

Model erweitern

Wir hätten gerne in unserem Formular eine Checkbox, über die wir angeben können, ob der Mitarbeiter ein freier Mitarbeiter ist oder nicht. Damit wir diese Checkbox in unserem Formular anlegen können und die Werte aus der Checkbox auch in der Datenbank gespeichert werden, müssen wir unser Model `Employee` um ein Feld erweitern. Das neue Feld soll `freelancer` heißen und vom Datentyp `boolean` sein. Das heißt, wir legen folgende Migration an:

```
rails generate migration AddFreelancerToEmployees \
     freelancer:boolean
```

Die Migration-Datei führen wir mit `rake db:migrate` aus, damit das neue Feld auch in der Datenbanktabelle `employess` angelegt wird.

Formular erweitern

Jetzt können wir unsere beiden Formulare zum Anlegen und Editieren von Mitarbeitern um eine Checkbox erweitern, über die wir angeben können, ob es sich bei dem jeweiligen Mitarbeiter um einen freien Mitarbeiter handelt oder nicht.

»check_box«

Zum Erzeugen einer Checkbox steht uns die Helper-Methode `check_box` zur Verfügung, die wir zunächst in das Formular zum Editieren eines Mitarbeiters einfügen:

```
<div class="field">
  <%= f.label :freelancer %><br />
  <%= f.check_box :freelancer %>
</div>
```

Listing 11.31 »app/views/employees/_form.html.erb«

Daraus wird folgender HTML-Code generiert:

```
<div class="field">
  <label for="employee_freelancer">Freelancer</label><br />
  <input name="employee[freelancer]" type="hidden"
  value="0" />
  <input id="employee_freelancer" name="employee[freelancer]"
  type="checkbox" value="1" />
</div>
```

Verstecktes Feld

Da es sich bei einer Checkbox um ein Formularelement handelt, das keinen Wert überträgt, wenn es nicht gesetzt ist, hat Rails automatisch ein verstecktes Feld angelegt, das genauso heißt wie die Checkbox und den Wert 0 hat. Dieser wird dann gesendet, wenn die Checkbox nicht gesetzt wird. Wird die Checkbox gesetzt, wird der Wert 1 gesendet. Rails wandelt diese beiden Werte in die entsprechenden Boolean-Werte um, so dass in der Datenbank `true` oder `false` gespeichert wird.

Als HTML-Option steht auch `class` zur Verfügung.

Radiobuttons

»radio_button«

Radiobuttons werden mit der Helper-Methode `radio_button` erzeugt, die als Parameter zum einen den Namen des Feldes im Model erwartet, das mit Hilfe der Radiobuttons gesetzt werden soll, und zum anderen den Wert, der übertragen werden soll. Da Rails in dem Fall nicht die Umwandlung von 1 und 0 in die entsprechenden Boolean-Werte übernimmt, müssen wir die Werte `true` und `false` übergeben:

```
<div class="field">
  <%= f.label :freelancer %><br />
  Ja <%= f.radio_button :freelancer, true %>
  Nein <%= f.radio_button :freelancer, false %>
</div>
```

Listing 11.32 »app/views/employees/_form.html.erb«

Es wird folgender HTML-Code erzeugt:

```
<div class="field">
  <label for="employee_freelancer">Freelancer</label>
  <br />
  Ja <input id="employee_freelancer_true"
            name="employee[freelancer]"
            type="radio" value="true" />
  Nein <input checked="checked"
              id="employee_freelancer_false"
              name="employee[freelancer]" type="radio" />
</div>
```

Auswahllisten für Datumswerte

»date_select«

Beim Erzeugen der Ressource `Employee` mit dem Scaffold-Generator haben wir für das Feld `birthday` den Datentyp `date` angegeben. Der Generator hat die Helper-Methode `date_select` gewählt, um die Eingabe des Geburtsdatums in den beiden Formularen zum Anlegen und Editieren von Mitarbeitern zu ermöglichen:

```
<div class="field">
  <%= f.label :birthday %><br />
  <%= f.date_select :birthday %>
</div>
```

Die Methode date_select erzeugt drei Auswahllisten zur Eingabe von Tag, Monat und Jahr, die standardmäßig auf das aktuelle Datum gesetzt werden. Die Auswahlliste für das Jahr zeigt fünf Jahre vor und fünf Jahre nach dem aktuellen Jahr:

Drei Auswahllisten

```
<div class="field">
  <label for="employee_birthday">Birthday</label><br />
  <select id="employee_birthday_1i"
        name="employee[birthday(1i)]">
      <option value="2006">2006</option>
      <option value="2007">2007</option>
      <option value="2008">2008</option>
      <option value="2009">2009</option>
      <option value="2010">2010</option>
      <option selected="selected" value="2011">2011</option>
      <option value="2012">2012</option>
      ...
      <option value="2014">2014</option>
      <option value="2015">2015</option>
      <option value="2016">2016</option>
  </select>

  <select id="employee_birthday_2i"
        name="employee[birthday(2i)]">
    <option value="1">January</option>
    <option value="2">February</option>
    ...
    <option value="11">November</option>
    <option value="12">December</option>
  </select>

  <select id="employee_birthday_3i"
        name="employee[birthday(3i)]">
    <option value="1">1</option>
    <option value="2">2</option>
    ...
    <option value="30">30</option>
    <option value="31">31</option>
  </select>
</div>
```

Lokalisierung

In Kapitel 15 ab Seite 487 wird gezeigt, wie die englischen Monatsnamen lokalisiert werden.

Optionen

Mit Hilfe von Optionen können Sie Einfluss auf die Werte und Anzeigeart der Auswahllisten nehmen:

- **start_year**
  Startwert für die Liste zur Auswahl des Jahres. Der Standardwert ist `Time.now.year - 5`.

- **end_year**
  Endwert für die Liste zur Auswahl des Jahres. Der Standardwert ist `Time.now.year + 5`.

- **order**
  Gibt die Reihenfolge an, in der die Listfelder angezeigt werden sollen, zum Beispiel `order: [:day, :month, :year]`. Lässt man in dem Array einen Wert weg, wird die entsprechende Liste nicht angezeigt.

- **use_month_numbers**
  Bei Übergabe von `true` werden nicht mehr die Monatsnamen, sondern die Zahlen 1–12 in der Liste zur Auswahl des Monats angezeigt.

- **add_month_numbers**
  Es wird sowohl die Nummer als auch der Name des Monats angezeigt, wenn die Option auf `true` gesetzt wird (z. B. `12 - December`).

- **use_short_month**
  Die Monatsnamen werden abgekürzt angezeigt, wenn die Option auf `true` gesetzt wird (`Dec` statt `December`).

- **discard_day**
  Bei Übergabe von `true` wird die Liste zur Auswahl des Tages nicht angezeigt.

- **discard_month**
  Bei Übergabe von `true` werden die Listen zur Auswahl des Monats und des Tages nicht angezeigt.

- **discard_year**
  Bei Übergabe von `true` wird die Liste zur Auswahl des Jahres nicht angezeigt.

- **date_separator**
  Normalerweise werden die Auswahlfelder für das Jahr, den Monat und den Tag direkt hintereinander angezeigt. Um z. B. die Felder durch einen Bindestrich voneinander zu trennen, kann die Option `date_select: '-'` verwendet werden.

- **default**
  Legt das Defaultdatum fest; kann als Hash-Wert übergeben werden, zum Beispiel `default: {day: 24, month: 12, year: 1980}` oder

durch Anwendung einer ActiveSupport-Helper-Methode für Datum und Zeit wie zum Beispiel `default: 3.days.from_now`.

- **include_blank**
  Bei Übergabe von `true` wird als erster Eintrag in der Liste ein leerer Eintrag angelegt. Dadurch wird es ermöglicht, kein Datum zu wählen.

- **disabled**
  Wenn `true` übergeben wird, wird das Feld deaktiviert. In diesem Fall kann das Datum ausgewählt werden.

Die Anwendung einiger dieser Optionen verdeutlichen wir am Beispiel der Eingabefelder für das Geburtsdatum in dem Formular zum Editieren eines Mitarbeiters: **Beispiel**

```
<div class="field">
  <%= f.label :birthday %><br />
  <%= f.date_select :birthday,
                    start_year: 1970,
                    end_year: 2009,
                    order: [:day, :month, :year],
                    use_month_numbers: true,
                    include_blank: true %>
</div>
```

Listing 11.33 »app/views/employees/_form.html.erb«

Auswahllisten für Zeitangaben

Um Auswahllisten für Uhrzeiten zu erzeugen, stellt Rails die Helper-Methode `time_select` zur Verfügung. Der Helper generiert Auswahllisten für Stunden, Minuten und optional auch von Sekunden. **»time_select«**

Folgende Optionen stehen für `time_select` zur Verfügung: **Optionen**

- **include_seconds**
  Zusätzlich zur Auswahlliste für Stunden und Minuten wird auch eine Auswahlliste für Sekunden generiert.

- **minute_step**
  Mit der Option wird das Intervall für die Minuten-Auswahlliste festgelegt. `f.time_select :zeit, minute_step: 15` generiert z. B. neben der Stunden-Auswahlliste eine Minuten-Auswahlliste mit den Werten `00`, `15`, `30` und `45`.

Auswahllisten für Zeit- und Datumswerte

»datetime_select« Um Auswahllisten für Datums- und Zeitwerte zu erzeugen, können Sie die Helper-Methode `datetime_select` verwenden. Es stehen im Wesentlichen die gleichen Optionen wie bei `date_select` und `time_select` zur Verfügung.

Listfelder mit statischen Werten

Wir möchten gerne Anrede und Titel zu einem Mitarbeiter in unserer Beispielapplikation speichern können. Die möglichen Werte, wie zum Beispiel »Frau Dr.«, sollen über eine Auswahlliste auswählbar sein, und sie sollen als Zeichenkette in der Datenbank gespeichert werden.

Model erweitern Deshalb müssen wir zuerst das dafür erforderliche Feld in der Datenbank anlegen:

```
rails generate migration AddTitleToEmployees title:string
rake db:migrate
```

»select« Zur Erzeugung der Auswahlliste innerhalb unserer Formulare zum Anlegen und Editieren eines Mitarbeiters stellt uns Rails die Helper-Methode `select` zur Verfügung. Die einzelnen Werte, die wir innerhalb des Listfeldes anzeigen möchten, übergeben wir als Array an diese Methode:

```
<div class="field">
  <%= f.label :title, "Anrede" %><br />
  <%= f.select :title,
       ["Frau", "Frau Dr.", "Herr", "Herr Dr."] %>
</div>
```

Listing 11.34 »app/views/employees/_form.html.erb«

Optionen Folgende Optionen stehen Ihnen zur Verfügung:

- **include_blank**
  Bei Übergabe von `true` wird als erster Eintrag in der Liste ein leerer Eintrag angelegt. Dadurch wird es ermöglicht, keinen Wert zu wählen.
- **prompt**
  Bei Übergabe von `true` wird als erster Eintrag »Please select« erzeugt, bei Übergabe einer Zeichenkette ein Eintrag mit dieser Zeichenkette. Sobald ein Wert ausgewählt und für das Objekt gespeichert wurde, erzeugt `:prompt` bei den nächsten Aufrufen des Formulars keine Ausgabe mehr.

Am Beispiel unseres Formulars zum Editieren eines Mitarbeiters könnte der Einsatz dieser HTML-Optionen wie folgt aussehen:

```
<div class="field">
  <%= f.label :title, "Anrede" %><br />
  <%= f.select :title,
               ["Frau", "Frau Dr.", "Herr", "Herr Dr."],
               prompt: "Bitte wählen"
  %>
</div>
```

Listing 11.35 »app/views/employees/_form.html.erb«

Es wird folgender HTML-Code generiert:

```
<div class="field">
  <label for="employee_title">Anrede</label><br />
  <select id="employee_title" name="employee[title]">
    <option value=''>Bitte wählen</option>
    <option value='Frau'>Frau</option>
    <option value='Frau Dr.'>Frau Dr.</option>
    <option value='Herr'>Herr</option>
    <option value='Herr Dr.'>Herr Dr.</option>
  </select>
</div>
```

Konstante definieren

Das Array mit den Werten in der Template-Datei anzugeben, ist nicht praktikabel. Wenn zum Beispiel die Auswahlliste an mehreren Stellen eingesetzt werden soll, müsste sie in mehreren Template-Dateien eingesetzt werden. Wenn dann die Einträge bearbeitet werden sollen, müssten sie in allen Template-Dateien bearbeitet werden. Deshalb definieren wir im Model `Employee` eine Konstante, die das Array enthält:

```
class Employee < ActiveRecord::Base#
  TITLES = ["Frau", "Frau Dr.", "Herr", "Herr Dr."];
end
```

Listing 11.36 »app/models/employee.rb«

Diese Konstante rufen wir dann in unserem Formular zum Editieren eines Mitarbeiters auf, um die Werte für Anrede und Titel an die Auswahlliste zu übergeben:

```
<div class="field">
  <%= f.label :title, "Anrede" %><br />
  <%= f.select :title, Employee::TITLES,
               include_blank: true,
               prompt: "Bitte wählen" %>
</div>
```

Alternative

Alternativ können Sie auch ein zweidimensionales Array angeben:

```
class Employee < ActiveRecord::Base#
  TITLES = [["Frau", "f"], ["Frau Dr.", "f-dr"],
            ["Herr", "m"], ["Herr Dr.", "m-dr"]];
end
```

Listing 11.37 »app/models/employee.rb«

Der `select`-Helper generiert dann folgenden HTML-Code:

```
<div class="field">
<label for="employee_title">Anrede</label><br />
<select id="employee_title" name="employee[title]">
  <option value=''>Bitte wählen</option>
  <option value=''></option>
  <option value='f'>Frau</option>
  <option value='f-dr'>Frau Dr.</option>
  <option value='m'>Herr</option>
  <option value='m-dr'>Herr Dr.</option>
</select>
</div>
```

Listfelder mit dynamischen Werten

Es soll möglich sein, in den Formularen unserer Beispielapplikation zum Anlegen und Editieren eines Mitarbeiters aus einer Auswahlliste auszuwählen, in welcher Abteilung der jeweilige Mitarbeiter arbeitet. Die Werte innerhalb dieser Auswahlliste sollen nicht wie in der Auswahlliste zur Auswahl von Anrede und Titel über eine Konstante definiert, sondern in einem eigenen Model gespeichert werden. Das hat den Vorteil, dass die Werte einfacher gepflegt werden können.

Ressource erzeugen

Wir möchten zunächst nur den Namen der Abteilungen in dem Model speichern. Also erzeugen wir die Ressource `Department` mit dem Feld `name`:

```
rails generate scaffold department name:string

rake db:migrate
```

Wenn Sie jetzt den lokalen Rails-Server starten, können Sie durch Aufruf der URL *http://localhost:3000/departments* die Ressource testen und über den Link `New department` neue Abteilungen wie zum Beispiel `Verwaltung`, `Development` und `Bodenpersonal` anlegen.

Abbildung 11.2 »http://localhost:3000/departments«

Beziehungen

Die Abteilungen, die wir angelegt haben, sollen in einer Auswahlliste in unseren Fomularen zum Anlegen und Editieren eines Mitarbeiters angezeigt werden, und der jeweils ausgewählte Wert soll zu den Mitarbeitern im Model `Employee` gespeichert werden. Die Beziehung zwischen den beiden Models `Employee` und `Department` ist wie folgt definiert:

Zu einem `Department` gehören beliebig viele `Employees`, und ein `Employee` gehört zu genau einem `Department`:

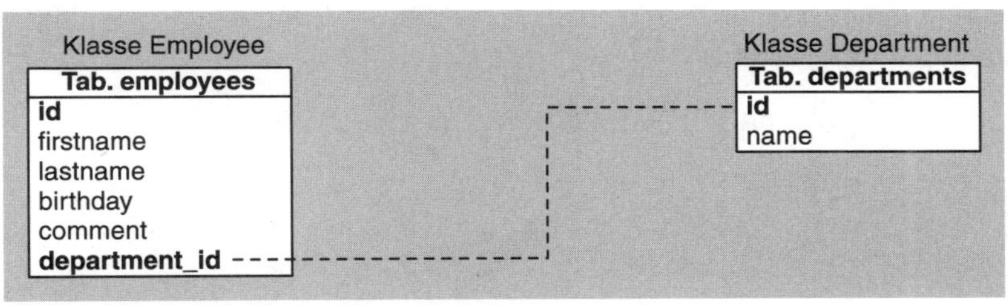

Abbildung 11.3 Beziehung zwischen Employee und Department

Das heißt, dass wir im Model `Employee` den Eintrag `belongs_to :department` hinzufügen müssen und im Model `Department` den Eintrag `has_many :employees`:

```
class Employee < ActiveRecord::Base#
  belongs_to :department
end
```

Listing 11.38 »app/models/employee.rb«

```
class Department < ActiveRecord::Base
  has_many :employees
end
```

Listing 11.39 »app/models/department.rb«

Model erweitern Damit diese Beziehung zwischen `Employee` und `Department` auch wirklich funktioniert, müssen wir im Model `Employee` die Abteilung speicher, zu welcher der Mitarbeiter gehört. Dazu benötigen wir ein zusätzliches Feld `department_id` in der Datenbank, in dem die ID der jeweiligen Abteilung gespeichert werden kann:

```
rails generate migration AddDepartmentIdToEmployees \
     department_id:integer
rake db:migrate
```

Formulare erweitern In den Formularen zum Anlegen und Editieren eines Mitarbeiters müssen wir jetzt die Auswahlliste zur Auswahl der Abteilung hinzufügen:

```
<div class="field">
<%= f.label :department_id, "Abteilung" %><br />
<%= f.select :department_id,
     Department.all.map {|d| [d.name,d.id]} %>
</div>
```

Listing 11.40 »app/views/employees/_form.html.erb«

Die Werte für die Auswahlliste werden aus der Datenbank ausgelesen und als zweidimensionales Feld mit dem Namen und der ID der jeweiligen Abteilung übergeben.

Daraus wird folgender HTML-Code generiert:

```
<div class="field">
  <label for="employee_department_id">Abteilung</label><br />
  <select id="employee_department_id"
          name="employee[department_id]">
  <option value='1'>Verwaltung</option>
  <option value='2'>Development</option>
  <option value='3'>Bodenpersonal</option>
</select>
</div>
```

Um auch in dieser Auswahlliste als ersten Eintrag »Bitte wählen« anzuzeigen, fügen wir noch die HMTL-Option `prompt: "Bitte wählen"` hinzu:

```
<div class="field">
<%= f.label :department_id, "Abteilung" %><br />
<%= f.select :department_id,
             Department.all.map {|d| [d.name,d.id]},
             prompt: "Bitte wählen" %>
</div>
```

Listing 11.41 »app/views/employees/_form.html.erb«

»collection_select«

Damit wir auch den Aufruf der Methode map zur Generierung des zweidimensionalen Feldes nicht mehr in der Template-Datei haben, können wir die Helper-Methode collection_select einsetzen, um die Auswahlliste zu erzeugen:

```
<div class="field">
<%= f.label :department_id, "Abteilung" %><br />
<%= f.collection_select :department_id,
                        @departments, :id, :name,
                        prompt: "Bitte wählen" %>
</div>
```

Listing 11.42 »app/views/employees/_form.html.erb«

Die Methode collection_select erwartet als Parameter neben dem Namen des Feldes department_id ein Array von Objekten (Collections), welches die Werte aus der Datenbank enthält (@departments), den Namen des Feldes aus der Datenbank, dessen Wert im Formular übertragen werden soll (id), und den Namen des Feldes aus der Datenbank, dessen Wert in der Auswahlliste angezeigt werden soll (name). Achten Sie bitte auf die Reihenfolge!

Länderauswahllisten

Es soll möglich sein, über unsere Formulare zum Anlegen oder Editieren eines Mitarbeiters anzugeben, aus welchem Land der Mitarbeiter kommt. Dazu benötigen wir ein neues Feld country in unserem Model, das wir mit einer neuen Migration anlegen:

```
rails generate migration AddCountryToEmployees \
    country:string
rake db:migrate
```

RubyGem

Das Problem ist, dass in Rails 3 der Helper country_select zum Generieren einer Länderauswahl nicht mehr zur Verfügung steht. Mit dem RubyGem country-select können wir jedoch den fehlenden Helper in unser Projekt integrieren. Dazu fügen wir das Gem in die Gemfile-Datei ein und führen anschließend bundle install aus.

```
gem 'country-select'
```

»country_select«

Die Auswahlliste für die Länder fügen wir zunächst in unser Formular zum Editieren eines Mitarbeiters ein. Dazu nutzen wir die Helper-Methode country_select:

```
<div class="field">
  <%= f.label :country, "Land" %><br />
  <%= f.country_select :country %>
</div>
```

Listing 11.43 »app/views/employees/_form.html.erb«

Auswahl erleichtern

Es wird eine Auswahlliste generiert, die alle Länder enthält. Bei einer solch langen Liste ist es schwierig, den richtigen Eintrag auszuwählen. Da die meisten Besucher einer Website immer aus dem gleichen Land oder den Nachbarländern des Webseitenbetreibers kommen, kann man die Liste komfortabler gestalten, indem man eine bestimmte Auswahl von Ländern an den Anfang der Liste stellt. Dazu übergibt man die jeweiligen Länder in einem Array als zweiten Parameter an die Methode `country_select`:

```
<div class="field">
  <%= f.label :country, "Land" %><br />
  <%= f.country_select :country,
        %w(Germany Luxembourg France Belgium Netherlands)
  %>
</div>
```

Listing 11.44 »app/views/employees/_form.html.erb«

Daraus wird folgender HTML-Code generiert:

```
<div class="field">
<label for="employee_country">Country</label><br />
<select id="employee_country" name="employee[country]">
<option value="Germany">Germany</option>
<option value="Luxembourg">Luxembourg</option>
<option value="France">France</option>
<option value="Belgium">Belgium</option>
<option value="Netherlands">Netherlands</option>
<option value="">-------------</option>
<option value="Afghanistan">Afghanistan</option>
<option value="Albania">Albania</option>
...
<option value="Zambia">Zambia</option>
<option value="Zimbabwe">Zimbabwe</option>
</select>
</div>
```

11.5.2 Validierung

Die Validierung ist ein sehr wichtiges Thema, wenn es um Formulare geht. Bestimmte Felder dürfen nicht vom User leer gelassen werden, und manchmal muss der Inhalt einem bestimmten Format entsprechen, wie zum Beispiel bei der Angabe der E-Mail-Adresse.

In Abschnitt 8.6 auf Seite 272 stellen wir Ihnen alle Validierungsregeln ausführlich vor. Im Rahmen dieses Kapitels möchten wir uns auf die Validierungsregeln beschränken, die den View betreffen.

In unseren Formularen zum Anlegen und Editieren eines Mitarbeiters soll zum Beispiel die Angabe des Nachnamens eine Pflichtangabe sein. Das Feld darf also nicht leer gelassen werden.

Helper

Rails unterstützt uns auch bei der Validierung von Formularen mit einer Reihe von Helper-Methoden. Die Prüfung, ob ein Feld ausgefüllt wurde, erfolgt im Model mit Hilfe der Methode `validates`. In unserem Fall soll zunächst das Feld `lastname` im `Employee`-Model validiert werden:

```
class Employee < ActiveRecord::Base#
  belongs_to :department
  validates :lastname, presence: true
  ...
end
```

Listing 11.45 »app/models/employee.rb«

Fehlermeldung

Wenn wir jetzt das Formular zum Editieren eines Mitarbeiters ohne Angabe eines Nachnamens abschicken, erhalten wir folgende Ausgabe:

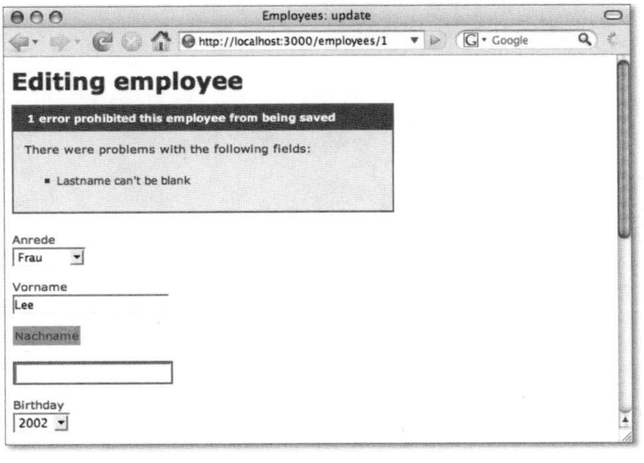

Abbildung 11.4 Der Nachname muss angegeben werden.

Fehlermeldung ausgeben

Es wird oberhalb des Formulars ein rot umrandeter Kasten mit einer Fehlermeldung angezeigt, und das Feld »Nachname« wird mit einem roten Kasten umgeben.

Die Fehlermeldung oberhalb des Formulars wird ausgegeben, weil der Generator beim Erstellen der Ressource `employee` Folgendes oberhalb des Formulars eingefügt hat:

```
<%= form_for(@employee) do |f| %>
  <% if @employee.errors.any? %>
    <div id="error_explanation">
      <h2><%= pluralize(@employee.errors.count, "error") %>
      prohibited this employee from being saved:</h2>

      <ul>
      <% @employee.errors.full_messages.each do |msg| %>
        <li><%= msg %></li>
      <% end %>
      </ul>
    </div>
  <% end %>
  ...
```

Listing 11.46 »app/views/employees/_form.html.erb«

Es wird zunächst mit `@employee.errors.an?` überprüft, ob irgendwelche Fehler vorliegen. Ist dies der Fall, wird neben dem Titel die Liste von Fehlermeldungen `errors.full_messages` mit `each` durchlaufen und in einer Liste ausgeben.

Wir können den Code z. B. wie folgt unseren Bedürfnissen anpassen:

```
<%= form_for(@employee) do |f| %>
  <% if @employee.errors.any? %>
    <div id="error_explanation">
      <h2><%= @employee.errors.count %>
          Fehler aufgetreten:</h2>
      <ul>
      <% @employee.errors.full_messages.each do |msg| %>
        <li><%= msg %></li>
      <% end %>
      </ul>
    </div>
  <% end %>
  ...
```

Listing 11.47 »app/views/employees/_form.html.erb«

Damit die Ausgabe sämtlicher Fehlermeldungen auf Deutsch erscheint, müssen die Feldnamen und die Fehlermeldungen lokalisiert werden, was in Kapitel 15 auf Seite 487 behandelt wird.

Lokalisierung

Wir können auch das Aussehen per CSS anpassen. Dazu schauen wir uns zunächst die Ausgabe der Fehlermeldungen im HTML-Code an:

CSS-Anpassungen

```
<div class="field">
  <div class="fieldWithErrors">
     <label for="employee_lastname">Nachname</label>
  </div>
  <br />
  <div class="fieldWithErrors">
    <input id="employee_lastname" name="employee[lastname]"
           size="20" type="text" value="" /></div>
</div>
```

Im HTML-Code sieht man, dass sowohl das Label als auch das Textfeld zur Eingabe des Nachnamens von einem Bereich umgeben werden, der mit der CSS-Klasse `fieldWithErrors` formatiert wird.

Die beiden `div`-Tags mit Angabe der CSS-Klasse wurden automatisch von Rails erstellt. Beim Generieren mit dem Scaffold-Generator wurde auch die CSS-Datei `scaffolds.css.scss` angelegt. In dieser Datei ist die CSS-Klasse `fieldWithErrors` definiert. Diese können Sie anpassen oder überschreiben.

»scaffold.css.scss«

```
...
.field_with_errors
  padding: 2px;
  background-color: red;
  display: table;
...
```

Listing 11.48 »app/assets/stylesheets/scaffolds.css.scss«

[+]

Formtastic

Häufig besteht der Wunsch, dass die Fehlermeldungen nicht alle oben im Formular erscheinen sollen, sondern jeweils zu jedem Formularfeld. Dies und noch viel mehr können Sie mit dem RubyGem Formtastic leicht erzielen (*https://github.com/justinfrench/formtastic*).

11.5.3 Formulare mit Bezug zu mehr als einem Model

Die Helper-Methode `form_for` erlaubt uns, nur ein Model-Objekt zu übergeben, wie z. B. `form_for(@employee)`. Was ist aber, wenn wir mehr

»fields_for«

als ein Objekt gleichzeitig in einem Formular verarbeiten möchten? Angenommen, Sie möchten nicht nur die Informationen zu einem Mitarbeiter, sondern gleichzeitig auch die Informationen der Abteilung (Department) in einem Formular bearbeiten können. In diesem Fall kommt die Helper-Methode `fields_for` zum Einsatz.

Das Formular sieht dann wie folgt aus:

```
<%= form_for(@employee) do |f| %>
  ...
  <%= fields_for( @employee.department) do |department_f| %>
    <div class="field">
      <%= department_f.label :name,"Abteilungsname" %><br />
      <%= department_f.text_field :name %>
    </div>
  <%  end %>
  ...
<% end %>
```

Listing 11.49 »app/views/employee/_form.html.erb«

Der Bereich `fields_for(...)` sieht so aus, als ob es sich um eine Art Unterformular handeln würde. In Wirklichkeit wird der Bereich

```
<%= fields_for( @employee.department) do |department_f| %>
  <div class="field">
    <%= department_f.label :name,"Abteilungsname" %><br />
    <%= department_f.text_field :name %>
  </div>
<%  end %>
```

wie folgt in HTML umgesetzt:

```
<p>
  <label for="department_name">Abteilungsname</label><br />
  <input id="department_name" name="department[name]"
   size="30" type="text" value="Verwaltung" />
</p>
```

Zugriff im Controller

Im Controller kann man dann mit dem Befehl `params[:department]` auf die Formulardaten zugreifen.

Damit die Department-Formulardaten gespeichert werden können, müssen wir die Action `update` um den Aufruf

```
@employee.department.update_attributes(params[:department])
```

wie folgt ergänzen:

```
def update
  @employee = Employee.find(params[:id])

  respond_to do |format|
    if @employee.update_attributes(params[:employee]) &&
      @employee.department.update_attributes(
        params[:department])
      format.html { redirect_to @employee, notice:
          'Employee was successfully updated.' }
      format.json { head :ok }
      ...
    end
  end
end
```

Listing 11.50 »/app/controllers/employees_controller.rb«

Eine ausführliche Anleitung zu diesem Thema finden Sie im Screencast »Nested Model Form« von Ryan Bates (*http://railscasts.com/episodes/196-nested-model-form-part-1*).

11.5.4 Formulare ohne Bezug zu einem Model

Formulare ohne Bezug zu einem Model begegnen uns seltener. Wir benötigen sie zum Beispiel für Suchformulare. Die Eingaben in solche Formulare dienen nicht dazu, in einem Model gespeichert zu werden. Wir möchten Ihnen Formulare ohne Bezug zu einem Model an einem einfachen Beispielformular zeigen, in das man einen Wert in ein Textfeld eingeben kann, der nach dem Absenden des Formulars wieder ausgegeben wird.

Wir generieren zunächst in unserer Beispielapplikation `employees` einen neuen Controller `formdemo` mit den beiden Actions `input` und `output`:

```
rails generate controller formdemo input output
```

»form_tag«

Das Formular werden wir in dem Template `input.html.erb` im Verzeichnis `app/views/formdemo` anlegen. Auch für Formulare ohne Bezug zu einem Model stehen ActionView-Helper-Methoden zur Verfügung, die den Namen des Feldes und der Attribute wie Value oder Feldgröße als Parameter erwarten. Jede dieser Helper-Methoden endet mit `_tag`. Ein Formular wird mit der Methode `form_tag` generiert, die als Parameter die Action des Controllers erwartet, an den die Werte aus dem Formular zur Verarbeitung geschickt werden sollen, und einen Block, in dem die einzelnen Formularelemente generiert werden:

```
<h2>Fomdemo</h2>
<%= form_tag output_path do %>
<div class="field">
<%= label_tag :example_text, "Beispiel Textfeld" %>
<%= text_field_tag :example_text, "default Wert" %>
</div>
<%= submit_tag "go" %>
<% end %>
```

Listing 11.51 »app/views/formdemo/input.html.erb«

»form_tag« Zur Generierung des HTML-Form-Tags wird der Helper `form_tag` verwendet. Der erste Parameter von `form_tag` gibt das Ziel an, an das die Formulardaten gesendet werden. In unserem Beispiel haben wir `output_path` angegeben.

Formularfelder Ein Textfeld können wir mit der Helper-Methode `text_field_tag` erzeugen, der wir einen Standardwert übergeben können, mit dem das Feld vorbelegt werden soll.

»label_tag« Zur Beschriftung eines Feldes nutzen wir die Methode `label_tag`, die als Parameter den Namen des Feldes, zu dessen Beschriftung das Label dienen soll, und die Beschriftung selbst erwartet.

»submit_tag« Zur Generierung des Absende-Buttons steht uns die Methode `submit_tag` zur Verfügung, die als Parameter die Beschriftung des Buttons erwartet.

Bevor wir das Formular einsetzen, müssen wir noch die Routing-Einträge anpassen. Der Controller-Generator hat bereits zwei Routing-Einträge vorgenommen, die wir wie folgt ändern:

```
get "formdemo/input", as: :input
post "formdemo/output", as: :output
```

Listing 11.52 »config/routes.rb«

Da das Formular die Daten per `POST`-Methode versendet, haben wird statt `get` die Methode `post` für die `output`-Seite konfiguriert. Damit die `output`-Seite über die Methode `output_path` aufrufbar ist, wurde die Option `as` gesetzt (siehe Kapitel 10 ab Seite 351).

Wenn Sie das Formular aufrufen, ausfüllen und absenden, erhalten Sie folgende Ausgabe:

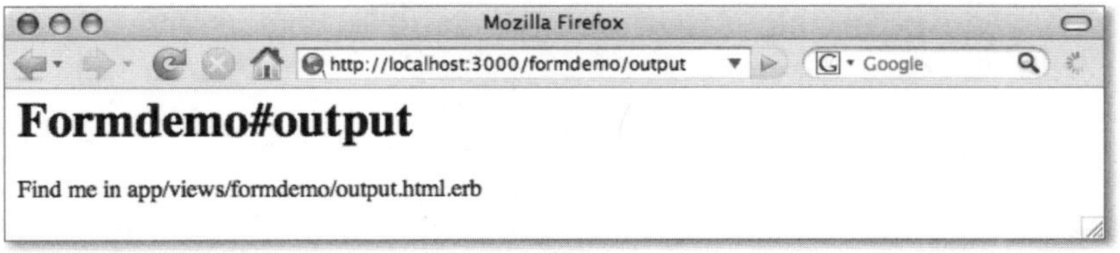

Abbildung 11.5 »http://localhost:3000/formdemo/output«

Formularwerte verarbeiten

Da wir in der Methode `form_tag` angegeben haben, dass die Formularwerte von der Action `output` im Formdemo-Controller verarbeitet werden sollen, die Action aber noch leer ist, also die Formularwerte noch gar nicht verarbeitet sind, wird nur die Template-Datei `output.hrml.erb` aufgerufen. Das heißt, wir müssen in der Action `output` die Formularwerte verarbeiten und sie dem Template in einer Instanzvariablen zur Verfügung stellen, damit sie im Template angezeigt werden können.

Alle Werte eines Formulars werden über den Hash `params` übertragen. Das heißt, wir können die einzelnen Werte im Controller aus diesem Hash auslesen:

```
class FormdemoController < ApplicationController

  def input
    # Anzeige des Formulars
  end

  def output
    @example_text = params[:example_text]
  end
end
```

Listing 11.53 »app/controllers/formdemo_controller.erb«

Die Instanzvariable `@example_text` können wir in der Template-Datei `output.html.erb` verwenden:

```
<h2>Fomdemo: output</h2>

<div class="field">
Beispieltext: <%= @example_text %>
</div>
```

Listing 11.54 »app/views/formdemo/output.html.erb«

Wenn Sie das Formular erneut aufrufen, ausfüllen und absenden, wird der von Ihnen eingegebene Text angezeigt.

Im Prinzip stehen für Formulare ohne Bezug zu einem Model Helper-Methoden für die gleichen Formularfelder wie für Formulare mit Bezug zu einem Model zur Verfügung. Der Unterschied besteht darin, dass jede dieser Helper-Methoden mit `_tag` endet. Beispiele wären die Methoden `text_area_tag`, um mehrzeilige Textfelder zu erzeugen, `password_field_tag`, um Passworteingabefelder zu erzeugen, und die Methode `check_box_tag`, um Checkboxen zu erzeugen.

11.6 Partials

Es kommt immer wieder vor, dass wir den gleichen Ruby- und HTML-Code an mehreren Stellen im Template benötigen – sei es, um Ergebnisse anzuzeigen, Loginmasken darzustellen oder um Formulare zum Anlegen und Editieren von Datensätzen auszugeben. Da wir in Rails dem DRY-Prinzip (»Don't Repeat Yourself«) folgen, wollen wir, dass dieser Code zwar mehrfach ausgegeben werden kann, aber nur an einer Stelle definiert wird.

Das können wir erreichen, indem wir sogenannte **Partials** verwenden. Ein Partial ist ein Subtemplate, das wir innerhalb anderer Template-Dateien laden können und dem wir auch Variablen übergeben können.

Führender Unterstrich

Ein Partial ist eine Template-Datei wie jede andere auch – mit dem einzigen Unterschied, dass der Dateiname mit einem Unterstrich beginnt.

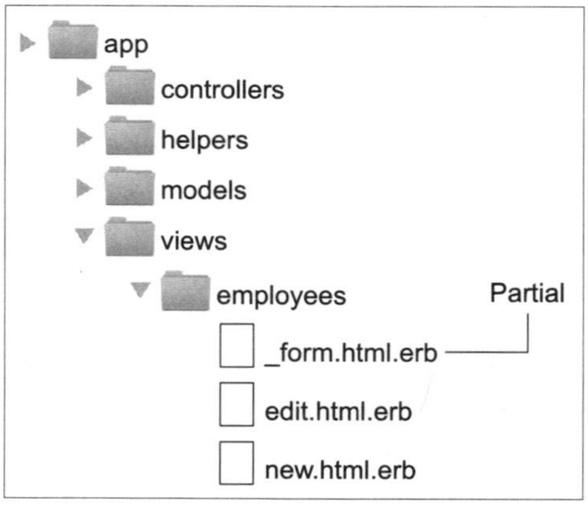

Abbildung 11.6 Partials

Ein Beispiel für den Einsatz von Partials sind die Formulare zum Anlegen und Editieren eines Mitarbeiters in unserer Beispielapplikation `employees` (siehe Kapitel 1 ab Seite 21):

```
<%= form_for(@employee) do |f| %>
  ...
  <div class="field">
    <%= f.label :firstname %><br />
    <%= f.text_field :firstname %>
  </div>
  ...
  <div class="actions">
    <%= f.submit %>
  </div>
<% end %>
```

Listing 11.55 »app/views/employees/_form.html.erb«

»render 'form'«

In den Templates `edit.html.erb` und `new.html.erb` laden wir das Partial über den Befehl `render 'form'`:

```
<h1>Editing employee</h1>

<%= render 'form' %>
<%= link_to 'Show', @employee %> |
<%= back_to_list %>
```

Listing 11.56 »app/views/employees/edit.html.erb«

```
<h1>New employee</h1>

<%= render 'form' %>
<%= back_to_list %>
```

Listing 11.57 »app/views/employees/new.html.erb«

Der Befehl `render "name_des_partials"` ist die Kurzform des Befehls `render partial: "name_des_partials"`, die immer dann benutzt werden kann, wenn keine weitere Optionen angegeben werden.

[«]

Schreibweise von Partials beachten

Beachten Sie, dass der Dateiname eines Partials zwar mit einem Unterstrich beginnt, aber die Angabe des Partials im `render`-Befehl ohne Unterstrich und ohne Angabe der Dateiendung erfolgt.

Scaffold-Generator

Wenn der Scaffold-Generator so wie in unserer Beispielapplikation employees verwendet wird, wird automatisch das Partial _form.html.erb erstellt, das sowohl in der edit.thml.erb als auch in der new.html.erb eingebunden wird.

Partials sind nicht nur geeignet, um Formulare auszulagern. Im folgenden Beispiel werden wir die Anzeige der Mitarbeiter in ein Partial auslagern. Wir erstellen das Partial _employee.html.erb im Verzeichnis app/views/employees/:

```
<p>
  <b><%= employee.firstname %>
     <%= employee.lastname %></b><br />
  Geboren am <%= employee.birthday %><br />
  <%= mail_to employee.email %><br />
  <%= employee.comment %>
<p>
```

Listing 11.58 »app/views/employees/_employee.html.erb«

Um nun die Details zu einem Mitarbeiter auszugeben, können wir im Template show.html.erb das Partial einfach wie folgt aufrufen:

```
<h2>Mitarbeiter Details</h2>

<%= render @employee %>
<%= link_to 'Edit', edit_employee_path(@employee) %> |
<%= link_to 'Back', employees_path %>
```

Listing 11.59 »app/views/employees/show.html.erb«

Durch die Übergabe des Objektes @employee an den render-Befehl, wird das Partial _employee.html.erb geladen, und das übergebene Objekt steht innerhalb des Partials als Variable employee zur Verfügung.

Keine Schleife erforderlich

Um auch die Liste aller Mitarbeiter in der Datei index.html.erb im Verzeichnis app/views/employees in ein Partial auszulagern, können wir die Instanzvariable @employees an den render-Befehl übergeben. Rails ruft dann für jeden einzelnen Mitarbeiter, also für jedes Element des Arrays, das Partial auf. Sie müssen also nicht selbst eine Schleife programmieren:

```
<h2>Liste der Mitarbeiter</h2>
<%= render @employees %>
<br />
<%= link_to 'New Employee', new_employee_path %>
```

Listing 11.60 »app/views/employees/index.html.erb«

Wenn man zwischen den einzelnen Ausgaben der Mitarbeiter einen Trenner wie zum Beispiel eine horizontale Linie `<hr />` ausgeben möchte, kann man den HTML-Code dafür in ein eigenes Partial auslagern:

Trenner

```
<hr />
```

Listing 11.61 »app/views/employees/_employee_ruler.html.erb«

Der Aufruf des Trenner-Templates erfolgt in der Datei `index.html.erb` innerhalb des `render`-Befehls:

```
<%= render partial: @employees,
           spacer_template: "employee_ruler" %>
```

Da in diesem Fall die Option `spacer_template:` verwendet wird, müssen wir die Instanzvariable `@employees` über die Option `partial:` an den `render`-Befehl übergeben.

Zwischen der Ausgabe der einzelnen Instanzen des Arrays `@employees` wird dann die Trennlinie ausgegeben.

11.6.1 Übergabe von Variablen mit »locals«

Um flexiblere Partials zu erstellen, können auch Variablen übergeben werden, die dann im Partial zur Verfügung stehen.

Beispiel

Über die Option `locals:` der `render`-Methode kann ein Hash an ein Partial übergeben werden, deren Schlüssel dann als lokale Variablen in dem Partial zur Verfügung stehen. Im folgenden Beispiel wird der Titel des Formulars an das Partial übergeben:

```
<%= render partial: "form",
           locals: {title: "Ändern eines Mitarbeiters"}
%>

<%= link_to 'Show', @employee %> |
<%= back_to_list %>
```

Listing 11.62 »app/views/employees/edit.html.erb«

```
<%= render partial: "form",
       locals: {title: "Erstellen eines neuen Mitarbeiters"}
%>

<%= back_to_list %>
```

Listing 11.63 »app/views/employees/new.html.erb«

Innerhalb des Partials _form.html.erb steht der Schlüssel title aus dem Hash als lokale Variable zur Verfügung:

```
<h1><%= title %></h1>
...
```

Wir könnten beliebig viele weitere Variablen in dem Hash übergeben, die dann als lokale Variablen in dem Partial zur Verfügung ständen.

11.6.2 Shared Partials

Partials anderer Controller

Innerhalb eines Templates kann man nicht nur auf Partials zugreifen, die zum gleichen Controller gehören, also im gleichen Verzeichnis abgelegt sind wie das aufrufende Template, sondern man kann auch Partials anderer Controller laden, die also in anderen Verzeichnissen innerhalb des Verzeichnisses app/views liegen. In einem solchen Fall übergeben Sie beim Aufruf des Partials statt des Namens den Pfad zum Partial innerhalb des Verzeichnisses app/views:

```
render partial: "departments/form"
```

Es gibt Elemente, wie zum Beispiel den Copyright-Hinweis, die wir an mehreren Stellen der Applikation benötigen, die aber zu keinem bestimmten Controller gehören. Trotzdem kann man auch solche Texte in ein Partial auslagern. Das Partial können Sie in dem Verzeichnis shared ablegen, das Sie vorher innerhalb des Verzeichnisses app/views manuell erstellt haben. Diese Partials werden **Shared Partials** genannt. Statt shared können Sie das Verzeichnis auch anders nennen. Es ist unter den Rails-Entwicklern jedoch üblich, diesen Namen zu verwenden.

Zum Beispiel können wir ein Shared Partial zur Ausgabe des Copyright-Hinweises auf unserer Indexseite nutzen:

```
<h1>Listing employees</h1>
...
<%= render partial: "shared/copyright" %>
```

Listing 11.64 »app/views/employees/index.html.erb«

In dem Partial befindet sich folgender HTML-Code:

```
<p>&copy; 2011 by xyz</p>
```

Listing 11.65 »app/views/shared/_copyright.html.erb«

11.6.3 Layout-Partials

In Rails gibt es die Möglichkeit, eigene Layouts für Partials anzulegen. Diese Layout-Dateien werden nicht im Verzeichnis `app/views/layouts` abgelegt, sondern bei den zugehörigen Partials.

»yield«

Um eine eigene Layout-Datei für unser Partial `_copyright.html.erb` anzulegen, erstellen wir die Datei `_copyright_full.html.erb` im Verzeichnis `app/views/shared`. An der Stelle, an welcher der Inhalt des Partials `_copyright.html.erb` eingefügt werden soll, geben wir `yield` an:

```
<div id="copyright">
<%= yield %>
<p>All Rights reserved</p>
</div>
```

Listing 11.66 »app/views/shared/_copyright_full.html.erb«

Damit die Layout-Datei genutzt wird, müssen wir sie im Aufruf des Partials im Template `index.html.erb` über die Option `layout:` übergeben:

```
<h1>Listing employees</h1>
...
<%= render partial: "shared/copyright",
                    layout: "shared/copyright_full"
 %>
```

Listing 11.67 »app/views/employees/index.html.erb«

Zusammenfassung

Durch den Einsatz von Partials haben wir die Möglichkeit, HTML-Code, den wir an mehreren Stellen benötigen, nur einmal zu definieren. Wir können Partials auch Controller-übergreifend verwenden, und wir können sogar HTML-Code in Partials auslagern, der nicht zu einem Controller gehört. Wir können auch eigene Layouts für die Partials anlegen.

11.7 Haml als alternatives Template-System

Haml (HTML Abstraction Markup Language) ist eine sehr populäre Alternative zu ERB-Templates. Die Haml-Syntax ist an CSS angelehnt und soll vor allem Webdesignern die Arbeit erleichtern, die nicht viel mit der Programmierung zu tun haben. Wir wollen Ihnen das an einem kurzen Beispiel zeigen:

```
#profile
  .left.column
    #date= print_date
    #address= current_user.address
  .right.column
    #email= current_user.email
    #bio= current_user.bio
```

Listing 11.68 Haml-Syntax

```
<div id="profile">
  <div class="left column">
    <div id="date"><%= print_date %></div>
    <div id="address"><%= current_user.address %></div>
  </div>
  <div class="right column">
    <div id="email"><%= current_user.email %></div>
    <div id="bio"><%= current_user.bio %></div>
  </div>
</div>
```

Listing 11.69 ERB-Syntax

Weitere Informationen zu Haml und zur Installation dieser Sprache finden Sie auf der Website *http://haml-lang.com/*.

11.8 Asset Pipeline

Bilder, JavaScript und CSS-Dateien werden unter dem Oberbegriff »Assets« zusammengefasst. In Rails 3.1 wurde die Asset Pipeline eingeführt. Mit der Asset Pipeline werden die Assets nicht einfach als statische Dateien behandelt, sondern können weiterverarbeitet werden, um z. B. CoffeeScript nach JavaScript zu übersetzen. Die Asset Pipeline bietet die folgenden Vorteile:

- Übersetzen von Sass nach CSS (siehe Abschnitt 11.9 auf Seite 440)
- Übersetzen von CoffeeScript nach JavaScript (siehe Abschnitt 11.10 auf Seite 444)
- Assets von RubyGems müssen nicht kopiert werden, sondern werden automatisch eingebunden.
- Cachen und Komprimieren von Assets auf dem Server

Sprockets [«]

Die Asset Pipeline wird intern vom Gem Sprockets verarbeitet. Wenn Sie ein Rails-Projekt mit der Option `--skip-sprockets` generieren, so wird die Asset Pipeline komplett deaktiviert. Unter *https://github.com/sstephenson/sprockets* finden Sie weitere Informationen zu diesem Thema.

11.8.1 Asset-Verzeichnisse

Vor Rails 3.1 befanden sich sämtliche Assets im Verzeichnis `public`:

- `public/images`
- `public/javascripts`
- `public/stylesheets`

»public«-Verzeichnis

Alle Dateien innerhalb des `public`-Verzeichnisses werden nicht von Rails weiterverarbeitet, sondern werden direkt vom Webserver (z. B. von Apache oder Nginx) an den Client (Webbrowser) ausgeliefert. Das Rails-Logo im Verzeichnis `public/images/rails.png` ist z. B. über die URL *http://localhost:3000/images/rails.png* aufrufbar.

In Rails 3.1 ist es weiterhin möglich, die Assets im Verzeichnis `public` abzulegen, jedoch werden diese dann direkt an den Webserver ausgeliefert, ohne die Asset Pipeline zu durchlaufen. Bei aktivierter Asset Pipeline, was der Standard ab Rails 3.1 ist, können sich die Assets an verschiedenen Stellen befinden. Die Assets Ihrer Applikation liegen im Verzeichnis `/app/assets`. Hier befindet sich dann jeweils ein Verzeichnis für die Bilder, CSS- und JavaScript-Dateien.

- `app/assets/images`
  für die Bilder
- `app/assets/javascripts`
  für die JavaScript- und CoffeeScript-Dateien
- `app/assets/stylesheets`
  für die CSS- und Sass-Dateien

Um nicht die Assets der Applikation mit anderen, nicht projektspezifischen Assets wie z. B. CSS-Dateien, die Sie für mehrere Projekte erstellt haben, zu vermischen, können Assets auch im Verzeichnis `lib/assets` und `vendor/assets` liegen. Die Assets, die nicht projektspezifisch sind, können Sie im Verzeichnis `lib/assets` ablegen. Im Verzeichnis `vendor/assets` können Sie z. B. JavaScript-Plugins von anderen Entwicklern speichern.

Das Besondere an der Asset Pipeline ist, dass Assets immer über die URL *http://localhost:3000/assets/dateiname* erreichbar sind – egal, wo sie sich befinden. So ist beispielsweise die Bilddatei `app/assets/images/rails.png` über die Adresse *http://localhost:3000/assets/rails.png* und die Datei `lib/assets/stylesheets/global.css` über *http://localhost:3000/assets/global.css* erreichbar.

Assets in RubyGems

Besonders praktisch ist, dass auch Assets von RubyGems von der Asset Pipeline mit einbezogen werden. Zum Beispiel ist das Gem `jquery-rails` im Gemfile eingetragen. Die JavaScript-Dateien von jQuery erscheinen aber nirgendwo direkt in Ihrem Projekt. Dennoch kann das JavaScript verwendet werden. Ohne Asset Pipeline hätten wir die JavaScript-Dateien von jQuery und anderen Bibliotheken manuell in unser Rails-Projekt kopieren müssen.

Wenn man z. B. in seinen Projekten immer wieder die gleichen Stylesheets und Grafiken verwenden würde, könnte man diese in ein Gem auslagern, ohne dass diese kopiert werden müssten. Dies erleichtert die Handhabung.

11.8.2 Bilder einbinden

In Rails stehen einige Helper bereit, mit den Sie die Assets leicht in den HTML-Code einbinden können. Für Bilder sollten Sie nicht den `img`-HTML-Tag direkt verwenden, sondern den `image_tag`-Helper.

```
# Ohne Helper
<img src="/assets/rails.png">

# Mit Helper
<%= image_tag "rails.png" %>
```

Auf dem lokalen Rails-Server (`rails server`) spielt es praktisch keine Rolle, ob der `image_tag`-Helper verwendet oder direkt der HTML-Code eingegeben wird. Auf einem Server (Produktivumgebung) erhalten wir jedoch:

```
<img alt="Rails"
src="rails-e4b51606cd77fda2615e7439907bfc92.png" />
```

Fingerprint

Die Asset Pipeline hat dem Dateinamen eine individuelle Nummer hinzugefügt. Bei der Nummer handelt es sich um einen MD5-Hash, der aus dem Dateiinhalt ermittelt wird. Bei Änderung des Inhalts ändert sich der Hash-Wert. Der Hash-Wert in Dateinamen wird auch als *Fingerprint* bezeichnet, da dieser quasi ein eindeutiger Fingerabdruck der Datei ist. Das hat den Vorteil, dass der Browser bei jeder Änderung der Bilddatei das Bild erneut einliest und es nicht aus dem Cache lädt.

Bilder in CSS und JavaScript

Auch in CSS- und JavaScript-Dateien sollten Sie keine Bilder direkt mit Pfadangabe einbinden wie im folgenden Beispiel:

```
h1#logo a {
  height: 64px;
  width: 50px;
  display: block;
  background: url(/assets/rails.png) no-repeat;
}
```

Listing 11.70 »app/assets/application.css«

»asset_path«

Stattdessen sollten Sie den Helper `asset_path` verwenden. Um jedoch Ruby-Code in einer CSS-Datei verwenden zu können, muss die CSS-Datei von `application.css` nach `application.css.erb` umbenannt werden.

```
h1#logo a {
  height: 64px;
  width: 50px;
  display: block;
  background: url(<%= asset_path('rails.png') %>) no-repeat;
}
```

Listing 11.71 »app/assets/application.css.erb«

Dank der Asset Pipeline wird dann der ERB-Code in der CSS-Datei ausgeführt, bevor das Endergebnis an den Client (Webbrowser) gesendet wird.

Auch Stylesheet- und JavaScript-Dateien sollten mit einem Helper im HTML-Code eingebunden werden, damit alle Features der Asset Pipeline genutzt werden können.

11.8.3 Stylesheets und JavaScripts einbinden

In der Application-Layout-Datei (`app/layouts/application.html.erb`) wird die Application-JavaScript- und die Application-Stylesheet-Datei eingebunden:

```
<!DOCTYPE html>
<html>
<head>
  <title>Railsair</title>
```

```
  <%= stylesheet_link_tag    "application" %>
  <%= javascript_include_tag "application" %>
...
```

Listing 11.72 »app/layouts/application.html.erb«

Der Helper `stylesheet_link_tag` lädt die CSS-Datei `application.css` aus dem Verzeichnis `app/assets/stylesheets`.

Der `javascripts_include_tag`-Helper lädt die Datei `application.js` aus dem Verzeichnis `app/assets/javascripts`.

Mit der `media`-Option kann festgelegt werden, für welches Ausgabegerät die Stylesheet-Datei bestimmt ist. Wird die Option nicht angegeben, so wird `screen` verwendet. Sinnvolle Werte für die `media`-Option sind u. a. `screen`, `print` und `all`.

```
stylesheet_link_tag 'application'
=> <link href="/assets/application"
    media="screen" rel="stylesheet" type="text/css" />

stylesheet_link_tag 'application-print', media: 'print'
=> <link href="/assets/application.css"
    media="print" rel="stylesheet" type="text/css" />
```

Sprockets Directiven

Die beiden Dateien `application.js` und `application.css`, zu denen Sie Ihre eigenen JavaScript- und CSS-Befehle hinzufügen oder in denen Sie weitere Dateien einbinden können, sind bis auf den Kommentarbereich leer. Dem Kommentarbereich kommt jedoch eine besondere Bedeutung zu.

Die Application-Stylesheet-Datei enhält z. B. den folgenden Kommentarbereich:

```
/*
 * This is a manifest file that'll automatically include ...
 * ...
 *
 *= require_self
 *= require_tree .
*/
```

Listing 11.73 »app/assets/stylesheets/application.css«

Analog dazu enthält die Application-JavaScript-Datei auch nur einen Kommentarbereich:

```
// This is a manifest file that'll be compiled into ...
// ...
//
//= require jquery
//= require jquery_ujs
//= require_tree .
```

Listing 11.74 »app/assets/javascripts/application.js«

Sprockets Directive

Im Kommentarbereich sind neben Hinweistexten auch Befehle zum Einbinden weiterer Sylesheets bzw. JavaScript-Dateien enthalten. Es handelt sich bei diesen `require`-Befehlen im Kommentarbereich um sogenannte **Sprockets Directiven**. Obwohl diese Befehle im Kommentarbereich stehen, werden sie von der Asset Pipeline verarbeitet.

Im Folgenden werden die wichtigsten Sprockets Directiven erläutert:

- **require**
  Um einzelne Dateien bzw. Assets einzubinden, wird der Befehl `require` eingesetzt. Das Asset muss sich nicht zwangläufig in `app/assets` befinden, sondern kann auch im *lib*- oder `vendor`-verzeichnis bzw. in einem der eingebundenen RubyGems liegen. Die Dateiendung muss nicht angegeben werden. Mit dem Befehl `require jquery` wird die Datei `jquery.js` aus dem Gem `jquery-rails` (siehe Eintrag im Gemfile) geladen. Die Asset Pipeline ermittelt automatisch den Speicherort der Datei.

- **require_tree .**
  `require_tree .` lädt alle Stylesheet- oder JavaScript-Dateien, die sich im aktuellen Verzeichnis oder in den Unterverzeichnissen befinden. Im Falle der `application.css` ist dies das Verzeichnis `app/assets/stylesheets` und alle Unterverzeichnisse. Wenn Sie z. B. die Datei `admin.css` im Verzeichnis `app/assets/stylesheets` ablegen, wird diese Datei automatisch geladen. Wenn es auf die Reihenfolge der eingebundenen Dateien ankommt, sollten Sie statt `require_tree .` die Dateien einzeln mit `require` einbinden.

- **require_self**
  Der Befehl legt fest, dass die eigene Datei (also `application.css`) zuerst eingebunden wird. Ohne diese Angabe würde die eigene Datei zuletzt geladen.

Scaffold-Generator

Es wird empfohlen, die JavaScript-Datei `application.js` und die CSS-Datei `application.css` hauptsächlich nur zum Konfigurieren der Sprockets Directiven zu verwenden. Ihren JavaScript- und CSS-Code sollten Sie in eigenen Dateien im Verzeichnis `app/assets` ablegen. Wenn Sie z. B. den Scaffold-Generator verwenden, werden folgende JavaScript und CSS-Dateien generiert:

- `app/assets/javascripts/bookmarks.js.coffee`
- `app/assets/stylesheets/bookmarks.css.scss`
- `app/assets/stylesheets/scaffolds.css.scss`

Sie können diese Dateien auch löschen oder weitere Dateien anlegen.

Komprimierung

Auf dem Server (Produktivumgebung) werden jeweils alle JavaScript- und CSS-Dateien in einer Datei zusammengefasst und komprimiert. In der Datei `application.js` sind alle JavaScript-Datei enthalten, inklusive der externen Bibliotheken wie jQuery, wenn diese per Sprockets Directive eingebunden wurden. Analog dazu werden alle CSS-Dateien in der Datei `application.css` zusammengefasst. Die CoffeeScript- und Sass-Dateien sind in übersetzter Form auch enthalten.

11.9 Stylesheets mit Sass

Sass (Syntactically Awesome Stylesheets) ist eine Erweiterung von CSS und bietet folgende Vorteile:

- Verschachtelung
- Variablen
- Berechnungen
- Vererbung
- Makros (Mixins)

Zwei Syntaxen

In Sass gibt es zwei Syntaxen. Rails verwendet die SCSS-Syntax, die der CSS-Syntax entspricht, plus Erweiterungen. Daher ist jede CSS-Datei auch eine Sass-Datei.

Da die Webbrowser jedoch nur CSS-Dateien verstehen, müssen die Sass-Dateien in CSS-Dateien umgewandelt werden, wofür die Asset Pipeline zuständig ist. Die Sass-Datei sollte die Endung `css.scss` haben oder `css.scss.erb`, wenn Ruby-Code ausgeführt werden soll, um z.B. die Methode `asset_path` aufzurufen.

Im Folgenden werden wir die wichtigsten Features von Sass vorstellen.

11.9.1 Verschachtelung

In CSS werden häufig CSS-Selektoren wiederholt wie im folgenden Beispiel:

```
h1#logo {
  text-indent: -9999px;
}

h1#logo a {
  height: 64px;
  width: 50px;
  display: block;
}
```

Listing 11.75 »app/assets/application.css.erb«

Da in Sass Verschachtelungen möglich sind, erhält man übersichtlicheren und kompakteren Code:

```
h1#logo {
  text-indent: -9999px;
  a {
    height: 64px;
    width: 50px;
    display: block;
  }
}
```

Listing 11.76 »app/assets/application.css.scss«

11.9.2 Variablen

Ähnlich wie in Programmiersprachen können Variablen eingesetzt werden. Dies ist in Stylesheets besonders praktisch, um Farbwerte oder Größenangaben wiederzuverwenden. Dank Sass können somit Farb- und Größenänderungen wesentlich schneller angepasst werden.

Varablen auslagern

Es wird empfohlen die Variablen am Anfang der Sass-Datei zu definieren. Bei großen Projekten macht es auch Sinn, die Variablen in einer eigenen Datei auszulagern.

Aus

```
#infobox {
  background-color: #3bbfce;
  width: 300px;
  height: 200px;
}

.td {
  color: #3bbfce;
}
```

wird

```
$blue: #3bbfce;

#infobox {
  background-color: $blue;
  width: 300px;
  height: 200px;
}

.td {
  color: $blue;
}
```

11.9.3 Vererbung

In Sass ist es möglich, Stile von einem Selektor auf einen anderen zu übertragen bzw. ihn zu vererben, ohne die CSS-Eigenschaften kopieren zu müssen.

```
#infobox {
  width: 300px;
  height: 200px;
}

#alertbox {
  width: 300px;
  height: 200px;
  border: 1px solid red;
}
```

Da der Selektor `#alertbox` alle CSS-Eigenschaften von `#infox` besitzt, können wir in Sass folgende Vereinfachung vornehmen:

```
#infobox {
  width: 300px;
  height: 200px;
}

#alertbox {
  @extend #infobox
  border: 1px solid red;
}
```

11.9.4 Mixins

Mit Mixins können Makros definiert werden. Mixins können sogar wie Methoden oder Funktionen Parameter besitzen.

Im folgenden Beispiel unterscheiden sich die CSS-Regeln `#news-area` und `#promotion-area` nur durch einzelne Werte:

```
#news-area {
  font-size: 12px;
  border: 1px solid #330022;
}

#promotion-area {
  font-size: 18px;
  border: 1px solid #00FF00;
}
```

Mit einem Mixin mit zwei Parametern können wir das Stylesheet vereinfachen:

```
@mixin area($size, $color) {
 font-size: $size;
  border: 1px solid $color;
}

#news-area {
  @include area(12px, #330022);
}

#promotion-area {
  @include area(18px, #00FF00);
}
```

Die Mixins sind ohne Zweifel das mächtigste Feature von Sass. Es gibt inzwischen zahlreiche Mixins-Bibliotheken, welche die Arbeit mit Stylesheets erheblich erleichtern. Dazu zählen z. B. die folgenden:

- **Compass**
  ist die mächtigste Mixins-Bibliothek. Besonders praktisch sind die Mixins für Grid-Layouts (siehe *http://compass-style.org/*).
- **Bourbon**
  ist eine Sammlung, die u. a. Mixins für HTML5-Animationen enthält (siehe *https://github.com/thoughtbot/bourbon/*).

Da Sass so umfangreich ist, gibt es inzwischen sogar mehrere Bücher zu diesem Thema. Auf der Sass-Homepage *http://sass-lang.com/* finden Sie ebenfalls Dokumentationen.

11.10 JavaScript mit CoffeeScript

JavaScript hatte lange Zeit unter vielen Entwicklern einen schlechten Ruf. Dank jQuery und anderen JavaScript-Erweiterungen wurde die Programmierung aber erheblich vereinfacht. Über die Jahre wurde die Sprache JavaScript, die offiziell als ECMAScript bezeichnet wird, erheblich verbessert.

Trotz dieser Entwicklungen hat JavaScript nicht die »Eleganz« von Ruby. Da JavaScript wie viele andere Sprachen an der C-Syntax angelehnt ist, müssen z. B. viele Klammern und Semikolons in Listings geschrieben werden. Diesem Problem hat sich der Softwareentwickler Jeremy Ashkenas angenommen. Er hat mit CoffeeScript eine Sprache entwickelt, die nicht nur eine vereinfachte Syntax im Vergleich zu JavaScript hat, sondern die es auch ermöglicht, kürzeren Code zu produzieren.

Da CoffeeScript nicht von den Webbrowsern verstanden wird, hat Jeremy Ashkenas einen Compiler entwickelt, der CoffeeScript nach JavaScript übersetzt. Seit Rails 3.1 sorgt die Asset Pipeline für die automatische Übersetzung von CoffeeScript-Dateien, wenn diese die Dateiendung `.js.coffee` haben.

Die wichtigsten Eigenschaften von CoffeeScript sind:

- **Keine Semikolons am Ende der Zeile und optionale Klammern**

```
# CoffeeScript
alert "Hallo Welt"

# JavaScript
alert("Hallo Welt");
```

- **Interpolation von Variablen in Zeichenketten wie in Ruby**

```
# CoffeeScript
text = "Preis beträgt #{price} EUR"

# JavaScript
var text;
text = "Preis beträgt " + price + " EUR";
```

- **Einrückung statt geschweifter Klammern**

```
# CoffeeScript
if price > 100
  alert "Teuer"
else
  alert "Preiswert"

# JavaScript
if (price > 100) {
  alert("Teuer");
} else {
  alert("Preiswert");
}
```

- **»if«-Anweisung wie in Ruby möglich**

```
# CoffeeScript
alert "Teuer" if price > 100

# JavaScript
if (price > 100) alert("Teuer");
```

- **Vereinfachte Schleifen**

```
# CoffeeScript
alert name for name in ['Luke', 'Han', 'Leia']

# JavaScript
var name, _i, _len, _ref;
_ref = ['Luke', 'Han', 'Leia'];
for (_i = 0, _len = _ref.length; _i < _len; _i++) {
  name = _ref[_i];
  alert(name);
}
```

- **Kompakte Definition von Funktionen**

```
# CoffeeScript
square = (x) -> x * x
```

```
# JavaScript
square = function(x) {
  return x * x;
};
```

- **Klassen können leicht erstellt werden**

```
# CoffeeScript
class Car
  constructor: (@name) ->
  move: (meters) ->
    alert "#{@name}  moved #{meters} m."
```

```
# JavaScript
var Car;
Car = (function() {
  function Car(name) {
    this.name = name;
  }
  Car.prototype.move = function(meters) {
    return alert("" + this.name + " moved " +
                 meters + " m.");
  };
  return Car;
})();
```

Auf der Website *http://coffeescript.org/* finden Sie neben einer Dokumentation auch einen Bereich, wo Sie CoffeeScript live ausprobieren können. Außerdem ist das Buch »CoffeeScript« von Trevor Burnham und der Screencast »Meet CoffeeScript« von Geoffrey Grosenbach *http://peepcode.com/products/coffeescript/* sehr zu empfehlen.

Jede Webapplikation muss E-Mails versenden können – sei es eine Nachricht aus einem Kontaktformular heraus oder die Bestätigungs-E-Mail zu einem Buchungsvorgang.

12 E-Mails senden mit ActionMailer

ActionMailer ist ein Bestandteil des Rails-Frameworks und bietet einige Features: **Features**

- **Versenden von E-Mails**
  Nachrichten können als Text- oder als HTML-E-Mail verschickt werden. Beides gleichzeitig geht auch; dann kann der Mailclient entscheiden, welches Format er anzeigt.
- **Versenden von Dateianhängen**
  Ist mit ActionMailer sogar relativ einfach zu realisieren.

12.1 Beispielprojekt: Kontaktformular

Beispiel

Die Funktionsweise von ActionMailer zum Versenden von E-Mails wollen wir anhand eines Kontaktformulars zeigen. Der Kunde soll seine Daten und seine Nachricht in das Formular eingeben können, beim Absenden des Formulars soll die Nachricht an den Webseitenbetreiber geschickt werden, und der Kunde soll eine Bestätigungs-E-Mail erhalten. Es sollen also zwei E-Mails mit unterschiedlichen Inhalten versendet werden.

Unsere Applikation soll `contact_demo` heißen. Die Formulardaten sollen in einer Datenbank zur Archivierung gespeichert werden. Über einen passwortgeschützten Bereich kann auf die Liste und Details der gespeicherten Daten zugegriffen werden.

Formular ohne Datenbank [+]

Mit `ActiveModel` ist es auch möglich, Models anzulegen, die nicht auf einer Datenbank basieren. Das heißt, die Formulardaten werden dann nicht in einer Datenbank gespeichert. Sich für ein datenbankbasiertes Model zu entscheiden, hat zwei Vorteile: Man kann den Scaffold-Generator einsetzen, und man hat ein

Archiv, das man statistisch auswerten kann und auf das man zurückgreifen kann, falls z. B. die E-Mail mit den Formulardaten nicht zugestellt werden konnte.

Als Datenbanksystem werden wir in diesem Fall SQLite3 verwenden, da es den Vorteil bietet, dass wir keine Datenbank manuell anlegen müssen, weil SQLite3 dateibasiert ist und die Dateien automatisch angelegt werden. Sie können natürlich auch ein anderes Datenbanksystem wie MySQL oder PostgreSQL verwenden, müssen dann aber die entsprechende Datenbank selbst erstellen. Mehr zum Thema Datenbanken erfahren Sie in Kapitel 8 ab Seite 239.

Projekt generieren

Wir generieren zunächst unser Beispielprojekt und wechseln in das neue Verzeichnis:

```
rails new contact_demo -JT
cd contact_demo
```

Die Optionen `-JT` setzen wir, damit keine JavaScript-Bibliothek gewählt wird, weil wir kein JavaScript in unserem Projekt benötigen (standardmäßig wäre das sonst jQuery). Außerdem verhindern wir so, dass `Test::Unit`-Dateien angelegt werden; wir wollen unsere Applikation nicht testen.

Wir benötigen einen Controller, Views und ein Model, um unser Kontaktformular nutzen zu können. Da wir eine Nachricht, die über ein Kontaktformular gesendet werden kann, als eine Ressource betrachten, die über die vier CRUD-Methoden (Create, Read, Update, Delete) angelegt, angezeigt, editiert und gelöscht werden kann, werden wir den Scaffold-Generator nutzen, der genau für diesen Anwendungsfall einigen Code automatisch generiert und uns damit die Arbeit erleichtert.

Benötigte Felder

Unser Model soll `contact_message` heißen, und der Einfachheit halber wollen wir nur die Felder `name` für den Namen, `email` für die E-Mail-Adresse und `message` für die Nachricht nutzen. Die Felder `name` und `email` sind vom Typ `string`, und das Feld `message` ist vom Typ `text`, da es möglich sein soll, mehr als 256 Zeichen in einer Nachricht zu speichern. Wir führen also aus dem Projektverzeichnis `contact_demo` heraus folgenden Befehl aus:

```
rails generate scaffold contact_message name:string \
                              email:string message:text
```

Der Generator hat automatisch die Model-Datei, die Controller-Datei, die Views und die Migration-Datei erstellt.

Sollten wir doch noch weitere Felder benötigen, könnten wir die Migration-Datei öffnen und weitere Felder hinzufügen; ansonsten führen wir jetzt die Migration mit dem Befehl `rake db:migrate` aus.

Migration

Wir können unsere Applikation nun im Browser testen. Dazu starten wir auf der Konsole den lokalen Rails-Server mit dem Befehl

Test im Browser

```
rails server
```

und rufen über *http://localhost:3000/contact_messages* unsere Applikation im Browser auf:

Abbildung 12.1 E-Mail-Applikation

Über den Link »New Contact message« gelangen wir zum Formular:

Neue Nachricht anlegen

Abbildung 12.2 Neue Nachricht verfassen

Nachricht anzeigen

Wenn wir das Formular absenden, wird die neue Nachricht angezeigt:

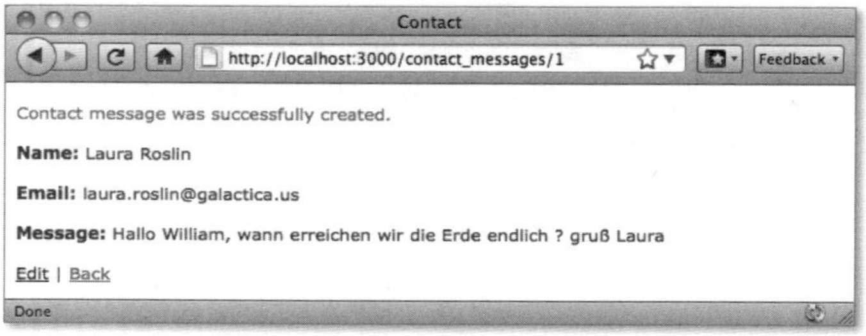

Abbildung 12.3 So sieht die Nachricht aus.

Alle Nachrichten

Über den »Zurück«-Link gelangen wir zur Übersicht aller Nachrichten:

Abbildung 12.4 Liste aller Nachrichten

Die Besucher unserer Projektwebsite sollen nur eine neue Nachricht erstellen können. Nach dem Absenden des Formulars soll ihnen eine Bestätigung angezeigt werden, dass das Formular erfolgreich versendet wurde. Alle anderen Seiten, wie die Liste aller Messages oder das Editieren einer Nachricht, sollen durch ein Passwort geschützt werden, also nicht öffentlich zugänglich sein.

Bestätigung

Um dem Benutzer zu signalisieren, dass das Formular erfolgreich gesendet werden konnte, muss keine eigene Bestätigungsseite angelegt werden, sondern es reicht aus, wenn wir ihn nach dem Absenden des Formulars auf die Startseite der Applikation weiterleiten und eine Flash-Message »Thank you for your message« ausgeben. Das bedeutet, die Methode `create` in unserem Controller hat folgenden Inhalt:

```
class ContactMessagesController < ApplicationController
  ...
  def create
    @contact_message = ContactMessage.new(
                          params[:contact_message])
```

```
    if @contact_message.save
      redirect_to root_url,
                  notice: 'Thank you for your message'
    else
      render action: "new"
    end
  end
  ...
```

Listing 12.1 »app/controllers/contact_messages_controller.rb«

Der Einfachheit halber haben wir auch den Code zur Ausgabe im JSON-Format, der vom Scaffold-Generator erzeugt wurde, aus der Action `create` entfernt.

Homepage erstellen

Damit die Weiterleitung funktioniert, brauchen wir auf jeden Fall eine Startseite für unsere Applikation. Und das machen wir wie folgt: Mit dem Befehl `rails generate controller pages home` erstellen wir einen Pages-Controller mit dem zugehörigen View `home` und dann im View die Ausgabe der Flash-Message. Außerdem implementieren wir, da es sich um die Startseite unserer Website handelt, einen Link zum Kontaktformular:

```
<h1>Home</h1>
<p id="notice"><%= notice %></p>

<p>Demo Seite</p>

<p><%= link_to 'Contact', new_contact_message_path %></p>
```

Listing 12.2 »app/views/pages/home.html.erb«

»root_url«

Nachdem das Formular erfolgreich abgesendet werden konnte, leiten wir im ContactMessages-Controller mit der Methode `root_url` zur Startseite weiter. Damit das funktioniert, müssen wir noch das Routing anpassen und die Datei `index.html` im Verzeichnis `public` löschen:

```
ContactDemo::Application.routes.draw do
  root :to => 'pages#home'
  ...
end
```

Listing 12.3 »config/routes.rb«

Außerdem kann in der Routing-Eintrag `get "pages/home"`, der vom Controller-Generator angelegt wurde, entfernt werden.

Im Browser gelangen wir jetzt beim Aufruf von *http://localhost:3000* auf die Startseite unserer Applikation, von wo aus das Kontaktformular verlinkt ist. Wenn wir das Formular absenden, werden wir zurück zur Startseite geleitet, und es wird die Nachricht »Thank you for your message« angezeigt.

Validierung

Die Sache hat nur noch einen Haken: Das Formular kann auch leer abgesendet werden. Das heißt, wir müssen noch Validierungen im ContactMessage-Model hinzufügen. Es sollen alle Felder ausgefüllt werden, das Feld »Name« soll mindestens zwei Zeichen enthalten, und das Format der E-Mail-Adresse soll geprüft werden:

```
class ContactMessage < ActiveRecord::Base
  validates :name, length: {:minimum => 2}

  validates :email,
    format: /^([^@\s]+)@((?:[-a-z0-9]+\.)+[a-z]{2,})$/i

  validates :message, presence: true
end
```

Listing 12.4 »app/models/contact_message.rb«

Authentifizierung

Alle anderen Seiten unserer Applikation zum Verwalten der Nachrichten, sollen durch ein Passwort geschützt werden. Dazu nutzen wir die Methode `http_basic_authenticate_with`, die uns Rails zur Verfügung stellt und mit der wir ziemlich einfach eine HTTP-Authentifizierung implementieren können.

Die Methode fügen wir am Anfang unseres ContactMessages-Controllers ein und übergeben ihr den Benutzernamen und das Passwort. Außerdem geben wir an, dass die Authentifizierung für alle Actions des Controllers gilt, außer für die Actions `new` und `create`, weil das Aufrufen und Absenden des Kontaktformulars für jeden Benutzer möglich sein soll:

```
class ContactMessagesController < ApplicationController
   http_basic_authenticate_with :name => "admin",
                                :password => "geheim",
                                :except => [:new, :create]
   ...
end
```

Überprüfen Sie die Authentifizierung, indem Sie im Browser über *http://localhost:3000/contact_messages* die Liste aller Kontaktmessages aufrufen.

»mailer«

Nun können wir eine neue Kontaktnachricht über das Formular anlegen, und es ist gewährleistet, dass kein unbefugter User die Daten einsehen und verwalten kann, aber es wird noch keine E-Mail verschickt. Um E-Mails versenden zu können, setzen wir den Mailer-Generator ein, der uns eine Klasse generiert, die für das Versenden der E-Mails zuständig ist, und Template-Dateien, in denen wir die Texte für die E-Mails hinterlegen können.

Generator einsetzen

Der Mailer-Generator erwartet einen Namen sowie eine Liste von E-Mail-Templates die versendet werden sollen, als Parameter:

```
rails generate mailer MailerName template1 template2
```

Wir möchten in unserem Beispiel zwei verschiedene E-Mails senden. Eine Bestägigungs-E-Mail (`confirmation`) an den Absender des Kontaktformulars und eine E-Mail mit der Anfrage (`inquiry`) an den Betreiber der Website. Unser `mailer` soll `contact_mailer` heißen und die E-Mail-Templates für die beiden zu versendenden E-Mails `confirmation` und `inquiry`:

```
rails generate mailer contact_mailer confirmation inquiry
```

Es werden folgende Dateien erzeugt:

```
create  app/mailers/contact_mailer.rb
invoke  erb
create    app/views/contact_mailer
create    app/views/contact_mailer/confirmation.text.erb
create    app/views/contact_mailer/inquiry.text.erb
```

Erzeugte Dateien

Die Mailer-Datei `contact_mailer.rb` liegt im Verzeichnis `app/mailers` und die beiden Templates `confirmation.text.erb` und `inquiry.text.erb` landen im Verzeichnis `app/views/contact_mailer`. Das Template `confirmation.text.erb` werden wir nutzen, um eine Bestätigungs-E-mail an den Kunden zu senden, und das Template `inquiry.text.erb`, um eine Zusammenfassung der Daten an den Websitebetreiber zu schicken.

Bestätigungs-E-Mail

Zunächst möchten wir die Bestätigungs-E-Mail für den Kunden anpassen. Wir wählen einen ganz einfachen Standardtext und geben diesen in die Datei `confirmation.text.erb` ein:

```
Vielen Dank für Ihre Nachricht.

Wir werden uns so schnell wie möglich bei Ihnen melden.
```

Listing 12.5 »app/views/contact_mailer/confirmation.text.erb«

Die Klasse `ContactMailer` erbt von der Klasse `ActionMailer::Base` und enthält die beiden Methoden `confirmation` und `inquiry`:

```
class ContactMailer < ActionMailer::Base
  default from: "from@example.com"

  # Subject can be set in your I18n file at
  # config/locales/en.yml with the following lookup:
  #
  #   en.contact_mailer.confirmation.subject
  #
  def confirmation
    @greeting = "Hi"

    mail to: "to@example.org"
  end

  # Subject can be set in your I18n file at
  # config/locales/en.yml with the following lookup:
  #
  #   en.contact_mailer.inquiry.subject
  #
  def inquiry
    @greeting = "Hi"

    mail to: "to@example.org"
  end
end
```

Listing 12.6 app/mailers/contact_mailer.rb

Die Mailer-Klasse enthält immer so viele Methoden, wie es E-Mail-Templates gibt, die auch so heißen, wie die Methoden.

Instanzvariable

In der Methode `confirmation` wird standardmäßig eine Instanzvariable `@greeting` für das E-Mail Template definiert. Wie bei jedem View können auch bei Views für E-Mails beliebig viele Instanzvariablen definiert werden, die im zugehörigen Template verwendet werden können. Da wir einen Standardtext für die Bestätigungs-E-Mail an die Kunden im Template `confirmation.text.erb` definiert haben und auch immer nur diesen Standardtext versenden möchten, benötigen wir keine Variablen innerhalb unseres Templates.

Empfänger und Absender

Die E-Mail wird mit dem Befehl `mail` versendet. Der Empfänger der E-Mail wird über die Option `to:` gesetzt. Da wir die Bestätigungsmail an den Benutzer, der das Formular ausgefüllt hat, versenden wollen, müssen wir die E-Mail-Adresse des Benutzers aus dem Formular an die Methode `confirmation` übergeben. Dazu definieren wir einen Parameter `email`. Der Absender der E-Mail wird über die Option `from:` angegeben. Die Option kann als `default` am Anfang der Mailer-Klasse gesetzt werden, was Sinn ergibt, wenn alle E-Mails, die von der Klasse versendet werden, den gleichen Absender haben, oder sie kann explizit in der `mail`-Methode gesetzt werden. Wir entscheiden uns für das Setzen des Absenders innerhalb der Methode `mail`, weil unsere beiden E-Mails von unterschiedlichen Absendern abgeschickt werden sollen.

Betreff

Der Betreff der E-Mail kann über die Option `subject:` festgelegt werden. Alternativ kann in mehrsprachigen Anwendungen der Betreff auch in einer Sprachdatei angelegt werden (siehe Kapitel 15 ab Seite 487). Zum Beispiel kann für Englisch innerhalb der Datei `config/locales/en.yml` unter dem Schlüssel `contact_mailer.confirmation.subject` die Übersetzung für den Betreff der Bestätigungs-E-Mail festgelegt werden.

Unsere Methode `confirmation` innerhalb der Klasse `ContactMailer` sieht dann wie folgt aus:

```
class ContactMailer < ActionMailer::Base

  def confirmation(email)
    mail to: email,
         from: "info@railsbuch.de",
         subject: "Ihre Kontaktnachricht erhalten"
  end
  ...
end
```

Listing 12.7 »app/mailers/contact_mailer.rb«

Zeitpunkt zum Versenden der E-Mail

Wir möchten unsere Bestätigungs-E-Mail dann versenden, wenn ein Kunde das Kontaktformular ausgefüllt und abgeschickt hat und die Nachricht in der Datenbank gespeichert werden konnte. Das entspricht im `ContactMessagesController` in der Action `create` der Stelle, an der abgefragt wird, ob das Speichern erfolgreich war. Der Versand der E-Mail erfolgt über den Befehl `ContactMailer.confirmation().deliver`. Ohne den Aufruf der Methode `deliver` erfolgt kein E-Mail-Versand. Der Methode `confirmation` übergeben wir die E-Mail-Adresse, die der Kunde ins Formular eingegeben hat und die uns in `@contact_message.email` zur Verfügung steht:

```
def create
  @contact_message = ContactMessage.new(
                       params[:contact_message])
  if @contact_message.save
    ContactMailer.confirmation(@contact_message.email).deliver
    redirect_to root_url, notice: 'Thank you for your message'
  else
    render action: "new"
  end
end
```

Listing 12.8 »app/controllers/contact_messages_controller.rb«

Wenn wir jetzt den lokalen Rails-Server erneut starten und unser Kontaktformular (*http://localhost:3000/contact_messages/new*) ausfüllen und absenden, können wir nicht sehen, ob die E-Mail versendet wurde, da in der Entwicklungsumgebung normalerweise keine E-Mails verschickt werden.

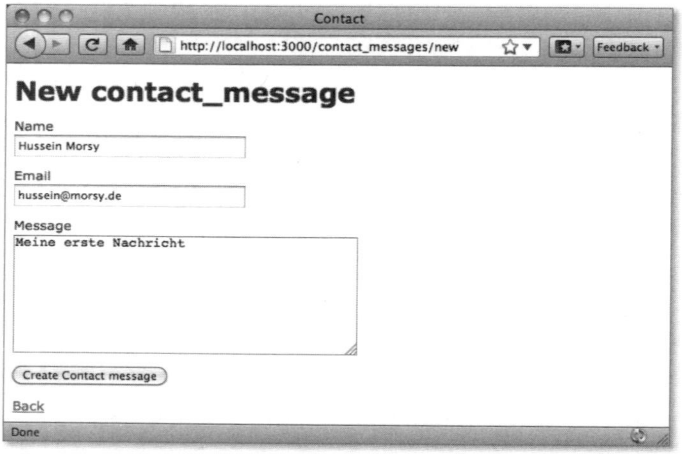

Abbildung 12.5 Test des Formulars

Kontrolle mit Hilfe der Konsole

Aber in dem Konsolenfenster, in dem wir den lokalen Rails-Server mit `rails server` gestartet haben, wird alles protokolliert. Zum einen finden wir hier den SQL-`INSERT`-Befehl, der die Nachricht in der Datenbank gespeichert hat, und wir finden hier einen Eintrag `Sent mail`, innerhalb dem protokolliert wurde, an wen welche E-Mail mit welchem Betreff und Text versendet wurde:

```
SQL (0.5ms)  INSERT INTO "contact_messages" ("created_at", ...
Rendered contact_mailer/confirmation.text.erb (0.4ms)

Sent mail to hussein@morsy.de (46ms)
Date: Sun, 02 Oct 2011 19:26:06 +0200
From: info@railsbuch.de
To: hussein@morsy.de
Message-ID: <4c9442c6d444b_...
Subject: Ihre Kontaktnachricht erhalten
Mime-Version: 1.0
Content-Type: text/plain;
 charset=UTF-8
Content-Transfer-Encoding: quoted-printable

Vielen Dank f=C3=BCr Ihre Nachricht.

Wir werden uns so schnell wie m=C3=B6glich bei Ihnen melden.
```

Sollten die Umlaute innerhalb des Konsolenfensters nicht richtig dargestellt werden, muss Sie das nicht beunruhigen. Das passiert nur auf der Konsole. Innerhalb der versendeten E-Mail werden alle Zeichen korrekt angezeigt.

»inquiry«

Es soll auch eine E-Mail mit der Zusammenfassung aller Daten aus dem Kontaktformular an den Webseitenbetreiber gesendet werden. Für das Versenden dieser E-Mail haben wir im Model `ContactMailer` die Methode `inquiry` und das entsprechende Template `inquiry.text.erb` im Verzeichnis `app/views` angelegt.

Objekt übergeben

Da wir im Gegensatz zu der Bestätigungs-E-Mail an den Kunden diesmal alle Werte in der E-Mail ausgeben möchten, muss aus dem `ContactMessagesController` an die Methode `inquiry` das ganze Objekt `@contact_message` und nicht mehr nur einzelne Werte übergeben werden:

```
def create
  @contact_message = ContactMessage.new(
                      params[:contact_message])
  if @contact_message.save
    ContactMailer.confirmation(@contact_message.email).deliver
    ContactMailer.inquiry(@contact_message).deliver
    redirect_to root_url, notice: 'Thank you for your message'
  else
    render action: "new"
  end
end
```

Listing 12.9 »app/controllers/contact_messages_controller.rb«

Die Methode `inquiry` empfängt das übergebene Objekt in dem Parameter `contact_message` und setzt für das zugehörige Template die Instanzvariable `@contact_message` und die Absenderadresse der E-Mail:

```
...
def inquiry(contact_message)
  @contact_message = contact_message

  mail to: "info@railsbuch.de",
       from: contact_message.email,
       subject: "Neue Kontaktanfrage"
end
```

Listing 12.10 »app/mailers/contact_mailer.rb«

E-Mail-Text

Damit die Formulardaten auch in der E-Mail ausgegeben werden, müssen wir noch den E-Mail-Text im Template `inquiry.text.erb` gestalten:

```
Name: <%= @contact_message.name %>

E-Mail: <%= @contact_message.email %>

Nachricht: <%= @contact_message.message %>
```

Listing 12.11 »app/views/contact_mailer/inquiry.text.erb«

Wenn wir jetzt einen erneuten Test durchführen, sehen wir im Konsolenfenster zwei `Sent-mail`-Einträge, einen für unsere Bestätigungs-E-Mail an den Kunden und einen für die Zusammenfassung an den Websitebetreiber:

```
SQL (0.5ms)  INSERT INTO "contact_messages" ("created_at", ...
Rendered contact_mailer/confirmation.text.erb (0.4ms)

Sent mail to hussein@morsy.de (8ms)
Date: Sun, 02 Oct 2011 19:34:37 +0200
From: info@railsbuch.de
To: hussein@morsy.de
Message-ID: <4c95849c66fca_...>
Subject: Ihre Kontaktnachricht erhalten
Mime-Version: 1.0
Content-Type: text/plain;
 charset=UTF-8
Content-Transfer-Encoding: quoted-printable

Vielen Dank f=C3=BCr Ihre Nachricht.
```

```
Wir werden uns so schnell wie m=C3=B6glich bei Ihnen melden.
Rendered contact_mailer/inquiry.text.erb (1.1ms)

Sent mail to info@railsbuch.de (8ms)
Date: Sun, 02 Oct 2011 19:34:37 +0200
From: hussein@morsy.de
To: info@railsbuch.de
Message-ID: <4c95849c73cb5_...>
Subject: Neue Kontaktanfrage
Mime-Version: 1.0
Content-Type: text/plain;
 charset=UTF-8
Content-Transfer-Encoding: 7bit

Name: Hussein Morsy

E-Mail: hussein@morsy.de

Nachricht: Meine erste Nachricht
Redirected to http://localhost:3000/
```

In Rails kann man also relativ einfach E-Mails verschicken. Durch Einsatz des Mailer-Generators, dem der Name des Models und die einzelnen Views übergeben werden müssen, wird uns sehr viel Arbeit abgenommen. Der Generator erzeugt das Mailer-Model mit den erforderlichen Methoden und die View-Dateien, die wir nur noch konfigurieren und an unsere Bedürfnisse anpassen müssen.

12.2 HTML-E-Mails

Mit HTML-E-Mails ist es möglich, E-Mails durch Bilder und formatierten Text auszuschmücken. Da es E-Mail-Clients gibt, die HTML-Mails nicht akzeptieren, sollte immer auch eine reine Textversion vorliegen.

Das Erstellen von HTML-E-Mails ist in Rails 3 ganz einfach. Dazu wird neben dem Template für die Textversion (`*.text.erb`) einfach das HTML-Template (`*.html.erb`) angelegt. Da wir nur für die Bestätigungs-E-Mail, die an den Benutzer versendet wird, zusätzlich eine HTML-Version versenden möchten, brauchen wir in unserem Beispiel neben der Template-Datei für die Textversion `confirmation.text.erb`, einfach nur die HTML-Version `confirmation.html.erb` zu erstellen:

```
<!DOCTYPE html>
<html>
  <body>
    <h1>Anfrage erhalten</h1>
    Vielen Dank für Ihre Nachricht.

    Wir werden uns so schnell wie möglich bei Ihnen melden.
  </body>
</html>
```

Listing 12.12 »app/views/contact_mailer/confirmation.html.erb«

ActionMailer sendet dann sowohl die Text- als auch die HTML-Version (Content-Type: multipart/alternative) an den E-Mail-Client, der dann selbst entscheiden kann, welche Version er dem Benutzer anzeigt. Daher ist es sinnvoll, mindestens die Textversion der E-Mail und optional zusätzlich eine HTML-Version zu erstellen.

12.3 Layouts

Wenn mehrere E-Mail-Templates den gleichen Aufbau haben, ist es sinnvoll, Layouts zu verwenden. Der Einsatz von Layouts funktioniert hier genauso wie bei Layouts in Controllern (siehe Abschnitt 9.2.5 auf Seite 339). Layouts können am Anfang der Mailer-Klasse mit der Methode `layout` definiert werden. Im folgenden Beispiel wird das Layout `contact` verwendet:

```
class ContactMailer < ActionMailer::Base
  layout 'contact'
  ...
end
```

Listing 12.13 »app/mailers/contact_mailer.rb«

Mail-Layouts werden wie die Controller-Templates im Verzeichnis `app/views/layouts` abgelegt. Je nachdem, ob eine Text-E-Mail oder eine HTML-E-Mail verschickt wird, wird vom ActionMailer entweder das Text-Layout (`app/views/layouts/contact.text.erb`) oder das HTML-Layout (`app/views/layouts/contact.html.erb`) verwendet. Falls z. B. nur ein HTML-Layout angelegt wird, so wird für die Text-E-Mails kein Template verwendet.

```
<!DOCTYPE html>
<html>
  <body>
    <%= yield %>
  </body>
</html>
```

Listing 12.14 »app/views/layouts/contact.html.erb«

Der Inhalt des Templates wird in der Layout-Datei an der Stelle, an der er angezeigt werden soll, durch Aufruf der Methode `yield` geladen. Das heißt, das Template enthält nicht mehr das HTML-Grundgerüst, sondern nur noch den reinen Inhalt:

```
<h1>Anfrage erhalten</h1>
Vielen Dank für Ihre Nachricht.

Wir werden uns so schnell wie möglich bei Ihnen melden.
```

Listing 12.15 »app/views/contact_mailer/confirmation.html.erb«

Alternativ kann in der Mailer-Klasse statt der Methode `layout` am Anfang der Klasse auch für jede E-Mail getrennt das Layout mit `render layout: 'contact'` festgelegt werden. Innerhalb des Format-Blocks der `mail`-Methode kann auch zwischen der HTML- und der Textversion unterschieden werden. Die Textversion verwendet im folgenden Beispiel kein Layout:

```
class ContactMailer < ActionMailer::Base
  def confirmation(email)
    mail(to: email, from: "info@railsbuch.de", subject:
      "Ihre Kontaktnachricht erhalten") do |format|
      format.html { render layout: 'contact' }
      format.text
    end
  end
  ...
end
```

Listing 12.16 »app/mailers/contact_mailer.rb«

12.4 E-Mails mit Anhängen

»attachments«

Um eine E-Mail mit einem Anhang zu versenden, kann einfach das Array `attachments` verwendet werden, in dem sowohl der Dateiname als auch der Inhalt der Datei angegeben wird. (Genau genommen handelt es sich nicht um ein Array, sondern um eine Methode mit dem Methodennamen attachments[]). Wenn Sie zum Beispiel an die Bestätigungs-E-Mail, die die Kunden erhalten, das Ruby-on-Rails-Logo anhängen möchten, gehen Sie wie folgt vor:

```
class ContactMailer < ActionMailer::Base
    def confirmation(email)
      attachments['rails.png'] = File.read(
        "#{Rails.root}/app/assets/images/rails.png")
      mail(to: email, from: "info@railsbuch.de",
        subject: "Ihre Kontaktnachricht erhalten") do |format|
        format.html { render :layout => 'contact' }
        format.text
      end
    end

    def inquiry(contact_message)
      @contact_message = contact_message

      mail to: "info@railsbuch.de",
           from: contact_message.email,
           subject: "Neue Kontaktanfrage"
    end
end
```

Listing 12.17 app/mailers/contact_message.rb

Inline-Attachment

Auf diese Weise wird das Rails-Logo als Anhang mit der E-Mail versendet. Das Bild erscheint jedoch nicht im Text der E-Mail selbst. Damit das Bild im Inhalt der E-Mail erscheint, kann im Template einfach das Array attachments mit Aufruf der Methode url verwendet werden. Dies wird als Inline-Attachment bezeichnet. In unserem Beispiel setzen wir in der HTML-Version einfach das Bild des Rails-Logos mit dem image_tag ein:

```
<h1>Anfrage erhalten</h1>
Vielen Dank für Ihre Nachricht.

Wir werden uns so schnell wie möglich bei Ihnen melden.

<%= image_tag attachments['rails.png'].url %>
```

Listing 12.18 »app/views/contact_mailer/confirmation.html.erb«

12.5 Konfiguration

SMTP-Konfiguration

Standardmäßig ist ActionMailer so konfiguriert, dass es E-Mails über **sendmail** versendet. Auf Unix-Servern ist in der Regel `sendmail` oder ein kompatibler Mail Transfer Agent wie Postfix oder Exim installiert. Sie können aber auch einstellen, dass SMTP genutzt werden soll. Um die SMTP-Einstellungen vorzunehmen, fügen Sie die folgenden Einträge in die neue Datei `config/initializers/mail.rb` ein:

```
ActionMailer::Base.smtp_settings = {
  address:              "smtp.adresse-des-smtp-host.com",
  port:                 587,
  domain:               'www.ihre-domain.com',
  user_name:            '<username>',
  password:             '<password>',
  authentication:       :plain,
  enable_starttls_auto: true
}
```

Listing 12.19 »config/initializers/mail.rb«

Einstellungen

Ersetzen Sie die Werte innerhalb des Hashs durch Ihre Einstellungen, die Sie bei Ihrem Provider erfragen können.

- **address und port**
  Geben die Adresse und den Port zu Ihrem SMTP-Server an.
- **domain**
  Die Domain, die benutzt werden soll, um den Mailer beim Server zu identifizieren. Normalerweise wird der Top-Level-Domain-Name der Maschine angegeben, welche die E-Mail versendet.
- **user_name und password**
  Wird für die Authentifizierung am SMTP-Server benötigt, wenn `authentication` gesetzt ist.
- **authentication**
  Die Authentifizierungsmethode, die Ihr SMTP-Server erwartet. Entweder `nil`, `:plain`, `:login` oder `:cram_md5`. Ihr Administrator kann Ihnen bei der Auswahl der richtigen Option weiterhelfen.

ActiveSupport bietet sehr nützliche Methoden, die den Alltag der Ruby-Programmierer erleichtern.

13 Nützliche Helfer mit ActiveSupport

Objekte erweitern

ActiveSupport ist eine Ansammlung von Hilfsklassen und Standardbibliotheks-Erweiterungen, die sehr nützliche Methoden zur Verfügung stellen. Das Besondere an diesen Methoden ist, dass ActiveSupport die Standard-Datentypobjekte wie String, Fixnum, Array usw. um praktische Methoden erweitert. Zum Beispiel wird die Klasse `Array` um die Methode `sum` erweitert, um die Summe aller Elemente zu berechnen. Aber nicht nur die Standard-Datentypobjekte werden erweitert, sondern es stehen auch Methoden zur Verfügung, die auf alle Objekte anwendbar sind.

In diesem Kapitel werden nur die wichtigsten Methoden vorgestellt. Einige Methoden sind nur für die interne Programmierung des Rails-Frameworks entwickelt worden und haben für Rails-Projekte in der Regel geringe Relevanz, weswegen wir diese Methoden hier nicht aufführen. In der Rails-Dokumentation *http://api.rubyonrails.org/* können Sie alle Befehle nachschlagen.

Sie können die Methoden von ActiveSupport überall in Ihrem Rails-Projekt verwenden. Sie können ActiveSupport sogar unabhängig von Rails einsetzen, wenn Sie es am Anfang Ihres Skriptes mit `require` einbinden.

```
require "rubygems" # ab Ruby 1.9.2 nicht mehr erforderlich
require "active_support/all"

puts [1,2,3].sum
# => 6

>> 7.days.from_now
# => 2011-05-25 19:46:42 +0200
```

Rails-Konsole

Die Beispiele in diesem Kapitel können Sie zum Testen direkt in der Rails-Konsole (`rails console`) eingeben. Der `require`-Befehl muss in der Rails-Konsole nicht angegeben werden, da ActiveSupport automatisch geladen wird.

Modular

Da Rails modular aufgebaut ist, ist es auch möglich, nur bestimmte Teile von ActiveSupport selektiv zu laden. Welches Modul geladen werden muss, kann aus der API-Dokumentation entnommen werden. Für die Summen-Methode `sum` muss lediglich das Modul `active_support/core_ext/enumerable` geladen werden:

```
require "active_support/core_ext/enumerable"

puts [1,2,3].sum
# => 6
```

Wenn in der Konfigurationsdatei `config/application.rb` einer Rails-Applikation die Einstellung `config.active_support.bare` gesetzt wird, so werden nur die für das Framework notwendigen Module von ActiveSupport geladen.

13.1 Zahlen

ActiveSupport stellt eine Reihe von praktischen Methoden zur Verarbeitung von Zahlen zur Verfügung.

13.1.1 Vielfaches

»multiple_of?«

Die Methode `multiple_of?` überprüft, ob eine Zahl ein Vielfaches von einer anderen Zahl ist:

```
9.multiple_of? 3
=> true
9.multiple_of? 2
=> false
9.multiple_of? 1
=> true
```

13.1.2 Ordinalzahlen

»ordinalize«

Ordinalzahlen werden in der englischen Sprache benötigt. Für die Umwandlung von einer ganzen Zahl (Integer) in eine Ordinalzahl nutzen wir die Methode `ordinalize`:

```
1.ordinalize
=> "1st"
2.ordinalize
=> "2nd"
3.ordinalize
```

```
=> "3rd"
5.ordinalize
=> "5th"
123.ordinalize
=> "123rd"
```

13.1.3 Rundungen

Mit der Methode `round` können in Ruby Fließkommazahlen (Float) auf die nächste Ganzzahl (Integer) gerundet werden. ActiveSupport ergänzt die Methode um einen Paramater, mit der die Anzahl der Nachkommastellen zum Runden angegeben werden kann:

»round«

```
5.4321.round
=> 5
5.4321.round(2)
=> 5.43
```

Seit Ruby 1.9 ist die Rundung mit Angabe der Genauigkeit auch ohne ActiveSupport möglich.

13.1.4 Kapazitätseinheiten

Die Methoden `byte`, `kilobyte`, `megabyte`, `gigabyte`, `terabyte`, `petabyte` und `exabyte` dienen zum Umwandeln der Kapazitätseinheiten in Byte. Es gibt die Methoden jeweils auch in der Pluralvariante, wie z. B. `kilobytes` und `megabytes`.

Bytes umwandeln

```
1.byte
=> 1
1.kilobyte
=> 1024
2.kilobytes
=> 2048
1.megabyte
=> 1048576
1.gigabyte
=> 1073741824
1.terabyte
=> 1099511627776
1.petabyte
=> 1125899906842624
1.exabyte
=> 1152921504606846976
```

Sie können auch Berechnungen durchführen:

```
1.kilobyte + 100.bytes
=> 1124
1500.kilobytes/1.megabyte
=> 1
1500.kilobytes/1.megabyte.to_f
=>  1.46484375
```

»to_f« Da die Methoden als Rückgabewert Ganzzahlen zurückliefern, müssen Sie einen der Werte mit der Methode `to_f` in eine Fließkommazahl umwandeln, wenn Sie als Rückgabewert der Berechnung eine Kommazahl (Float) erhalten möchten.

13.1.5 Datum und Zeit

ActiveSupport erweitert das Date-, das DateTime- und das Time-Objekt um zahlreiche nützliche Methoden.

»today«, »yesterday«, »tomorrow« Die Klassen-Methode `today` der `Date`-Klasse ermittelt das aktuelle Datum. ActiveSupport erweitert die `Date`-Klasse u. a. um die Methoden `yesterday` und `tomorrow`:

```
# Angenommen, heute ist der 18.5.2011
Date.today
=> Wed, 18 May 2011
Date.tomorrow
=> Thu, 19 May 2011
Date.yesterday
=> Tue, 17 May 2011
```

»past?«, »today?«, »future?« Um zu prüfen, ob ein Datum in der Vergangenheit, Gegenwart (heute) oder in der Zukunft liegt, können die Methoden `past?`, `today?` und `future?` verwendet werden:

```
# Angenommen, heute ist der 18.5.2011
Date.today
=> Wed, 18 May 2011
Date.new(2011,5,18).today?
=> true
Date.new(2011,5,17).past?
 => true
Date.new(2011,5,19).future?
=> true
```

»beginning_of« Den Anfang der Woche, des Monats, des Quartals und des Jahres zu einem gegebenen Datum ermittelt man leicht mit den Methoden beginning_of_week (auch monday), beginning_of_month, beginning_of_quarter und beginning_of_year. Für die bessere Lesbarkeit des Codes kann je nach Anwendung statt beginning_of auch at_beginning_of verwendet werden.

```
date = Date.new(2011,12,24)
=> Sat, 24 Dec 2011
date.beginning_of_week
=> Mon, 19 Dec 2011
date.monday
=> Mon, 19 Dec 2011
date.at_beginning_of_week
=> Mon, 19 Dec 2011
date.beginning_of_month
=> Thu, 01 Dec 2011
date.at_beginning_of_month
=> Thu, 01 Dec 2011
date.beginning_of_quarter
=> Sat, 01 Oct 2011
date.at_beginning_of_quarter
=> Sat, 01 Oct 2011
date.beginning_of_year
=> Sat, 01 Jan 2011
date.at_beginning_of_year
=> Sat, 01 Jan 2011
```

»end_of«

Analog dazu kann auch das Ende mit end_of_week, end_of_month, end_of_quarter und end_of_year bestimmt werden. Auch hier kann alternativ jeweils at_end_of verwendet werden.

beginning_of_day, end_of_day

Gelegentlich werden die Methoden beginning_of_day und end_of_day benötigt, die den Anfang und das Ende des Tages zurückliefern. Im Gegensatz zu den anderen beginning_of- und end_of-Methoden wird auch die Uhrzeit zurückgeliefert, weil es sich beim Rückgabewert um ein Objekt vom Typ ActiveSupport::TimeWithZone handelt, während es sich bei den anderen beginning_of- und end_of-Methoden um ein Objekt vom Typ Date handelt.

```
date = Date.new(2011,12,24)
=> Sat, 24 Dec 2011
date.beginning_of_day
=> Sat, 24 Dec 2011 00:00:00 UTC +00:00
date.end_of_day
=> Sat, 24 Dec 2011 23:59:59 UTC +00:00
```

»ago« Mit der Methode `months_ago(n)` wird das Datum vor n Monaten bestimmt, mit der Methode `months_since(n)` das Datum nach n Monaten. Analog gibt es die Methoden `years_ago(n)` und `years_since(n)`.

```
date = Date.new(2011,12,24)
=> Sat, 24 Dec 2011
date.months_ago(2)
=> Mon, 24 Oct 2011
date.months_since(3)
=> Sat, 24 Mar 2012
date.years_ago(10)
=> Mon, 24 Dec 2001
date.years_since(2)
=> Tue, 24 Dec 2013
```

»Next« Der nächste Tag, die nächste Woche, der nächste Monat und das nächste Jahr werden mit den Methoden `next_day`, `next_week`, `next_month` und `next_year` berechnet. Entsprechend wird mit den Methoden `prev_day`, `prev_week`, `prev_month`, `prev_year` der vorherige Tag, die vorherige Woche, der vorherige Monat und das vorherige Jahr bestimmt.

```
date = Date.new(2011,12,24)
=>  Sat, 24 Dec 2011
date.next_week
=> Mon, 26 Dec 2011
date.next_month
=> Tue, 24 Jan 2012
date.next_year
=> Mon, 24 Dec 2012
date.prev_month
=> Thu, 24 Nov 2011
date.prev_year
=> Fri, 24 Dec 2010
```

Sehr häufig treffen Sie im Programmieralltag auf folgende Aufgaben: Ermitteln Sie das Datum in genau 14 Tagen oder das Datum und die Uhrzeit vor 12 Stunden.

Zukunft Für die Ermittlung von zukünftigen Zeiten wird die Methode `since` oder ihr Alias `from_now` verwendet:

```
# Angenommen, heute ist der 18.5.2011
Date.today
=> Wed, 18 May 2011
0.day.since
=> Wed, 18 May 2011 20:00:03 +0200
1.day.since
```

```
=> Thu, 19 May 2011 20:00:22 +0200
1.day.since(Date.today)
=> Thu, 19 May 2011
(1.day + 3.hours).since
=> Thu, 19 May 2011 23:00:39 +0200
```

Vergangenheit

Für die Ermittlung von vergangenen Zeiten wird die Methode `ago` oder ihr Alias `until` verwendet:

```
# Angenommen, heute ist der 18.5.2011
Date.today
=> Wed, 18 May 2011
0.day.ago
=> Wed, 18 May 2011 20:01:24 +0200
1.day.ago
=> Tue, 17 May 2011 20:01:37 +0200
(1.day + 3.hours).ago
=> Tue, 17 May 2011 17:01:54 +0200
```

Arithmetische Operationen

Sehr praktisch ist die Möglichkeit, arithmetische Operationen auf Zeitobjekten durchzuführen. `1.day + 5.hour + 10.minutes` ermittelt z. B. die Anzahl der Sekunden, die einem Tag, fünf Stunden und zehn Minuten entsprechen. Es stehen die folgenden Methoden zur Verfügung:

- **second, seconds**
  für die Umwandlung von Sekunden nach Sekunden (liefert immer die identische Zahl).
- **minute, minutes**
  für die Umwandlung von Minuten nach Sekunden.
- **hour, hours**
  für die Umwandlung von Stunden nach Sekunden.
- **day, days**
  für die Umwandlung von Tagen nach Sekunden.
- **week, weeks**
  für die Umwandlung von Wochen nach Sekunden.
- **fortnight, fortnights**
  für die Umwandlung von jeweils 14 Tagen nach Sekunden.
- **year, years**
  für die Umwandlung von Jahren nach Sekunden.

```
1.week == 7.days
=> true
1.fortnight == 14.days
=> true
```

Sie können die Methoden auch nutzen, um z. B. die Anzahl der Tage statt der Anzahl der Sekunden zu berechnen. Um etwa für zwei Wochen und drei Tage die Anzahl der Tage zu ermitteln, teilen Sie die Anzahl der Tage durch einen Tag:

```
(2.weeks + 3.days)/1.day
=> 17
```

ActiveSupport stellt auch nützliche Methoden zur Verfügung, um Objekte der Klasse `String` oder `Time` in Datumsobjekte und Time-Objekte in Datumsobjekte oder Strings umzuwandeln.

In ein Datum umwandeln

Die Methode `to_date` wandelt ein als String formatiertes Datum oder ein Time-Objekt in ein Objekt der Klasse `Date` um:

```
"06-02-1968".to_date
=> Tue, 06 Feb 1968
puts Time.now.to_date
=> 2011-05-18
```

In eine Zeit umwandeln

Die Methode `to_time` wandelt eine als String formatierte Uhrzeit oder ein Datumsobjekt in ein Objekt der Klasse `Time` um. Als Parameter können Sie dieser Methode die Werte `:utc` (Standard) oder `:local` übergeben:

```
"06-02-1968 03:00:00".to_time(:utc)
=> 1968-02-06 03:00:00 UTC
"06-02-1968 03:00:00".to_time(:local)
=> 1968-02-06 03:00:00 +0100
```

13.2 Zeichenketten

»at«

Um Teile aus einer Zeichenkette zu extrahieren, stellt ActiveSupport eine Reihe von nützlichen Methoden zur Verfügung. Die Methode `at` liefert das Zeichen an einer bestimmten Stelle, wobei die Stelle 0 das erste Zeichen der Zeichenkette meint. Es sind auch negative Angaben möglich. In diesem Fall wird die Position von rechts ermittelt, wobei –1 dem letzten Zeichen entspricht, –2 dem vorletzten usw.

```
text = "Rails"
text.at(0)
=> "R"
text.at(4)
=> "s"
text.at(5)
=> nil
text.at(-1)
=> "s"
text.at(-2)
=> "l"
```

Vorsicht mit eckigen Klammern [×]

In Ruby können Sie eckige Klammern verwenden, um auf ein bestimmtes Zeichen zuzugreifen. In Ruby 1.9 liefert z. B. `"Rails"[0]` das Zeichen »R« zurück. In Ruby 1.8 hingegen wird damit der ASCII-Code des entsprechenden Zeichens zurückgeliefert. `"Rails"[0]` liefert z. B. »82«, was dem ASCII-Code des Buchstabens »R« entspricht. Daher ist die Verwendung der Methode `at` zu empfehlen.

»first«, »last«

Die ersten n Zeichen einer Zeichenkette liefert die Methode `first`, wohingegen die Methode `last` die letzten n Zeichen liefert. Ohne Parameter liefern die beiden Methoden das erste bzw. das letzte Zeichen zurück:

```
text = "Ruby on Rails"
text.first(4)
=> "Ruby"
text.last(5)
=> "Rails"
text.first
=> "R"
text.last
=> "s"
```

»from«, »to«

Die Methode `from` liefert den restlichen Teil der Zeichenkette ab der ihr übergebenen Position. Den Anfang einer Zeichenkette bis zu einer bestimmten Position liefert die Methode `to`. Zu beachten ist, dass das erste Zeichen die Position 0 hat.

```
text = "Ruby on Rails"
text.from(1)
=> "uby on Rails"
text.from(5)
=> "on Rails"
text.to(1)
=> "Ru"
```

```
text.to(3)
=> "Ruby"
```

»starts_with?«, »ends_with?«

Um zu prüfen, ob eine Zeichenkette mit einem bestimmten Zeichen beginnt oder endet, können die Methoden `starts_with?` und `ends_with?` verwendet werden. Synonym können auch die Methoden `start_with?` und `end_with?` verwendet werden.

```
text = "Ruby on Rails"
text.starts_with?("R")
=> true
text.starts_with?("r")
=> false
text.starts_with?("Ruby")
=> true
text.ends_with?("s")
=> true
text.ends_with?("Rails")
=> true
```

»squish«

Zum Bereinigen von Benutzereingaben ist die Methode `squish` sehr praktisch. Diese Methode entfernt alle Tabulatoren und Zeilenenden aus der Zeichenkette. Mehrfach vorkommende Leerzeichen, werden durch ein Leerzeichen ersetzt, und Leerzeichen am Anfang und Ende der Zeichenkette werden entfernt.

```
text = "  Han  \t Solo\n"
text.squish
=> "Han Solo"
text
=> "  Han  \t Solo\n"
```

Es gibt auch die Methode `squish!`, die das Ausgangsobjekt verändert:

```
text = "  Han  \t Solo\n"
text.squish!
=> "Han Solo"
text
=> "Han Solo"
```

13.3 Arrays

Arrays speichern eine geordnete Menge von Objekten. Um diese als Zeichenketten auszugeben, gibt es eine Reihe von Methoden, die ActiveSupport zur Verfügung stellt.

Eine sehr praktische Methode ist to_sentence. Mit dieser Methode werden die Elemente durch Kommata getrennt ausgegeben, wobei das letzte Element zusätzlich mit einem and verknüpft wird. Über die Option :last_word_connector kann statt »and« auch eine andere Zeichenkette festgelegt werden: **»to_sentence«**

```
obst = ["Apfel", "Banane", "Birne"]
obst.to_sentence
=> "Apfel, Banane, and Birne"
obst.to_sentence :last_word_connector => ' und '
=> "Apfel, Banane und Birne"
```

Mit Hilfe der Option :words_connector kann die Zeichenkette angegeben werden, mit der alle Elemente außer dem letzten bei der Ausgabe verbunden werden sollen:

```
obst = ["Apfel", "Banane", "Birne"]
=> ["Apfel", "Banane", "Birne"]
obst.to_sentence :words_connector => ' + '
=> "Apfel + Banane, and Birne"
```

Wenn ein Array nur zwei Elemente enthält, so gibt die Option :two_words_connector an, mit welcher Zeichenkette die beiden Elemente bei der Ausgabe verknüpft werden sollen:

```
obst = ["Apfel", "Banane"]
=> ["Apfel", "Banane"]
obst.to_sentence :two_words_connector => ' und '
=> "Apfel und Banane"
```

Die Methode to_param verbindet die Elemente mit einem Schrägstrich, was meist der Generierung von Pfaden in URLs dient. Diese Methode wird gerne in Model-Klassen überschrieben, wenn statt der ID z. B. ein Name in der URL verwendet werden soll. **»to_param«**

```
list = ["admin", "flights", 12]
list.to_param
=> "admin/flights/12"
```

Die Methode in_groups_of iteriert über ein Array und liefert Teilarrays mit der Anzahl der Elemente, die der Methode als Parameter übergeben wurden. Nicht gesetzte Elemente im letzten Teilarray werden auf nil gesetzt: **»in_groups_of«**

```
list = [1,2,3,4,5,6,7]
list.in_groups_of(3)

=> [[1, 2, 3], [4, 5, 6], [7, nil, nil]]
```

»split« Die Methode `split` teilt ein Array in Teilarrays an der übergebenen Stelle bzw. am Rückgabewert eines optionalen Blocks.

```
list =  [1, 2, 3, 4, 5]
list.split(3)
=> [[1, 2], [4, 5]]
list = [1,2,3,4,5,6,7,8,9,10]
list.split { |i| i % 3 == 0 }
=> [[1, 2], [4, 5], [7, 8], [10]]
```

»sample« Ein zufälliges Element aus einem Array kann mit der Methode `sample` ermittelt werden.

```
%w(Hauptgewinn Gewinn Niete).sample
=> "Gewinn"
```

»many?« Gelegentlich kann auch die Methode `many?` von Nutzen sein. Mit ihr kann geprüft werden, ob ein Array mehr als ein Element beinhaltet.

```
[].many?
=> false
[5].many?
=> false
[5,8].many?
=> true
```

»include?« In Ruby gibt es die Methdode `include?`, um zu prüfen, ob ein Element innerhalb eines Arrays enthalten ist. Um zu kontrollieren, ob ein Element nicht in einem Array enthalten ist, kann mit Hilfe von ActiveSupport die Methode `exclude?` verwendet werden. Es kann natürlich auch die `include?` Methode mit einer Negation zum Einsatz kommen, dies ist jedoch nicht so schön lesbar.

```
list = [5, 8, 1]
!list.include? 7
=> true
list.exclude? 7
=> true
```

13.4 Hashes

In Hashes werden Schlüssel-Werte-Paare gespeichert. Hashes werden sehr häufig für die Übergabe von Parametern verwendet. ActiveSupport erweitert die Hash-Klasse um eine Reihe von nützlichen Methoden.

»diff«

Mit der Methode diff kann der Unteschied zwischen zwei Hashes bestimmt werden.

```
hash1 = {:firstname=>"William", :lastname=>"Adama"}
hash2 = {:firstname=>"Williams", :lastname=>"Adama"}
hash1.diff(hash2)
=> {:firstname=>"William"}
```

Umwandlung

Die Schlüsselelemente können mit der Methode stringify_keys in Zeichenketten und mit der Methode symbolize_keys in Symbole umgewandelt werden. Die Methode to_options ist ein Alias der Methode symbolize_keys.

```
hash = {:firstname=>"William", :lastname=>"Adama"}
hash.stringify_keys
=> {"firstname"=>"William", "lastname"=>"Adama"}
hash.stringify_keys.symbolize_keys
=> {:firstname=>"William", :lastname=>"Adama"}
hash.stringify_keys.to_options
=> {:firstname=>"William", :lastname=>"Adama"}
```

Die Methode assert_valid_keys überprüft, ob der Hash nur Schlüssel (Keys) enthält, die in der Parameterliste angegeben sind. Im Erfolgsfall wird nil zurückgeliefert. Ansonsten wird ein ArgumentError-Ausnahmefehler erzeugt. Diese Methode wird verwendet, um zu überprüfen, ob nur zulässige Schlüssel angegeben wurden.

```
options = {:num_values => 2, :show_all => true, :bla => 1}
options.assert_valid_keys(:num_values, :show_all)
=> ArgumentError: Unknown key: bla
```

Die Methode reverse_merge(other_hash) und die Alias-Methode reverse_update(other_hash) liefern dieselben Schlüssel-Werte-Paare des Hashs zurück, wobei die fehlenden Schlüssel-Werte-Paare aus other_hash hinzugefügt werden. Die Methoden werden häufig zum Setzen von Standardoptionen bei der Übergabe von Parametern verwendet.

```
options = {:show_all => true}
options.reverse_merge(:show_all => false, :num_values=>10)
=> {:show_all=>true, :num_values=>10}
```

»except«

Um den gesamtem Hash, außer einem bestimmten Schlüsselelement zurückzuliefern, kann die Methode except eingesetzt werden.

```
hash = {:firstname=>"William", :lastname=>"Adama",
:password=>"secret"}
hash.except(:password)
=> {:firstname=>"William", :lastname=>"Adama"}
```

Es gibt zu fast jeder der angegebenen Methoden auch Methoden mit Ausrufezeichen, die nicht einen neuen Hash zurückliefern, sondern ihn überschreiben. `hash.except!` verändert z. B. den Hash der Variablen `hash`.

13.5 Datentypunabhängig

Bis jetzt haben wir Methoden kennen gelernt, die nur auf bestimmte Datentypobjekte anwendbar waren. Aber wie bereits am Anfang dieses Kapitels erwähnt, gibt es auch Methoden, die auf alle Objekte anwendbar sind. Und diese sind, wie die nachfolgenden Beispiele zeigen werden, mehr als nützlich.

»blank?« Eine sehr nützliche Methode ist `blank?`. Sie liefert immer dann `true` zurück, wenn das Objekt `nil` oder leer ist oder nur Leerräume (Whitespaces) enthält. Andernfalls liefert die Methode `false` zurück:

```
# Folgende Ausdrücke liefern immer true
nil.blank?
=> true
[].blank?
=> true
"".blank?
=> true
"    ".blank?
=> true
false.blank?
=> true

# Folgende Ausdrücke liefern immer false
"b".blank?
=> false
0.blank?
=> false
[1].blank?
=> false
```

»present?« Das Komplement der Methode `blank?` ist die Methode `present?`:

```
"b".present?
=> true
[1,2,3].present?
=> true
[].present?
=> false
"  ".present?
```

```
=> false
```

Wenn man auf Methoden eines Objektes zugreift und nicht sicher ist, ob dieses `nil` ist, muss vorher eine entsprechende Überprüfung durchgeführt werden, wie folgendes Beispiel zeigt:

```
products = nil
if products.present? && products.many?
  puts "mind. zwei Produkte vorhanden"
else
  puts "weniger als zwei Produkte vorhanden"
end
```

Mit der Methode `:try` kann die Überprüfung vereinfacht werden:

»try«

```
products = nil
if products.try(:many?)
  puts "mind. zwei Produkte vorhanden"
else
  puts "weniger als zwei Produkte vorhanden"
end
```

Für die Praxis sehr relevant ist auch die Methode `presence`. Diese Methode liefert das Objekt selbst zurück falls die Methode `present?` wahr ist, ansonsten wird `nil` zurückgegeben.

»presence«

Angenommen, wir möchten z. B. den Seitentitel ausgeben. Falls dieser jedoch leer ist, soll der Text »Unbekannt« ausgegeben werden. Am einfachsten wird hierfür der Oder-Operator eingesetzt:

```
@page.title || 'Unbekannt'
```

Wenn jedoch der Seitentitel statt des `nil`-Wertes eine leere Zeichenkette enthält, wird nicht das gewünschte Ergebnis zurückgeliefert, da der Oder-Operator nur bei `nil` oder `false` die rechte Seite des Ausdrucks verwendet. Mit der Methode `presence` kann das Problem, wie im folgenden Beispiel gezeigt, leicht gelöst werden:

```
@page.title = nil
@page.title || 'Unbekannt'
=> 'Unbekannt'
@page.titel = ''
=> ''
@page.title || 'Unbekannt'
=> ''
@page.presence(title) || 'Unbekannt'
=> 'Unbekannt'
```

Serialisieren

Manchmal ist es erforderlich, Objekte in ein neutrales Format umzuwandeln, damit man sie zum Beispiel an ein Remote-Programm schicken kann (zum Beispiel JavaScript, das im Browser des Users läuft). Man nennt das auch **Serialisieren** eines Objektes. Rails kann mit den beiden Methoden `to_json` und `to_yaml`, die Objekte entweder in das Format JSON (JavaScript Object Notation) oder YAML (dasselbe Format, das in Rails für Konfigurationsdateien oder Fixtures genutzt wird) umwandeln:

```
class Person

  def initialize(firstname,lastname)
    @firstname = firstname
    @lastname = lastname
  end

  def firstname
    @firstname
  end

  def lastname
    @lastname
  end
end

lee = Person.new("Lee", "Adama")

lee
# => <Person:0x14737e4>

lee.to_s
# => <Person:0x14737e4>

lee.to_yaml
# =>  --- !ruby/object:Person
# => firstname: Lee
# =>  lastname: Adama

lee.to_json
# =>  firstname: "Lee", lastname: "Adama"
```

Der REST-Standard erlaubt es, Informationen zwischen Webapplikationen auszutauschen.

14 Webservices mit ActiveResource

14.1 Was sind Webservices?

Internet im Wandel

Das Internet befindet sich in einem Wandel. Nicht nur Benutzer greifen über einen Browser auf eine Website zu, sondern auch Websites fragen bei einer anderen Website über die URL Informationen an, um diese einzubinden. Beispiele dafür sind:

- Facebook
- Twitter
- Amazon
- Google (Maps, Documents etc.)
- YouTube
- Flicker

Trotz der Verschiedenheit dieser Websites gibt es zwei Gemeinsamkeiten:

- **Weboberfläche für »menschliche« Benutzer**
  Der Benutzer hat über Links und Formulare die Möglichkeit, Informationen anzufragen und/oder zu ändern.
- **Schnittstelle (API) für Computer**
  Eine API (Application Programming Interface) ist eine Schnittstelle, mit der Applikationen Informationen austauschen können. Bietet eine Webapplikation eine API an, spricht man auch von einem **Webservice**.

Google bietet mit Google Documents z. B. einen Dienst an, um Dokumente und Tabellen online erstellen und bearbeiten zu können. Darüber hinaus bietet Google eine API an, mit der man auf die Dokumente und Tabellen aus einem Programm heraus zugreifen kann. Man könnte z. B.

im Intranet eine Seite erstellen, auf der eine Liste der zuletzt bearbeiteten Dokumente angezeigt wird.

Mashup

Das Integrieren von Diensten anderer Websites in einer Website ist ein wichtiger Aspekt von Web 2.0 und wird als **Mashup** bezeichnet.

[»]

Mashup

Mashups (zu Deutsch: »vermischen«) sind Websites, die Dienste anderer Websites integrieren. Zum Beispiel könnte eine Website Satellitenfotos zeigen, die sie bei Google Maps angefragt hat, und beim Klick auf ein Land ein Video aus YouTube laden, das in diesem Land gedreht wurde.

SOAP & Co.

Es stellt sich die Frage, wie der Austausch von einer Website zur anderen vollzogen wird. Für webbasierte Anwendungen gibt es seit Längerem Webservices, die mit Technologien wie SOAP oder XML-RPC realisiert werden. Diese Technologien haben sich in der Praxis in vielen Fällen als zu komplex erwiesen. Falls Sie dennoch einen SOAP-Client benötigen, empfehlen wir das Gem `Savonrb` (*http://www.savonrb.com*).

Die meisten neuen APIs basieren auf dem REST-Standard (siehe Abschnitt 10.2.1 auf Seite 355), der von Rails standardmäßig unterstützt wird.

14.2 Einen Webservice anbieten

Anforderung

Im Folgenden erstellen wir eine Webapplikation, die einen Webservice anbieten kann. Jeder Flughafen besitzt einen dreistelligen Buchstaben-Code (IATA-Code). Mit unserer Webapplikation soll es möglich sein, die Flughäfen zu verwalten. Zu jedem Flughafen sollen einfach nur der Code und der entsprechende Name des Flughafens gespeichert werden. Neben der Weboberfläche soll auch eine REST-Schnittstelle erstellt werden, die es anderen Applikationen erlaubt, auf diese Daten zuzugreifen. Es soll z. B. möglich sein, zu einem Code den Namen des Flughafens abzufragen.

Mit Rails lassen sich diese Anforderungen leicht realisieren. Wir erstellen ein neues Rails-Projekt und generieren mit dem Scaffold-Generator ein Model `Airport` mit dem passenden Controller und den Views.

1. `rails new airport-service -T`
2. `cd airport-service`
3. `rails generate scaffold airport name:string code:string`
4. `rake db:migrate`

Die Weboberfläche

Nachdem wir den lokalen Rails-Server gestartet haben, können über die URL *http://localhost:3000/airports* die Flughäfen webbasiert verwaltet werden.

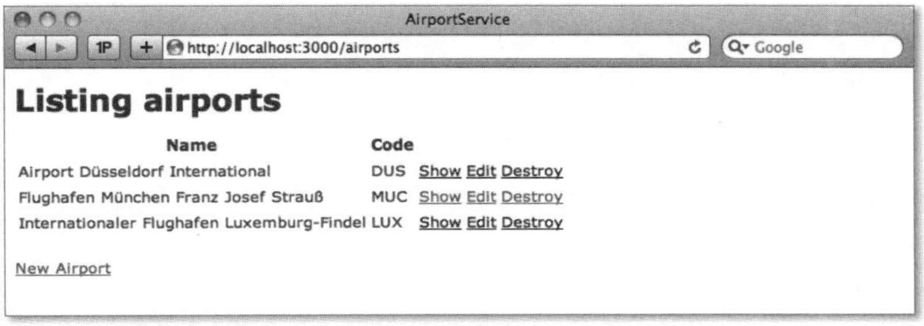

Abbildung 14.1 Liste der Flughäfen

Die API

Über die URL *http://localhost:3000/airports/3* können wir z. B. den dritten Airport anzeigen. Diese Darstellung ist jedoch nicht für die Kommunikation zwischen Applikationen geeignet.

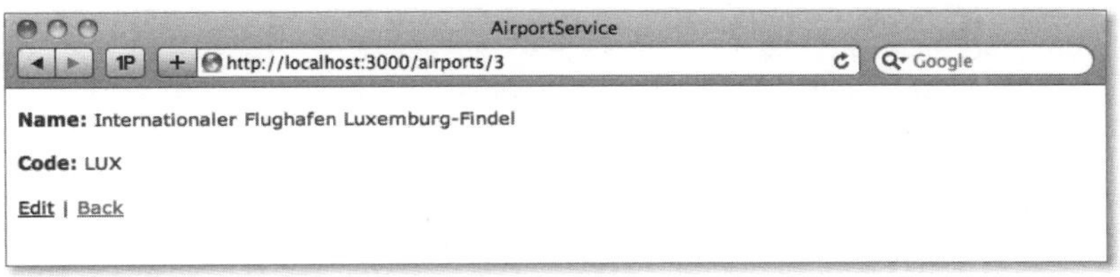

Abbildung 14.2 Airport mit der ID 3

JSON

Dafür bietet sich der Austausch über das JSON-Format an. Der Scaffold-Generator hat den Controller bereits entsprechend vorbereitet. Der Aufruf der dritten Airport-Ressource im JSON-Format erfolgt dann über den Aufruf *http://localhost:3000/airports/3.json.*

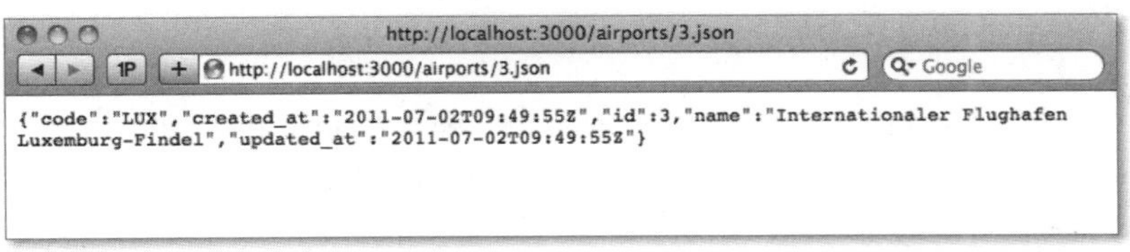

Abbildung 14.3 JSON-Darstellung

Das genügt uns jedoch noch nicht. Wir hätten gerne die Möglichkeit, dass bei Übergabe eines Codes der Name des Airports ausgegeben wird.

Dazu fügen wir eine neue Action `with_code` im Airports-Controller hinzu, die zu dem Parameter `code` den entsprechenden Airport sucht.

```
class AirportsController < ApplicationController
  ...
  def with_code
     @airport = Airport.find_by_code(params[:code])
     respond_to do |format|
       format.html { render :action => :show }
       format.json { render :json => @airport }
     end
  end
end
```

Listing 14.1 »app/controllers/airports_controller.rb«

Routing erweitern

Um jedoch per URL darauf zugreifen zu können, muss das Routing für die Ressource `airports` erweitert werden. Dazu kann die Option `:collection` angewendet werden, über die der Name unserer Methode und die HTTP-Methode angegeben werden.

```
resources :airports do
  get 'with_code', on: :collection
end
```

Listing 14.2 »config/routes.rb«

Nach einem Neustart des lokalen Rails-Servers können wir zu einem Code den Namen eines Flughafens sowohl im HTML-Format als auch im JSON-Format abfragen:

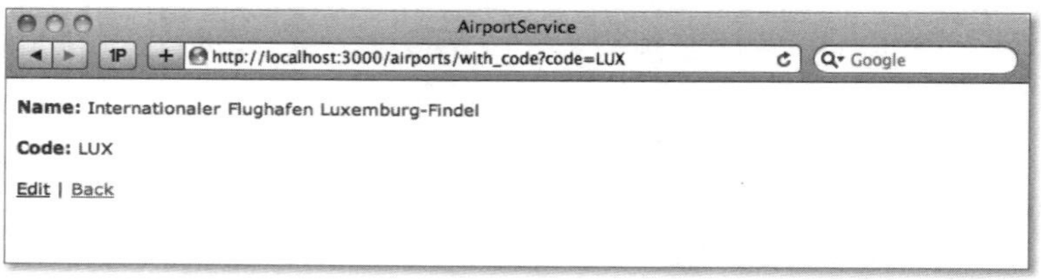

Abbildung 14.4 »http://localhost:3000/airports/with_code?code=LUX«

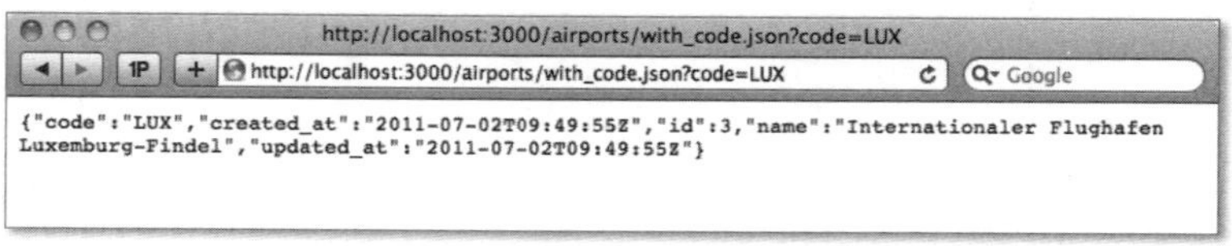

Abbildung 14.5 »http://localhost:3000/airports/with_code.json?code=LUX«

Im nächsten Abschnitt wird gezeigt, wie eine andere Rails-Applikation mit Hilfe von ActiveResource sehr einfach auf den Webservice zugreifen kann.

14.3 Zugriff auf Webservices mit ActiveResource

ActiveResource ist eine Technologie in Rails, die es erlaubt, auf die Ressourcen einer anderen Applikation zuzugreifen. Ziel ist es, eine Applikation zu entwickeln, die als Client für die Airport-Service-Applikation fungiert. Im letzten Beispiel haben wir diese Applikation bereits erstellt. Im Folgenden wird demonstriert, wie über eine Model-Klasse auf die entfernte Ressource zugegriffen werden kann.

Dazu generieren wir zunächst eine neue Rails-Applikation:

```
rails new airport-client
```

»ActiveResource::Base«

Wir erstellen nun eine Model-Klasse, mit der wir auf die entfernte Ressource zugreifen können. Dieses Model verwendet als Elternklasse jedoch nicht `ActiveRecord::Base`, sondern `ActiveResource::Base`. Erstellen Sie dazu im Verzeichnis `app/models` die Datei `airport.rb`:

```
class Airport < ActiveResource::Base
  self.site = "http://localhost:3000"
end
```

Listing 14.3 »app/models/airport.rb«

In der Klassenvariablen `site` wird die URL der Serverapplikation, welche die Ressource Airport anbietet, angegeben. Wenn Sie die Applikation lokal testen möchten, achten Sie darauf, dass die Serverapplikation läuft.

Rails übernimmt Kommunikation

Das war es schon. Rails übernimmt die Kommunikation zwischen der Client- und der Serverapplikation, welche die Ressource anbietet. Sie können nun in der Clientapplikation auf das entfernte Model fast genauso zugreifen wie bei einem normalen ActiveRecord-Model. In der Rails-Konsole `rails console` kann man z. B. folgende Befehle ausführen:

```
>> airport = Airport.find(1)
 => #<Airport:0x000001040069a0 @attributes={"code"=>"DUS",
 "created_at"=>"2011-07-02T09:47:38Z", "id"=>1,
 "name"=>"Airport Düsseldorf International",
 "updated_at"=>"2011-07-02T09:47:38Z"},
 @prefix_options={}, @persisted=true>
>> airport.code
```

```
=> "DUS"
>> airport.name
=> "Flughafen Düsseldorf International"
>> airport.name="Airport Düsseldorf International"
=> airport.save
>> true

>> Airport.create(:code=>"DXB",
:name=>"Dubai International Airport")
=> #<Airport:0x00000104019c80 @attributes={"code"=>"DXB",
"name"=>"Dubai International Airport", "id"=>4,
"created_at"=>"2011-07-02T10:58:40Z",
"updated_at"=>"2011-07-02T10:58:40Z"},
@prefix_options={}, @persisted=true,
@remote_errors=nil, @validation_context=nil,
@errors=#<ActiveResource::Errors:0x00000104019910
@base=#<Airport:0x00000104019c80 ...>, @messages={}>>
```

Wenn Sie jetzt wieder die URL *http://localhost:3000/airports* aufrufen, können Sie die Änderungen sehen, die gemacht wurden.

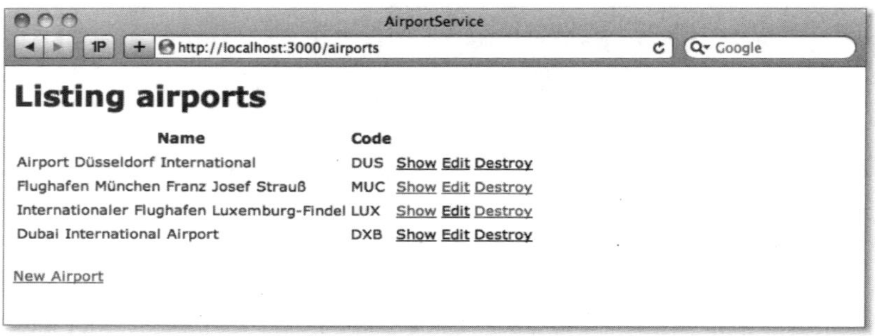

Abbildung 14.6 Aktualisierte Liste der Flughäfen

Verwendung

Als Letztes möchten wir noch den Service nutzen, der uns zu einem Code eines Flughafens den Namen liefert:

```
>> Airport.get(:with_code,:code=>'DXB')
=> {"code"=>"DXB", "created_at"=>"2011-07-02T10:58:40Z",
"id"=>4, "name"=>"Dubai International Airport",
"updated_at"=>"2011-07-02T10:58:40Z"}
```

Der Aufruf erfolgt über die Methode `get`, da wir im Routing festgelegt haben, dass Anfragen zu `:with_code` über die `GET`-Methode erfolgen.

In diesem Kapitel erfahren Sie, welche Möglichkeiten Rails bietet, um eine mehrsprachige Applikation zu entwickeln.

15 Mehrsprachige Applikationen mit I18n

In Kapitel 5 ab Seite 93 haben wir unsere Beispielapplikation `bookmarks` in eine zweisprachige Applikation überführt. Um eine Schritt-für-Schritt-Anleitung zu erhalten, wie man das macht, empfehlen wir, diese Beispielapplikation durchzuarbeiten. Dieses Kapitel dient als Referenzkapitel, in dem Details und auch Themen behandelt werden, die in der Beispielapplikation nicht behandelt werden.

I18n

Für die Übersetzungen ist in Rails das Gem I18n zuständig. I18n ist eine Abkürzung für »Internationalisation« (Buchstabe I, gefolgt von 18 Zeichen und schließlich der Buchstabe n). Mit Hilfe von I18n kann man folgende Übersetzungen bzw. Lokalisierungen anlegen:

- Texte
- Datumsformatierung
- Zeitformatierung
- Zahlen- und Währungsformatierung
- Tabellen und Attribute für Datenbanken (ActiveRecord)
- Fehlermeldungen für Valdierungen
- Beschriftungen von Schaltflächen

15.1 Konfiguration

»default_locale«

Die Standardsprache, die mit `I18n.locale` abgefragt werden kann, und so lange gültig ist, bis sie mit `I18n.locale=` auf einen anderen Wert gesetzt wird, ist in Rails Englisch und wird in der Konfigurationsdatei `config/application.rb` eingestellt. Das Schöne ist, dass Rails in dieser

Datei bereits einen Eintrag enthält, um Deutsch als Standardsprache zu setzen. Sie müssen lediglich das Kommentarzeichen # entfernen:

```
config.i18n.default_locale = :de
```

Listing 15.1 »config/application.rb«

Das bedeutet aber noch nicht, dass jetzt alle Texte Ihrer Applikation automatisch auf Deutsch ausgegeben werden, da Rails die deutschen Übersetzungen ja noch nicht kennt.

Übersetzungsdateien

Standardmäßig werden die Übersetzungen in eigenen Dateien im Verzeichnis `config/locales` abgelegt. Es kann auch ein zusätzlicher Pfad zu den Übersetzungsdateien angegeben werden. Damit z. B. auch Übersetzungsdateien geladen werden, die im Verzeichnis `lib/locales` liegen, muss folgender Eintrag in der Datei `config/application.rb` vorgenommen werden:

```
config.i18n.load_path += Dir[Rails.root.join(
  'lib', 'locales', '*.rb,yml').to_s]
```

Listing 15.2 »app/config/application.rb«

Im Verzeichnis `lib/locales` können Sie Übersetzungsdateien ablegen, die Sie für mehrere Projekte gemeinsam nutzen. Das Verzeichnis `config/locales` nutzen Sie nur für projektspezifische Übersetzungen.

15.2 Sprachauswahl

»I18n.locale«

In einer laufenden Rails-Applikation kann die aktive Sprache mittels `I18n.locale = sprachcode` gewechselt werden. Mit der Zuweisung `I18n.locale = :fr` wird z. B. zur Sprache Französisch gewechselt. Mit der Methode `I18n.locale` wird die aktive Sprache abgefragt.

Locale-Switcher

Um dem Benutzer die Sprachauswahl zu erlauben, gibt es verschiedene Möglichkeiten. In der Bookmark-Beispielapplikation in Kapitel 5 auf Seite 93 wird die Implementierung gezeigt.

15.3 Übersetzungsdateien

»config/locales«

Jedes Rails-Projekt enthält standardmäßig bereits die Übersetzungsdatei `en.yml` im Verzeichnis `config/locales` mit einem Kommentar und einem »Hello World«-Eintrag:

```
# Sample localization file for English. Add more files in this
...
en:
  hello: "Hello world"
```

Listing 15.3 »config/locales/en.yml«

YAML

Es handelt sich um eine Datei im YAML-Format. In diesem Format können die Übersetzungen hierarchisch angeordnet werden, was es erlaubt, sie nach Themenbereichen zu gruppieren. In der Bookmark-Verwaltung haben wir nach Links, Messages und allgemeinen Texten gruppiert. Die Einrückungen bestehen aus jeweils zwei Leerzeichen.

```
de:
  links:
    new_bookmark: "Neuen Favorit erstellen"
    edit_bookmark: "Favorit ändern"
  messages:
    new_bookmark: "Favorit wurde erfolgreich angelegt."
    edit_bookmark: "Favorit wurde erfolgreich geändert."
  text:
    ...
```

Ruby-Format

Es ist sogar möglich, Übersetzungsdateien im Ruby-Format anzulegen. Die Dateien sollten aus einem Hash bestehen oder einen Hash generieren:

```
{en:
  {hello: "Hello World"}
}
```

Listing 15.4 »config/locales/en.rb«

Der große Nachteil des Ruby-Formats besteht darin, dass ein Fehler in der Formatierung dazu führt, dass die gesamte Rails-Applikation nicht starten kann. Daher ist das YAML-Format zu bevorzugen.

Rails liest alle Übersetzungdateien im Verzeichnis `config/locales` (und gegebenenfalls in einem von Ihnen zusätzlich definierten Verzeichnis) ein. Dabei spielt es keine Rolle, wie die Dateien benannt sind, solange die Endung `.yml` oder .rb ist.

Es ist üblich, für jede Sprache eine eigene Übersetzungdatei anzulegen. Sie können aber auch Übersetzungen von mehreren Sprachen in einer Datei hinterlegen. Wichtig ist, dass am Anfang der Datei bzw. auf der höchsten Hierarchieebene angegeben wird, für welche Sprache die nachfolgenden Übersetzungen sind:

```
en:
  hello: "Hello world"
de:
  hello: "Hallo Welt"
fr:
  hello: "Bonjour tout le monde"
```

Listing 15.5 »config/locales/all.yml«

[+]

Neustarten bei neuer Datei

Wenn Sie eine neue Übersetzungsdatei hinzufügen, müssen Sie den lokalen Rails-Server neu starten, damit die Übersetzungsdatei eingelesen wird.

15.3.1 Fertige Übersetzungsdateien importieren

In den Übersetzungsdateien werden nicht nur Übersetzungen für Texte definiert, sondern u. a. auch Datumsformate, Zahlenformate, Fehlermeldungen usw.

Sven Fuchs

Damit Sie nicht mühselig diese Angaben selbst machen müssen, hat Sven Fuchs auf GitHub Sprachdateien hinterlegt, die Sie einfach übernehmen können. Um eine Sprachdatei in Ihr Projekt zu kopieren, gehen Sie wie folgt vor:

»de.rails.yml«

Öffnen Sie *https://github.com/svenfuchs/rails-i18n/tree/master/rails/locale*. Es werden dann über 70 Sprachdateien gelistet. Für Deutsch gibt es neben der Übersetzungsdatei `de.yml` auch die `de-CH.yml` für die Schweiz und `de-AT.yml` für Österreich. Öffnen Sie die gewünschte Datei, z. B. `de.yml`, und klicken Sie auf den Link »raw« oberhalb des Listings im grauen Balken. Kopieren Sie den Inhalte über die Zwischenablage in Ihr Rails-Projekt und speichern Sie das Ganze z. B. unter dem Namen `config/locales/de.rails.yml` ab.

Auszug aus der Datei `config/locales/de.rails.yml`:

```
de:
  date:
    formats:
      default: "%d.%m.%Y"
      short: "%e. %b"
      long: "%e. %B %Y"
      only_day: "%e"
...
```

Listing 15.6 Auszug aus der Datei »config/locales/de.rails.yml«

Sie können nun die Formate an Ihre Wünsche anpassen.

15.4 Übersetzen und lokalisieren

Rails bietet zahlreiche Methoden bzw. Helper an, die in den Views und Controllern verwendet werden können und mit denen die Übersetzungen und Übersetzungsformate abgefragt werden können, die in den Übersetzungsdateien gespeichert sind.

Helper

15.4.1 Texte

Für die Übersetzung von Texten kann der Helper `I18n.translate` verwendet werden, dem ein Schlüssel bzw. der Pfad zu einem Schlüssel innerhalb der Übersetzungsdateien übergeben wird.

»translate«, »t«

Es gibt folgende Möglichkeiten, den Helper aufzurufen:

```
<%= I18n.tranlate("hello_world") %>

<%= I18n.t("hello_world") %>

<%= t("hello_world") %>

<%= translate("hello_world") %>
```

Die letzten beiden Varianten funktionieren nur in Controllern und Views. Um z. B. eine Übersetzung in der Konsole zu verwenden, sollte `I18n.t` oder `I18n.translate` verwendet werden. Die Sprache kann manuell mit `I18n.locale = "de"` auf Deutsch gesetzt werden.

Üblich ist die Verwendung der Kurzvariante `t "hello_world"` ohne runde Klammern in den Views. Statt einer Zeichenkette kann auch die Symbol-Schreibweise `t :hello_world` verwendet werden.

Falls die Übersetzungen verschachtelt sind, wie in der der folgenden Übersetzungsdatei

```
de:
  employee:
    title: "Mitarbeiter"
```

Listing 15.7 »config/locales/de.yml«

erfolgt der Zugriff auf die Übersetzung wie folgt:

```
<%= t "employee.title" %>
```

Übersetzungen gruppiert nach Controller und Action

Wenn die Übersetzungen nach Controller und Actions hierarchisch angeordnet sind, wie im folgenden Beispiel

```
de:
  employees
    index:
      title: "Mitarbeiter-Liste"
      new: "neuen Bookmark erstellen"
    new:
      title: "Neuer Mitarbeiter"
```

dann ist es nicht notwendig, den gesamten Pfad `"employees.index.title"` zu dem Schlüssel der Übersetzung anzugeben.

Relative Pfade

Im `index`-Template reicht die relative Pfadangabe `".title"` aus, um z. B. den Titel auszugeben. Rails ermittelt dann anhand des Controllers und des Action-Namens den absoluten Pfad zur Übersetzung.

```
<h1><%= t ".title" %></h1>
# => "Mitarbeiter-Liste"
```

Listing 15.8 »app/views/employees/index.html.erb«

Optionen

Der Helper `I18n.translate` bietet die folgenden Optionen:

- **scope**
  Bei verschachtelten Übersetzungen kann mit der Option `scope` der Zugriff so erfolgen:

  ```
  <%= t 'title', scope: 'employee' %>

  # oder mit der Symbol-Schreibweise:
  <%= t :title, scope: :employee %>
  ```

- **default**
  Wenn eine Übersetzung zu einem Schlüssel nicht vorliegt, so wird der Text angezeigt, welcher der Option `default` übergeben wird:

  ```
  <%= t 'employee.title', default: 'Unbekannt' %>
  ```

- **locale**
  Mit der Option kann eine Sprache erzwungen werden, unabhängig davon, welche Sprache gerade »aktiv« ist.

  ```
  <%= t 'employee.title', locale: :de %>
  ```

Fehlende Übersetzungen hervorheben [+]

Wenn Sie einen Schlüssel angeben, zu dem keine Übersetzung existiert, wird folgender HTML-Code generiert:

```
<span class="translation_missing"
title="translation missing: en.links.new_bookmark">
New Bookmark
</span>
```

Damit Sie leichter erkennen, welche Übersetzungen fehlen, können Sie z. B. in der CSS-Datei `application.css` den Bereich über den Selektor `.translation_missing` rot hervorheben.

15.4.2 Texte mit Platzhaltern

In Übersetzungen können auch Platzhalter verwendet werden, um einzelne Wörter in einer Übersetzung auszutauschen. Im folgenden Beispiel soll der Beruf der einzelnen Mitarbeiter ausgegeben werden:

- Der Mitarbeiter ist als Buchhalter angestellt.
- Der Mitarbeiter ist als Pilot angestellt.

In der Übersetzungsdatei wird die Platzhalter-Variable wie folgt verwendet:

```
de:
  job_employee: "Der Mitarbeiter ist als %{job} angestellt."
```

Listing 15.9 »config/locales/de.yml«

Im View können wir dann die Übersetzung wie folgt nutzen:

```
<%= t :job_employee, job: "Pilot" %>
```

15.4.3 Texte mit Pluralisierung

In Rails ist es auch möglich, einen Text auszugeben, der abhängig von einer Anzahl ist, wie im folgenden Beispiel:

- **Anzahl 0**
  »Es steht keine Abteilung zur Auswahl.«
- **Anzahl 1 (singular)**
  »Es steht eine Abteilung zur Auswahl.«
- **Anzahl 3 (plural)**
  »Es stehen 3 Abteilungen zur Auswahl.«

»count« In der Übersetzungsdatei legen wir mit `zero:`, `one:` und `other:` die Übersetzungen für die einzelnen Fälle an und verwenden zusätzlich den Platzhalter `count`, um die Anzahl angeben zu können:

```
de:
  choose_department:
    zero: "Es steht keine Abteilung zur Auswahl."
    one: "Es steht eine Abteilung zur Auswahl."
    other: "Es stehen %{count} Abteilungen zur Auswahl."
```

Listing 15.10 »config/locales/de.yml«

Im View können wir dann die Übersetzung wie folgt nutzen:

```
<%= t :choose_department, count: Department.count %>
```

Es muss lediglich der Platzhalter `count` mit der Anzahl der Abteilungen gesetzt werden.

»two« Einige Sprachen wie z. B. das klassische Arabisch kennen auch eine Dualform. In der Übersetzungsdatei kann daher auch der Schlüssel `two` verwendet werden.

15.4.4 Datums- und Zeitformatierung

»localize«, »l« Mit dem Helper `I18n.localize` können Datums- und Zeitangaben lokalisiert werden. Wie bei dem Helper `I18n.translate` kann im View auch der Alias `l` (kleines L) verwendet werden.

Im folgenden Beispiel werden das Erstellungsdatum und die Uhrzeit lokalisiert ausgegeben:

```
<%= l @employee.created_at %>
```

Das Datum wird dann z. B. wie folgt angezeigt: »Donnerstag, 10. November 2011, 05:21 Uhr«

»format:« Es stehen verschiede Formatoptionen zur Verfügung, die zum Helper angegeben werden können:

```
<%= l @book.created_at, format: :time %>
# => 05:21
<%= l @book.created_at, format: :short %>
# => 10. November, 05:21 Uhr
<%= l @book.created_at, format: :long %>
# => Donnerstag, 10. November 2011, 05:21 Uhr
<%= l @book.created_at, format: :default %>
# => Donnerstag, 10. November 2011, 05:21 Uhr
```

Wird die Option `format` nicht angegeben, wird `default` verwendet.

Damit der Helper `I18n.localize` funktioniert, müssen die Formate in einer Übersetzungsdatei eingetragen werden. Wenn Sie die Übersetzungsdatei von Sven Fuchs kopiert haben, haben Sie bereits folgende Einträge:

```
de:
  date:
    formats:
      default: "%d.%m.%Y"
      short: "%e. %b"
      long: "%e. %B %Y"
      only_day: "%e"
...
  time:
    formats:
      default: "%A, %d. %B %Y, %H:%M Uhr"
      short: "%d. %B, %H:%M Uhr"
      long: "%A, %d. %B %Y, %H:%M Uhr"
      time: "%H:%M"
```

Listing 15.11 »config/locales/de.rails.yml«

Sie können die Einträge individuell anpassen oder auch durch eigene Formate ergänzen. Die Platzhalter für die Datums- und Zeitangaben bestehen aus einem Prozentzeichen und einem Buchstaben. `%Y` steht z. B. für das Jahr. Auf der Seite *http://cheat.errtheblog.com/s/strftime/* finden Sie eine Übersicht über alle möglichen Platzhalter.

individuell anpassbar

15.4.5 Dezimalzahlen

Um Dezimalzahlen (z. B. `24.95`) zu formatieren, kann einfach der Helper `number_with_precision` verwendet werden:

```
<%= number_with_precision 12.9543 %>
```

In der deutschen Lokalisierung wird dann `12,95` ausgegeben.

In der Übersetzungsdatei kann das Format festgelegt werden. In der Datei von Sven Fuchs ist das Format wie folgt vorkonfiguriert:

```
de:
  number:
    format:
      precision: 2
      separator: ','
      delimiter: '.'
```

```
      significant: false
      strip_insignificant_zeros: false
```

Listing 15.12 »config/locales/de.rails.yml«

Für die Formatierung von großen Zahlen (über 1.000) kann auch der Helper `number_with_delimiter` verwendet werden. So wird

```
<%= number_with_delimiter 1234567.5 %>
```

in der deutschen Lokalisierung wie folgt ausgegeben: `1.234.567,5`

Prozent Der Helper `number_to_percentage` kann zur Formatierung von Prozentwerten verwendet werden. So erscheint

```
<%= number_to_percentage 23.5 %>
```

in der deutschen Lokalisierung wie folgt: `23,50%`

15.4.6 Währungen

Damit die Währung lokalisiert angezeigt wird, verwenden Sie den Helper `number_to_currency`. Um z. B. den Preis eines Produktes auszugeben, können Sie den Helper wie folgt im View verwenden:

```
<%= number_to_currency @ipad.price %>
```

Wie die Formatierung für die einzelnen Sprachen erfolgt, geben Sie in den Übersetzungsdateien an. Sie können die Formate an Ihre Bedürfnisse anpassen. Um z. B. Währungsangaben als `EUR 12,94` zu formatieren, ändern Sie die Datei `config/locales/de.yml` wie folgt ab:

```
de:
  number
    currency:
      format:
        unit: 'EUR'
        format: '%u %n'
        separator: ","
        delimiter: "."
        precision: 2
        significant: false
        strip_insignificant_zeros: false
```

Der Platzhalter `%u` steht für die Einheit (u = Unit) und `%n` für die Zahl (n = Number).

15.4.7 Übersetzung von Formularen

Im folgenden Beispiel wird ein Formular mit einem Feld `firstname` mit einer »submit«-Schaltfläche ausgegeben:

```
<%= form_for(@employee) do |f| %>
  ...
  <div class="field">
    <%= f.label :firstname %><br />
    <%= f.text_field :firstname %>
  </div>

  <div class="actions">
    <%= f.submit %>
  </div>
<% end %>
```

Als Beschriftung wird der `label`-Helper verwendet. Wenn keine Übersetzung für das Attribut `firstname` vorliegt, wird als Beschriftung `Firstname` ausgegeben.

Eine Übersetzung der Models `Employee` und `Department` kann wie folgt aussehen:

»activerecord«

```
de:
  activerecord:
    models:
      employee: "Mitarbeiter"
      department: "Abteilung"
    attributes:
      employee:
        firstname: "Vorname"
        lastname: "Nachname"
      department:
        name: "Abteilungsname"
```

Listing 15.13 »config/locales/de.yml«

Validierung und Buttons

Diese Übersetzungen werden für die Validierungs-Fehlermeldungen und die Beschriftungen der »submit«-Buttons verwendet. Beide sind bereits übersetzt, wenn Sie die Übersetzungen von Sven Fuchs kopiert haben (siehe Abschnitt 15.3.1 auf Seite 490).

```
...
# Beschriftung der submit-Buttons
    submit:
      create: '%{model} erstellen'
```

```
      update: '%{model} aktualisieren'
      submit: '%{model} speichern'

...
      inclusion: "ist kein gültiger Wert"
      exclusion: "ist nicht verfügbar"
      invalid: "ist nicht gültig"
      confirmation: "stimmt nicht mit der Bestätigung überein"
      accepted: "muss akzeptiert werden"
      empty: "muss ausgefüllt werden"
```

Listing 15.14 »de.rails.yml«

15.4.8 Weitere Helper

»to_sentence«

Es gibt eine Reihe von Helpern, die Übersetzungen unterstützen. So verbindet `to_sentence` etwa die Array-Elemente miteinander:

```
I18n.locale = :de
obst = ["Apfel", "Banane", "Birne"]
obst.to_sentence
=> "Apfel, Banane und Birne"
I18n.locale = :en
obst.to_sentence
=> "Apfel, Banane, and Birne"
```

Wenn Sie die Übersetzungsdatei von Sven Fuchs kopiert haben, haben Sie folgende Einstellungen:

```
de:
  support:
    array:
      words_connector: ", "
      two_words_connector: " und "
      last_word_connector: " und "
```

Große Zahlen

Um große Zahlen besser lesbar zu machen, bietet sich der Helper `number_to_human` an:

```
<%= number_to_human(10000) %>
# => 10 Tausend

<%= number_to_human(2000000) %>
# => 2 Millionen

<%= number_to_human(1000000000) %>
=> "1 Milliarde"
```

```
<%= number_to_human(2000000000) %>
=> "2 Milliarden"
```

Die Übersetzungen hierfür erwartet Rails in dem Pfad `number.human`. Auch dafür hat Sven Fuchs bereits Einstellungen hinterlegt.

In Kapitel 11 ab Seite 371 finden Sie weitere Helper.

15.4.9 Ganzseitige Übersetzungen

Dateiname

Bei Seiten mit sehr viel Text wie z. B. Impressums- oder Über-uns-Seiten bietet Rails die Möglichkeit, Templates für jede Sprache getrennt anzulegen. Im Dateinamen muss dazu der Sprachcode enthalten sein. Der View für eine englische Über-uns-Seite wird z. B. `about_us.en.html.erb` genannt.

```
<h1>About Us</h1>

<p>We are the leading company in the production of lightsa-
bers.<p>
...
```

Listing 15.15 »app/views/pages/about_us.en.html.erb«

Die deutsche Übersetzung heißt dann `about_us.de.html.erb`:

```
<h1>Über uns</h1>

<p>Wir sind das führende Unternehmen in der Herstellung von
Lichtschwertern.<p>
...
```

Listing 15.16 »app/views/pages/about_us.de.html.erb«

Rails erkennt anhand der Angabe der Sprache im Dateinamen, wann welche Datei geladen werden muss.

Unobtrusive JavaScript trennt den JavaScript- vom HTML-Code. Ajax ist eine Schlüsseltechnologie zur Realisierung von Web-2.0-Anwendungen, da mit Ajax die Interaktivität zwischen Benutzer und Webapplikation erheblich gesteigert werden kann.

16 Unobtrusive JavaScript und Ajax mit jQuery

16.1 JavaScript-Frameworks

Um die Programmierung mit JavaScript zu vereinfachen, ist die Verwendung von JavaScript-Frameworks sehr zu empfehlen. Lange Zeit war das JavaScript-Framwork Prototype in Rails integriert.

16.1.1 jQuery

Seit Rails 3.1 ist jQuery das Standard-JavaScript-Framework. Die jQuery-Bibliothek ist eine JavaScript-Bibliothek, welche die Programmierung mit JavaScript erheblich vereinfacht. Dies betrifft u. a. den Zugriff auf die Elemente einer Seite (DOM) und Ajax.

Buchtipp

Zur Einführung in jQuery empfehlen wir das Buch »jQuery: Das Praxisbuch« von Frank Bongers und Maximilian Vollendorf, erschienen bei Galileo Press.

16.1.2 jQuery UI

Neben jQuery wird auch die Erweiterung **jQuery UI** mit Rails mitgeliefert. jQuery UI bietet u. a. die folgenden Funktionen:

- **Interaktion via Drag & Drop**
  Hiermit ist es dem Benutzer z. B. möglich, die Reihenfolge von Listelementen per Drag & Drop interaktiv zu verändern.
- **Autovervollständigung**
  Während der Benutzer Text in ein Eingabefeld eingibt werden Texte vorgeschlagen, welche die Eingabe vervollständigen.

- **Effekte und Animationen**
  Es können leicht Animationen realisiert werden, wie z. B. das Ein- und Ausfahren von Seitenelementen.

In Abschnitt 16.4.2 auf Seite 512 setzen wir für einen Effekt jQuery UI ein.

16.1.3 Einbinden der JavaScript-Bibliotheken

Um zu verstehen, wie Rails JavaScript einbindet, sollten Sie vorher den Abschnitt 11.8 auf Seite 434 lesen. jQuery wird automatisch in Ihr Projekt eingebunden.

In der Datei `application.js` wird jQuery per Sprockets Directive eingebunden:

```
// This is a manifest file that'll be compiled into ...
// ...
//
//= require jquery
//= require jquery_ujs
//= require_tree .
```

Listing 16.1 »app/assets/javascripts/application.js«

Die Funktion der Datei `jquery_ujs` wird in Abschnitt 16.2.2 auf Seite 504 erklärt.

Durch Hinzufügen der Zeile `//= require jquery-ui` wird auch jQuery UI eingebunden:

```
// This is a manifest file that'll be compiled into ...
// ...
//
//= require jquery
//= require jquery_ujs
//= require jquery-ui
//= require_tree .
```

Listing 16.2 »app/assets/javascripts/application.js«

16.2 Unobtrusive JavaScript

In den Anfängen von HTML wurde im HTML-Code der `font`-Tag verwendet, um die Schrift zu formatieren, und der `table`-Tag, um Elemente auf der Seite anzuordnen. Heutzutage ist es Standard, dass das Aussehen der Website ausschließlich mittels CSS gesteuert wird. Wir haben also eine Trennung zwischen dem Inhalt (HTML) und der Darstellung (CSS).

Vor Rails 2

Eine ähnliche Entwicklung gibt es auch bei JavaScript. Noch vor Rails 3 wurde JavaScript im den HTML-Code integriert. Dies führte dazu, dass der HTML-Code mit Hunderten von JavaScript-Zeilen »verschmutzt« wurde.

Ab Rails 3

In Rails 3 wird keine Zeile JavaScript mehr direkt in den HTML-Code integriert, das heißt, das Verhalten (JavaScript) ist vom Inhalt (HTML) strikt getrennt. Diese Trennung wird als »Unobtrusive JavaScript« (kurz: UJS) bezeichnet (»unobtrusive« = »unauffällig«).

16.2.1 Grundlagen

HTML und CSS

Um zu verstehen, wie diese Technik im Detail funktioniert, schauen wir, wie CSS im Zusammenhang mit HTML steht. In HTML werden Bereiche mit dem HTML-Attribut `id` und `class` »markiert«, auf die dann mittels Selektoren im CSS Bezug genommen wird, um diese zu formatieren.

```
<div id="navigation">
...
</div>
```

Listing 16.3 HTML

Im CSS-Code kann dann über die ID darauf Bezug genommen werden.

```
#navigation { background-color: #ccc }
```

Listing 16.4 CSS

HTML und JavaScript

Ähnlich verhält es sich mit Unobtrusive JavaScript. Im HTML-Code werden Bereiche, die ein Verhalten bekommen sollen, mit dem HTML5-Attribut `data-*` »markiert«.

»data«-Attribut

In HTML5 können zu (fast) jedem HTML-Element Attribute der Form `data-*` hinzugefügt werden, also z. B. `data-remote` oder `data-was-auch-immer`.

Beispiel

Im folgenden Beispiel soll bei einem Klick auf einen Link eine JavaScript-Meldung (`alert`) erscheinen. Der Text für die Meldung soll im `data-meldung`-Attribut hinterlegt werden:

```
<a href="#" data-meldung="Hallo Welt">Link 1</a>
<a href="#" data-meldung="Nur ein Test">Link 2</a>
```

Listing 16.5 HTML-Code

Wenn wir z. B. auf »Link 2« klicken, soll die Meldung »Nur ein Test« erscheinen.

In HTML5 haben die `data`-Attribute keine Funktion, das heißt, sie werden vom Webbrowser ignoriert. Es stellt sich nun die Frage, wie JavaScript ins Spiel kommt.

jQuery

Mit jQuery lässt sich das Problem leicht lösen. Im folgenden Beispiel definieren wir ein Event auf alle Links mit einem `data`-Attribut, das bei einem Klick die Meldung ausgibt, die im `data-meldung`-Attribut hinterlegt ist:

```
jQuery(function(){
  $('a[data-meldung]').click(function(){
    alert($(this).data('meldung'))
  });
});
```

Listing 16.6 JavaScript

CoffeeScript

Aufgrund der einfacheren Syntax bevorzugen wir CoffeeScript, was ab Rail 3.1 Standard ist (siehe Abschnitt 11.10 auf Seite 444).

```
jQuery ->
  $('a[data-meldung]').click ->
    alert($(this).data('meldung'))
```

Listing 16.7 CoffeeScript

16.2.2 Unobtrusive JavaScript in Rails

In Rails 3 setzen die Helper wie z. B. `link_to` automatisch das `data`-Attribut ein. Im folgenden Beispiel wird der `link_to`-Helper eingesetzt, um einen Link zum Löschen eines Bookmarks anzulegen:

```
<%= link_to 'löschen', bookmark, confirm: 'Wirklich ?',
    method: :delete %>
```

Die Option `confirm` legt den Text fest, der angezeigt werden soll, bevor ein Datensatz gelöscht wird. Die HTTP-Methode wird mit der `method`-Option festgelegt. Zum Löschen wird die HTTP-Methode `delete` verwendet.

Der Helper generiert folgenden HTML-Code, indem zwei `data`-Attribute verwendet werden:

```
<a href="/employees/2" data-confirm="Wirklich ?"
data-method="delete" rel="nofollow">löschen</a>
```

»jquery_ujs.js«

Im Gegensatz zu unserem letzten Beispiel mit dem `data-meldung`-Attribut müssen wir nicht selbst JavaScript-Code zur Behandlung von `data-confirm` und `data-method` schreiben. Rails liefert nämlich die JavaScript-Datei `jquery_ujs.js` mit, die standardmäßig auch in der `application.js` eingebunden wird.

»jquery-rails«

In dieser JavaScript-Datei ist sämtlicher Code für die Implementierung von Unobtrusive JavaScript definiert. Die Datei können Sie in Ihrem Projekt nicht direkt finden, da diese Bestandteil des RubyGems `jquery-rails` ist, in dem auch jQuery enthalten ist.

Quelltext

Sie können sich unter *http://git.io/I9IwSw* auch den Quelltext des RubyGems ansehen. Es sind jedoch gute JavaScript- und jQuery-Kenntnisse erforderlich, um den Quelltext zu verstehen.

Prototype

Falls Sie statt jQuery lieber Prototype einsetzen wollen, können Sie das Gem `jquery-rails` durch `prototype-rails` im `Gemfile` ersetzen. In der Datei `application.js` sind außerdem folgende Anpassungen notwendig:

```
//= require prototype
//= require prototype_ujs
//= require effects
//= require dragdrop
//= require controls
```

Listing 16.8 »app/assets/javascripts/application.js«

16.3 Ajax

Ajax steht für **Asynchronous JavaScript and XML**. Per Definition bedeutet das, dass eine asynchrone Datenübertragung zwischen einem Server und einem Browser über XML erfolgt. Praktisch bedeutet das, dass Teile einer Webseite über eine Kommunikation mit dem Server aktualisiert werden, ohne dass die Seite komplett neu geladen werden muss. Meistens wird jedoch das JSON-Format statt XML zur Kommunikation verwendet.

16.3.1 Grundlagen

Ohne Ajax funktioniert der Austausch mit dem Server nur, indem eine Webseite komplett neu geladen wird. Über einen Client (z.B. ein Webbrowser) wird die Anfrage an den Server gestellt, dieser führt die Anfrage aus und sendet die komplette Webseite an den Browser zurück:

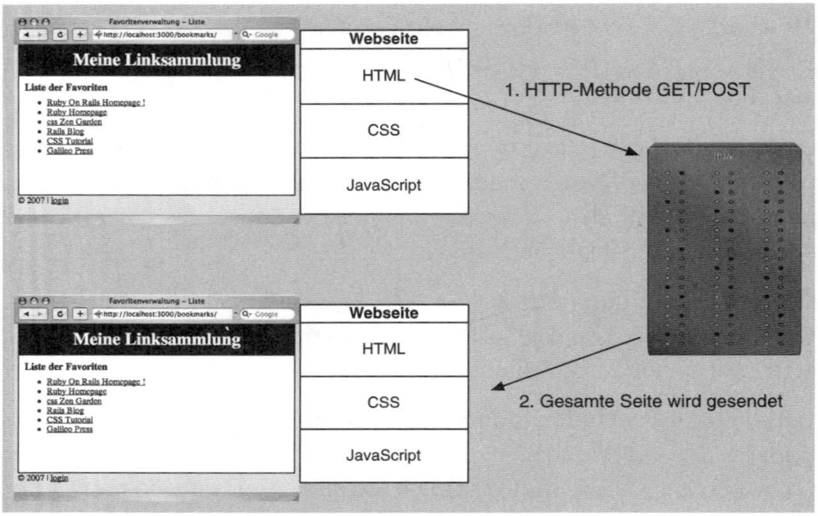

Abbildung 16.1 Kommunikation zwischen Browser und Server ohne Ajax

»XMLHttp-Request« Mit Ajax läuft die Kommunikation zwischen dem Browser und dem Server über ein JavaScript, das eine `XMLHttpRequest`-Anfrage an den Server sendet. Der Server lädt die angefragten Daten, ohne dass die Seite neu geladen wird. Wenn die Daten fertig geladen sind, wird eine vorher festgelegte JavaScript-Funktion aufgerufen, welche die Daten der Webseite anzeigt:

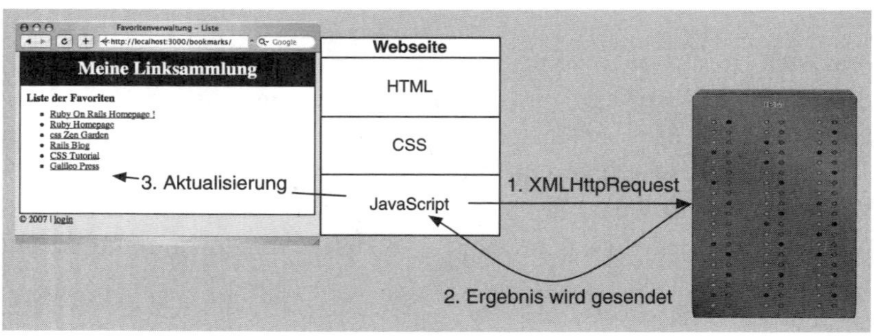

Abbildung 16.2 Kommunikation zwischebn Browser und Server mit Ajax

Rails hat eine sehr fortgeschrittene Technik, Ajax zu verwenden. Die Kommunikation mit dem Server läuft über die JavaScript-Bibliothek **jQuery**. Über diese Bibliothek werden die JavaScript-Anfragen an den Server gesendet. Das Besondere ist aber, dass der Server JavaScript-Code zurücksendet, der von der jQuery-Bibliothek empfangen und ausgeführt wird.

jQuery für Ajax

16.3.2 Ajax in Rails

Um eine Ajax-Funktionalität in Rails zu integrieren, wird auch die Unobtrusive-JavaScript-Technik verwendet.

Bestimmte HTML-Elemente, die das `data-remote="true"`-Attribut tragen, werden als Ajax-Anfrage »markiert«.

»data-remote«

Helper wie z. B. `link_to` und `form_for` können die Option `remote: true` erhalten, die dann das `data-remote`-Attribut im HTML-Code setzen. Um zu erläutern, welche Wirkung die `remote`-Option hat, werden wir eine kleine Ajax-Funktionalität der Beispielapplikation zur Verwaltung von Mitarbeitern aus Kapitel 3 auf Seite 47 hinzufügen.

»remote«-Option

In der Liste der Mitarbeiter (`app/views/employees/index.html.erb`) soll ein Link eingesetzt werden, der per Ajax die Anzahl der Mitarbeiter abfragt und in einer simplen JavaScript-Meldung ausgeben soll. In der Praxis könnten wir auch direkt die Anzahl der Mitarbeiter auf der Indexseite anzeigen.

```
<h1>Listing employees</h1>

<%= link_to 'Number of employees', employees_path,
    remote: true  %>
```

Listing 16.9 »app/views/employees/index.html.erb«

Der Link enthält die Routing-Methode `employees_path`, die zur `index`-Action des Employees-Controllers führt. Durch die `remote`-Option wird die Anfrage als JavaScript-Anfrage per Ajax gekennzeichnet. Ohne die `remote`-Option würde sich erneut die Liste der Mitarbeiter öffnen.

Der `link_to`-Helper generiert folgenden einfachen HTML-Code mit dem `data-remote`-Attribut:

```
<a href="/employees" data-remote="true">
Number of employees</a>
```

Damit der Controller eine JavaScript-Anfrage verarbeiten kann, müssen wir im Controller die Zeile `format.js` in der `index`-Action hinzufügen:

»format.js«

```
class EmployeesController < ApplicationController
  # GET /employees
  # GET /employees.json
  def index
    @employees = Employee.all

    respond_to do |format|
      format.html # index.html.erb
      format.json  render json: @employees
      format.js # index.js.erb
    end
  end
```

Listing 16.10 »app/controllers/employees_controller.rb«

»index.js.erb«

Der Controller reagiert nun auf die JavaScript-Anfrage und ruft das Template `index.js.erb` auf. In dem Template fügen wir JavaScript ein. Wie bei einer HTML-Datei können wir innerhalb des JavaScript-Codes Ruby-Code einfügen, da es sich um ein ERB-Template handelt:

```
alert('<%= @employees.count %>');
```

Listing 16.11 »app/views/employees/index.js.erb«

»index.coffee.erb«

Wenn wir den Dateinamen `index.coffee.erb` verwenden, können wir alternativ auch CoffeeScript verwenden:

```
alert('<%= @employees.count %>')
```

Listing 16.12 »app/views/employees/index.coffee.erb«

Rails verarbeitet das Template, indem der Ruby-Code ausgeführt wird. Wenn z. B. drei Mitarbeiter vorliegen, erhalten wir `alert('3')`. Da der JavaScript-Code nicht auf dem Server ausgeführt werden kann, schickt Rails den JavaScript-Code zurück an den Webbrowser, der dann das JavaScript verarbeitet. Schließlich öffnet sich dann die JavaScript-Meldung mit der Nachricht »3«.

Eine Ajax-Funktionalität kann in Rails in drei grundlegenden Schritten implementiert werden:

1. **remote-Option im Helper setzen**
   ```
   <%= link_to TEXT, PFAD, remote: true  %>
   ```

2. **Im Controller format.js hinzufügen zum Akzeptieren von JavaScript**

```
respond_to do |format|
  ...
  format.js
end
```

3. **JavaScript-Template erstellen**

```
alert('<%= @employees.count %>')
```

Fehlersuche [+]

Die Fehlersuche bei Verwendung von Ajax ist nicht ganz einfach, da meist kein Fehler auf der Seite angezeigt wird. Es gibt aber einige Tools, die Ihnen bei der Fehlersuche behilflich sein können, z. B. das Firefox-Plugin Firebug oder die in Google Chrome und Safari integrierten »Developer Tools«.

16.4 Beispiele

Wir werden im Folgenden ein paar Beispiele zum Einsatz von Ajax in Rails 3.1 zeigen.

Dazu erstellen wir ein neues Projekt, generieren eine Ressource `bookmarks` und führen die Migrationen aus.

Neues Projekt

```
rails new bookmakrs_ajax -T
cd bookmakrs_ajax
rails generate scaffold bookmark title:string url:string
rake db:migrate
```

16.4.1 Bookmark per Ajax löschen

Auf der Indexseite werden alle Bookmarks gelistet. In jeder Zeile ist ein »Löschen«-Link enthalten. Dieser soll nun so angepasst werden, dass durch einen Klick auf den Link die Zeile mit dem Bookmark direkt aus der Liste entfernt wird, ohne dass die Seite neu geladen wird. Dabei soll die betroffene Zeile mit einem Fade-out-Effekt ausgeblendet werden.

Wir fügen dazu dem »Löschen«-Link (`destroy`), die Option `remote: true` hinzu. Zusätzlich können wir die `confirm`-Option entfernen, damit ohne Rückfrage der Datensatz gelöscht wird.

»link_to« mit »remote«-Option

```
<% @bookmarks.each do |bookmark| %>
  <tr>
    <td><%= bookmark.title %></td>
    <td><%= bookmark.url %></td>
    <td><%= link_to 'Show', bookmark %></td>
    <td><%= link_to 'Edit', edit_bookmark_path(bookmark) %></td>
    <td><%= link_to 'Destroy', bookmark, method: :delete,
            remote: true %></td>
  </tr>
<% end %>
```

Listing 16.13 »app/views/bookmarks/index.html.erb«

Damit wir später per JavaScript die zu löschende Zeile ausblenden können, müssen wir jede Zeile eindeutig identifizieren. Dazu fügen wir dem `tr`-Tag innerhalb der Schleife die ID des Datensatzes hinzu:

```
<% @bookmarks.each do |bookmark| %>
  <tr id="bookmark_<%= bookmark.id %>">
    ...
  </tr>
<% end %>
```

Listing 16.14 »app/bookmarks/index.html.erb«

Für den Datensatz mit der ID 3 wird dann z. B. `<tr id="bookmark_3">` generiert.

»content_tag_for« Da die Identifizierung von HTML-Elementen in der Praxis so häufig vorkommt, bietet Rails den Helper `content_tag_for` an, mit dem wir unsere Implementierung erheblich vereinfachen können. Dazu ersetzen wir die Zeile mit dem `tr`-Tag durch den Helper:

```
<% @bookmarks.each do |bookmark| %>
  <%= content_tag_for(:tr, bookmark) do %>
    <td><%= bookmark.title %></td>
    <td><%= bookmark.url %></td>
    <td><%= link_to 'Show', bookmark %></td>
    <td><%= link_to 'Edit', edit_bookmark_path(bookmark) %></td>
    <td><%= link_to 'Destroy', bookmark, method: :delete,
            remote: true %></td>
  <% end%>
<% end %>
```

Listing 16.15 »app/bookmarks/index.html.erb«

Es ist zu beachten, dass der `</tr>`-Tag durch ein `<% end %>` zu ersetzen ist.

»format.js« im Controller

Als Nächstes müssen wir dem Bookmarks-Controller mitteilen, dass dieser eine JavaScript-Anfrage akzeptieren soll. Dazu fügen wir in der destroy-Action innerhalb des respond_to-Blocks die Zeile format.js hinzu:

```
def destroy
  @bookmark = Bookmark.find(params[:id])
  @bookmark.destroy

  respond_to do |format|
    format.html { redirect_to bookmarks_url }
    format.json { head :ok }
    format.js
  end
end
```

Listing 16.16 »app/controllers/bookmarks_controller.rb«

»destroy.js.erb«-Template

Dieser Eintrag führt dazu, dass der Controller das Template destroy.js.erb (oder auch destroy.coffee.erb) aufruft. Wir legen daher das Template an und fügen folgendes JavaScript hinzu:

```
$('#bookmark_<%= @bookmark.id %>').fadeOut();
```

Listing 16.17 »app/views/bookmarks/destroy.js.erb«

Auch hier können wir einen Helper verwenden, um den Code zu vereinfachen:

```
$('#<%= dom_id(@bookmark) %>').fadeOut();
```

Listing 16.18 »app/views/bookmarks/destroy.js.erb«

Für ein Lesezeichen mit der ID 3 wird dann z. B. folgendes JavaScript generiert:

```
$('#bookmark_3').fadeOut();
```

Dieser JavaScript-Code wird dann per Ajax an den Webbrowser zurückgeschickt, der dann das JavaScript ausführt, was zum Ausblenden der Zeile führt.

Starten Sie nun den Rails-Server mit rails server, und testen Sie die Funktionalität im Webbrowser.

16.4.2 Ein Bookmark per Ajax hinzufügen

Im folgenden Beispiel wird das Hinzufügen neuer Bookmarks komfortabler gestaltet. Auf der Indexseite soll oberhalb der Bookmarkliste das Eingabeformular integriert werden. Wenn ein Bookmark eingegeben wird, soll der Bookmark ohne Neuladen der Seite direkt als letztes Element der Liste erscheinen.

Abbildung 16.3 Formular auf der Indexseite

Dazu strukturieren wir erst einmal unsere Indexseite der Bookmarks um. Wir extrahieren den gesamten `content_tag`-Block und speichern ihn in einer neuen Partial-Datei namens `_bookmark.html.erb`:

```
<%= content_tag_for(:tr, bookmark) do %>
  <td><%= bookmark.title %></td>
  <td><%= bookmark.url %></td>
  <td><%= link_to 'Show', bookmark %></td>
  <td><%= link_to 'Edit', edit_bookmark_path(bookmark) %></td>
  <td><%= link_to 'Destroy', bookmark, method: :delete,
          remote: true %></td>
<% end %>
```

Listing 16.19 »app/views/bookmarks/_bookmark.html.erb«

Partial aufrufen

Auf der Indexseite rufen wir das Partial auf. Eine Schleife ist nicht mehr nötig, da das die `render`-Methode für uns erledigt. Den Link zum neuen Formular können wir auch entfernen. Die Indexseite der Bookmarkverwaltung sollte nun wie folgt aussehen:

```
<h1>Listing bookmarks</h1>

<table>
  <tr>
    <th>Title</th>
    <th>Url</th>
    <th></th>
    <th></th>
    <th></th>
  </tr>
  <%= render @bookmarks %>
</table>
```

Listing 16.20 »app/views/bookmarks/index.html.erb«

Nach der Umstrukturierung (auch Refactoring genannt) sollten Sie zunächst die Applikation im Browser testen, um sicherzustellen, dass noch alles funktioniert.

»remote«-Option setzen

Als Nächstes fügen wir im Partial `_form.html.erb`, welches das Formular zum Anlegen eines Bookmarks enthält, dem Helper `form_for` die `remote`-Option hinzu, damit ein Ajax-Aufruf beim Abschicken des Formulars ausgeführt wird:

```
<%= form_for(@bookmark, remote: true) do |f| %>
...
<% end %>
```

Listing 16.21 »app/views/bookmarks/_form.html.erb«

Fomular einbinden

Damit das Eingabeformular auf der Indexseite angezeigt wird, rufen wir das Partial mit dem `render`-Befehl auf:

```
<h1>Listing bookmarks</h1>
<%= render 'form' %>
<table>
  <tr>
    <th>Title</th>
    <th>Url</th>
    <th></th>
    <th></th>
    <th></th>
  </tr>
  <%= render @bookmarks %>
</table>
```

Listing 16.22 »app/views/bookmarks/index.html.erb«

Instanzvariable setzen

Im Formular wird die Instanzvariable `@bookmark` verwendet. Daher müssen wir diese noch in der `index`-Action des Bookmarks-Controllers definieren:

```
...
def index
  @bookmarks = Bookmark.all
  @bookmark = Bookmark.new
  ...
end
...
```

Listing 16.23 »app/controllers/bookmarks_controller.rb«

»create«-Action

Da das Formular die `create`-Action aufruft und diese JavaScript verarbeiten soll, fügen wir der `create`-Action den Befehl `format.js` hinzu. Da wir für das Beispielprojekt weder eine Validierung noch eine Datei im HTML- oder JSON-Format ausgeben, vereinfachen wir die Action:

```
def create
  @bookmark = Bookmark.new(params[:bookmark])
  @bookmark.save
  respond_to do |format|
    format.js
  end
end
```

Listing 16.24 »app/controllers/bookmarks_controller.rb«

Schließlich erstellen wir noch das Template `create.js.erb` für das JavaScript:

```
$('table').append('<%= j render @bookmark %>');
$('#<%= dom_id(@bookmark) %>').effect('highlight',{}, 2000);
$('form :text').val("");
```

Listing 16.25 »app/views/bookmarks/create.js.erb«

»escape_javascript«

Die erste JavaScript-Zeile fügt eine neue Bookmarkzeile am Ende der Tabelle hinzu. Der `render`-Befehl generiert den HTML-Code. Der Helper `j` ist ein Alias für `escape_javascript` und wandelt Zeichen wie Hochkommata um, damit es im JavaScript zu keinen Fehlern kommt.

Effekt mit jQuery UI

Die zweite Zeile sorgt dafür, dass nach dem Hinzufügen die neue Zeile mit einem Effekt zwei Sekunden lang hervorgehoben wird.

Die dritte Zeile löscht schließlich die Eingaben im Formular.

Da der Befehl `effect` ein jQuery-UI-Befehl ist, müssen wir die Bibliothek in der `application.js` hinzufügen: »jquery-ui«

```
//= require jquery
//= require jquery_ujs
//= require jquery-ui
//= require_tree .
```

Listing 16.26 »app/assets/javascripts/application.js«

Sie können nun die neue Funktionalität im Webbrowser ausprobieren.

Bevor eine Applikation auf einen Server übertragen wird, steht die Sicherheit an erster Stelle. Mit Hilfe von Heroku können Sie in kürzester Zeit eine Applikation veröffentlichen. Außerdem erfahren Sie, was Sie tun können, um die Performance Ihrer Rails-Applikation durch Caching zu steigern.

17 Sicherheit, Deployment und Optimierung durch Caching

17.1 Sicherheit

Systemausfälle vermeiden

Egal, wie und warum ein Angriff erfolgt ist, das Wiederherstellen der verlorenen Daten geht nie von heute auf morgen. Das heißt, ein Angriff zieht immer Systemausfälle nach sich. Und nun stellen Sie sich vor, Sie wären von einem solchen Ausfall betroffen, und Ihre Applikationen wären für eine Woche nicht erreichbar. Stellen Sie sich vor, alle Daten wären verloren gegangen. Oder ihr schärfster Konkurrent wäre im Besitz Ihrer Kundendaten und Ihrer Umsatzzahlen. Was hätte das für Konsequenzen?

Wir wollen Ihnen in diesem Abschnitt die häufigsten Angriffsarten vorstellen, und Wege aufzeigen, wie Sie Ihre Applikation davor schützen können.

17.1.1 SQL Injection

Mangelnde Überprüfung von Benutzereingaben

Mit SQL Injection wird das Ausnutzen einer Sicherheitslücke bezeichnet, die durch mangelnde Überprüfung oder Maskierung von Benutzereingaben beim Zugriff auf SQL-Datenbanken entsteht. Der Angreifer versucht, über die Formulare der Applikation, die den Zugriff auf die Datenbank ermöglichen, eigene Befehle abzusetzen, um Daten zu verändern, zu löschen oder sogar die Kontrolle über den Server zu erhalten.

Eine SQL Injection ist immer dann möglich, wenn eine Applikation Benutzereingaben als Teil einer SQL-Abfrage an den Server weiterleitet, ohne die Benutzereingaben auf enthaltene Metazeichen (umgekehrter

Schrägstrich, Apostroph, Anführungszeichen, Semikolon) zu prüfen und diese zu maskieren.

Automatischer Schutz

ActiveRecord übernimmt für Sie automatisch die Maskierung aller Metazeichen, aber nur, wenn Sie die richtige Technik anwenden.

Eigene Maßnahmen

Sobald Sie eigene Bedingungen (`where`) oder ganze SQL-Abfragen selbst formulieren, müssen Sie darauf achten, dass Sie die Metazeichen maskieren. Deshalb sollten Sie Benutzereingaben nie direkt in eine SQL-Abfrage übernehmen, ohne sie zu maskieren:

```
Flight.where("code = '#{@params['code']}'")
```

Das ist gefährlich. Ein Angreifer könnte über den Parameter `code` folgende Zeichenkette senden:

```
'OR 1 ---'
```

Der Aufruf der `where`-Methode würde dann wie folgt lauten:

```
Flight.where("code = '' OR 1 --''")
```

Die Zeichenkette `'OR 1 --'` bewirkt, dass die Bedingung immer erfüllt ist, und die beiden Striche am Ende bewirken, dass der nachfolgende SQL-Code, sollte er existieren, auskommentiert wird. Das heißt, mit dieser Abfrage würden alle Flüge ausgegeben.

Platzhalter

Verhindern können Sie das, indem Sie Platzhalter verwenden.

```
Flight.where("code = ?", @params['code'])
```

ActiveRecord ersetzt automatisch den Platzhalter (?), schließt Zeichenketten in Anführungszeichen ein und maskiert die Metazeichen für das verwendete Datenbanksystem.

Wenn Sie der `where`-Methode einen Hash übergeben, sind Sie auch auf der sicheren Seite:

```
Flight.where(code: @params['code'])
```

17.1.2 Mass Assignment

»Mass Assignment« steht für Massenzuweisung. Die Massenzuweisung wird in Rails meist dann verwendet, wenn Formulardaten zum Speichern und Ändern von Objekten empfangen werden. Betrachten wir dazu die `create`-Methode eines Users-Controllers, die für ein Anmeldeformular für neue Benutzer verwendet wird:

```
def create
  @user = User.new(params[:user])
  if @user.save
    redirect_to bookmarks_path,
      notice: "Ihr Benutzerkonto wurde angelegt!"
  else
    render "new"
  end
end
```

Listing 17.1 »app/controllers/users_controller«

Die `create`-Action erzeugt mit dem Befehl `User.new(params[:user])` ein neues User-Objekt mit den Attributen, die gesendet wurden. Angenommen, es werden die folgenden Attribute gesendet:

```
params[:user] = {email: "han@lucasarts.com",
                 password: "geheim",
                 password_confirmation: "geheim"}
```

Dann werden drei Zuweisungen (Assignments) ausgeführt:

```
@ user  = User.new
@user.email = "han@lucasarts.com"
@user.password = "geheim"
@user.password_confirmation = "geheim"
```

Die Massenzuweisung ist nicht nur bei der `new`-Methode, sondern auch bei den ActiveRecord-Methoden `create` und `update_attributes` möglich.

Unsicheres Attribut

Das Sicherheitsproblem tritt auf, wenn wir z. B. im User-Model ein Attribut `credit` haben, das angibt, welches Guthaben ein Kunde hat. Im Anmeldeformular für neue Benutzer wird z. B. nur nach dem Benutzernamen und dem neuen Passwort gefragt. Ein Angreifer könnte jedoch beim Senden des Formulars die Daten `user[credit]=10000` mitschicken und dann durch die Massenzuweisung mit `User.new(params[:user])` sein Guthaben selbst setzen:

```
params[:user] = {email: "han@lucasarts.com",
                 password: "geheim",
                 password_confirmation: "geheim",
                 credit: 10000}
```

Rails bietet für das Problem die Methode `attr_accessible` an, mit der festgelegt wird, welche Attribute per Massenzuweisung gesetzt werden dürfen.

Um unser User-Model zu schützen fügen wir die Methode `attr_accessible` ein:

```
class User < ActiveRecord::Base
  attr_accessible :email, :password, :password_confirmation
end
```

Listing 17.2 »app/models/user.rb«

Whitelist Wenn jetzt der Angreifer das `credit`-Attribut setzt, wird dies ignoriert, weil das Attribut nicht auf der Liste der erlaubten Attribute steht. Diese Liste wird auch als »Whitelist« bezeichnet, da nur die erlaubten Attribute gelistet werden.

Blacklist Alternativ kann auch die Methode `attr_protected` eingesetzt werden, in der die Attribute angegeben werden, die nicht für die Massenzuweisung zugelassen sind. Diese Liste wird als »Blacklist« bezeichnet.

```
class User < ActiveRecord::Base
  attr_protected :credit
end
```

Listing 17.3 »app/models/user.rb«

Da das Whitelist-Verfahren vom Prinzip her sicherer ist, sollten Sie lieber die Methode `attr_accessible` verwenden.

Das `credit`-Attribut kann nun nicht mehr über `User.new` oder `User.create` gesetzt werden, sondern nur noch mit einer direkten Zuweisung wie im folgenden Beispiel:

```
@user = User.new(params[:user])
@user.credit = 100
@user.save
```

Rollen Die Sicherheits-Methoden `attr_accessible` und `attr_protected` unterstützen seit Rails 3.1 die Möglichkeit, über die Option `as:` Rollen festzulegen.

Im folgenden Beispiel definieren wir die Rolle `:admin`, bei der zusätzlich das `credit`-Attribut zugelassen werden soll:

```
class User < ActiveRecord::Base
  attr_accessible :email, :password, :password_confirmation
  attr_accessible :email, :password, :password_confirmation,
                  :credit, as: :admin
end
```

Listing 17.4 »app/models/user.rb«

Bei den Methoden, die Massenzuweisungen unterstützen wie `new`, `create` und `update_attributes`, muss dann die Rolle über die `as`-Option gesetzt werden:

```
User.new(params[:user], as: :admin)
User.create(params[:user], as: :admin)
User.update_attributes(params[:user], as: :admin)
```

Wenn keine Rolle mit `as` angegeben wird, handelt es sich um die Standardrolle (`:default`).

17.1.3 Cross-Site-Scripting (XSS)

Schadhafter Code

Mit Cross-Site-Scripting, abgekürzt XSS, wird eine Angriffsform bezeichnet, die versucht, schadhaften Code (HTML, CSS, JacaScript, XML), der clientseitig ausgeführt wird, in eine Website einzuschleusen und im vertrauenswürdigen Kontext der Website auszuführen. Der Angreifer sendet dazu entsprechend präparierten HTML-Code an eine Applikation, die diesen speichert. Bei späteren Anfragen anderer Benutzer wird der schadhafte Code an die Anfragen angehängt, ohne ihn zu maskieren. JavaScript in Verbindung mit HTML ist die meistverwendete Skriptsprache für diese Angriffsform.

Ziel: Identitätsdiebstahl

Ziel dieser Angriffe ist es meistens, Cookies mit Benutzerdaten auszuspähen, um zum Beispiel Benutzerkonten zu übernehmen (Identitätsdiebstahl). Das heißt, betroffen sind vor allem Websites, die Benutzerdaten an eine Datenbank senden, z. B. über Anmeldeformulare oder Formulare zur Anforderung vergessener Passwörter.

Ausgabe ungepüfter Benutzereingaben

Möglich ist ein Cross-Site-Scripting-Angriff immer dann, wenn Benutzereingaben ungeprüft und ohne Maskierung der Metazeichen an der Oberfläche ausgegeben werden. Wenn eine Benutzereingabe in einem solchen Fall also JavaScript-Befehle enthielte, würden diese ausgeführt.

Risiko minimieren

Das Risiko, einem XSS-Angriff ausgesetzt zu werden, ist seit Rails 3 minimiert, da Rails automatisch alle Ausgaben in Templates vorher in HTML-Entitys umwandelt. Betrachten wir folgendes Beispiel:

```
<%= @params['text'] %>
```

Wenn der Parameter `text` z. B. den folgenden JavaScript-Code enhielte

```
<script>alert(document.cookie)</script>
```

werden ab Rail 3 alle HTML-Metazeichen in HTML-Entitys umgewandelt:

```
&lt;script&gt;alert(document.cookie)&lt;/script&gt;
```

Rails 2

In Rails 2 wird hingegen der Inhalt des Cookies der Seite angezeigt. Daher musste die Methode `escape_html` (oder der Alias `h`) verwendet werden, damit die HTML-Metazeichen in HTML-Entitys umgewandelt werden.

»raw«

Wenn Sie jedoch ausdrücklich möchten, dass in bestimmten Fällen Ausgaben ungeschützt erfolgen, können Sie den Helper `raw` im Template einsetzten:

```
<%= raw @params['text'] %>
```

17.1.4 Cross-Site Request Forgery (CSRF/XSRF)

Ziel: Daten verändern

Bei einem Cross-Site-Request-Forgery-Angriff werden unberechtigt Daten in einer Webapplikation verändert. Der Angreifer bedient sich dazu eines ahnungslosen Opfers, das ein autorisierter Benutzer der Applikation sein muss. Aus dem Webbrowser des Opfers wird ohne dessen Wissen und Einverständnis eine entsprechend präparierte HTTP-Anfrage an die Applikation geschickt. Das kann zum Beispiel über einen manipulierten `img`-Tag erfolgen, der in einer E-Mail enthalten ist und statt der URL zur Grafik die präparierte Anfrage des Angreifers enthält. Das heißt, die Anfrage wird von der Applikation so verarbeitet, als wäre sie vom Opfer autorisiert. Statt eines `img`-Tags kann auch JavaScript-Code verwendet werden.

Risiko minimieren

Sie können das Risiko eines solchen Angriffs minimieren, indem Sie die HTTP-Methode `GET` nur zur Abfrage von Daten nutzen. Alle anderen Aktionen zum Ändern und Löschen der Daten sollten per `POST`, `PUT` oder `DELETE` gesendet werden.

In Rails werden Formulare vor einem Cross-Site-Request-Forgery-Angriff automatisch geschützt. Dazu generiert Rails zu jedem Formular, das die Helper-Methode `form_for` nutzt, einen Sicherheitscode, der über ein verstecktes Feld (`authenticity_token`) übertragen wird:

```
<form ...>
<input name="authenticity_token" type="hidden"
value="MNwQyN8nrlcIQD2oWgldKsftXGDZGwphq9xghFs6BmE=" />
....
</form>
```

Wenn das Formular angezeigt wird, so wird zusätzlich der Sicherheitscode in der Session des Benutzers gespeichert.

»protect_from_forgery«

Die Verarbeitung des Sicherheitscodes übernimmt die Methode `protect_from_forgery`, die automatisch im Application-Controller implementiert wird:

```
class ApplicationController < ActionController::Base
  protect_from_forgery
end
```

Listing 17.5 »app/controllers/application_controller.rb«

Wird die Methode `protect_from_forgery` ohne Parameter aufgerufen, so schützt sie alle Methoden, die über HTML- oder Ajax-Anfragen aufgerufen werden, die nicht die HTTP-Methode `GET` nutzen. Wenn ein Formular abgeschickt wird, prüft die Methode `protect_from_forgery`, ob der Sicherheitscode im versteckten Feld des Formulars mit dem Sicherheitscode in der Session übereinstimmt. Ist dies nicht der Fall, wird die Verarbeitung des Formulars abgebrochen und ein Fehler angezeigt.

Schutz deaktivieren

Da normalerweise alle Controller von dem Application-Controller erben, wird die Methode `protect_from_forgery` auf alle Actions angewendet. Sie können für bestimmte Actions den Schutz mit dem `scip_before_filter` deaktivieren. Im folgenden Beispiel wird für die `create`-Action im Bookings-Controller der Schutz deaktiviert:

```
class BookmarksController < ApplicationController
  skip_before_filter :verify_authenticity_token,
                     except: [:create]
end
```

17.1.5 Session Hijacking und Fixation

Es gibt zwei Angriffsmöglichkeiten, vor denen Sie die Sessions Ihrer Benutzer schützen müssen, Session Hijacking und Session Fixation.

Session Hijacking

Übernahme der Session-ID

Beim Session Hijacking übernimmt der Angreifer die Session-ID eines Benutzers. Damit hat der Angreifer Zugriff auf die Applikation, weil die Session-ID als Loginbescheinigung dient. Häufig kommen die Angreifer durch Sniffing in unsicheren Netzwerken wie z. B. WLAN-Netzen oder in Internetcafés an die erforderlichen Daten.

In Rails wird das Problem dadurch gelöst, dass Session-IDs nicht über die URL gesendet werden, sondern über verschlüsselte Cookies.

Session Fixation

Session-ID unterschieben

Bei diesem Angriff schiebt der Angreifer einem ahnungslosen Opfer eine dem Angreifer bekannte Session-ID unter. Das heißt, zunächst benötigt der Angreifer eine gültige Session-ID der Applikation, die er angreifen möchte. Dies könnte z. B. über das Anlegen eines Benutzerkontos erfolgen. Diese Session-ID schiebt der Angreifer dann einem Opfer unter. Sobald sich das Opfer anschließend auf Basis der untergeschobenen Session-ID mit seinen Zugangsdaten an der Applikation anmeldet, hat auch der Angreifer Zugriff auf die Applikation mit den Benutzerrechten des Opfers.

Das Unterschieben der Session-ID könnte über eine manipulierte URL oder über einen Cross-Site-Scripting-Angriff mit JavaScript-Code erfolgen. Der Angreifer könnte seinem Opfer auch ein Session-Cookie der anzugreifenden Applikation unterschieben, während das Opfer eine Website besucht, über die der Angreifer die Kontrolle hat. Oder der Angreifer hat physikalischen Zugriff auf den Rechner seines Opfers und kann die ihm bekannte Session-ID direkt im Browser des Opfers hinterlegen.

Secret Hash in Rails

Rails bringt auch gegen diesen Angriff einen sehr guten Schutzmechanismus mit, der das Unterschieben praktisch unmöglich macht. Sessions werden in Rails in Cookies gespeichert, die mit einem Hash-Wert vor Fälschung geschützt sind. Dieser Hash-Wert wird beim Erzeugen einer neuen Rails-Applikation automatisch in der Datei `config/initializers/secret_token.rb` generiert:

```
# Be sure to restart your server when you modify this file.
...
Employees::Application.config.secret_token ='624f9055ae0a...'
```

Zusätzlicher Schutz

Trotz dieses Sicherheitsmechanismus, den Rails mitbringt, können Sie sich zusätzlich vor einem Session-Fixation-Angriff schützen, indem Sie nach dem Login eines Benutzers eine neue Session generieren.

Devise

Um sich sowohl vor einem Session-Hijacking-Angriff als auch vor einem Session-Fixation-Angriff zu schützen, empfehlen wir für die Authentifizierung die Erweiterung Devise (*https://github.com/plataformatec/devise*) einzusetzen, weil bei der Entwicklung dieser Erweiterung auch Sicherheitsaspekte berücksichtigt werden. Außerdem wird Devise ständig weiterentwickelt, sodass auch neu auftretende Sicherheitslücken ziemlich schnell geschlossen werden.

17.2 Deployment

Die Übertragung und Installation von Web-Applikationen auf einen Server wird als Deployment bezeichnet. Bevor Sie Ihre Rails-Applikationen deployen können, benötigen Sie einen Webserver. Es gibt zahlreiche Provider, die Webhosting für Rails-Projekte anbieten.

17.2.1 Cloud Computing

Problem bei vielen Zugriffen

Sobald sich die Anzahl der Zugriffe auf Ihre Website erhöht, kann es zur Verzögerung des Seitenaufbaus kommen oder sogar zum Totalausfall. Die Praxis zeigt, dass ein rapider Anstieg an Zugriffen auch über Nacht kommen kann. Die URL Ihrer Website kann schnell durch Websites wie *http://digg.com/* im Netz bekannt gemacht werden. Nicht selten sind Websites, die in *http://digg.com/* hohe Zugriffszahlen haben, für einige Zeit nicht mehr erreichbar. Insbesondere Webapplikationen, die auf Datenbanken zugreifen, sind davon betroffen.

Cloud Computing ist heutzutage die Schlüsseltechnologie im Serverbereich. Bei dieser Technologie können Sie bei Bedarf innerhalb von Sekunden neue virtuelle Server aufsetzen. Sie können so auf den aktuellen Traffic Ihrer Website reagieren. Außerdem kann die Applikation aus Performanzgründen auch über mehrere Server verteilt werden. Damit ist auch Sicherheit gegeben, falls ein Server ausfällt.

Amazon EC2

Amazon bietet mit dem Service Amazon Elastic Compute Cloud (kurz EC2) den größten Cloud-Computing-Service. Sie können per Webinterface neue virtuelle Root-Server innerhalb von Minuten anlegen und konfigurieren.

PaaS

Da die Konfiguration eines Root-Servers recht komplex ist, gibt es Dienstleister, die einen Service anbieten, um sehr einfach eine Rails-Applikation auf Amazon EC2 zu veröffentlichen. So ein Service wird auch als »Platform as a Service«, kurz PaaS, bezeichnet.

Es gibt inzwischen zahlreiche Firmen, die PaaS für Rails-Applikationen anbieten, wie z. B. Heroku und Engine Yard. Heroku nutzt keine eigene Hardware, sondern verwendet die Server von Amazon. Daher wird Heroku auch nicht als Provider bezeichnet.

Als Rails-Entwickler sollten Sie sich auf Ihre Hauptaufgabe, das Programmieren, konzentrieren. Daher nutzen inzwischen immer mehr Rails-Entwickler solche Services.

[+]

Root-Server mit Phusion Passenger

Falls Sie doch lieber Ihren eigenen Root-Server aufsetzen möchten, ist es am einfachsten, wenn Sie die Apache- oder Nginx-Erweiterung »Phusion Passenger« (*http://www.modrails.com/*) nutzen, auch bekannt als »mod_rails«. Damit können Rails-Applikationen (fast) so einfach wie PHP-Applikationen gehostet werden.

17.2.2 Heroku

Mit Heroku (*http://www.heroku.com/*) können Sie kleine Rails-Applikationen kostenlos veröffentlichen. Zur Anmeldung benötigen Sie im Gegensatz zu Amazon EC2 auch keine Kreditkarte. Ihnen steht eine 5 MByte kleine PostgreSQL-Datenbank pro Applikation zur Verfügung. Gegen Aufpreis können Sie Zusatzdienste wie z. B. einen größeren Datenbankspeicher kostenpflichtig erwerben. Sie können auf Heroku auch große Rails-Applikationen mit viel Traffic veröffentlichen, jedoch können dann monatlich schon mehrere Hundert Euro Kosten entstehen. Viele bekannte Rails-Entwicklerteams setzen Heroku für ihre Kundenprojekte ein.

Im Folgenden wird Schritt für Schritt gezeigt, wie Sie eine Rails-Applikation mit Heroku veröffentlichen (deployen) können. Erstellen Sie eine neue Rails-Applikation, oder verwenden Sie die Beispielapplikation die wir in Kapitel 3 ab Seite 47 erstellt haben.

Anmelden bei Heroku

Als Erstes müssen Sie sich auf Heroku ein kostenloses Benutzerkonto einrichten. Rufen Sie dazu die Website auf, und klicken Sie auf »Sign Up«. Nachdem Sie Ihre E-Mail und ein Passwort eingegeben haben, können Sie gleich loslegen.

Gemfile bearbeiten

Öffnen Sie die `Gemfile`-Datei in Ihrem Rails-Projekt, und ersetzen Sie die Zeile `gem 'sqlite3'` durch die folgenden Zeilen:

```
group :production do
  gem 'pg'
end

group :development, :test do
  gem 'sqlite3'
  gem 'heroku'
end
```

Listing 17.6 Gemfile

Hiermit wird festgelegt, dass auf dem produkiven Server (Heroku) PostgreSQL (`gem 'pg'`) verwendet und für die Entwicklung (`development`) SQLite3 verwendet werden soll. Außerdem wird das Heroku-Gem eingebunden, mit dem wir die Rails-Applikation auf Heroku verwalten können. Bei größeren Applikationen ist es ratsam, auch lokal PostgreSQL zu verwenden, damit Sie schon während der Entwicklung das gleiche Datenbanksystem wie auf dem Server verwenden.

Gems installieren

Zum Installieren der Gems führen Sie den `bundle`-Befehl aus. Jedoch sollte die Option `--without production` übergeben werden, damit nicht die Gems lokal installiert werden, die in der `production`-Group enthalten sind.

```
bundle install --without production
```

Falls Sie es noch nicht gemacht haben, sollten Sie Ihre Rails-Applikation in ein neues Git-Repository stellen.

```
git init
git add .
git commit -m 'rails app generiert'
```

Mit dem folgenden Befehl wird Ihr virtueller Server auf Heroku vorbereitet:

```
heroku create --stack cedar

Creating floating-galaxy-2765... done, stack is cedar
http://floating-galaxy-2765.herokuapp.com/ |
git@heroku.com:floating-galaxy-2765.git
```

In den letzten Zeilen der Ausgabe wird Ihnen die URL Ihrer Applikation auf Heroku angezeigt. Sie können diese schon im Webbrowser öffnen. Es wird Ihnen eine Willkommens-Seite angezeigt. Beim ersten Aufruf des `heroku`-Befehls werden Sie aufgefordert, sich mit Ihrem Heroku-Account anzumelden. Die Daten werden in der Datei `~/.heroku/credentials` gespeichert.

Serverübertragung Bevor wir die App auf Heroku verwenden können, müssen wir sie noch zu Heroku übertragen. Dafür benutzen wir den folgenden Git-Befehl:

```
git push heroku master
```

Heroku hat auf dem Server auch eine leere PostgreSQL-Datenbank für Sie erstellt. Datenbankeinstellungen in der Datei `config/database.yml` werden von Heroku ignoriert.

Datenbank-Setup Um die Datenbank einzurichten, führen Sie den Rake-Task `rake db:setup` aus. Rake-Tasks werden auf Heroku ausgeführt, indem `heroku run` vorangestellt wird:

```
heroku run rake db:setup
Running rake db:setup attached to terminal... up, run.8
pkfyflznow already exists
-- create_table("employees", :force=>true)
   -> 0.2985s
-- initialize_schema_migrations_table()
   -> 0.0021s
-- assume_migrated_upto_version(20111116231859,
   ["/app/db/migrate"])
   -> 0.0015s
```

Es werden die Datenbanktabellen erstellt und falls Daten in der Datei `db/seeds.rb` hinterlegt sind, werden diese ausgeführt. Anschließend können wir die Rails-Applikation auf Heroku aufrufen.

Eigene Domainnamen

Wahl der Subdomain Heroku generiert normalerweise eine Subdomain, unter der Ihre Applikation erreichbar ist, wie z. B. *http://floating-galaxy-2765.heroku.com/*. Sie können jedoch auch einen eigenen Namen wählen, falls dieser noch frei ist.

```
heroku rename employeedemo
```

Anschließend ist Ihre Applikation unter *http://employeedemo.heroku.com/* erreichbar.

Eigene Domain Es ist mit Heroku auch möglich, eine eigene Domain zu verwenden. Obwohl dieser Service auch kostenlos ist, müssen Sie sich mit einer Kreditkarte ausweisen (*http://devcenter.heroku.com/articles/custom-domains*).

Heroku-Befehle

Der Befehl `heroku` bietet eine Reihe von Funktionen, wie z. B. die folgenden:

- **heroku run rake -T**
  Zeigt Liste der möglichen Rake-Tasks.
- **heroku run console**
  Führt die Konsole (wie `rails console`) auf dem Heroku-Server aus.
- **heroku logs**
  Gibt das Logfile aus. Hilfreich, um Fehler auf dem Server zu finden.
- **heroku ps**
  Zeigt den Zustand der Applikation an.
- **heroku apps**
  Listet alle Apps von Ihrem Heroku-Account auf.
- **heroku help**
  Zeigt Hilfe für die Befehle und Optionen. Für eine spezifische Hilfe zu einem Befehl kann z. B. `heroku help run` aufgerufen werden.

Auf der Website von Heroku finden Sie ausführliche Dokumentationen und Tutorials.

17.3 Optimierung durch Caching

Optimieren des Codes

Eine wichtige Möglichkeit, die Performance Ihrer Applikation zu steigern, ist die Optimierung Ihres Codes. Wenn Sie Ihre Applikation testgetrieben entwickelt haben, fällt eine Optimierung leichter. Die Optimierung ist dann ein Refaktorisierungsprozess, bei dem der Code verbessert wird, ohne dass die Funktionalität an sich verändert wird. Durch Ausführen der Tests kann sichergestellt werden, dass nach der Refaktorisierung die Applikation immer noch fehlerfrei läuft.

Caching

Eine Optimierung durch Caching erzielt jedoch in der Regel die höchste Performancesteigerung Ihrer Applikation. Beim Caching wird die gesamte Seite oder nur bestimmte Teile der Seite in eine Datei ausgelagert. Wenn Besucher auf die Seite zugreifen, wird nicht der gesamte Rails-Prozess durchlaufen, um die Seite zu generieren, sondern es werden die zwischengespeicherten Dateien, in denen statischer HTML-Code vorliegt, an den Browser des Besuchers ausgeliefert. Diese Art der Optimierung steigert die Performance Ihrer Website erheblich und sollte auch eingesetzt werden, wenn Ihre Website nur wenige Zugriffe hat.

Sie sollten das Caching jedoch nicht schon während der Entwicklung Ihrer Applikation integrieren. Erst wenn Ihre Applikation veröffentlich ist und es trotz Cloud Computing zu Performanzproblemen kommt, sollten Sie die Verwendung von Caching in Betracht ziehen. Es gibt Webdienste wie z. B. New Relic (*http://newrelic.com/*), die Ihnen hilfreiche Informationen liefern, an welchen Stellen Ihre Applikation langsam ist.

Caching-Techniken

In diesem Abschnitt werden die folgenden Caching-Techniken behandelt:

- Page-Caching
- Action-Caching
- Fragment-Caching
- Caching mit der Asset Pipeline

17.3.1 Page-Caching

Page-Caching ist die einfachste Art des Cachings in Rails. Es basiert auf dem Prinzip, dass die gesamte Seite in einer Datei zwischengespeichert wird.

Grundlagen

Wenn eine Seite zum ersten Mal aufgerufen wird, wird sie zunächst von Rails verarbeitet. Dies erfordert folgende Schritte:

1. **Routing**
   Die URL wird verarbeitet, und nach den definierten Routing-Regeln werden daraus der entsprechende Controller und die passende Action aufgerufen.
2. **Ausführung der Action im Controller**
   Im Controller wird die entsprechende Action ausgeführt, um z. B. Parameter auszulesen, Anfragen an das Model zu senden und die Ergebnisse in einer Instanzvariablen einem Template zur Verfügung zu stellen. Die gegebenenfalls erforderlichen Datenbankzugriffe sind in den meisten Fällen der zeitaufwändigste Teil der Verarbeitung.
3. **Verarbeitung des Templates**
   Im Template schließlich wird der HTML-Code generiert.

4. **Speichern des HTML-Codes als Datei**
   Wenn das Caching aktiviert ist, wird der HTML-Code nicht nur direkt an den Client (Webbrowser) weitergeleitet, sondern auch als Datei im Verzeichnis `public` gespeichert.

Beim nächsten Aufruf wird nicht mehr der Rails-Prozess durchlaufen, sondern das statische HTML-Dokument aus dem Verzeichnis `public` direkt an den Client ausgeliefert. Ihre Website ist in diesem Fall genauso performant wie eine Website, die auf rein statischem Code basiert.

»public«

Der Rails-Server schaut bei jedem Zugriff im Verzeichnis `public` nach, ob das entsprechende Dokument vorhanden ist. Wenn es vorhanden ist, so wird das HTML-Dokument direkt an den Client geschickt. Ansonsten wird der Rails-Verarbeitungsprozess gestartet. Angenommen, der Webserver erhält die Anfrage für die URL *http://http://www.url.de/products/234*, dann überprüft er, ob die Datei `public/products/234.html` vorhanden ist. Es ist zu beachten, dass `products` ein Verzeichnis ist. Ist die Datei vorhanden, wird sie direkt an den Client ausgeliefert.

Im folgenden Diagramm wird der Ablauf des Caching verdeutlicht.

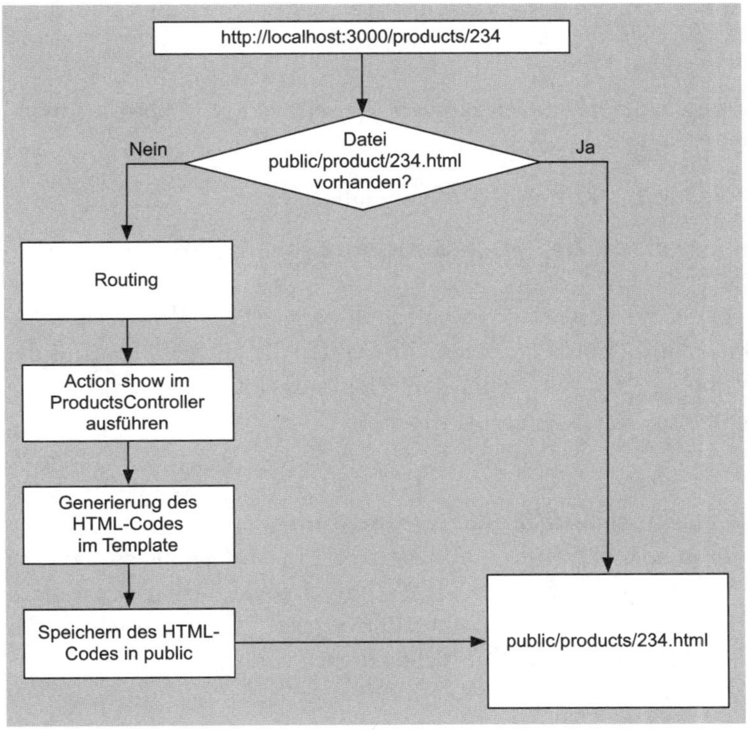

Abbildung 17.1 Grundprinzip des Page-Cachings

Caching im Controller aktivieren

Das Page-Caching wird pro Action (Methode) im Controller festgelegt. Es kommen jedoch nur die Actions für das Page-Caching in Frage, die auch nur für die Anzeige von Daten zuständig sind. Dies sind in der Regel nur die Index-Action für die Anzeige aller Datensätze und die Show-Action für die Anzeige eines Datensatzes im Detail. Formulare sollten deshalb nicht im Cache gespeichert werden.

»caches_page«

Das Page-Caching wird im Controller mit dem Befehl `caches_page :action1, :action2, ...` für die entsprechenden Actions aktiviert. Die Aktivierung des Page-Cachings für die Actions `:index` und `:show` im Employees-Controller unseres Beispiels aus Kapitel 3 ab Seite 47 können Sie wie folgt umsetzen:

```
class EmployeesController < ApplicationController
  caches_page :index, :show
  ...
end
```

Einstellungen

In den Environment-Konfigurationsdateien wird mit der Einstellung

```
config.action_controller.perform_caching = true/false
```

das Caching aktiviert bzw. deaktiviert. Diese Einstellung betrifft sowohl das Page-Caching als auch das Action- und Fragment-Caching.

Standardmäßig hat Rails drei Konfigurationsdateien:

- **Konfigurationsdatei für die Entwicklungsumgebung**
  In der Datei `config/environments/development.rb` werden Einstellungen für die Entwicklungsumgebung vorgegeben. Wenn Sie die Applikation lokal mit `rails s` starten, werden die Einstellungen aus der Development-Umgebung geladen. Hier ist das Caching standardmäßig deaktiviert:

  ```
  config.action_controller.perform_caching  = false
  ```

- **Konfigurationsdatei für die Testumgebung**
  Die Testumgebung wird in der Datei `config/environments/test.rb` konfiguriert. Auch hier ist das Caching standardmäßig deaktiviert. Da die Testumgebung für die Ausführung der Testklassen verwendet wird, sollte das Caching hier nicht aktiviert werden.

- **Konfigurationsdatei für die Produktionsumgebung**
  Die Produktionsumgebung wird in der Regel auf dem Webserver verwendet. Deshalb ist das Caching in der Konfigurationsdatei `config/environments/production.rb` aktiviert:

  ```
  config.action_controller.perform_caching = true
  ```

Beispiel

Um Ihnen das Caching anhand eines Beispiels zu zeigen, erstellen wir eine kleine Applikation zur Verwaltung von Produkten und aktivieren im Products-Controller das Caching.

1. **Rails-Projekt erstellen**
   ```
   rails new caching_demo -T
   cd caching_demo
   ```
2. **Ressource »products« erstellen**
   ```
   rails g scaffold product name:string price:float
   ```
3. **Migration zum Erstellen der Tabellen ausführen**
   ```
   rake db:migrate
   ```
4. **Im Controller Caching für Index- und Show-Action aktivieren**
   ```
   class ProductsController < ApplicationController
     caches_page :index, :show
     ...
   end
   ```

Starten Sie anschließend den lokalen Server mit `rails s`, rufen Sie die Seite *http://localhost:3000/products* auf, und geben Sie ein paar Beispielprodukte ein.

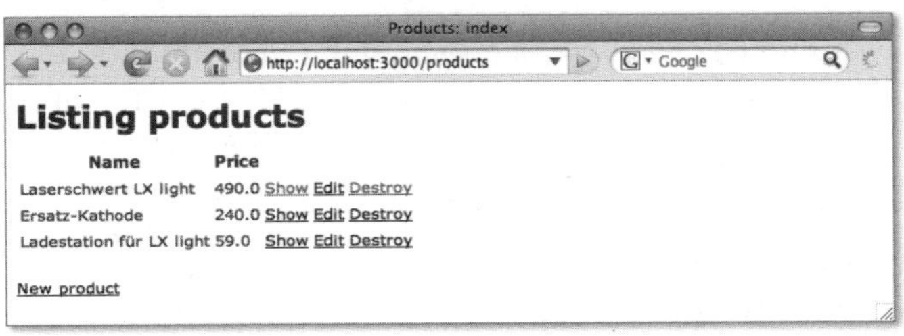

Abbildung 17.2 »http://localhost:3000/products«

Wir aktivieren zu Testzwecken das Caching in der Konfigurationsdatei für die Entwicklungsumgebung:

```
config.action_controller.perform_caching = true
```

Listing 17.7 »config/environments/development.rb«

Nachdem wir Änderungen an der Konfigurationsdatei vorgenommen haben, müssen wir den lokalen Server erneut starten (**Strg** + **C** und dann erneut `rails s` eingeben).

Wenn wir im Browser die URL *http://localhost:3000/products* und *http://localhost:3000/products/1* aufrufen, werden folgende Dateien durch das Caching generiert:

Abbildung 17.3 »public«-Verzeichnis mit den Cache-Dateien

In dem Konsolenfenster, in dem der lokale Server gestartet wurde, bzw. im Logfile kann man beobachten, dass es beim erneuten Laden der Seiten zu keinerlei Aktivität kommt.

Löschen von Cache-Dateien

Problem

Wenn wir einen weiteren Datensatz über den Link »New product« hinzufügen, fällt auf, dass das neue Produkt nicht in der Liste der Produkte *http://localhost:3000/products* angezeigt wird. Das gleiche Problem tritt auch auf, wenn wir einen Datensatz verändern. Die Änderung wird wegen des Cachings weder auf der Index- noch auf der Show-Seite angezeigt. Es gibt verschiedene Möglichkeiten, den Cache zu löschen. Das Löschen von Cache-Dateien wird auch als **Cache Expire** bezeichnet.

Löschen

Der Cache kann z. B. leicht gelöscht werden, indem Sie einfach die entsprechende Datei im Verzeichnis `public` (z. B. `public/products.html`) löschen. Dann werden die Daten wieder frisch aus der Datenbank gelesen und die Cache-Dateien neu erstellt.

Ein manuelles Löschen ist jedoch nicht praktikabel. Wir hätten gerne, dass bei jeder Änderung eines Datensatzes oder beim Hinzufügen eines neuen Datensatzes automatisch die betroffenen Cache-Dateien gelöscht werden. Wenn z. B. die Informationen zum Produkt mit der ID 1 geändert werden, müssen die Cache-Dateien gelöscht werden:

- public/products.html
- public/products/1.html

Zum Löschen einer gecachten Seite kann die Methode `expire_page` eingesetzt werden.

Im folgenden Beispiel wird mit `expire_page` der Cache für die `index`- und `show`-Action des ProductsControllers gelöscht:

- **expire_page(controller: 'products', action: 'index')**
  Löscht die Datei `public/products.html`.
- **expire_page(controller: 'products', action: 'show', id: @product.id)**
  Löscht die Datei `public/products/2.html`.

Einsatz im Controller

Wenn ein Datensatz bearbeitet, hinzugefügt oder gelöscht wird, müssen die entsprechenden Cache-Dateien gelöscht werden. Wir zeigen den Einsatz des `expire_page`-Befehls am Beispiel des Products-Controllers. Es werden jedoch nur die Methoden gelistet, für die der Befehl hinzugefügt wurde:

```
class ProductsController < ApplicationController

  caches_page :index, :show

  def new
    @product = Product.new
    respond_to do |format|
      format.html # new.html.erb
      format.xml  render :xml => @product
    end
  end


  def create
    @product = Product.new(params[:product])
    respond_to do |format|
      if @product.save
        expire_page(controller: 'products', action: 'index')
```

```
          flash[:notice] = 'Product was successfully created.'
          ...
        end
      end
    end

    def update
      @product = Product.find(params[:id])

      respond_to do |format|
        if @product.update_attributes(params[:product])
          expire_page(controller: 'products', action: 'index')
          expire_page(product_path(@product))
          flash[:notice] = 'Product was successfully updated.'
        ...
        end
      end
    end

    def destroy
      @product = Product.find(params[:id])
      @product.destroy
      expire_page(products_path)
      expire_page(controller: 'products', action: 'show',
                  id: @product.id)
      respond_to do |format|
        format.html  redirect_to(products_url)
        format.xml   head :ok
      end
    end
  end
```

»caches_page :index«

Um das Page-Caching für den Products-Controller zu aktivieren, haben wir den Befehl `caches_page :index, :show` verwendet, der angibt, welche Actions im Cache gespeichert werden sollen. Unschön ist jedoch, dass wir den Befehl `expire_page` verstreut in den einzelnen Actions eingefügt haben. Besser wäre, wenn die einzelnen Actions überhaupt keinen Code für das Caching beinhalten würden, da das Caching kein Bestandteil der einzelnen Action-Algorithmen sein soll.

Dies kann durch den Einsatz von **Sweepern** verbessert werden. Sweeper (zu Deutsch »Straßenkehrer«) sind spezielle Klassen, die für das Löschen von Cache-Dateien zuständig sind. Ein Sweeper kann ein oder mehrere Models beobachten und erkennen, ob ein Datensatz gespeichert oder gelöscht wurde.

Wir definieren die nachfolgende Klasse in der Datei product_sweeper.rb, die wir im Verzeichnis app/models anlegen:

```
class ProductSweeper < ActionController::Caching::Sweeper
  observe Product

  def after_save(product)
    expire_products(product)
  end

  def after_destroy(product)
    expire_products(product)
  end

  private

  def expire_products(product)
    expire_page(controller: 'products', action: 'index')
    expire_page(controller: 'products', action: 'show',
                id: product.id)
  end
end
```

Listing 17.8 »app/models/product_sweeper.rb«

In dieser Klasse wird nach jedem Speichern (after_save) und dem Löschen (after_destroy) eines Datensatzes im Model Product die Detailseite und die Listenansicht-Seite gelöscht. Der Befehl observe legt fest, welche Models auf Änderungen hin beobachtet werden sollen. Es kann auch mehr als ein Model beobachtet werden, wie z. B. observe Product, Category.

Im Products-Controller benötigen wir nicht mehr den Befehl expire_page, sondern fügen lediglich den Befehl cache_sweeper am Anfang in Form einer Deklaration hinzu: **»expire_page«**

```
class ProductsController < ApplicationController

  caches_page :index, :show
  cache_sweeper :product_sweeper,
                only: [:update, :create, :destroy]
  ...
end
```

Listing 17.9 »app/controllers/products_controller.rb«

Der Cache-Sweeper `product_sweeper` wird nur für die Actions `update`, `create` und `destroy` aufgerufen, weil nur in diesen Actions Datensätze verändert werden.

Mit dem folgenden Rake-Task können alle Cache-Dateien leicht gelöscht werden. Dies ist z. B. dann praktisch, wenn Sie neue Daten direkt in die Datenbank importieren oder wenn Sie sichergehen wollen, dass keine veralteten Daten angezeigt werden. Wir speichern dazu den folgenden Rake-Task in der Datei `lib/tasks/cache.rake` ab:

```
desc "delete all products cache files"
task "cache:products:clear" do
  product_index = Rails.root.join('public','products.html')
  product_dir = Rails.root.join('public','products')
  rm_rf([product_index,product_dir])
end
```

Listing 17.10 »lib/tasks/cache.rake«

»rake -T« Der Rake-Task erscheint dann in der Liste aller Rake-Tasks (`rake -T`).

```
rake -T

rake cache:products:clear            # delete all products ...
rake db:abort_if_pending_migrations # Raises an error if  ...
rake db:charset                      # Retrieves the charse...
rake db:collation                    # Retrieves the collat...
...
```

Der Rake-Task kann mit `rake cache:products:clear` aufgerufen werden.

Cachen der Root-Page

In jeder Applikation wird normalerweise eine Action eines Controllers als Root-Page bzw. Startseite der gesamten Website festgelegt. In unserem Beispiel soll dies die Action `index` des Products-Controllers sein. Dazu gehen wir wie folgt vor:

1. **Den Products-Controller als Startseite festlegen**
   Dazu wird in `config/routes.rb` der Products-Controller als Root-Route eingetragen:
   `root to: 'products#index'`
2. **Löschen der Datei »public/index.html«**
   Die Datei `public/index.html` enthält die »Willkommen«-Seite von Rails.

Die index-Action des Products-Controllers kann nun über die folgenden URLs aufgerufen werden: »index«-Action

- **http://localhost:3000**
  In diesem Fall wird die Cache-Datei public/index.html generiert.
- **http://localhost:3000/products**
  In diesem Fall wird die Cache-Datei public/products.html generiert.

Damit die die Root-Seite public/index.html gelöscht wird, fügen wir noch einen weiteren expire_page-Aufruf zu dem Sweeper hinzu:

```
class ProductSweeper < ActionController::Caching::Sweeper
  observe Product

  def after_save(product)
    expire_products(product)
  end

  def after_destroy(product)
    expire_products(product)
  end

  private

  def expire_products(product)
    expire_page(controller: 'products', action: 'index')
    expire_page(controller: 'products', action: 'show',
                id: product.id)
    expire_page('index.html')
  end
end
```

Listing 17.11 »app/models/product_sweeper.rb«

Vergessen Sie nicht,im Rake-Task lib/tasks/cache.rake die Datei index.html zu löschen:

```
desc "delete all products cache files"
task "cache:products:clear" do
  product_index = Rails.root.join('public','products.html')
  product_dir = Rails.root.join('public','products')
  index_dir = Rails.root.join('public','index.html')
  rm_rf([product_index,product_dir,index_dir])
end
```

Listing 17.12 »lib/tasks/cache.rake«

17.3.2 Action-Caching

Grundlagen

In unserem Beispiel für das Page-Caching haben wir dieses für die Actions `index` und `show` des Products-Controllers aktiviert. Der Geschwindigkeitsvorteil ist in diesem Fall enorm, denn sobald die Seiten im Cache gespeichert sind, liefert der Webserver sie direkt aus, ohne dass dabei Rails involviert ist.

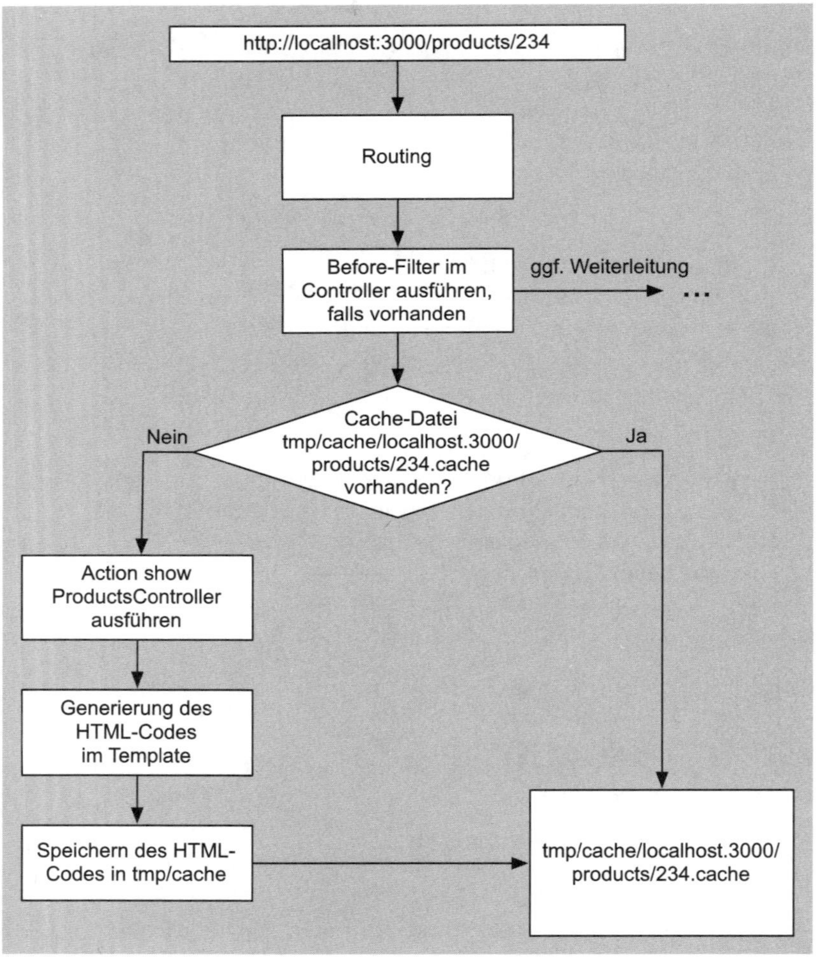

Abbildung 17.4 Grundprinzip des Action-Cachings

Das stellt uns aber in bestimmten Fällen vor ein Problem. Angenommen, wir möchten Seiten mit einem Passwortschutz versehen. Nur Benutzer, die authentifiziert sind, sollen Zugriff auf diese Seiten haben. Ist der Benutzer nicht authentifiziert, so soll sich ein Loginfenster öffnen.

»before_filter«

In diesem Fall bietet es sich an, das Action-Caching zu verwenden. Beim Action-Caching werden auch die Ausgaben der entsprechenden Actions wie beim Page-Caching in einer Datei abgelegt. Jedoch gibt es hier einen wesentlichen Unterschied. Beim Action-Caching ist Rails involviert, auch wenn eine passende Cache-Datei vorhanden ist. Rails prüft vor Auslieferung der entsprechenden Cache-Datei, ob für die aufgerufene Action ein `before_filter` vorliegt. Dabei handelt es sich um eine Methode im Controller, die vor Ausführung einer Action aufgerufen wird und z. B. überprüft, ob ein User authentifiziert ist. Wenn der `before_filter` eine Weiterleitung macht oder eine Ausgabe generiert, wird die eigentliche Action nicht aufgerufen. Wichtig ist, dass die Action selbst nicht ausgeführt wird, außer es liegt noch keine Cache-Datei für die Action vor.

Cache-Dateien

Ein weiterer Unterschied ist, dass die Cache-Dateien nicht standardmäßig im `public`-Verzeichnis gespeichert werden, sondern im Verzeichnis `tmp/cache`. Der Grund dafür ist, dass der Webserver keinen Zugriff auf die Cache-Dateien haben soll. Nur Rails soll für die Auslieferung der Action-Cache-Dateien zuständig sein.

Beispiel

Wir setzen im Folgenden das Beispiel aus dem letzten Abschnitt fort. Löschen Sie zuvor die Cache-Dateien mit `rake cache:products:clear`. Um zu demonstrieren, dass das Page-Caching nicht ausreicht, ergänzen wir unsere Applikation. Der Zugriff soll per Authentifizierung geschützt werden. Wir setzen dazu die HTTP-Basic-Authentifizierung ein. Bei jedem Aufruf einer Action wird vor der Ausführung die Authentifizierung ausgeführt.

```
class ProductsController < ApplicationController

  http_basic_authenticate_with name: "admin",
                               password: "geheim3"
  caches_page :index, :show
  cache_sweeper :product_sweeper,
                only: [:update, :create, :destroy]
  ...
end
```

Listing 17.13 »app/controllers/products«

Das Problem ist, dass bei der Verwendung des Page-Cachings die Authentifizierung nur ausgeführt wird, wenn die betroffene Action entweder noch nicht gecached ist oder vom Page-Caching ausgenommen wird. Im Beispiel werden nur die Actions index und show im Cache gespeichert.

»caches_action« Um das Problem zu lösen, ersetzen wir das Page-Caching durch das Action-Caching, indem wir im Products-Controller den Befehl caches_page durch caches_action ersetzen.

```
class ProductsController < ApplicationController

  http_basic_authenticate_with name: "admin",
                               password: "geheim3"
  caches_action :index, :show
  cache_sweeper :product_sweeper,
                only: [:update, :create, :destroy]
  ...
end
```

Listing 17.14 »app/controllers/products«

Wie beim Page-Caching müssen wir uns auch beim Action-Caching um das Löschen der Cache-Dateien kümmern.

Löschen von Cache-Dateien

Die Cache-Dateien im Verzeichnis tmp/cache können entweder manuell, mit einem Rake-Task oder per Befehl im Controller bzw. in einem Sweeper gelöscht werden.

Rake-Tasks Im Gegensatz zum Page-Caching wird Rails bereits mit einem passenden Rake-Task rake tmp:cache:clear ausgeliefert, der sämtliche Cache-Dateien entfernt. Alternativ können Sie auch den Rake-Task rake tmp:clear einsetzen, der nicht nur den Cache leert, sondern auch die Socket- und Session-Dateien im tmp-Verzeichnis löscht.

»expire_page« Im Controller bzw. in einem Sweeper kann der Befehl expire_action statt expire_page eingesetzt werden (siehe Abschnitt 17.3.1 auf Seite 536).

Wir ändern dazu die Sweeper-Datei product_sweeper.rb im Verzeichnis app/models entsprechend ab:

```
class ProductSweeper < ActionController::Caching::Sweeper

  observe Product
```

```
  def after_save(product)
    expire_products(product)
  end

  def after_destroy(product)
    expire_products(product)
  end

  private

  def expire_products(product)
    expire_action(controller: 'products', action: 'index')
    expire_action(controller: 'products', action: 'show',
                  id: product.id)
  end
end
```

Listing 17.15 »app/models/product_sweeper.rb«

Die Methode `expire_index` zum Löschen der Datei `public/index.html` ist nicht mehr nötig, da die Cache-Datei aufgrund des Action-Cachings nicht mehr generiert wird. **»expire_index«**

Verschiedene Caching-Strategien mischen

Es ist auch möglich, die verschiedenen Caching-Strategien zu mischen. Im folgenden Beispiel wird für die `index`-Action das Action-Caching und für die `show`-Action das Page-Caching verwendet:

```
class ProductsController < ApplicationController
  before_filter :authenticate
  caches_action :index
  caches_page :show
  ...
end
```

Listing 17.16 »app/controllers/products«

17.3.3 Fragment-Caching

Grundlagen

Beim Page- und Action-Caching wird der gesamte HTML-Code einer Action im Cache zwischengespeichert. Wie sieht es jedoch aus, wenn auf einer Seite benutzerspezifische Informationen angezeigt werden sollen?

In einem Shopsystem wird in einem Bereich z. B. der Warenkorbinhalt des aktuellen Benutzers angezeigt. Dieser Bereich ist für jeden Benutzer individuell und kann daher nicht im Cache zwischengespeichert werden. Der Bereich der Website, der die Produktdetails anzeigt, hingegen schon.

Auch für diesen Anwendungsfall bietet Rails mit dem **Fragment-Caching** eine Lösung. Bei dieser Art des Cachings wird auf jeden Fall die entsprechende Action ausgeführt. Im passenden Template zu der Action kann mit einem Befehl ein Bereich »markiert« werden, der im Cache gespeichert werden soll. Fragment-Caching bietet die flexibelste Art des Cachings, da hier genau gesteuert werden kann, welche Teile zwischengespeichert werden sollen.

Beispiel

Wir setzen das Beispiel aus dem vorherigen Abschnitt fort. Um das Fragment-Caching zu zeigen, möchten wir die aktuelle Uhrzeit auf der Produktliste (Action `index` des Products-Controllers) ausgeben. Da sich bei jedem Aufruf der Seite die Uhrzeit ändern soll, können wir diese Ausgabe nicht cachen, die Ausgabe der Produkte hingegen schon.

Controller

Im Controller deaktivieren wir zunächst das Action-Caching für die Action `index` und setzen eine Instanzvariable für die aktuelle Uhrzeit:

```
class ProductsController < ApplicationController

  before_filter :authenticate
  caches_action :show
  cache_sweeper :product_sweeper,
                only: [:update, :create, :destroy]

  # GET /products
  # GET /products.xml
  def index
    @current_time = Time.now
    @products = Product.all

    respond_to do |format|
      format.html # index.html.erb
      format.xml  render :xml => @products
    end
  end
  ...
```

Listing 17.17 »app/controllers/products_controller.rb«

»cache do ... end«

Im Template `index.html.erb` geben wir die Uhrzeit aus und umschließen den gesamten HTML-Code, der für die Ausgabe der Tabelle zuständig ist, mit dem Block `cache do ... end`:

```
<h1>Listing products</h1>

<%= @current_time.strftime("%H:%M:%S") %>
<% cache do %>
  <table>
    <tr>
      <th>Name</th>
      <th>Price</th>
    </tr>
    ...
  </table>
<% end %>
```

Listing 17.18 »app/views/products/index.html.erb«

Sie können nun das Beispiel testen, indem Sie im Browser die URL *http://localhost:3000/products* aufrufen. Bevor wir das Beispiel ausführen, sollten wir zunächst den Cache mit dem folgenden Rake-Befehl löschen:

```
rake tmp:cache:clear
```

Cache-Datei

Der Bereich, der von dem Befehl `cache` umschlossen ist, wird nur dann ausgeführt, wenn noch keine Cache-Datei vorliegt. Ansonsten wird der Inhalt aus einer Datei im Verzeichnis `tmp/cache/localhost.3000` ausgegeben.

In der Cache-Datei ist nur der HTML-Code enthalten, der mit dem Befehl `cache` »markiert« wurde.

[+]

Mehrere Caching-Bereiche

Es ist auch möglich, mehrere Caching-Bereiche bzw. Fragmente in einem View zu verwenden, indem den Cache-Methoden jeweils ein Name übergeben wird:

```
cache(name) do
...
end
```

In diesem Fall muss man jedoch darauf achten, dass die Cache-Dateien auch entsprechend gelöscht werden.

»index«

Wir haben nun den Teil des Templates im Cache gespeichert, der für die Ausgabe aller Produktdatensätze zuständig ist. Das Problem ist jedoch, dass in der Action `index` trotzdem bei jedem Aufruf unnötigerweise ein Datenbankzugriff mit dem Befehl `@products = Product.all` erfolgt.

Eine Lösung ist es, den Datenbankbefehl aus dem Controller herauszunehmen und innerhalb des `cache`-Blocks zu setzen. Dies ist zwar möglich, verletzt aber das Model-View-Controller-Prinzip, bei dem die einzelnen Bereiche voneinander getrennt sein sollen.

Eine bessere Lösung ist, im Controller mit der Methode `read_fragment` zu prüfen, ob die Caching-Datei vorliegt:

```
class ProductsController < ApplicationController
  ...
  def index
    @current_time = Time.now
    unless read_fragment(controller: 'products',
                         action: 'index')
      @products = Product.all
    end
    respond_to do |format|
      format.html # index.html.erb
      format.xml  render :xml => @products
    end
  end
```

Listing 17.19 »app/controllers/products_controller.rb«

Löschen von Cache-Dateien

Die Cache-Dateien des Fragment-Cachings liegen an der gleichen Stelle wie beim Action-Caching. Genau genommen ist das Action-Caching ein Spezialfall des Fragment-Cachings.

Rake-Task

Zum Löschen der Cache-Dateien können daher auch dieselben Rake-Tasks verwendet werden (siehe Abschnitt 17.3.2 auf Seite 540).

»expire_fragment«

Rails stellt zum Löschen von Fragment-Cache-Dateien den Befehl `expire_fragment` zur Verfügung. Wie bei den anderen `expire`-Befehlen gibt man im Parameter an, welche Cache-Datei gelöscht werden soll. Im Unterschied zu den anderen ist `expire_fragment` flexibler, da drei Parametertypen verwendet werden können:

- **expire_fragment(string)**
  Der String gibt den Namen der Cache-Datei an, die gelöscht werden soll. Zum Beispiel löscht `expire_fragment("products")` die Datei `products.cache` im Cache-Verzeichnis.

- **expire_fragment(hash)**
  Ein Beispiel für die Übergabe eines Hash-Wertes ist:

  ```
  expire_fragment(:controller => 'products',
                  :action => 'index')
  ```

  Sie hätten auch die Hilfsmethode `hash_for_products_url` verwenden können, die durch das Routing in der Datei `routes.rb` zur Verfügung steht:

  ```
  expire_fragment(hash_for_products_url)
  ```

- **expire_fragment(RegExp)**
  Als Parameter kann auch ein regulärer Ausdruck verwendet werden, um z. B. mehr als nur eine Datei zu löschen. Mit dem folgenden Befehl werden alle Cache-Dateien gelöscht, die eine Zahl enthalten:

  ```
  expire_fragment(//[0-9]+//)
  ```

  Es ist zu beachten, dass Sie das Dach-und das Dollarzeichen nicht zum Markieren vom Anfang und Ende einer Zeichenkette verwenden können, da der reguläre Ausdruck mit der Zeichenkette der Form `./cache/pfad/dateiname.cache` verglichen wird.

Um den Fragment-Cache in unserem Beispiel zu löschen, verwenden wir die Hash-Variante des `expire_fragment`-Befehls. Der Sweeper sieht dann wie folgt aus:

```
class ProductSweeper < ActionController::Caching::Sweeper
  observe Product

  def after_save(product)
    expire_products(product)
  end

  def after_destroy(product)
    expire_products(product)
  end

  private

  def expire_products(product)
    expire_fragment(controller: 'products', action: 'index')
    expire_action(controller: 'products', action: 'show',
                  id: product.id)
  end
end
```

Listing 17.20 »/app/models/product_sweeper.rb«

17.3.4 Caching mit der Asset Pipeline

Mehrere Dateien

Die meisten Websites binden mehrere CSS- bzw. JavaScript-Dateien ein. Aufgrund der vielen HTTP-Zugriffe ist das jedoch nicht performant.

Eine Datei

Ein einfache Lösung besteht darin, alle CSS- bzw. JavaScript-Dateien in jeweils einer Datei zusammenzufassen, d.h., alle CSS-Dateien z.B. in der Datei `all.css` und alle JavaScript-Dateien in der Datei `all.js`.

Die Asset Pipeline (siehe Abschnitt 11.8 auf Seite 434) kümmert sich in der Produktivumgebung automatisch um das Zusammenfassen und sogar das Komprimieren der Dateien, indem u.a. überflüssige Leerzeichen usw. entfernt werden.

Assets wie Bilder, JavaScript- und CSS-Dateien erhalten im Dateinamen automatisch einen Hash-Code, damit die Dateien vom Webbrowser gecached werden.

```
rails-e4b51606cd77fda2615e7439907bfc92.png
```

Einige Aufgaben der Asset Pipeline wie z.B. das Live-Übersetzen von CoffeeScript und Sass sind aus Performanzgründen in einer Produktivumgebung nicht zu empfehlen. Daher ist die Asset Pipeline in der Produktivumgebung deaktiviert:

```
...
# Disable Rails's static asset server
# (Apache or nginx will already do this)
config.serve_static_assets = false

# Compress JavaScripts and CSS
config.assets.compress = true

# Don't fallback to assets pipeline if a precompiled
# asset is missed
config.assets.compile = false

# Generate digests for assets URLs
config.assets.digest = true
...
```

Listing 17.21 »app/config/environments/production.rb«

Wenn Sie die Applikation auf ihrem Produktivserver öffnen, so erhalten Sie diese Fehlermeldung:

```
Sprockets::Helpers::RailsHelper::AssetPaths::
AssetNotPrecompiledError

application.css isn't precompiled
```

Da die Asset Pipeline auf dem Server deaktiviert ist, müssen sämtliche Assets vorher übersetzt werden. Dafür kann der Rake-Task `rake assets:precompile` verwendet werden. Sämtliche Assets werden dann übersetzt und im Verzeichnis `public/assets` gespeichert:

```
application-00960e5186894b532975562d59176a6a.css
application-00960e5186894b532975562d59176a6a.css.gz
application-55cd299d6f8fe22d8853de1220f2c546.js
application-55cd299d6f8fe22d8853de1220f2c546.js.gz
application.css
application.css.gz
application.js
application.js.gz
manifest.yml
rails-e4b51606cd77fda2615e7439907bfc92.png
rails.png
```

Listing 17.22 Verzeichnis »public/assets«

Falls Sie Ihre Rails-Applikation mit Heroku veröffentlichen, wird automatisch dieser Rake-Task verwendet (siehe Abschnitt 17.2 auf Seite 525).

Mit dem Rake-Task `rake assets:clean` werden die Dateien wieder entfernt.

Produktivumgebung auf dem lokalen Rechner simulieren [+]

Sie können die Produtivumgebung auf Ihrem lokalen Rechner wie folgt ausführen:

```
rails db:setup RAILS_ENV=production
rails server --environment=production
```

ANHANG

Die wichtigsten Ruby-Klassen

Zahlen, Zeichenketten, Arrays und andere Klassen werden hier im Detail vorgestellt.

A Die wichtigsten Ruby-Klassen

In diesem Kapitel stellen wir die wichtigsten Ruby-Klassen bzw. Datentypen wie z. B. Zeichenketten und Arrays etwas genauer vor.

A.1 Zahlen

Auch Zahlen sind Objekte

Alles in Ruby ist ein Objekt, das heißt, primitive Datentypen gibt es nicht. Somit sind auch Zahlen Objekte. Jede Zahlenart hat ihre eigene Klasse, wie z. B. `Fixnum`, `Float`, `Complex`, und diese Klassen erben von der numerischen Klasse `Numeric`.

Wie man es aus dem Programmieralltag mit anderen Programmiersprachen kennt, ist der Umgang mit großen und kleinen Zahlen nicht ganz unproblematisch. Man muss darauf achten, den richtigen Datentyp zu verwenden, und auch die Konvertierung zwischen den einzelnen Datentypen muss man im Auge behalten. Doch auch das ist in Ruby ganz anders und viel einfacher:

Kleine und große Zahlen

Unter Ruby stehen zum Beispiel unterschiedliche Klassen für kleine Zahlen (`Fixnum`) und große Zahlen (`Bignum`) zur Verfügung. Es ist gut, wenn Sie das wissen, aber darum müssen Sie sich nicht kümmern. Die Typzuordnung und -konvertierung erfolgt automatisch, das heißt, sobald Sie eine Zahl eingeben, erzeugt Ruby eine Instanz der zugehörigen Klasse.

```
>> wert = 99
=> 99
>> wert.class
=> Fixnum
>> big_wert = 1234567891011121314151617181920
=> 1234567891011121314151617181920
>> big_wert.class
=> Bignum
```

Operatoren

Um Berechnungen durchführen zu können, stellen die einzelnen Klassen die entsprechenden mathematischen Operatoren zur Verfügung. Iterationen erfolgen in Ruby über die Operatoren += und -=. Die aus C, Java oder auch PHP bekannten Operatoren ++ und -- gibt es in Ruby nicht:

```
>> a = 5
=> 5
>> b = 10
=> 10
>> c = a + b
=> 15
>> d = b - a
=> 5
>> e = a / b
=> 0
>> f = 5.0 / b
=> 0.5
>> g = a * b
=> 50
>> h = b ** a
=> 100000
>> a += 1
=> 6
>> b -= 1
=> 9
```

Integer

Die beiden Klassen `Fixnum` und `Bignum` erben von der Klasse `Integer`, die sehr hilfreiche Methoden zur Verfügung stellt, um Wiederholungen realisieren zu können:

```
>> 3.times { puts "beispiel" }
beispiel
beispiel
beispiel
=> 3
>> 1.upto(3) { |i| puts i }
1
2
3
=> 1
>> 3.downto(1) { |i| puts i }
3
2
1
=> 3
>> 0.step(10,2) { |i| puts i }
```

```
0
2
4
6
8
10
=> 0
```

Gerade und ungerade Zahlen

Um festzustellen, ob eine ganze Zahl gerade ist oder nicht, gibt es verschiedene Möglichkeiten. Eine Möglichkeit besteht darin, den Rest der ganzzahligen Division (Modulo) zu ermitteln.

```
zahl = 5
if zahl % 2 == 0
  "gerade"
else
  "ungerade"
end
=> "ungerade"
```

»even?«, »odd?«

Statt der Modoulo-Operation können auch die Methoden `even?` und `odd?` verwendet werden. Die Methode `even?` überprüft, ob eine Zahl gerade ist, und die Methode `odd?` testet, ob eine Zahl ungerade ist.

```
1.even?
=> false
1.odd?
=> true
```

»Float«

Fließkommazahlen sind vom Typ `Float`. Jede Fließkommazahl, auch eine Konstante, enthält einen Dezimalpunkt:

```
>> zahl = 5.0
=> 5.0
>> zahl.class
=> Float
>> zahl = 5
=> 5
>> zahl.class
=> Fixnum
```

Wie auch in anderen Programmiersprachen unterliegen Berechnungen mit Fließkommazahlen in Ruby Rundungsfehlern. Für exakte Berechnungen empfiehlt sich die Verwendung der Klasse `BigFloat`.

Umwandlungen

Sowohl Ganzzahlen als auch Fließkommazahlen können mit der Methode `to_s` in eine Zeichenkette vom Typ `String` umgewandelt werden:

```
>> zahl = 1.5
=> 1.5
>> zahl.to_s
=> "1.5"
>> zahl = 5
=> 5
>> zahl.to_s
=> "5"
```

Aber auch der umgekehrte Weg ist möglich. Mit der Methode `to_i` lässt sich zum Beispiel eine numerische Zeichenkette in eine Zahl vom Typ `Integer` umwandeln. Für die Konvertierung in eine Fließkommazahl kommt die Methode `to_f` zum Einsatz.

Enthält die numerische Zeichenkette Zeichen, die keine Zahlen sind, gibt die verwendete Konvertierungsmethode die Zahl bis zu diesem Zeichen zurück. Befindet sich ein solches Zeichen am Anfang einer Zeichenkette, wird 0 zurückgeliefert:

```
>> "500".to_i
=> 500
>> "5.0".to_f
=> 5.0
>> "10 Apfelsinen kosten".to_i
=> 10
>> "13.50 EUR".to_f
=> 13.5
>> "EUR 13.50".to_f
=> 0.0
>> "$10 Apfelsinen".to_i
=> 0
```

A.2 Zeichenketten

Zeichenketten sind einer der wichtigste Datentypen aus dem Programmieralltag. Wir müssen sie auf unterschiedlichste Arten verarbeiten. Wir müssen Zeichenketten zerlegen, miteinander verknüpfen und analysieren, innerhalb von Zeichenketten suchen, Zeichen ersetzen usw. Aber auch das meiste davon ist in Ruby ganz einfach.

UTF-8 Zeichenketten in Ruby sind Instanzen der Klasse `String`, die sehr viele Methoden zur Verfügung stellt, um mit Zeichenketten arbeiten zu können. Einige von diesen Methoden werden Sie in diesem Kapitel kennen lernen.

Ruby-Strings sind dynamisch, veränderbar und flexibel – genau wie in anderen dynamischen Programmiersprachen wie etwa Perl, Python und PHP. Lassen Sie uns also einfach beginnen, indem wir eine Interactive Ruby Shell (irb) öffnen und uns in den folgenden Beispielen die Zeichenketten in Ruby genauer ansehen:

```
irb --simple-prompt
>> string1 = 'das ist ein string'
=> "das ist ein string"
>> string2 = 'wie geht\'s'
=> "wie geht's"
```

Hochkommata

Zeichenketten können in Ruby entweder in doppelte oder einfache Hochkommata gesetzt werden, wobei beide innerhalb der anderen vorkommen können, ohne durch einen Backslash maskiert werden zu müssen. Der Unterschied besteht darin, dass innerhalb der doppelten Hochkommata sogenannte Escape-Sequenzen (Zeichen, die einen Backslash enthalten, der nicht zum Maskieren des nachfolgenden Zeichens interpretiert werden darf) ausgewertet werden, z. B. \n für nächste Zeile oder \t für Tabulator. Möchte man also Escape-Sequenzen innerhalb doppelter Hochkommata ausgeben, muss man sie durch einen Backslash maskieren: \\n

Am häufigsten werden die doppelten Hochkommata genutzt:

```
>> puts '1.Zeile\n2.Zeile'
1.Zeile\n2.Zeile
=> nil
>> puts "1.Zeile\n2.Zeile"
1.Zeile
2.Zeile
=> nil
>> puts "1.Zeile\\n2.Zeile"
1.Zeile\n2.Zeile
=> nil
>> puts "Text in 'Hochkommata'"
Text in 'Hochkommata'
=> nil
>> puts 'Text in "Hochkommata"'
Text in "Hochkommata"
=> nil
```

Literale

Es gibt auch eine alternative Form, die mit einer allgemein begrenzenden Syntax arbeitet, um literale Strings zu erzeugen. Diese Literale beginnen mit %q oder %Q, gefolgt von einem Begrenzer, der ein beliebiges Zeichen sein kann. Wenn der Begrenzer ein öffnendes Klammerzeichen ist ((, [, {

oder <), endet das Literal beim dazugehörigen schließenden Klammerzeichen, wobei im Literal enthaltene Klammerpaare mitgezählt werden. Bei allen anderen Begrenzern endet das Literal beim nächsten Auftreten des Begrenzers. Auf diese Art und Weise erzeugte Strings dürfen über mehrere Zeilen gehen.

Der Unterschied zwischen `%q` und `%Q` besteht darin, das `%q` einen String erzeugt, der sich verhält wie ein String innerhalb einfacher Hochkommata, und `%Q` einen String, der sich verhält wie ein String innerhalb doppelter Hochkommata. Allerdings erfolgt das entsprechende Maskieren der Sonderzeichen automatisch:

```
>> string1 = %q[Peter fragte "Wie geht's Dir?"]
=> "Peter fragte \"Wie geht's Dir?\""
>> puts string1
Peter fragte "Wie geht's Dir?"
=> nil
>> string2 = %q(Das ist kein Zeilenumbruch \n)
=> "Das ist kein Zeilenumbruch \\n"
>> puts string2
Das ist kein Zeilenumbruch \n
=> nil
>> string3 = %Q<Aber das \nhier>
=> "Aber das \nhier"
>> puts string3
Aber das
hier
=> nil
```

A.2.1 »here-document«

Mehrzeiliger Text

Eine weitere Möglichkeit, Zeichenketten zu erzeugen, die über mehrere Zeilen gehen, ist das sogenannte `here-document`. Ein `here-document` erzeugen Sie, indem Sie Ihren mehrzeiligen Text zwischen zwei von Ihnen frei wählbaren Begrenzern definieren, wobei dem öffnenden Begrenzer ein «-Symbol vorangestellt ist:

```
irb(main):001:0> string = <<EOF
irb(main):002:0" Dieser Text ist  ein mehrzeiliger
irb(main):003:0" Text, der innerhalb eines here-documents
irb(main):004:0" definiert wurde.
irb(main):005:0" EOF
=> "Dieser Text ist ein mehrzeiliger\nText, der innerhalb
    eines here-documents\ndefiniert wurde.\n"
irb(main):006:0> puts string
```

```
Dieser Text ist ein mehrzeiliger
Text, der innerhalb eines here-documents
definiert wurde.
=> nil
```

Achten Sie bitte unbedingt darauf, dass Sie keine Leerzeichen an den schließenden Begrenzer anhängen. Aktuelle Ruby-Versionen erkennen dann den Begrenzer nicht mehr.

Keine Leerzeichen am Ende

Standardmäßig verhält sich ein `here-document` wie ein String in doppelten Hochkommata. Das heißt, Escape-Sequenzen werden interpretiert und es ist möglich, Ruby-Ausdrücke zu integrieren. Wenn Sie allerdings das öffnende Begrenzungszeichen in einfache Hochkommata setzen, erzeugen Sie ein `here-document`, das sich wie ein String innerhalb einfacher Hochkommata verhält:

```
>> string = <<'EOF'
Dieser Text ist ein mehrzeiliger
Text, der innerhalb eines here-documents
definiert wurde.
EOF
=> "Dieser Text ist ein mehrzeiliger\nText,..."
=> nil
```

Wird dem öffnenden Begrenzungszeichen ein Bindestrich vorangestellt, ist es möglich, das schließende Begrenzungszeichen einzurücken. Aber Vorsicht: Nur die führenden Leerzeichen vor dem schließenden Begrenzungszeichen werden entfernt, nicht die in den vorangehenden Zeilen!

Einrückung

```
>> string = <<-EOF
    Dies ist ein Text,
    der mit fuehrenden
    Leerzeichen beginnt.
    EOF
=> "    Dies ist ein Text,\n    der mit fuehrenden\n ..."
```

A.2.2 Ausdrücke in Zeichenketten

Ruby-Ausdrücke können innerhalb doppelter Hochkommata, in `here-documents` und regulären Ausdrücken mit `#{Ausdruck}` in einen String eingefügt werden, ohne dass der Datentyp der Ruby-Ausdrücke angepasst werden muss. Das heißt, eine Variable vom Typ `Fixnum` kann auf diese Art und Weise ohne Konvertierung zum Typ `String` innerhalb einer Zeichenkette ausgegeben werden. Dies ist aber nur scheinbar so, weil Ruby im Hintergrund die Konvertierungsmethode `to_s` des Objektes aufruft, das heißt, der eingefügte Ruby-Ausdruck wird automatisch in einen String konvertiert.

```
>> preis = 12
=> 12
>> mwst = 0.19
=> 0.19
>> gesamt = preis * (1+mwst)
=> 14.28
>> puts "Gesamtpreis betraegt #{gesamt} Euro"
Gesamtpreis betraegt 14.28 Euro
=> nil
>> puts "Gesamtpreis betraegt #{preis * (1+mwst)} Euro"
Gesamtpreis betraegt 14.28 Euro
=> nil
```

A.2.3 Die Methode »length«

Die Methode `length` liefert die Länge (Größe) eines Strings. Genau genommen gibt sie die Anzahl der Bytes einer Zeichenkette zurück:

```
>> string = "Ruby on Rails"
=> "Ruby on Rails"
>> string.length
=> 13
```

Ab Ruby 1.9 liefert die Mthode `length` auch bei Umlauten korrekt die Anzahl der Zeichen.

```
# Ab Ruby 1.9
>> "Müller".length
=> 6
```

[!]

Vorsicht bei Ruby 1.8

In älteren Ruby-Versionen (< 1.9) wird bei `"Müller.length"` 7 zurückgeliefert, da Umlaute intern durch 2 Bytes repräsentiert werden, und die `length`-Methode die Anzahl der Bytes zurückliefert.

A.2.4 Die Methode »split«

Teil-Stings

Mit der Methode `split` können Sie eine Zeichenkette auf der Basis eines bestimmten Trennzeichens in Teil-Stings teilen und diese in einem Array zurückgeben. Der Methode `split` können zwei optionale Parameter übergeben werden, das Trennzeichen und die Anzahl der Felder. Ist das Trennzeichen nicht gesetzt, wird der String bei Leerzeichen getrennt:

```
>> string1 = "Die Blumen wurden heute noch nicht gegossen."
=> "Die Blumen wurden heute noch nicht gegossen."
>> string1.split
=> ["Die", "Blumen", "wurden", "heute", "noch", "nicht",
   "gegossen."]
>> string2 = "aepfel, birnen und bananen"
=> "aepfel, birnen und bananen"
>> liste = string2.split(", ")
=> ["aepfel", "birnen und bananen"]
>> busse = "Linienbus und Reisebus und Minibus"
=> "Linienbus und Reisebus und Minibus"
>> busse.split("und")
=> ["Linienbus ", " Reisebus ", " Minibus"]
>> busse.split(/ und /)
=> ["Linienbus", "Reisebus", "Minibus"]
```

A.2.5 Zeichenketten formatieren

»sprintf«

Die Formatierung einer Zeichenkette übernimmt in Ruby wie in C die Methode `sprintf`. Der Methode übergeben Sie eine Zeichenkette und ein oder mehrere Argumente als Parameter.

```
>> name = "Manon"
=> "Manon"
>> alter = 30
=> 30
>> string = sprintf("Hallo, %s... Du bist %d Jahre alt.",
   name, alter)
=> "Hallo, Manon... Du bist 30 Jahre alt."
```

Sie haben recht. Das wäre auch ohne die `sprintf`-Methode möglich gewesen, indem wir die beiden Ausdrücke `name` und `alter` in den String eingebunden hätten. Aber mit `sprintf` können wir den String formatieren. Es ist z. B. möglich, die Anzahl der Dezimalstellen festzulegen, führende Nullen einzufügen oder zu unterdrücken und vieles mehr.

Die Klasse `String` stellt auch Methoden zur Verfügung, um eine Zeichenkette zu formatieren:

```
>> string = "R2D2"
=> "R2D2"
>> string.ljust(16)
=> "R2D2            "
>> string.center(16)
=> "      R2D2      "
>> string.rjust(16)
```

```
=> "              R2D2"
```

»ljust«, »center«, »rjust«

Sie können den Methoden `ljust`, `center` und `rjust` einen Parameter mit der Länge des Ergebnis-Strings übergeben. Die Methode füllt dann die überschüssigen Zeichen automatisch mit Leerschritten auf. Wird ein Zeichen oder eine Zeichenkette als zweiter Parameter angegeben, werden die überschüssigen Zeichen damit aufgefüllt:

```
>> string = "Captain Schmeltzle"
=> "Captain Schmeltzle"
>> string.ljust(30, "*")
=> "Captain Schmeltzle************"
>> string.center(30, "-")
=> "------Captain Schmeltzle------"
>> string.rjust(30, "Mr")
=> "MrMrMrMrMrMrCaptain Schmeltzle"
```

A.2.6 Groß- und Kleinschrift

»downcase«, »upcase«

Mit der Methode `downcase` können Sie alle Buchstaben einer Zeichenkette in Kleinbuchstaben und mit der Methode `upcase` in Großbuchstaben umwandeln:

```
>> string = "Ein schoener Tag"
=> "Ein schoener Tag"
>> string.downcase
=> "ein schoener tag"
>> string.upcase
=> "EIN SCHOENER TAG"
```

»capitalize«

Die Methode `capitalize` wandelt den ersten Buchstaben einer Zeichenkette in einen Großbuchstaben und den Rest der Zeichenkette in Kleinbuchstaben um:

```
>> string.capitalize
=> "Ein schoener tag"
```

»swapcase«

Mit der Methode `swapcase` können Sie alle Kleinbuchstaben innerhalb einer Zeichenkette in Großbuchstaben umwandeln und umgekehrt:

```
>> string = "EIN schoener TAG"
=> "EIN schoener TAG"
>> string.swapcase
=> "ein SCHOENER tag"
```

Jede der Methoden `upcase`, `downcase`, `capitalize` und `swapcase` hat eine äquivalente Methode, die das Objekt verändert, auf das die Methode angewendet wird. Die Methoden heißen genauso, enden aber mit einem Ausrufezeichen:

```
>> string = "Ein schoener Tag"
=> "Ein schoener Tag"
>> string.downcase
=> "ein schoener tag"
>> puts string
Ein schoener Tag
=> nil
>> string.downcase!
=> "ein schoener tag"
>> puts string
ein schoener tag
=> nil
>> string.upcase
=> "EIN SCHOENER TAG"
>> puts string
ein schoener tag
=> nil
>> string.upcase!
=> "EIN SCHOENER TAG"
>> puts string
EIN SCHOENER TAG
=> nil
>> string.capitalize!
=> "Ein schoener tag"
>> puts string
Ein schoener tag
=> nil
>> string.swapcase!
=> "eIN SCHOENER TAG"
>> puts string
eIN SCHOENER TAG
=> nil
```

A.2.7 Teil-Stings

Zeichen an Position

Mit `[pos]` können Sie einen das Zeichen an der angebenen Position ermitteln. Das erste Zeichen hat die Position 0:

```
>> string = "Hallo Welt"
=> "Hallo Welt"
>> string[1]
=> "a"
```

[!]

Vorsicht bei Ruby 1.8

In Ruby 1.8 liefert "Hallo Welt"[1] nicht etwa das Zeichen a, sondern den ASCII-Code 97.

Es wird ein Teil-Sting zurückgeliefert, wenn die Startposition und die Länge angegeben werden:

```
>> string[6,4]
=> "Welt"
```

Wenn Sie einen Bereich angeben, wird der entsprechende Teil-String zurückgeliefert:

```
>> string[0..4]
=> "Hallo"
```

Von rechts nach links

In den bis jetzt beschriebenen drei Fällen bedeutet ein negativer Wert, dass vom Ende des Strings aus gezählt wird:

```
>> string[-1]
=> 't'
>> string[-4,4]
=> "Welt"
>> string[-4..-1]
=> "Welt"
```

Die Methode liefert nil als Ergebnis, wenn die übergebenen Parameter außerhalb des Strings liegen, die Länge negativ ist oder der Anfang des Bereichs größer als die Länge des Strings ist:

```
>> string[3,-2]
=> nil
>> string[25..30]
=> nil
>> string[15,4]
=> nil
```

Rückgabewerte

Wird ein regulärer Ausdruck übergeben, wird der passende Teil-String zurückgeliefert. Wird zusammen mit dem regulären Ausdruck ein numerischer Parameter übergeben, wird der passende Teil des Teil-Strings zurückgeliefert. Wird ein String als Parameter übergeben, wird dieser String auch zurückgeliefert, wenn er in der Zeichenkette enthalten war. In beiden Fällen wird nil zurückgeliefert, wenn es keine Übereinstimmung gab:

```
>> string = "Preis 12 EUR"
=> "Preis 12 EUR"
>> string[/\d+/]
=> "12"
```

A.2.8 In Zeichenketten suchen

»index«

Neben der eben beschriebenen Technik des Suchens und Ersetzens innerhalb von Zeichenketten gibt es noch weitere Möglichkeiten, um innerhalb von Zeichenketten zu suchen. Die Methode `index` liefert die Startposition des gesuchten Teil-Strings, Zeichens oder regulären Ausdrucks zurück. Als zweiten optionalen Parameter können Sie die Startposition für die Suche übergeben. Wenn das Gesuchte nicht innerhalb der Zeichenkette gefunden wird, liefert `index` `nil` zurück:

```
>> "Zeitschrift".index('i')
=> 2
>> "Zeitschrift".index('schrift')
=> 4
>> "Zeitschrift".index(/[aeiou]/, -5)
=> 8
>> "Zeitschrift".index('y')
=> nil
```

»rindex«

Die Methode `rindex` (»right index«) startet die Suche von rechts nach links. Man könnte auch sagen, sie sucht das letzte Vorkommen des Suchmusters innerhalb der Zeichenkette. Die Nummerierung der gefundenen Position erfolgt von links nach rechts. Als zweiten optionalen Parameter können Sie auch hier die Startposition für die Suche übergeben. Wenn das Gesuchte nicht innerhalb der Zeichenkette gefunden wird, liefert auch die Methode `rindex` `nil` zurück:

```
>> "Zeitschrift".rindex('i')
=> 8
>> "Zeitschrift".rindex('schrift')
=> 4
>> "Zeitschrift".rindex(/[aeiou]/, -5)
=> 2
>> "Zeitschrift".rindex('y')
=> nil
```

»include?«

Die Methode `include?` liefert `true`, wenn das übergebene Suchmuster in der Zeichenkette enthalten ist:

```
>> "zeitschrift".include?("schrift")
=> true
>> "zeitschrift".include?("zeitung")
=> false
```

»scan« Mit der Methode scan können Sie nach einem bestimmten Muster, das ein regulärer Ausdruck oder eine Zeichenkette sein kann, in einer gegebenen Zeichenkette suchen. Das Ergebnis wird in einem Array zurückgeliefert. Das folgende Beispiel zeigt, wie Sie mit einem String nach etwas suchen:

```
>> s = "Es ist noch Sommer da"
=> "Es ist noch Sommer da"
>> s.scan("o")
=> ["o", "o"]
>> s.scan("e")
=> ["e"]
```

Und so suchen Sie mit regulären Ausdrücken nach etwas:

```
>> s.scan(/\w+/)
=> ["Es", "ist", "noch", "Sommer", "da"]
```

Um die Ergebnisse weiterzuverarbeiten, kann ein Block angegeben werden:

```
>> s.scan(/\w+/) {|x| puts x}
Es
ist
noch
Sommer
da
=> "Es ist noch Sommer da"
```

A.2.9 Etwas einer Zeichenkette hinzufügen

»concat« Sie können den <<-Operator nutzen, um einen String einem anderen String hinzuzufügen. Es können auch mehrere Operationen hintereinander ausgeführt werden. Statt des <<-Operators kann auch die Methode concat eingesetzt werden. Zahlen zwischen 0 und 255 werden in ein Zeichen umgewandelt:

```
>> a = "hallo"
=> "hallo"
>> a << " Welt"
=> "hallo Welt"
>> a << 33
```

```
=> "hallo Welt!"
>> a.concat(33)
=> "hallo Welt!!"
```

A.2.10 Angehängte Zeichen löschen

Die Methode chop entfernt das letzte Zeichen einer Zeichenkette. Handelt es sich bei diesem um das Zeichen für eine neue Zeile (\n), und steht davor das Zeichen für einen Carriage Return (\r), wird dieses Zeichen automatisch mit entfernt. Der Grund für dieses Verhalten liegt darin, dass es keine einheitliche Regelung dafür gibt, wie eine neue Zeile definiert ist. Unter Unix wird eine neue Zeile durch ein \n dargestellt, unter DOS oder Windows durch einen Carriage Return \r, gefolgt von einem \n. Die Methode chop entfernt in jedem Fall das letzte Zeichen, auch wenn es sich dabei nicht um eine neue Zeile handelt. Wendet man chop auf einen leeren String an, wird ein leerer String zurückgeliefert. »chop«

```
>> "string\r\n".chop
=> "string"
>> "string\n\r".chop
=> "string\n"
>> "string\n".chop
=> "string"
>> "string".chop
=> "strin"
>> "x".chop.chop
=> ""
```

Auch für die chop-Methode gibt es eine äquivalente Methode mit einem Ausrufezeichen am Ende (chop!), die das Ausgangsobjekt verändert. »chop!«

Die Methode chomp ist oft die sicherere Alternative, da sie die Zeichenkette unverändert lässt, wenn diese nicht mit einer neuen Zeile endet oder Sie ihr nicht ein Suchmuster übergeben, das sie entfernen soll: »chomp«

```
>> "hallo".chomp
=> "hallo"
>> "hallo\n".chomp
=> "hallo"
>> "hallo\r\n".chomp
=> "hallo"
>> "hallo\n\r".chomp
=> "hallo\n"
>> "hallo\r".chomp
=> "hallo"
>> "hallo \n ihr da".chomp
```

```
=> "hallo \n ihr da"
>> "hallo".chomp("llo")
=> "ha"
```

A.2.11 Leerräume löschen

»strip« Die Methode strip entfernt führende und angehängte Leerräume (Whitespaces) wie Leerzeichen, Tabulatoren und Zeichen für eine neue Zeile:

```
>> "    hallo     Welt    ".strip
=> "hallo     Welt "
>> "\t hallo    \r\n".strip
=> "hallo"
```

»lstrip«, »rstrip« Wenn wir die Leerräume nur am Anfang oder am Ende eines Strings entfernen möchten, können wir die Methoden lstrip und rstrip einsetzen:

```
>> str = "     abc     "
=> "     abc     "
>> str.lstrip
=> "abc     "
>> str.rstrip
=> "     abc"
```

Für die drei Methoden strip, lstrip und rstrip gibt es auch jeweils eine Methode, die das Ausgangsobjekt verändert (strip!, lstrip! und rstrip!).

A.2.12 Zeichenketten wiederholen

In Ruby übernimmt der Multiplikations-Operator die Funktion, Zeichenketten zu wiederholen. Wird ein String n-mal multipliziert, ist das Ergebnis eine n-fach aneinandergereihte Kopie vom Ausgangs-String:

```
>> str = "abc "*3
=> "abc abc abc "
>> str = ("a"*3 + " " + "b"*3 + " " + "c"*3)*3
=> "aaa bbb cccaaa bbb cccaaa bbb ccc"
```

A.2.13 Strings in Zahlen konvertieren

»to_i«, »to_f« Mit den beiden Methoden to_i und to_f können Zeichenketten in Zahlen umgewandelt werden.

Die Methode to_i wandelt auch Ganzzahlen (Integer) um. Bei der Umwandlung von alphanumerischen Zeichenketten wird die Umwandlung beim ersten nicht numerischen Zeichen beendet, und die Methode liefert den bis dahin ermittelten Wert zurück. Beginnt die übergebene Zeichenkette mit einem nicht numerischen Wert, wird 0 zurückgeliefert. Auch mit der Methode to_i können Sie numerische Zeichenketten zur Basis 2, 8, 10 oder 16 umwandeln. Den gewünschten Wert können Sie der Methode übergeben. Standardmäßig werden die Werte zur Basis 10 umgewandelt. Die Methode to_i liefert nie einen Fehler zurück.

```
>> "56789".to_i
=> 56789
>> "99 Luftballons".to_i
=> 99
>> "hallo".to_i
=> 0
>> "1100101".to_i(10)
=> 1100101
>> "1100101".to_i(2)
=> 101
>> "1100101".to_i(8)
=> 294977
>> "1100101".to_i(16)
=> 17826049
```

Die Methode to_f wandelt eine Zeichenkette in eine Fließkommazahl um. Wird to_f auf eine alphanumerische Zeichenkette angewendet, wird die Umwandlung beim ersten nicht numerischen Zeichen beendet und der bis dahin ermittelte Wert zurückgeliefert. Beginnt die Zeichenkette mit einem nicht numerischen Wert, wird 0.0 zurückgeliefert. Die Methode to_f erzeugt nie einen Fehler. »to_f«

```
>> "123.45e1".to_f
=> 1234.5
>> "45.67 Grad".to_f
=> 45.67
>> "hallo1".to_f
=> 0.0
>> "hallo".to_f
=> 0.0
```

A.2.14 Zeichenketten verschlüsseln

Bestimmte Daten, wie Passwörter oder Ähnliches, möchte man nicht im Klartext speichern, egal wie gut die Zugriffsberechtigungen angelegt und verwaltet werden.

»crypt« Die Methode crypt nutzt die gleichnamige Standardmethode, um einen String zu verschlüsseln. Dazu übergibt man der Methode einen zweistelligen, zufälligen Wert, den sogenannten Salt-Wert, der die Werte [a-zA-Z0-9./] annehmen kann. Folgendes Beispiel können Sie in Ihrem Editor eingeben und ausführen:

```
coded = "hf3cTImrFEfBM" # Ergebnis von "rails".crypt("hf")

puts "Bitte Passwort eingeben:"

print "Password: "
password = gets.chop

if password.crypt("hf") == coded
  puts "Willkommen!"
else
  puts "leider falsches Passwort"
end
```

A.2.15 Zeichen in einer Zeichenkette zählen

»count« Die Methode count zählt, wie oft die ihr übergebenen Zeichen innerhalb einer Zeichenkette vorkommen:

```
>> str = "hossa"
=> "hossa"
>> str.count("s")
=> 2
>> str.count("a")
=> 1
```

Negieren Sie können die übergebenen Zeichen auch negieren und damit alles außer diesen Zeichen suchen, indem Sie ein Zirkumflex voranstellen:

```
>> str.count("^s")
=> 3
>> str.count("^a")
=> 4
```

Mit einem Bindestrich können Sie die Häufigkeit eines Bereichs von Zeichen innerhalb einer Zeichenkette suchen:

```
>> str.count("a-t")
=> 5
>> str.count("^a-t")
=> 0
```

A.2.16 Eine Zeichenkette umkehren

Eine Zeichenkette kann mit der Methode `reverse` umgekehrt werden: **»reverse«**

```
>> s = "Ananas"
=> "Ananas"
>> s.reverse
=> "sananA"
>> s
=> "Ananas"
>> s.reverse!
=> "sananA"
>> s
=> "sananA"
```

Auch hier gibt es eine Methode, die das Objekt verändert (`reverse!`). **»reverse!«**

Wortreihenfolge umkehren

Wenn Sie nicht die Buchstabenreihenfolge umkehren möchten, sondern die Wortreihenfolge, können Sie mit Hilfe der Methode `split` die Zeichenkette in ein Array zerlegen. Die Klasse `Array` kennt auch eine Methode `reverse`, über die Sie die einzelnen Array-Elemente, sprich die einzelnen Wörter, umkehren können. Mit Hilfe der Methode `join` können Sie dann daraus wieder eine Zeichenkette erstellen. Und da man in Ruby mehrere Methoden hintereinander anwenden kann, könnte das so aussehen:

```
>> satz = "Das ist ein Beispiel"
=> "Das ist ein Beispiel"
>> satz.split(" ").reverse.join(" ")
=> "Beispiel ein ist Das"
```

A.2.17 Doppelte Zeichen entfernen

Doppelte Zeichen innerhalb einer Zeichenkette können Sie mit Hilfe der Methode `squeeze` entfernen. Wenn Sie der Methode ein Zeichen als Parameter übergeben, werden nur die Duplikate dieses Zeichens entfernt. Die Methode `squeeze` kennt wie die Methode `count` auch das vorangestellte Zirkumflex, um den übergebenen Parameter zu negieren, und den Bindestrich, um einen Bereich zu übergeben: **»squeeze«**

```
>> "zoo-oolith".squeeze
=> "zo-olith"
>> "Hallo...".squeeze
=> "Halo."
>> "Hallo...".squeeze("l")
=> "Halo..."
>> "Hallo...".squeeze("^l")
=> "Hallo."
>> "Hallo...".squeeze("l-o")
=> "Halo..."
```

Auch hier gibt es eine Methode `squeeze!`, die das Objekt verändert.

A.2.18 Bestimmte Zeichen entfernen

»delete« Die Methode `delete` entfernt die ihr übergebenen Zeichen aus einer Zeichenkette:

```
>> str = "Aepfel, Birnen, Bananen!"
=> "Aepfel, Birnen, Bananen!"
>> str.delete(",!")
=> "Aepfel Birnen Bananen"
>> str.delete("e")
=> "Apfl, Birnn, Banann!"
```

Auch die Methode `delete` kennt wie die Methode `count` das vorangestellte Zirkumflex, um den übergebenen Parameter zu negieren, und den Bindestrich, um einen Bereich zu übergeben, und es gibt auch eine Methode `delete!`, die das Objekt verändert.

```
>> str.delete("^e")
=> "eeee"
>> str.delete("a-e")
=> "Apfl, Birnn, Bnnn!"
```

A.3 Symbole

Ähnlich wie Strings Mit Symbolen unterstützt Ruby eine spezielle Variante von Zeichenketten. Symbole werden nicht mit Hochkommata, sondern mit einem Doppelpunkt am Anfang definiert. Symbole werden verwendet, um wiederkehrende Dinge zu bezeichnen.

```
buch1_status = :verliehen
buch2_status = :frei
```

Symbole in Rails

Symbole kommen in Rails sehr häufig zum Bezeichnen von Parametern in Methoden zum Einsatz. Im folgenden Beispiel wird ein Link mit dem Text »Detail« erstellt, der die Action `show` mit der ID 4 aufruft.

```
link_to "Detail", {:action => "show", :id => 4}
```

Parameter bezeichnen

Die Methode `link_to` wird hier mit zwei Parametern aufgerufen. Der erste Parameter gibt den Text und der zweite das Ziel des Links an. Der zweite Parameter erfordert jedoch mehr als nur eine Angabe. Deshalb fasst er mehrere Parameter in einem Hash zusammen, deren Schlüssel Symbole sind. Die Symbole dienen also als Bezeichnung der Parameter.

Wenn ein Hash am Ende eines Methodenaufrufs steht, so können die geschweiften Klammern auch ausgelassen werden.

```
link_to "Detail", :action =>"show", :id=>4
```

In Ruby 1.9 kann das letzte Beispiel noch weiter verkürzt werden:

```
link_to "Detail", action: "show", id: 4
```

A.4 Reguläre Ausdrücke

Muster

Reguläre Ausdrücke oder kurz Regex sind Muster, um in Zeichenketten nach Entsprechungen zu suchen. Jedes Zeichen innerhalb eines Musters hat eine bestimmte Bedeutung. Reguläre Ausdrücke werden eingesetzt, um zu vergleichen (zum Beispiel, um zu prüfen, ob eine bestimmte Zeichenkette innerhalb einer anderen vorkommt), um zu suchen (zum Beispiel die Position eines Zeichens innerhalb einer Zeichenkette) und um gegebenenfalls das gefundene zu ersetzen.

A.4.1 Syntax von regulären Ausdrücken

Auch reguläre Ausdrücke sind in Ruby Objekte. Ein regulärer Ausdruck ist eine Instanz der Klasse `Regexp` und kann über den Aufruf der Klassenmethoden `Regexp.compile` oder `Regexp.new` (Synonym von `compile`) erzeugt werden, die einen String oder einen regulären Ausdruck als Parameter erwarten. Oder Sie nutzen eine der Kurzschreibweisen `/Regex/` oder `%r(Regex)`:

```
>> Regexp.compile("^Apfel|Birne$")
=> /^Apfel|Birne$/
>> Regexp.new(/^Apfel|Birne$/)
=> /^Apfel|Birne$/
>> %r(^Apfel|Birne$)
=> /^Apfel|Birne$/
>> %r{^Apfel|Birne$}
=> /^Apfel|Birne$/
>> /stuhl/.class
=> Regexp
```

Darüber hinaus stehen in regulären Ausdrücken Sequenzen zur Verfügung, von denen wir auch hier nur die am meisten benutzten auflisten:

<table>
<tr><th>Sequenz</th><th>Beschreibung</th></tr>
<tr><td>^</td><td>Anfang einer Zeile oder Zeichenkette</td></tr>
<tr><td>$</td><td>Ende einer Zeile oder Zeichenkette</td></tr>
<tr><td>.</td><td>ein beliebiges Zeichen (neue Zeile nur im Mehrzeilenmodus)</td></tr>
<tr><td>\w</td><td>ein beliebiges alphanumerisches Zeichen und der Unterstrich</td></tr>
<tr><td>\W</td><td>ein beliebiges Zeichen, das nicht alphanumerisch und auch kein Unterstrich ist</td></tr>
<tr><td>\s</td><td>ein Leerraum (Whitespace)</td></tr>
<tr><td>\S</td><td>ein Zeichen, das kein Leerraum (Whitespace) ist</td></tr>
<tr><td>\d</td><td>eine beliebige ganze Zahl</td></tr>
<tr><td>\D</td><td>keine Ziffer</td></tr>
<tr><td>\A</td><td>Anfang einer Zeichenkette</td></tr>
<tr><td>\Z</td><td>Ende einer Zeichenkette oder Ende einer Zeile</td></tr>
<tr><td>\z</td><td>Ende einer Zeichenkette</td></tr>
<tr><td>\b</td><td>Wortgrenze (außerhalb von Bereichsangaben)</td></tr>
<tr><td>\B</td><td>keine Wortgrenze</td></tr>
<tr><td>\b</td><td>Backspace (innerhalb von Bereichsangaben)</td></tr>
<tr><td>[]</td><td>Bereichsangabe</td></tr>
<tr><td>()</td><td>Gruppierung von Ausdrücken</td></tr>
<tr><td>x|y</td><td>passt auf x oder y, (/me(i|y)er/ findet meier und meyer)</td></tr>
<tr><td>*</td><td>null oder mehrmalige Wiederholung des vorhergehenden Ausdrucks</td></tr>
</table>

Tabelle A.1 Sequenzen für reguläre Ausdrücke

Sequenz	Beschreibung
`+`	ein- oder mehrmalige Wiederholung des vorhergehenden Ausdrucks
`{anz}`	genau `anz`-maliges Vorkommen des vorhergehenden Ausdrucks
`{min,max}`	zwischen `min`- und `max`-maligem Vorkommen des vorhergehenden Ausdrucks
`{min,}`	mindestens `min`-maliges Vorkommen des vorhergehenden Ausdrucks
`{,max}`	maximal `max`-maliges Vorkommen des vorhergehenden Ausdrucks
`?`	ein- oder kein-maliges Vorkommen des vorhergehenden Ausdrucks

Tabelle A.1 Sequenzen für reguläre Ausdrücke (Forts.)

Modifier

Es ist auch möglich, direkt hinter einen Regex einen sogenannten Modifier zu setzen, der die Arbeit der Mustersuche beeinflusst. Modifier bestehen aus einem Buchstaben und sind kombinierbar. Zum Beispiel findet das Muster `/buch/i` sowohl die Zeichenkette `buch` als auch `Buch`. Wir haben nachfolgend die gebräuchlichsten aufgelistet:

Modifier	Beschreibung
`i`	ignoriert Groß- und Kleinschreibung im regulären Ausdruck (case **i**nsensitive search).
`o`	liest den regulären Ausdruck nur einmal (compile pattern **o**nce).
`m`	Mehrzeilenmodus (**m**ultiple lines)
`x`	erweiterter regulärer Ausdruck (e**x**tended regular expression)

Tabelle A.2 Modifier für reguläre Ausdrücke

Maskierung

Wenn Sie mit Hilfe eines regulären Ausdrucks nach einem Zeichen suchen möchten, das innerhalb eines regulären Ausdrucks eine eigene Bedeutung hat, müssen Sie das Zeichen mit einem Backslash maskieren. Zum Beispiel steht der Punkt im Regex für ein beliebiges Zeichen. Wenn Sie aber nach einem Punkt suchen möchten, könnten Sie folgenden regulären Ausdruck formulieren:

```
muster = /\./
```

A.4.2 Anwendungsbeispiele aus der Praxis

Reguläre Ausdrücke werden für drei Anwendungsfälle benutzt:

1. **Vergleichen,**
   um zu prüfen, ob eine bestimmte Zeichenkette in einer anderen vorkommt, oder um Benutzereingaben, wie zum Beispiel Datumseingaben oder E-Mail-Adressen, auf ein bestimmtes Format zu überprüfen.
2. **Suchen,**
   um zum Beispiel die Position eines bestimmten Zeichens in einer Zeichenkette zu ermitteln oder um innerhalb eines Arrays nach einem bestimmten Inhalt zu suchen.
3. **Suchen und ersetzen,**
   um eine bestimmte Zeichenkette innerhalb einer anderen zu ersetzen.

Vergleichen

Um zu prüfen, ob es sich bei einer Zeichenkette um eine fünfstellige Ziffernfolge handelt, zum Beispiel, ob eine Postleitzahl korrekt eingegeben wurde, können Sie folgenden regulären Ausdruck definieren:

```
muster = /^\d{5}$/
string = "40211"

if string =~ muster
puts "korrekt"
else
puts "nicht korrekt"
end
# => korrekt
```

Einigen von Ihnen wird die Kurzschreibweise

```
string =~ muster
```

aus Perl bekannt sein. Sie prüft, ob `string` dem `muster` entspricht. Mit dem Aufruf der Methode `match` würde unser Beispiel so aussehen:

```
muster = /^\d{5}$/
string = "40211"
if muster.match(string)
  puts "korrekt"
else
  puts "nicht korrekt"
end
# => korrekt
```

Suchen

Reguläre Ausdrücke werden dann zum Suchen in einer Zeichenkette eingesetzt, wenn man zum Beispiel wissen möchte, an welcher Position ein bestimmtes Muster in einer Zeichenkette vorkommt. In unserem Beispiel möchten wir wissen, an welcher Position eine Ziffer steht:

```
muster = /\d/
string="Preis: 2,5 EUR"
puts string.index(muster)
# => 7
```

Man kann aber auch mit Hilfe von regulären Ausdrücken prüfen, ob zum Beispiel Elemente eines Arrays Ziffern enthalten: **Beispiel**

```
muster = /\d/
array = ["Preis: 12", "Auto", "Farbe #227799"]

puts array.grep(muster)
# => Preis: 12
# => Farbe #227799
```

Tipp zum Suchen von Methoden [+]

Die Methode `grep(muster)` wird sehr gerne benutzt, um in der Ruby-Konsole nach einem Methodennamen für ein Objekt zu suchen, von dem man nur ungefähr weiß, wie er heißen könnte. Zum Beispiel suchen wir nach dem Methodennamen, um einen String in Großbuchstaben umzuwandeln. Wir wissen noch, dass die Methode im Namen `case` enthält, aber wie genau sie heißt, wissen wir nicht. Dann können wir in der Ruby-Konsole folgendes eingeben:

```
>> "beispiel".methods.sort.grep(/case/)
=> ["casecmp", "downcase", "downcase!", "swapcase",
"swapcase!", "upcase", "upcase!"
```

Suchen und Ersetzen

Ein Anwendungsfall für das Suchen und Ersetzen innerhalb von Zeichenketten wäre zum Beispiel das Ersetzen eines Trennzeichens in einem Betrag:

```
muster = /^\d{5}$/
string = "2,456"
puts string.gsub(/,/,".")
# => 2.456
```

Oder Sie vertauschen den Vor- und Nachnamen miteinander:

```
muster = /(\w+) (\w+)/
string = "Luke Skywalker"
puts string.gsub(muster,'\2, \1')
# => Skywalker, Luke
```

Mit den Methoden `sub` und `gsub` der Klasse `String`, die in unserem Beispiel zum Einsatz kommen, können Sie Ersetzungen in Zeichenketten vornehmen.

»sub« Die Methode `sub` ersetzt das erste Vorkommen eines Suchmusters mit dem gegebenen Ersetzungs-String oder mit dem Ergebnis des gegebenen Blocks:

```
s1 = "3 Äpfel und 2 Birnen"
puts s1.sub(/\d/, "x")
# => x Äpfel und 2 Birnen
puts s1.sub('\d', "x")
=> "3 Äpfel und 2 Birnen"
```

Das Suchmuster ist normalerweise ein regulärer Ausdruck. Ist das Suchmuster ein String, werden die Abkürzungen der regulären Ausdrücke mit ihren Sonderbedeutungen nicht mehr als diese erkannt. Der reguläre Ausdruck `/\d/` würde nach einer Ziffer in der Zeichenkette suchen, der String `'\d'` sucht nach einem Backslash, gefolgt von einem `d`.

»gsub« Die Methode `gsub` funktioniert genauso wie die Methode `sub`, mit dem Unterschied, dass `gsub` (»global substitution«) alle Übereinstimmungen mit dem Suchmuster ersetzt und nicht nur die erste:

```
s1 = "3 Äpfel und 2 Birnen"
puts s1.gsub(/\d/, "x")
# => x Äpfel und x Birnen
puts s1
# => 3 Äpfel und 2 Birnen
```

Sowohl `sub` als auch `gsub` verfügen über äquivalente Methoden `sub!` und `gsub!`, die das Objekt verändern, auf das die Methode angewendet wird:

```
s2 = "3 Äpfel, 2 Birnen und 4 Orangen"
s2.sub!(/\d/, "x")
puts s2
# => x Äpfel, 2 Birnen und 4 Orangen
s2.gsub!(/\d/, "x")
puts s2
# => x Äpfel, x Birnen und x Orangen
```

A.5 Arrays

Arrays in Ruby haben Indizes vom Typ `Integer`. Der Index beginnt standardmäßig bei 0. Wenn Sie ein neues Array erzeugen, können Sie seine Größe über einen Parameter angeben, müssen das aber nicht, denn Arrays passen ihre Größe dynamisch der zu speichernden Datenmenge an.

Ein Array kennt zu jedem Zeitpunkt seine aktuelle Größe, sodass wir uns nicht darum kümmern müssen, diesen Wert aufwändig zu ermitteln, sondern wir können ihn jederzeit ganz einfach abfragen. Die Klasse `Array` stellt eine Vielzahl von Methoden zur Verfügung, um auf Arrays zuzugreifen, sie zu durchsuchen, sie miteinander zu verknüpfen oder noch anders mit ihnen zu arbeiten.

A.5.1 Ein Array erzeugen

Die Klassenmethode `[]` erzeugt ein neues Array. Es gibt drei Möglichkeiten, diese Methode zu nutzen und ihr die Werte des Arrays zu übergeben: »[ ]«

```
>> a1 = ["a","b","c","d"]
=> ["a", "b", "c", "d"]
>> a2 = Array.[]("a","b","c","d")
=> ["a", "b", "c", "d"]
>> a3 = Array["a","b","c","d"]
=> ["a", "b", "c", "d"]
```

Sie können auch über die Methode `new` ein neues Array erzeugen. Der Methode `new` können Sie keinen, einen oder zwei Parameter übergeben. Über den ersten Parameter können Sie die Größe des Arrays (Anzahl der Elemente) festlegen und über den zweiten den Wert dieser Elemente: »new«

```
>> a4 = Array.new
=> []
>> a5 = Array.new(2)
=> [nil, nil]
>> a6 = Array.new(2, "test")
=> ["test", "test"]
```

Im letzten Beispiel sieht es so aus, als ob in dem Array `a6` zwei verschiedene Objekte abgelegt wurden. Das ist aber nicht der Fall. Die beiden Werte verweisen auf das gleiche Objekt. Sprich, wenn Sie eines der Elemente verändern, wirkt sich das auf alle Elemente aus.

```
>> a6[0].upcase!
=> "TEST"
>> a6
=> ["TEST", "TEST"]
```

Block verwenden Um diese Situation zu vermeiden, können Sie beim Erzeugen des Arrays einen Block verwenden, denn der Block wird für jedes Element neu ausgeführt und erzeugt deshalb voneinander unabhängige Objekte:

```
>> a7 = Array.new(2) {"test"}
=> ["test", "test"]
>> a7[0].upcase!
=> "TEST"
>> a7
=> ["TEST", "test"]
```

A.5.2 Auf Array-Elemente zugreifen

Um ein Array-Element anzulegen und um auf ein solches zuzugreifen, nutzen Sie die beiden Methoden `[]` und `[]=`. Beiden Methoden können Sie als Index einen Integer-Wert übergeben oder zwei Integer-Werte, die dann den Startpunkt und eine Länge repräsentieren, oder Sie können den Methoden einen Bereich übergeben. Ein negativer Index zählt vom Ende des Arrays. Auf das letzte Element eines Arrays kann z. B. mit dem Index »–1« zugegriffen werden.

»at« Die Instanzmethode `at` funktioniert genauso wie der Zugriff über `[]` mit einem Parameter, ist jedoch dadurch schneller in der Ausführung:

```
>> a = ["Januar", "Februar", "Maerz", "April"]
=> ["Januar", "Februar", "Maerz", "April"]
>> a[1]
=> "Februar"
>> a.at(-1)
=> "April"
>> a[4]
=> nil
>> a[1,2]
=> ["Februar", "Maerz"]
>> a[3] = "Mai"
=> "Mai"
>> a[-1]
=> "Mai"
>> a
=> ["Januar", "Februar", "Maerz", "Mai"]
```

Die Methode `slice` ist ein Alias für die Methode `[]`:

»slice«

```
>> a.slice(2)
=> "Maerz"
>> a.slice(1..3)
=> ["Februar", "Maerz", "Mai"]
```

Wenn Sie ein Element an einer Position über die Länge des Arrays hinaus einfügen, passt das Array automatisch seine Größe an, sprich, es wird größer und setzt eventuelle nicht besetzte Positionen dazwischen auf `nil`. Gleiches passiert, wenn Sie für einen Bereich mehr Werte übergeben als eigentlich dafür möglich wären:

```
>> a = ["M", "HH", "B"]
=> ["M", "HH", "B"]
>> a[1..2] = ["TR", "D"]
=> ["TR", "D"]
>> a
=> ["M", "TR", "D"]
>> a[1..2] = ["TR", "D", "K"]
=> ["TR", "D", "K"]
>> a
=> ["M", "TR", "D", "K"]
>> a[10] = "HB"
=> "HB"
>> a
=> ["M", "TR", "D", "K", nil, nil, nil, nil, nil, nil, "HB"]
```

Wenn Sie einem Array-Element wiederum ein Array zuweisen, wird dieses in das vorhandene Array verschachtelt. Anders verhält es sich, wenn Sie einem Bereich in einem Array ein Array übergeben. Dann werden die Elemente des übergebenen Arrays an den Positionen des angegebenen Bereichs eingefügt:

```
>> a = ["Birne", "Apfel", "Banane"]
=> ["Birne", "Apfel", "Banane"]
>> a[0] = ["Paprika", "Blumenkohl"]
=> ["Paprika", "Blumenkohl"]
>> a
=> [["Paprika", "Blumenkohl"], "Apfel", "Banane"]
>> a[1..2] = ["Ananas", "Trauben", "Datteln"]
=> ["Ananas", "Trauben", "Datteln"]
>> a
=> [["Paprika", "Blumenkohl"], "Ananas", "Trauben", "Datteln"]
```

Die Methoden `first` und `last` liefern das erste bzw. letzte Element eines Arrays. Wenn das Array leer ist, geben sie `nil` zurück:

»first«, »last«

```
>> a = ["Birne", "Apfel", "Banane"]
=> ["Birne", "Apfel", "Banane"]
>> a.first
=> "Birne"
>> a.last
=> "Banane"
```

Ruby kennt eine Kurzschreibweise, um ein Array mit Zeichenketten aufzubauen:

```
>> %w[Birne Apfel Banane]
=> ["Birne", "Apfel", "Banane"]
```

Durch das vorangestellte `%w` sparen Sie die Eingabe der Hochkommata und der Kommata als Trennzeichen zwischen den einzelnen Werten.

Mehrere Elemente auslesen

Wir haben eben gesehen, dass es möglich ist, durch Übergabe eines Bereichs oder durch die Definition eines Startpunktes und einer bestimmten Länge an die Methode `[]` mehrere Elemente eines Arrays gleichzeitig auszulesen. Die Methode `values_at` bietet uns noch weitere Möglichkeiten, mehrere Elemente gleichzeitig auszulesen. Als Parameter empfängt sie eine Liste von Indizes. Die Methode `values_at` kommt immer dann zum Einsatz, wenn die auszulesenden Elemente nicht zusammenstehen, also immer dann, wenn die Angabe eines Bereichs nicht mehr ausreicht:

```
>> a = [1,2,3,4,5,6,7,8,9]
=> [1, 2, 3, 4, 5, 6, 7, 8, 9]
>> a.values_at(2,5,8)
=> [3, 6, 9]
>> a.values_at(0,2..5,8)
=> [1, 3, 4, 5, 6, 9]
```

Die Methode `values_at` hieß in älteren Versionen von Ruby `indices` (Alias `indexes`). Von der aktuellen Ruby-Version werden diese beiden Methoden nicht mehr unterstützt.

A.5.3 Auf die Länge eines Arrays zugreifen

»length«, »size«

Die Methode `length` und ihr Alias `size` liefern die Anzahl der Elemente in einem Array zurück. Wie wir das von ähnlichen Methoden anderer Programmiersprachen kennen, ist die Anzahl um einen Wert höher als der letzte Index in dem Array:

```
>> a = %w[rot gelb gruen]
=> ["rot", "gelb", "gruen"]
>> a.length
=> 3
```

```
>> a.size
=> 3
```

Die Methode `nitems` (nur Ruby 1.8) zählt auch die Elemente eines Arrays, mit Ausnahme der nil-Elemente: **»nitems«**

```
>> a = ["rot", nil, nil, "gelb", nil, "gruen"]
=> ["rot", nil, nil, "gelb", nil, "gruen"]
>> a.length
=> 6
>> a.nitems
=> 3
```

A.5.4 Arrays vergleichen

Arrays miteinander zu vergleichen, ist eine knifflige Angelegenheit. Nicht so, wenn man das Modul `Comparable` dazu nutzt. Die Methoden eines Moduls kann man in anderen Klassen nutzen, indem man das Modul inkludiert. Weitere Informationen zu Modulen finden Sie in Abschnitt 4.6 ab Seite 89. **»Comparable«**

```
class Array
  include Comparable
end

a = [5, 6, 7]
b = [5, 6, 7, 8]
c = [5, 6, 7]
if a < b
  puts "a < b"
end
if a == c
  puts "a == c"
end

# => a < b
# => a == c
```

A.5.5 Ein Array sortieren

Am leichtesten sortieren Sie ein Array mit der Methode `sort`, z. B. so: **»sort«**

```
>> woerter = %w(RailsAir ist eine erfolgreiche Airline)
=> ["RailsAir", "ist", "eine", "erfolgreiche", "Airline"]
>> woerter.sort
=> ["Airline", "RailsAir", "eine", "erfolgreiche", "ist"]
```

```
>> woerter
=> ["RailsAir", "ist", "eine", "erfolgreiche", "Airline"]
>> woerter.sort!
=> ["Airline", "RailsAir", "eine", "erfolgreiche", "ist"]
>> woerter
=> ["Airline", "RailsAir", "eine", "erfolgreiche", "ist"]
```

Auch für Methoden der Klasse `Array` gilt: Methoden, die mit einem Ausrufezeichen enden, verändern das Ausgangsobjekt.

Die Methode `sort` ist nur dann fehlerfrei einsetzbar, wenn alle Elemente innerhalb des Arrays vom gleichen Datentyp sind. Andernfalls liefert sie einen `TypeError` zurück:

```
>> a = ["zeichen", "zahl", 3]
=> ["zeichen", "zahl", 3]
>> a.sort
ArgumentError: comparison of String with 3 failed
        from (irb):2:in `sort'
        from (irb):2
```

Mit einem Block aufrufen

Das können Sie verhindern, indem Sie in einem solchen Fall die Methode `sort` mit einem Block aufrufen und in diesem Block jedes Element in den gleichen Datentyp umwandeln (z. B. mit der Methode `to_s` in einen String):

```
>> a.sort {|x,y| x.to_s <=> y.to_s}
=> [3, "zahl", "zeichen"]
```

Die Sortierung erfolgt nach der Umwandlung in einen String auf ASCII-Basis.

Natürlich haben Sie Recht: Bei diesem Beispiel handelt es sich um ein rein theoretisches Beispiel, da es nicht viel Sinn ergibt, ein Array zu sortieren, das Elemente unterschiedlicher Datentypen enthält. Trotzdem möchten wir Ihnen noch kurz erläutern, was da genau passiert:

Der Block liefert bei jedem Aufruf –1, 0 oder 1 zurück. Im Falle von –1, was bedeutet, dass x kleiner als y ist, werden die beiden Elemente vertauscht. Das bedeutet wiederum, dass wenn wir ein Array in absteigender Reihenfolge sortieren möchten, wir einfach nur die Variablen innerhalb des Vergleichs vertauschen müssen:

```
>> a.sort {|x,y| y.to_s <=> x.to_s}
=> ["zeichen", "zahl", 3]
```

»sort_by«

In den neueren Versionen von Ruby enthält das Modul `Enumerable` die Methode `sort_by`. Dieses Modul ist standardmäßig in der Klasse `Array` inkludiert. Die Methode sort_by setzt das ein, was Perl-Programmierer unter dem Begriff »Schwartzian Transform« kennen (nach Randal Schwartz). Die Sortierung beruht nicht auf den zu sortierenden Elementen selbst, sondern es wird eine Art Funktion zum Sortieren angewendet. Dieser Lösungsansatz birgt zwei Probleme: Zum einen wirkt der Code umständlich, und zum anderen ergeben sich aus jedem Aufruf mehrere Plattenzugriffe, von denen jeder eine aufwändige Aktion darstellt, und der Block wird mehr als einmal aufgerufen.

Mit der sort_by-Methode kann man beide Probleme lösen. Jeder Schlüssel wird nur noch einmal berechnet und dann intern in einem Schlüssel-Daten-Paar abgespeichert. Bei kleineren Arrays könnte das die Leistungsfähigkeit verringern, aber der Code ist allemal viel schöner, und das sollte es uns wert sein.

Es gibt standardmäßig keine Methode sort_by!, aber Sie können natürlich jederzeit eine solche Methode definieren.

Nach mehreren Attributen sortieren

Aber was ist, wenn wir ein Array über mehr als ein Attribut sortieren müssen, wie z. B. Name, Alter und Größe? Sie können selbstverständlich nach mehreren Attributen, egal nach welchen, sortieren:

```
list = list.sort_by {|x| [x.name, x.age, x.height] }
```

A.5.6 Zufall

Manchmal möchten wir die Elemente in einem Array in eine zufällige Reihenfolge bringen, sei es z. B. für ein Onlinekartenspiel oder um in einem Gewinnspiel den Usern die Fragen in einer zufälligen Reihenfolge anzuzeigen.

»rand«

Um das Problem zu lösen, steht uns die Methode rand aus dem Modul Kernel zur Verfügung, die uns eine zufällige Zahl liefert:

```
class Array
  def randomize
    self.sort_by { rand }
  end

end

x = [1, 2, 3, 4, 5]
puts x.randomize

# => [3, 4, 1, 5, 2]
```

Wenn wir ein Array-Element zufällig auswählen wollen, können wir das mit der Methode `sample` lösen:

```
x = [1, 2, 3, 4, 5]
puts x.sample
# => 4
puts x.sample
# => 3
```

A.5.7 Nach Elementen in einem Array suchen

Manchmal wollen wir auf ein bestimmtes Element innerhalb eines Arrays genauso zugreifen wie auf ein Element innerhalb einer Datenbank. Die gute Nachricht: Es gibt mehrere Möglichkeiten, das zu tun. Alle die, die wir Ihnen hier vorstellen, sind im Modul `Enumerable` definiert, das von der Klasse `Array` inkludiert wird.

»detect« Die Methode `detect` findet höchstens ein Element. Sie führt einen Block aus, an den die einzelnen Elemente der Reihe nach übergeben werden, und liefert den ersten Wert als Ergebnis zurück, auf den die Bedingung zutrifft.

```
>> a = [5, 21, 9, 4, 1, 8]
=> [5, 21, 9, 4, 1, 8]
>> a.detect {|e| e % 2 == 0 }
=> 4
>> a.detect {|e| e % 7 == 0 }
=> 21
```

»find«, »find_all«, »select« Die Methode `find` ist ein Alias der Methode `detect`. Die Methode `find_all` ist eine Variante der Methode `find`, die alle passenden Ergebnisse in einem Ergebnis-Array zurückliefert. Die Methode `select` ist wiederum ein Alias der Methode `find_all`:

```
>> a.find {|e| e % 2 == 0}
=> 4
>> a.find_all {|e| e % 2 == 0}
=> [4, 8]
>> a.select {|e| e % 2 == 0}
=> [4, 8]
```

»reject« Die Methode `reject` ist die Komplementärmethode zu `select`. Sie schließt alle Elemente aus, auf welche die Bedingung im Block zutrifft. Die Methode `reject!`, die das Originalobjekt verändert, ist auch definiert:

```
>> a.reject {|e| e % 2 == 0 }
=> [5, 21, 9, 1]
```

Die Methode grep kann eingesetzt werden, um jedes Element mit einem vorgegebenen Muster zu vergleichen. In ihrer einfachsten Form angewendet, liefert sie ein Array mit den übereinstimmenden Ergebnissen zurück. Das Muster kann außer einem regulären Ausdruck z. B. auch ein Bereich sein. Der Name grep kommt aus der Unix-Welt und steht in Bezug zu dem alten Editorbefehl grep.

»grep«

```
>> a = %w[taschenbuch buchhandlung buecherei buecher]
=> ["taschenbuch", "buchhandlung", "buecherei", "buecher"]
>> a.grep(/buch/)
=> ["taschenbuch", "buchhandlung"]
```

Die beiden Methoden min und max, die im Modul Enumerable definiert sind, können verwendet werden, um den Minimal- und Maximalwert innerhalb eines Arrays zu ermitteln. Den beiden Methoden können entweder keine Parameter oder ein Block übergeben werden. Übergibt man ihnen keinen Parameter, ermitteln sie den Minimal- bzw. Maximalwert der gegebenen Werte innerhalb des Arrays. Durch Übergabe eines Blocks können wir definieren, von welchem Attribut der Elemente im Array wir den Minimal- oder Maximalwert erhalten möchten:

»min«, »max«

```
>> a = %w[Schottland Deutschland Luxemburg Spanien]
=> ["Schottland", "Deutschland", "Luxemburg", "Spanien"]
>> a.min
=> "Deutschland"
>> a.max
=> "Spanien"
>> a.min {|x,y| x.length <=> y.length}
=> "Spanien"
>> a.max {|x,y| x.length <=> y.length}
=> "Deutschland"
```

Angenommen, wir wollten den Index des Minimal- oder Maximalwertes ermitteln, würden wir der Methode index das Ergebnis der Methoden min oder max als Parameter übergeben. Bezugnehmend auf obiges Beispiel bedeutet das konkret:

```
>> a.index(a.min)
=> 1
>> a.index(a.max)
=> 3
```

Die Methode index kann natürlich auf jedes beliebige Element eines Arrays angewendet werden. Sollte das übergebene Element innerhalb des Arrays nicht eindeutig sein, liefert die Methode den Index des ersten Vorkommens des Elementes zurück:

```
>> a.index("Schottland")
=> 0
>> a.index("Luxemburg")
=> 2
```

A.5.8 Differenz zwischen zwei Arrays bestimmen

Dieses Problem lässt sich in Ruby sehr viel einfacher lösen als in den meisten anderen Programmiersprachen:

```
text = %w[hier sind die gesuchten Wörter Schottland Luxemburg]
vergleich = %w[die gesuchten Wörter sind hier nicht enthalten]
unbekannt = text - vergleich  # ["Schottland", "Luxemburg"]
```

A.5.9 »nil«-Werte aus einem Array entfernen

»compact« Die Methode `compact` oder `compact!` entfernt `nil`-Elemente aus einem Array:

```
>> a = [7, 9, nil, 5, nil, 3, 1]
=> [7, 9, nil, 5, nil, 3, 1]
>> a.compact
=> [7, 9, 5, 3, 1]
```

A.5.10 Bestimmte Array-Elemente entfernen

»delete_at« Es gibt viele Möglichkeiten, bestimmte Elemente aus einem Ruby-Array zu entfernen. Wenn Sie ein Element an einer bestimmten Position entfernen möchten, ist die Methode `delete_at` eine gute Wahl. Die Methode erwartet eine Indexposition als Parameter. Ist die übergebene Position außerhalb des Bereichs des Arrays, liefert die Methode `nil` zurück:

```
>> a =  [7, 9, 5, 3, 1]
=>  [7, 9, 5, 3, 1]
>> a.delete_at(3)
=> 3
>> a
=>  [7, 9, 5, 1]
>> a.delete_at(10)
=> nil
```

»delete« Wenn wir alle Elemente mit einem bestimmten Wert aus einem Array entfernen möchten, kommt die Methode `delete` zum Einsatz. Sie liefert den Wert der gelöschten Elemente oder, sollte der übergebene Wert nicht existieren, `nil` zurück.

```
>> a = %w(Januar Februar Januar April Mai April Januar)
=> ["Januar", "Februar", "Januar", "April", "Mai", "April",
   "Januar"]
>> a.delete("Januar")
=> "Januar"
>> a
=> ["Februar", "April", "Mai", "April"]
```

Der Methode `delete` können Sie auch einen Block übergeben. Das Besondere dabei ist, dass der Block nur dann ausgeführt wird, wenn der zu löschende Wert nicht innerhalb des Arrays gefunden wird:

```
>> a.delete("April") { "existiert nicht" }
=> "April"
>> a.delete("September") { "existiert nicht" }
=> "existiert nicht"
```

»delete_if«

Die Methode `delete_if` führt den Block für jedes Array-Element aus und löscht die Elemente, welche die Bedingung im Block erfüllen. Da die Elemente aus dem Originalobjekt gelöscht werden, verhält sich `delete_if` ähnlich wie die Methode `reject!`. Trifft die Bedingung im Block auf keines der Elemente zu, liefert die Methode `nil` zurück:

```
>> texte = %w[newsletter spam gruesse angebote]
=> ["newsletter", "spam", "gruesse", "angebote"]
>> texte.delete_if {|x| x.length == 4 }
=> ["newsletter", "gruesse", "angebote"]
```

»shift«, »pop«

Die Methoden `shift` und `pop` löschen das erste bzw. letzte Element eines Arrays:

```
>> a = [1, 2, 3, 4, 5]
=> [1, 2, 3, 4, 5]
>> a.shift
=> 1
>> a
=> [2, 3, 4, 5]
>> a.pop
=> 5
>> a
=> [2, 3, 4]
```

»clear«

Schließlich können Sie mit der Methode `clear` alle Elemente aus einem Array löschen. Das können Sie auch erreichen, indem Sie der Array-Variablen ein leeres Array zuweisen, aber die Methode `clear` ist effizienter:

```
>> a.clear
=> []
```

A.5.11 Ein Array umkehren

»reverse«

Nicht nur der Klasse `String` steht eine Methode `reverse` zur Verfügung, um eine Zeichenkette umzukehren, sondern auch die Klasse `Array` hat eine Methode `reverse`, um ein Array umzukehren:

```
>> tiere = %w[hund katze maus]
=> ["hund", "katze", "maus"]
>> tiere.reverse
=> ["maus", "katze", "hund"]
```

A.5.12 Doppelte Einträge aus einem Array löschen

»uniq«

Wenn Sie doppelte Einträge aus einem Array löschen möchten, können Sie das mit Hilfe der Methode `uniq` oder `uniq!` tun. Die Methode liefert ein Array ohne doppelte Einträge zurück. Befindet sich kein doppelter Eintrag in dem Array, liefert `uniq` `nil` zurück:

```
>> a = ["a", "b", "a", "c", "c", "d"]
=> ["a", "b", "a", "c", "c", "d"]
>> a.uniq
=> ["a", "b", "c", "d"]
```

A.5.13 Iteratoren

Ruby stellt uns eine Reihe von Methoden zur Verfügung, mit denen wir über ein Array iterieren können (Iteratoren).

»each«

Der Standard-Iterator der Klasse `Array` ist die Methode `each`. Die Methode erwartet einen Block als Übergabeparameter, den sie für jedes Element ausführt und dem sie das Element selbst als Parameter übergibt:

```
>> a = [ "a", "b", "c" ]
=> ["a", "b", "c"]
>> a.each {|x| print x, " ++ " }
a ++ b ++ c ++ => ["a", "b", "c"]
```

»reverse_each«

Schneller als »reverse.each«

Ein anderer nützlicher Iterator ist die Methode `reverse_each`, die in umgekehrter Reihenfolge als die Methode `each` über ein Array iteriert. Um das gleiche Ziel zu erreichen, könnten Sie auch zuerst die Methode reverse und dann die Methode each anwenden; die Methode reverse_each ist aber wesentlich schneller:

```
>> aussage = %w(Dies ist ein Beispiel)
=> ["Dies", "ist", "ein", "Beispiel"]
>> str = ""
=> ""
>> aussage.reverse_each { |w| str += "#{w} "}
=> ["Dies", "ist", "ein", "Beispiel"]
>> str
=> "Beispiel ein ist Dies"
```

»each_index«

Um nur über die Indizes eines Arrays zu iterieren, steht die Methode each_index zur Verfügung, die dem Block den aktuellen Index als Parameter übergibt:

```
>> a = [ "a", "b", "c" ]
=> ["a", "b", "c"]
>> a.each_index {|x| print x, " ++ " }
0 ++ 1 ++ 2 ++ => ["a", "b", "c"]
```

»each_with_index«

Der Iterator each_with_index ist eine Kombination aus der Methode each und der Methode each_index. Dem Block werden zwei Parameter, das Element selbst und sein Index übergeben:

```
>> a = ["a", "b", "c"]
=> ["a", "c", "c"]
>> a.each_with_index do |x,i|
>> puts "Element #{i} ist #{x}"
>> end
Element 0 ist a
Element 1 ist b
Element 2 ist c
=> ["a", "b", "c"]
```

»map«

Wir können aber auch mit der Methode map oder ihrem Synonym collect über ein Array iterieren. Den Methoden können wir einen Block übergeben, der für jedes Element aus dem Array ausgeführt wird. Als Ergebnis wird wieder ein Array zurückgeliefert. In unserem Beispiel möchten wir die in einem Array gespeicherten Preise um 10% erhöhen:

```
preise = [2.5, 5.6, 12.10]
preise.map {|preis| preis *1.1}
# => [2.75, 6.16, 13.31]
```

Mit der Methode `map` oder `collect` können Sie auch nur bestimmte Attribute von Objekten aus einem Array ausgeben:

```
class Product
  attr_accessor :name
  attr_accessor :price

  def initialize(params)
    @name = params[:name]
    @price = params[:price]
  end
end

product1 = Product.new(:name => 'iMac', :price=>1400)
product2 = Product.new(:name => 'MacBook', :price=>999)
product3 = Product.new(:name => 'iPhone', :price=>499)
products = [product1, product2, product3]

p products.map{|product| product.name}
# => ["iMac", "MacBook", "iPhone"]
```

»any?«

Mit der Methode `any?`, die `true` oder `false` zurückliefert, können wir abfragen, ob es ein oder mehrere Elemente in einem Array gibt, die eine bestimmte Bedingung erfüllen:

```
p products.any?{|product| product.price < 1000}
# => true
```

»all?«

Mit der Methode `all?`, die ebenfalls `true` oder `false` zurückliefert, können wir abfragen, ob alle Elemente eine bestimmte Bedingung erfüllen:

```
p products.all?{|product| product.price < 1000}
# => false
```

A.6 Hashes

Assoziative Arrays

Hashes sind auch unter den Begriffen assoziative Arrays oder Dictionaries bekannt. Während ein Array nur einen ganzzahligen Index, zu dem ein

Wert gespeichert werden kann, akzeptiert, akzeptiert ein Hash jeden Wert als Index. Beide Datenstrukturen haben Vor- und Nachteile. Bei einem Array können wir davon ausgehen, dass es eine geordnete Datenstruktur enthält. Wir können uns darauf verlassen, dass Element 4 ein Element 3 vorausgegangen ist. In einem Hash kann der Index ein Wert sein, der nicht wirklich einen Vorgänger oder Nachfolger hat. Ein Hash ist ein nützliches und leistungsfähiges Programmier-Instrument.

A.6.1 Einen Hash erzeugen

Hashes können wie folgt erstellt werden:

```
>> a = {"Hemden"=>3,"Hosen"=>2}
=> {"Hemden"=>3, "Hosen"=>2}
>> b = {}
>> b["nachname"] = "Meyer"
=> "Meyer"
>> b["vorname"] = "Hans"
=> "Hans"
>> b
=> {"nachname"=>"Meyer", "vorname"=>"Hans"}
```

Der Ausdruck `b = {}` ist eine Abkürzung für `b = Hash.new`.

Zugriff

Der Zugriff auf die Hash-Elemente erfolgt mit `[]`:

```
>> a = {"Hemden"=>3,"Hosen"=>2}
=> {"Hemden"=>3, "Hosen"=>2}
>> a["Hemden"]
=> 3
```

»default«

Der Standardwert eines Hashs kann auch über die Methode `default` gesetzt oder überschrieben werden. Mit der Methode « kann der Standardwert erweitert werden:

```
>> a = Hash.new("Wert fehlt")
=> {}
>> a['name']
=> "Wert fehlt"
>> a.default = "fehlender Wert"
=> "fehlender Wert"
>> a['name']
=> "fehlender Wert"
>> a['nach'] << " name"
=> "fehlender Wert name"
>> a.default
=> "fehlender Wert name"
```

Symbole Wenn Symbole als Hash-Schlüssel verwendet werden, können Sie die Schreibweise so abkürzen:

```
>> a = {:hemden => 1, :hosen => 2, :tshirt => 3}
=>  {:hemden=>1, :hosen=>2, :tshirt=>3}

# Verkürzt
>> a = {hemden: 1, hosen: 2, tshirt: 3}
=>  {:hemden=>1, :hosen=>2, :tshirt=>3}
```

»fetch« Die Methode `fetch` ist der Methode `[]` ähnlich, mit dem Unterschied, dass sie einen `KeyError` ausgibt, wenn der aufgerufene Index nicht existiert, es sei denn, Sie haben der Methode als zweiten Parameter einen Standardwert übergeben, der stattdessen ausgegeben wird. `fetch` können Sie auch einen Block übergeben, der dann ausgeführt wird, wenn es den angefragten Index nicht gibt.

```
>> a = {hemden: 1, hosen: 2, tshirt: 3}
=> {:hemden=>1, :hosen=>2, :tshirt=>3}
>> a.fetch(:hosen)
=> 2
>> a.fetch(:blusen)
KeyError: key not found: :blusen
>> a.fetch(:blusen,"Unbekannt")
=> "Unbekannt"
# Füge den Index :blusen mit dem Wert 0 hinzu,
# falls er nicht existiert
>> a.fetch(:blusen) {|x| a[x]=0; 0}
=> 0
>> a
=> {:hemden=>1, :hosen=>2, :tshirt=>3, :blusen=>0}
```

Alle fehlenden Indizes verweisen auf den gleichen Standardwert. Das heißt, wird der Standardwert geändert, ändert er sich für alle fehlenden Indizes.

Ist Hash definiert? Wenn wir nicht sicher sind, ob ein Hash existiert, und wir es vermeiden wollen, einen existierenden Hash zu löschen, können wir das Problem mit folgender Abfrage lösen:

```
unless defined? a
  a={}
end

a[:hemden] = 3
```

Kürzer können Sie das auch so schreiben:

```
a ||= {}
a[:hemden] = 3
```

Eine alternative Schreibweise ist:

```
(a ||= {})[:hemden] = 3
```

A.6.2 Schlüssel-Wert-Paare löschen

Die Schlüssel-Wert-Paare eines Hashs können Sie mit Hilfe der Methoden `clear`, `delete`, `delete_if`, `reject`, `reject!` und `shift` löschen.

Mit der Methode `clear` leeren Sie den gesamten Hash. Das ist das Gleiche, wie den Hash mit einem leeren Hash zu überschreiben, aber etwas schneller. **»clear«**

Die Methode `shift` löscht ein zufälliges Schlüssel-Wert-Paar. Sie liefert das gelöschte Paar als Array mit zwei Werten zurück oder `nil`, wenn keine Werte entfernt wurden: **»shift«**

```
>> a = {1=>2, 3=>4}
=> {1=>2, 3=>4}
>> b = a.shift
=> [1, 2]
>> a
=> {3=>4}
```

Mit der Methode `delete` können Sie ein bestimmtes Schlüssel-Wert-Paar entfernen. Die Methode erwartet den Schlüssel als Parameter und liefert den Wert zurück, wenn der Schlüssel vorhanden war. Wenn nicht, liefert sie den Standardwert zurück. Sie können auch zusätzlich einen Block übergeben, um den Standardwert festzulegen: **»delete«**

```
>> a = {1=>1, 2=>4, 3=>9, 4=>16}
=> {1=>1, 2=>4, 3=>9, 4=>16}
>> a.delete(3)
=> 9
>> a.delete(5)
=> nil
>> a.delete(6) {"nicht gefunden"}
=> "nicht gefunden"
```

Die Methoden `delete_if`, `reject` und `reject!` erwarten einen Block und löschen alle Schlüssel, für die der Block `true` zurückliefert: **»delete_if«, »reject«**

```
>>  h = { "a" => 100, "b" => 200, "c" => 300 }
=> {"a"=>100, "b"=>200, "c"=>300}
>>  h.delete_if {|key, wert| wert > 200 }
=> {"a"=>100, "b"=>200}
>> h.reject {|key, wert| wert > 100 }
=> {"a"=>100}
>> h
=> {"a"=>100, "b"=>200}
>> h.reject! {|key, wert| wert > 100 }
=> {"a"=>100}
>> h
=> {"a"=>100}
```

A.6.3 Über einen Hash iterieren

Neben dem Standarditerator `each` stellt die Klasse `Hash` die Iteratoren `each_key`, `each_value` und `each_pair` zur Verfügung, wobei `each_pair` ein Alias für `each` ist. Allen Iteratoren können Sie einen Block übergeben. `each` und `each_pair` übergeben sowohl den Schlüssel als auch den Wert an den Block. Die anderen beiden übergeben ihrem Namen entsprechend entweder nur den Schlüssel oder nur den Wert in den Block:

```
{"a"=>3,"b"=>2}.each do |key, val|
  print val, " von ", key, "; "
end
# 3 von a; 2 von b;

{"a"=>3,"b"=>2}.each_key do |key|
  print "key = #{key};"
end
# key = a; key = b;

{"a"=>3,"b"=>2}.each_value do |value|
  print "val = #{value};"
end
# val = 3; val = 2;
```

A.6.4 Schlüssel und Wert in einem Hash vertauschen

»invert« Dank der Methode `invert` ist das Vertauschen von Schlüssel und Wert in einem Hash eigentlich ganz einfach. Das einzige Problem, das auftreten kann, ist, dass in einem Hash die Schlüssel eindeutig sein müssen. Das heißt, sollte es vor dem Vertauschen den gleichen Wert mehrmals zu unterschiedlichen Schlüsseln gegeben haben, wird es hinterher nur ein neues Schlüssel-Wert-Paar geben. Darauf, welches Paar das sein wird, hat man leider keinen Einfluss:

```
>> a = {"manon"=>4711, "pinho"=>4712,
                    "joelle"=>4713, "chris"=>4714}
=> {"manon"=>4711, "pinho"=>4712, "joelle"=>4713,
    "chris"=>4714}
>> b = a.invert
=> {4711=>"manon", 4712=>"pinho", 4713=>"joelle",
    4714=>"chris"}
>> b[4711]
=> "manon"
```

A.6.5 Schlüssel und Werte in einem Hash finden

Ob ein bestimmter Schlüssel in einem Hash enthalten ist, können Sie mit Hilfe der Methode `has_key?` oder mit einem ihrer Aliasse `include?`, `key?` oder `member?` herausfinden:

»has_key?«, »include?«, »key?«, »member?«

```
>> a = {"a"=>1,"b"=>2}
=> {"a"=>1, "b"=>2}
>> a.has_key? "c"
=> false
>> a.include? "a"
=> true
>> a.key? 1
=> false
>> a.member? "b"
=> true
```

Mit der Methode `empty?` können Sie ermitteln, ob ein Hash leer ist oder nicht:

»empty?«

```
>> a.empty?
=> false
```

Die Methode `length` oder ihr Alias `size` liefern die Anzahl der Elemente eines Hashs zurück. Ist der Hash leer, ist der Rückgabewert 0:

»length«, »size«

```
>> a.length
=> 2
```

Ob ein bestimmter Wert in einem Hash enthalten ist, können Sie mit den Methoden `has_value?` oder `value?` abfragen:

»has_value?«, »value?«

```
>> a.has_value? 2
=> true
>> a.value? 5
=> false
```

A.6.6 Einen Hash in ein Array extrahieren

»to_a« Um ganze Hashes in ein Array zu extrahieren, steht die Methode `to_a` zur Verfügung. Das Ergebnis-Array enthält die Schlüssel-Wert-Paare als Arrays:

```
>>  h = {"a"=>1,"b"=>2}
=> {"a"=>1, "b"=>2}
>> b = h.to_a
=> [["a", 1], ["b", 2]]
>> b.first
=> ["a", 1]
```

»keys«, »values« Sie können auch nur die Schlüssel oder nur die Werte eines Hashs als Array extrahieren. Dazu dienen die Methoden `keys` und `values`:

```
>> h.keys
=> ["a", "b"]
>> h.values
=> [1, 2]
```

»values_at« Mit der Methode `values_at` können Sie auch nur bestimmte Werte eines Hashs in ein Array extrahieren:

```
>> h = {1=>"un", 2=>"deux", 3=>"trois", "four"=>"quatre"}
=> {1=>"un", 2=>"deux", 3=>"trois", "four"=>"quatre"}
>> h.values_at(2,"four",3)
=> ["deux", "quatre", "trois"]
>> h.values_at(1,3)
=> ["un", "trois"]
```

A.6.7 Nach Schlüssel-Wert-Paaren suchen

Da die Klasse `Hash` das Modul `Enumerable` inkludiert, können Sie die Methoden `detect`, `select`, `grep`, `min`, `max` und `reject` genauso anwenden wie auf ein Array.

»detect«, »find« Die Methode `detect` (Alias: `find`) erwartet einen Block, dem die Schlüssel-Wert-Paare einzeln übergeben werden. Als Ergebnis wird das erste Schlüssel-Wert-Paar zurückgeliefert, für das der Block `true` liefert:

```
>> namen = {"chris" => "internet",
"joelle" => "grafik", "pinho" => "grafik"}
=> {"chris"=>"internet", "joelle"=>"grafik",
   "pinho"=>"grafik"}
>> puts namen.detect {|k,v| v == "grafik"}
joelle
grafik
```

Selbstverständlich können sowohl die Objekte in einem Hash als auch der Block von größerer Komplexität sein. Das Einzige, was Probleme bereitet, ist das Vergleichen von unterschiedlichen Typen.

Die Methode `select` liefert alle Schlüssel-Wert-Paare als Ergebnis zurück, für die der ihr übergebene Block `true` liefert:

»select«

```
>> puts namen.select {|k,v| v == "grafik"}
"joelle"=>"grafik", "pinho"=>"grafik"

>> puts namen.select {|k,v| v == "internet"}
"chris"=>"internet"
```

A.6.8 Einen Hash sortieren

Hashes sind von Natur aus unsortiert, allerdings bleibt anders als bei Ruby 1.8 die Reihenfolge erhalten. Um einen Hash trotzdem sortieren zu können, wandelt Ruby den Hash in ein Array um und sortiert es. Als Ergebnis wird ein sortiertes Array zurückgeliefert.

Sortiertes Array

```
>> namen = {"Darth" => "Vader",
"Obi-Wan" => "Kenobi", "Anakin" => "Skywalker"}
=> {"Darth"=>"Vader", "Obi-Wan"=>"Kenobi",
   "Anakin"=>"Skywalker"}
>> namen.sort
=> [["Anakin", "Skywalker"], ["Darth", "Vader"],
   ["Obi-Wan", "Kenobi"]]
```

A.6.9 Zwei Hashes miteinander mischen

Die Methode `merge` (Alias: `update`) mischt die Einträge zweier Hashes miteinander. Es wird ein dritter Hash gebildet, in dem alle Duplikate überschrieben werden:

»merge«, »update«

```
>> h1 = {"Ruby" => "Edelstein", "PHP" => "Programmiersprache"}
=> {"Ruby" => "Edelstein", "PHP" => "Programmiersprache"}
>> h2 = {"Java" => "Programmiersprache",
"Ruby" => "Programmiersprache"}
```

```
=> {"Java"=>"Programmiersprache","Ruby"=>"Programmiersprache"}
>> h3 = h1.merge(h2)
=> {"Ruby"=>"Programmiersprache", "PHP"=>"Programmiersprache",
"Java"=>"Programmiersprache"}
```

Sie können auch einen Block übergeben, der eine Logik enthält, um zu entscheiden, welcher der doppelten Schlüssel in den neuen Hash übernommen wird. In unserem Beispiel definieren wir einen Block, der im Falle von zwei gleichen Schlüsselwerten das Schlüssel-Wert-Paar mit dem kleineren Wert (alphabetisch oder numerisch) übernimmt:

```
>> h4 = h1.merge(h2) {|key,old,new| old < new ? old : new }
=> {"Ruby"=>"Edelstein", "PHP"=>"Programmiersprache",
   "Java"=>"Programmiersprache"}
```

Es stehen auch die Methoden `merge!` und `update!` zur Verfügung, die das Ausgangsobjekt ändern.

A.6.10 Einen Hash aus einem Array erzeugen

Sie können ganz einfach aus einem Array einen Hash erzeugen, indem Sie das Array der Klasse `Hash` in der Methode `[]` übergeben. Sie müssen nur darauf achten, dass das Array eine gerade Anzahl von Elementen enthält:

```
>> array = [2, 3, 4, 5, 6, 7]
=> [2, 3, 4, 5, 6, 7]
>> hash = Hash[*array]
=> {2=>3, 4=>5, 6=>7}
```

Index

A

B

C

D

E

F

S

T

U

V

W

X

Y

Z

Grundlagen, Praxisbeispiele, Referenz

Modernes Webdesign mit CSS, inkl. HTML5 und CSS3

CSS-Layouts, YAML, Mobiles Webdesign u. v. m.

Kai Laborenz

CSS

Das umfassende Handbuch

Endlich findet sich das vollständige Wissen zu CSS und Co. in einem Band. Einsteiger erhalten eine fundierte Einführung, professionelle Webentwickler einen Überblick über alle CSS-Technologien und Praxislösungen für CSS-Layouts sowie Tipps, um aus dem täglichen Webeinerlei herauszukommen. Inkl. HTML5 und CSS3

804 S., mit DVD und Referenzkarte, 39,90 Euro
ISBN 978-3-8362-1725-5

>> www.galileocomputing.de/2556